DEVELOPMENT OF
ADVANCED MATERIALS INDUSTRY
IN CHINA
ANNUAL REPORT (2024)

U0739220

中国新材料
产业发展报告
2024

中国材料研究学会
组织编写

化学工业出版社
·北京·

内 容 简 介

本书结合当前我国各行业对新材料的应用与需求情况，重点关注我国重点领域新材料的先进生产技术与应用情况、存在问题与发展趋势，主要介绍了镁基储氢材料、钠离子电池关键材料、气凝胶材料、软体机器人先进柔性传感技术与材料、人工感知神经元、微波介质陶瓷及其元器件、木质重组材料、电催化关键材料等各类新材料的特性、应用与先进技术，指出当前的技术难题，为未来我国新材料领域的技术突破指明方向。同时，分析了我国新材料产业的专利情况与 AI-Ready 材料数据、标准与实现情况。

书中对新材料产业各领域的详细解读，为未来我国新材料领域的技术突破指明了方向，将为新材料领域研发人员、技术人员、产业界人士提供有益的参考。

图书在版编目（CIP）数据

中国新材料产业发展报告．2024 / 中国材料研究学会组织编写． -- 北京 ：化学工业出版社，2025．7．
ISBN 978-7-122-48587-8

Ⅰ．F426

中国国家版本馆 CIP 数据核字第 2025TP6901 号

责任编辑：刘丽宏　　　　　　　　　　　　　文字编辑：吴开亮
责任校对：边　涛　　　　　　　　　　　　　装帧设计：王晓宇

出版发行：化学工业出版社（北京市东城区青年湖南街 13 号　邮政编码 100011）
印　　装：河北尚唐印刷包装有限公司
787mm×1092mm　1/16　印张 14¾　字数 326 千字　2025 年 10 月北京第 1 版第 1 次印刷

购书咨询：010-64518888　　　　　　　　　售后服务：010-64518899
网　　址：http://www.cip.com.cn
凡购买本书，如有缺损质量问题，本社销售中心负责调换。

定　　价：158.00 元

新一轮科技革命与产业变革深入发展，新的"技术 - 经济"周期加速酝酿。科学研究持续突破认知边界，技术创新空前活跃，自然科学与工程技术深度交融，推动前沿科技领域的重大群体性突破。全球竞逐新赛道，高技术领域成国际竞争主战场，科技创新版图深度重构，正重塑全球秩序与发展格局。我国建设科技强国面临环境更复杂、任务更艰巨、挑战更严峻。亟需强化基础研究，推动产业升级，从源头破解技术瓶颈，率先突破关键颠覆性技术，对掌握未来发展新优势、把握全球战略主动权至关重要。

新材料是新能源、人工智能、生物医药、电子信息等战略领域的核心引擎。历年公开出版的《中国新材料研究前沿报告》《中国新材料产业发展报告》《中国新材料技术应用报告》《中国新材料科学普及报告：走近前沿新材料》新材料系列品牌战略咨询报告，锚定全球科技创新关键阶段，面向国家重大需求，聚焦"卡脖子"与"前沿必争"领域突破，破解行业发展重大共性难题及新兴产业推进关键瓶颈，通过集群聚智，持续提升原始创新能力、构建产业技术体系、推动技术应用融合、强化科学普及，形成体系化国家战略布局。

本期公开出版的四部咨询报告为《中国新材料研究前沿报告（2024）》《中国新材料产业发展报告（2024）》《中国新材料技术应用报告（2024）》《中国新材料科学普及报告（2024）——走近前沿新材料6》，由中国材料研究学会组织编写，由中国材料研究学会新材料发展战略研究院组织实施。其中，《中国新材料研究前沿报告（2024）》聚焦行业发展重大原创技术、关键战略材料领域基础研究进展和新材料创新能力建设，定位发展过程中面临的问题，并提出应对策略和指导性发展建议；《中国新材料产业发展报告（2024）》围绕先进基础材料、关键战略材料和前沿新材料的产业化发展路径和保障能力问题，提出关键突破口、发展思路和解决方案；《中国新材料技术应用报告（2024）》基于新材料在基础工业领域、关键战略产业领域和新兴产业领域中应用化、集成化问题以及新材料应用体系建设问题，提出解决方案和政策建议；《中国新材料科学普及报告（2024）——走近前沿新材料 6》旨在推送新材料领域的新理论、新技术、新知识、新术语，将科技成果科普化，推动实验室成果走向千家万户。四部报告还得到了中国工程院重大咨询项目"关键战略材料研发与产业发展路径研究""新材料前沿技术及科普发展战略研究""新材料研发与产业强国战略研究"和"先进材料工程科技未来 20 年发展战略研究"等课题支持。在此，对参与这项工作的专家们的辛苦工作，致以诚挚的谢意！希望我们不断总结经验，提升战略研究水平，有力地为中国新材料发展做好战略保障与支持。

以上四部著作可以服务于我国广大材料科技工作者、工程技术人员、青年学生、政府相关部门人员。对于图书中存在的不足之处，望社会各界人士不吝批评指正，我们期望每年为读者提供内容更加充实、新颖的高质量、高水平图书。

二〇二四年十二月

前言

新材料产业技术创新是驱动产业升级的核心引擎，重构全球产业链的关键力量，更是国家经济转型与未来竞争力的战略支点。面向国家重大需求，需汇聚权威专家和战略科技力量，聚焦"卡脖子"领域及高端装备的关键突破；破解行业重大共性难题与新兴产业发展瓶颈，构建材料 - 工艺 - 性能一体化解决方案；抢占全球新材料发展的学术制高点，形成体系化国家战略布局，为材料科学发展注入新动能；凝聚产学研合力，推动材料领域实现从"跟跑"到"领跑"的历史性跨越。

《中国新材料产业发展报告（2024）》（以下简称《报告》）是由中国材料研究学会组编和出版发行的年度系列报告第20部，是中国工程院重大咨询项目"先进材料工程科技未来20年发展战略研究"四部系列出版物之一。《报告》旨在面向国家重大需求，强化新材料对科技强国建设的战略保障作用，着力解决关键战略材料领域的"卡脖子"核心问题以及新材料研发、应用、需求脱节的问题，持续推进关键技术体系化产业发展、找准重大战略急需材料发展的突破口、新契机和解决方案。《报告》内容包括新材料产业专利分析、AI-Ready 材料数据、标准及基础设施、镁基储氢材料、钠离子电池关键材料、气凝胶材料、软体机器人先进柔性传感技术与材料、人工感知神经元器件、微波介质陶瓷及其元器件、木质重组材料和电催化关键材料等。

今年《报告》的编写邀请到资深专家学者、产业精英的热情认真参与，这些高质量、高时效性的专题研究报告和专家观点，以及推动新材料产业发展的对策和建议，既具有指导性，也有较强的可操作性。为此，对为《报告》的研究、撰写和出版提供全面指导与支持的单位表示感谢！

特别感谢参与本书编写的所有作者和组织：

第 1 章　新材料产业专利分析　中国材料研究学会新材料发展战略研究院

第 2 章　AI-Ready 材料数据、标准及基础设施　汪　洪　张澜庭　余　宁　路勇超

第 3 章　镁基储氢材料　李　谦　邹建新　欧阳柳章

第 4 章　钠离子电池关键材料　俞术雷　李　林　李　丽　吴星樵

第 5 章　气凝胶材料　薛甜甜　樊　玮　刘天西

第 6 章　软体机器人先进柔性传感技术与材料　曲钧天　崔光明　任飞宇　何忻咏
陈奕涵

第 7 章　人工感知神经元　钟　帅　张亦舒

第 8 章　微波介质陶瓷（含 LTCC 材料）及其元器件　石　锋　周焕福　雷　文
宋开新　马名生

第 9 章　木质重组材料　余养伦　于文吉

第 10 章　电催化关键材料　崔晓亚　王红阳　孔令常　陈亚楠

希望《报告》的编写、出版、发行能对我国新材料产业高质量发展做出贡献，也希望从事新材料技术研发、应用相关工作的部门及人士提出宝贵意见，加强科技创新促进科技成果转化，共同加快我国新材料前沿技术研发和应用推广，推动新材料产业高质量发展。

<!-- 手写签名 -->许建新

二〇二四年十二月

2024

第 3 章　镁基储氢材料　　/ 043

第 4 章　钠离子电池关键材料　　/ 075

第 5 章　气凝胶材料　　/ 104

第 7 章　人工感知神经元　　/ 147

第 8 章　微波介质陶瓷（含 LTCC 材料）及其元器件　　/ 170

第9章　木质重组材料　　/ 188

第 10 章　电催化关键材料　　/ 197

第1章

新材料产业专利分析

中国材料研究学会新材料发展战略研究院

根据《工业战略性新兴产业分类目录（2023）》（新材料部分），前沿新材料专利分析梳理了事关长远发展的四大技术领域：先进钢铁材料（高熵合金和高温合金）、先进有色金属材料（铝合金、钛合金和镁基材料）、先进无机非金属材料（半导体材料）、前沿新材料（量子材料、超材料与超构工程），每一领域又细分为不同技术方向。

国外专利分析设定美国、日本、韩国和欧洲地区的发明专利，分析维度侧重于专利地域趋势分析和专利申请人排名分析。目的是确定这些材料技术的全球份额分布及发展趋势，并分析是哪些学术机构或企业公司在该领域占据 10 强的影响力。

我国专利分析维度是发明专利申请量和授权量趋势分析以及专利权人分析。首先，通过考察专利申请与专利授权数量的比例，即授权率❶，可以分析技术开发研制效益情况。其次，通过专利权人的排名分析，可有效获知行业中有哪些参与竞争的市场主体，哪些申请人拥有较强的专利成果研发实力，从而可以发掘出新近崛起的小而美"独角兽"企业。

专利战略研究是利用壹专利（PatYee）专利检索分析数据库，检索范围是国外和国内发明专利，检索时间为过去十年（2015—2024 年），专利检索数量是简单同族合并后的整体数目，检索日期为 2024 年 11 月 30 日。

1.1 先进钢铁材料

钢和铁是两种悠久且通用的铁碳合金，钢的含碳量（质量分数）为 0.02% ～ 2.11%，铁的含碳量一般大于 2.11%。先进钢铁材料是通过机器学习逆向设计，调控化学组分、制造加工、热处理工艺等获得性能优良的新材料，已成为国民经济与社会的重要支撑。

---

❶ 授权率计算公式：（授权量 + 曾授权量）/（授权量 + 曾授权量 + 驳回量 + 撤回或视为撤回量）×100%。

根据自然指数评估和专家遴选，先进钢铁材料技术的专利分析分为高熵合金和高温合金，进行国外发明专利的授权率趋势和专利权人的排名分析。我国新材料技术专利分析维度还包括了发明专利申请量和授权量趋势分析。

1.1.1 ／ 高熵合金

高熵合金是基于"化学无序"发展的新材料，突破了传统合金材料基元的限制，由于受到热力学上的高熵效应、结构上的晶格畸变效应、动力学上的迟滞扩散效应以及性能上的鸡尾酒效应的共同作用，使得高熵合金与传统合金相比，表现出更加突出的综合性能。

利用壹专利（PatYee）专利检索分析数据库，高熵合金的专利检索式设计为"战略性新兴产业分类＝（3.1）and SS＝（high entropy alloy or 高熵合金）"。2015—2024 年，数据库检索到国外合计 517 件发明专利、国内同族发明专利合计 1975 组。

国外专利地域趋势分析（图 1-1）表明了新材料技术应用国的专利公开年度趋势。韩国、美国和日本在高熵合金领域占据前三位，美国近五年在该领域发展势头强劲。

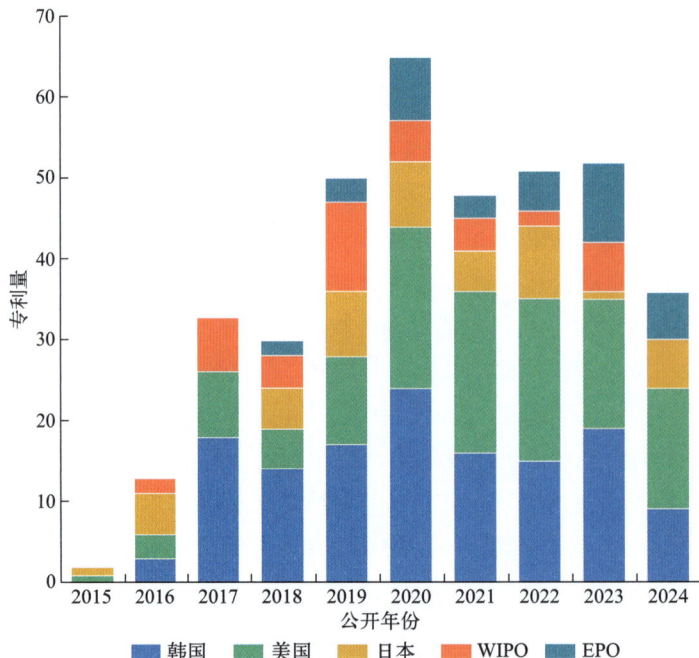

图 1-1 国外高熵合金专利地域趋势分析

国外高熵合金专利申请人排名分析（表 1-1）是按照专利数量统计的公司排名情况，反映创新成果积累较多的专利申请人。如表 1-1 所示，韩国、日本和美国占据前列，其中韩国涉及近半数榜单，即 5 家高校院所入选。三国区别在于，韩国主要集中在基础研究及产业转化阶段，如浦项科技大学、忠南大学和首尔大学等工业与学术的合作机构，其中忠南大学就有三个政府指定的技术转移中心。日本和美国，则主要是企业公司主导研发的产业化过程，如本田、通用等大型跨国公司。

表 1-1　国外高熵合金专利申请人排名分析

国别	申请人	专利数量	合计
韩国	浦项科技大学产业基金会	35	67
	忠南大学的工业与学术合作机构	13	
	韩国 LG 电子株式会社	8	
	首尔大学产学合作团	6	
	韩国科学技术研究院	5	
日本	日立金属株式会社	34	40
	本田技研工业株式会社	6	
美国	美国卡朋特科技	9	15
	美国通用电气公司	6	

国内发明专利分析表明，我国在高熵合金领域的发明专利申请量和授权量（图 1-2），呈逐年上升趋势。2023 年该领域发明专利授权率高达 88%。从专利权人排名分析可知（表 1-2），北京科技大学占据主要创新主体地位。

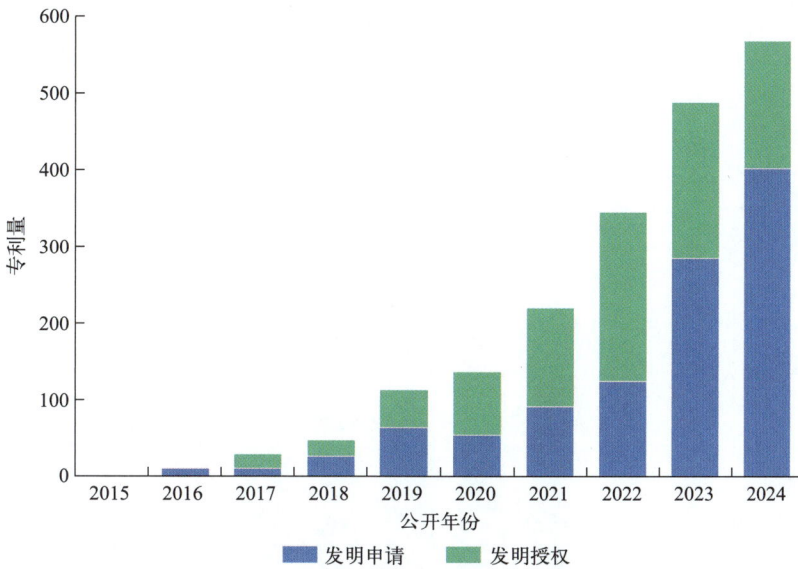

图 1-2　我国高熵合金专利趋势分析

表 1-2　我国高熵合金专利权人排名分析

省别	专利权人	专利数量	合计
北京	北京科技大学	74	131
	北京理工大学	57	
黑龙江	哈尔滨工业大学	55	55
陕西	西北工业大学	49	49

续表

省别	专利权人	专利数量	合计
辽宁	大连理工大学	48	94
	中国科学院金属研究所	46	
湖南	中南大学	44	80
	湘潭大学	36	
甘肃	中国科学院兰州化学物理研究所	39	39
云南	昆明理工大学	37	37

1.1.2 / 高温合金

高温合金是以铁、镍、钴为基体，在 600℃ 以上高温及应力作用下长期工作的一类金属材料，主要应用于航空航天领域和能源领域。高温合金的专利检索式设定为"战略性新兴产业分类 =（3.1）and SS=（superalloy or 高温合金）"。2015—2024 年，国外合计 3600 件发明专利。因为该领域相对成熟，进行专利的简单同族合并后，得到 412 组同族专利，国内同族发明专利合计 1456 组。

专利分析（图 1-3）表明，近十年美国和欧洲国家占据前 10 位，2017—2021 年间发展势头迅猛，近三年来有所回落。其原因是高温合金应用端公司（如表 1-3 所示，包括通用、西门子、劳斯莱斯等）业绩受 2023 年后全球经济形势不确定的影响。

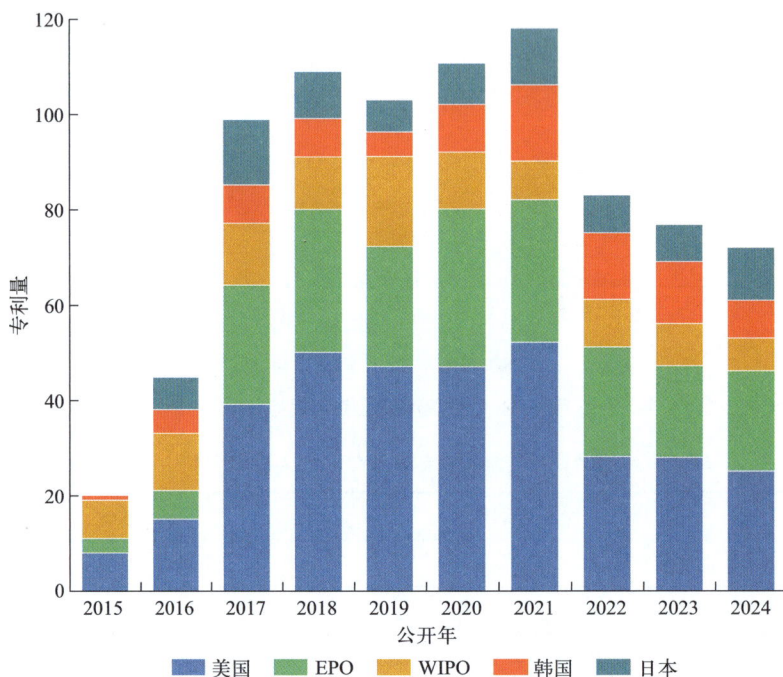

图 1-3 国外高温合金专利地域趋势分析

表 1-3　国外高温合金专利申请人排名分析

国别	申请人	专利数量	合计
美国	通用电气公司	332	513
	联合技术公司	157	
	霍尼韦尔国际公司	24	
德国	西门子能源公司	121	121
法国	阿尔斯通科技有限公司	18	51
	斯奈克玛公司	17	
	航空航天研究机构	16	
英国	劳斯莱斯公司	44	44
瑞士	BBC 布朗布沃瑞公司	16	16

国内专利分析（图 1-4）表明，高温合金发明专利申请量和授权量逐年上升，专利授权率高达 87%。我国高温合金的主要创新主体是中国航发北京航空材料研究院、中国科学院金属研究所和北京科技大学。其中，高温合金产业链应用端的华能国际电力和成都先进金属材料产业技术研究院也开始进行专利布局，见表 1-4。

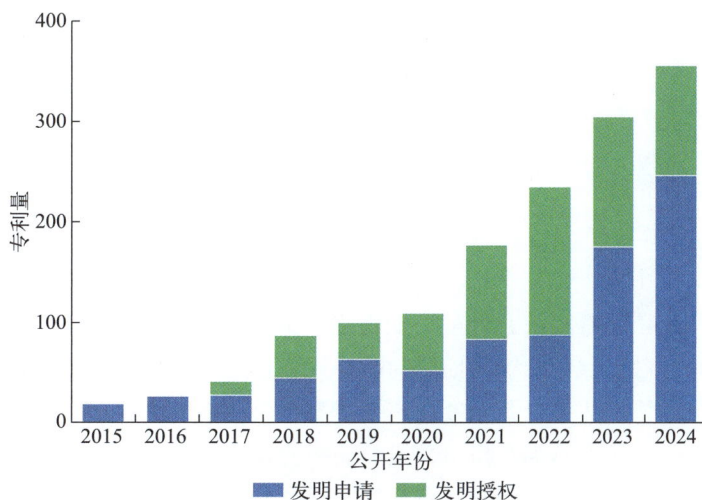

图 1-4　我国高温合金专利趋势分析

表 1-4　我国高温合金专利权人排名分析

省别	第一专利权人	专利数量	合计
北京	中国航发北京航空材料研究院	65	186
	北京科技大学	42	
	北京钢研高纳科技股份有限公司	40	
	华能国际电力股份有限公司	39	

续表

省别	第一专利权人	专利数量	合计
辽宁	中国科学院金属研究所	59	80
	大连理工大学	21	
河北	中航上大高温合金材料股份有限公司	39	39
黑龙江	哈尔滨工业大学	30	30
湖南	中南大学	28	28
四川	成都先进金属材料产业技术研究院股份有限公司	22	22

综上所述，高熵合金可用于工程、矿山及农业机械用钢、强塑汽车钢等，国际上韩国占优势。目前国内处于以北京科技大学为主体的基础研究阶段。高温合金主要应用于高超声速飞行器发动机耐热部件、航空发动机关键承热部件等异型复杂零部件、轨道交通用钢和能源油气钻采集储用钢等，美国及欧洲主导，高温合金的商业化已见端倪，新能源电力领域开始专利布局。

1.2 先进有色金属材料

有色金属是指除铁、铬、锰三种金属以外的所有金属。以质量比大于 50% 的有色金属为基体，制造成了多种有色金属合金，即有色金属材料。根据自然指数评估和专家遴选，先进有色金属材料技术的专利分析分为铝合金、钛合金和镁基材料，开展发明专利申请量和授权率的趋势分析和专利权人的排名分析。

1.2.1 铝合金

现代铝合金材料正朝着高综合性能、低密度、大规格、高均匀性和材料 / 结构一体化方向发展，主合金元素对铝合金组织与性能的影响规律已经基本探明，工业铝合金中主合金元素控制已形成标准体系，从主合金元素调整来提高合金性能的空间已非常有限。为此，微合金化元素通过与主合金元素的耦合作用、界面调控等机制对合金的性能产生重要影响，微合金化技术是改善合金性能并进一步开发新型铝合金的重要途径。近十年来国际上就铝合金的 Er、Sc 等微合金化技术开展大量前瞻性研究，我国在 Er 微合金化铝合金方面具有开创性和显著竞争力。

铝合金的专利检索式设计为"战略性新兴产业分类 =（3.2）and SS=（aluminium alloy or 铝合金）"。2015—2024 年，该领域国外合计 4540 件发明专利，筛选发明授权专利并进行简单同族合并后，得到 1146 组同族专利。检索到国内同族发明专利合计 20690 组。

国外铝合金专利地域趋势分析表明，铝合金十年前几乎没有专利公开发布，近五年来，欧洲、俄罗斯和美国发展势头强劲，并位列铝合金领域前三名。值得一提的是，韩国和印度铝业的专利申请数量和发展趋势，均有不俗表现，如图 1-5 所示。

国外铝合金专利申请人排名分析表明，俄罗斯铝业、美国诺贝丽斯、法国肯联铝业三大铝业巨头都有专利布局，挪威海德鲁公司和日本株式会社紧随其后，如表1-5所示。

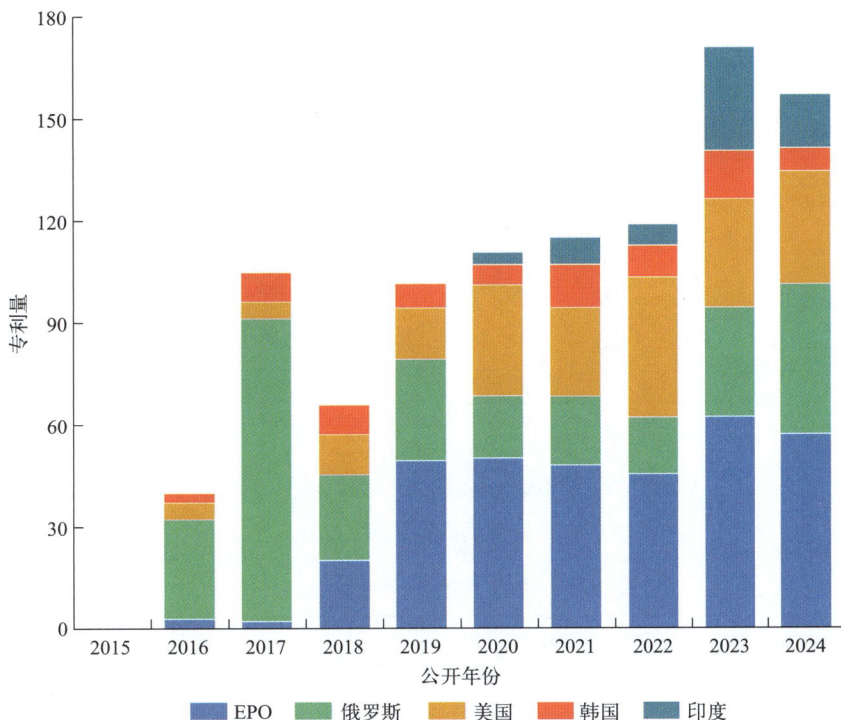

图1-5　国外铝合金专利地域趋势分析

表1-5　国外铝合金专利申请人排名分析

国别	申请人	专利数量	合计
俄罗斯	俄罗斯铝业	57	57
美国	诺贝丽斯	51	51
法国	肯联铝业（Constellium）	50	50
挪威	海德鲁公司	26	26
日本	株式会社 UACJ	17	25
	日本轻金属株式会社	8	
德国	Speira 公司	10	18
	本特勒集团（Benteler）	8	
英国	劳斯莱斯公司	10	10

国内专利分析（图1-6）表明，我国在铝合金领域的发明专利申请量和授权量，呈逐年上升趋势，近两年具有明显增幅，2024年授权率高达84%。依据自然资源禀赋优势，紧邻哈尔滨工业大学和东北大学的东北轻合金、重庆的西南铝业、山东烟台的南山铝业占据领先优势，见表1-6。

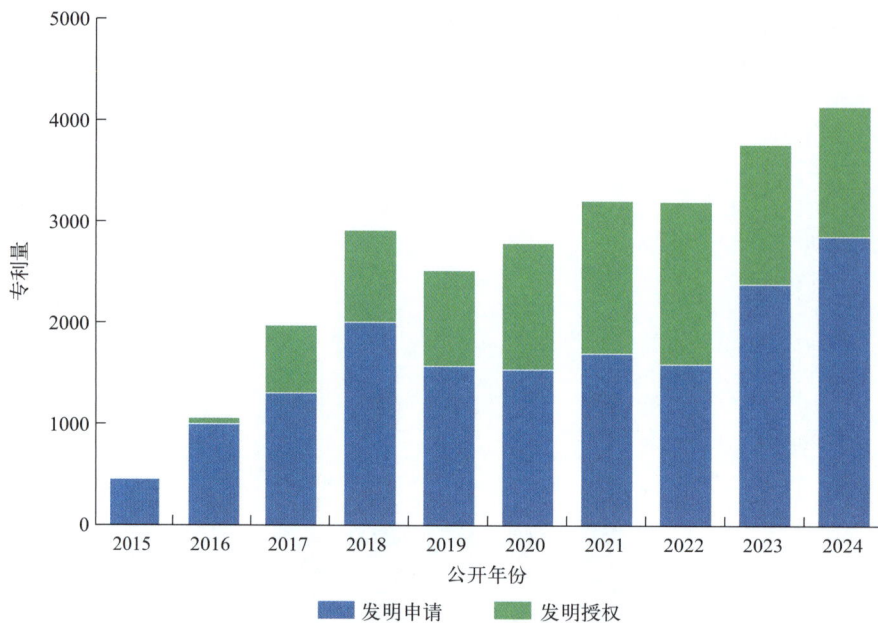

图 1-6 我国铝合金专利趋势分析

表 1-6 我国铝合金专利权人排名分析

省别	专利权人	专利数量	合计
湖南	中南大学	428	428
黑龙江	哈尔滨工业大学	246	641
	东北轻合金有限责任公司	202	
	东北大学	193	
上海	上海交通大学	230	230
重庆	西南铝业（集团）有限责任公司	215	215
山东	山东南山铝业股份有限公司	198	198
北京	北京科技大学	177	350
	中铝材料应用研究院有限公司	173	
江苏	江苏大学	164	164

1.2.2 钛合金

钛合金的专利检索式设计为"战略性新兴产业分类=（3.2）and SS=（titanium alloy or 钛合金）"。2015—2024 年，该领域国外合计件 12468 发明专利，筛选发明授权专利并进行简单同族合并后，得到 3013 组同族专利，国内同族发明专利合计 7955 组。

国外钛合金专利地域趋势分析表明，2019—2024 年，美国、韩国、日本和欧洲国家的钛合金发明专利授权量逐年攀升，不过俄罗斯相较五年前，略有回落，如图 1-7 所示。

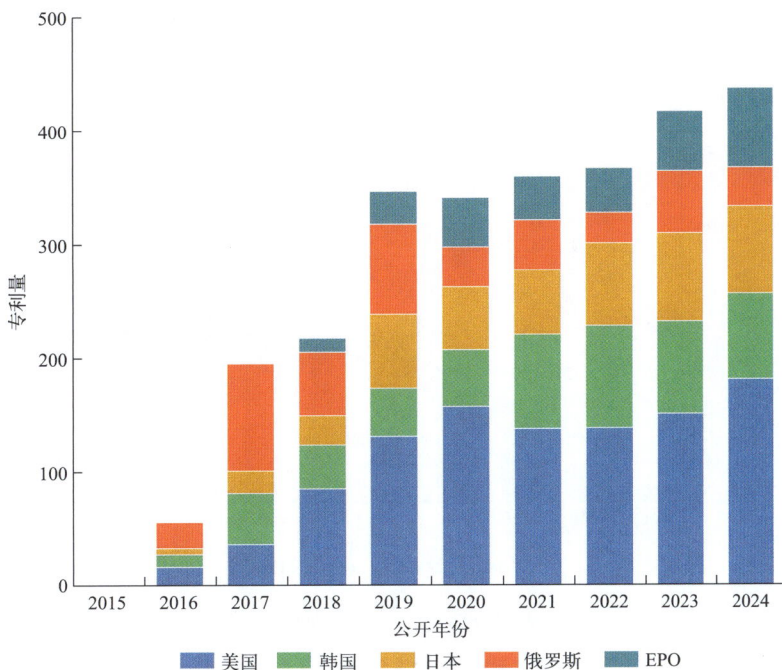

图 1-7　国外钛合金专利地域趋势分析

　　从国外钛合金专利申请人排名分析可以看出，俄罗斯的钛合金主要应用于核工业，而美国、法国和卢森堡主要依赖于航空大飞机产业拉动，如波音和赛峰飞机发动机，见表 1-7。

表 1-7　国外钛合金专利申请人排名分析

国别	申请人	专利数量	合计
日本	新日铁住金株式会社	96	136
	株式会社神户制钢所	40	
美国	通用电气公司	81	266
	波音公司	64	
	阿勒格尼技术 ATI	59	
韩国	东宇华仁化学有限公司	53	53
俄罗斯	核动力用钛合金	40	40
英国	劳斯莱斯公司	33	33
卢森堡	安赛乐米塔尔公司	31	31
法国	赛峰飞机发动机公司	28	28

　　国内专利分析表明，我国在铝合金领域的发明专利申请量和授权量逐年上升趋势，如图 1-8 所示。2024 年发明专利授权率高达 88%。

　　如表 1-8 所示，我国钛合金的主要创新主体集中在高校院所，如中国科学院金属研究所、哈尔滨工业大学、西北有色金属研究院。目前，需攻克 700℃ 长期服役的高温钛合金材料、低成本高强韧钛型材以及增材制造用钛合金制造等关键技术方向。

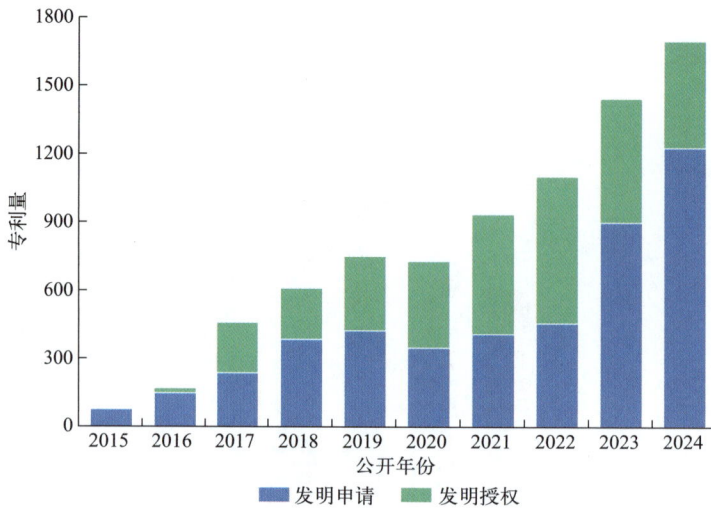

图1-8　我国钛合金专利趋势分析

表1-8　我国钛合金专利权人排名分析

省别	专利权人	专利数量	合计
辽宁	中国科学院金属研究所	197	197
黑龙江	哈尔滨工业大学	151	151
北京	中国航发北京航空材料研究院	133	239
	北京科技大学	106	
陕西	西北有色金属研究院	132	424
	西部超导材料科技股份有限公司	118	
	西北工业大学	99	
	西安交通大学	75	
四川	成都先进金属材料产业技术研究院	106	106
湖南	中南大学	92	92

　　钛合金材料的主要发展方向之一是高强、高韧化。我国应加速宽幅高强、高韧钛合金板材制备的基础研究和产业化关键技术研发，为今后工业化大生产作技术准备，这需要攻克大型工业铸锭洁净均匀化制备技术、大型板坯的锻造技术、宽幅板材的制备技术以及管坯管材的制备技术等。

1.2.3 ／镁基材料

　　我国是镁资源大国，白云石和菱镁矿储量世界第一、盐湖氯化镁得天独厚。自主研发的300～500MPa抗拉强度高性能镁基结构材料已大规模应用在交通工具、电子信息、航空航天和国防军工等重要领域。更高性能镁基结构材料，如400MPa以上铸造镁合金、

500 ～ 600MPa 以上变形镁合金等已取得突破，大尺寸结构件、先进镁基生物医用材料等处于中试或临床试验阶段，镁储氢、镁电池等新型镁基能源材料已经开始专利布局。

镁基材料的专利检索式设计为"战略性新兴产业分类 =（3.2）and SS=（magnesium alloy or 镁基材料 or 镁合金）"。2015—2024 年过去十年间，该领域国外合计件 8175 发明专利，筛选发明授权专利并进行简单同族合并后，得到 1828 组同族专利，国内同族发明专利合计 6034 组。

国外发明专利分析表明，美国、韩国、日本发明专利授权量呈上升趋势，尤其是近两年，如图 1-9 所示。美国和卢森堡主要用于支撑航空大飞机产业，而韩国镁基材料应用领域较为多元化，主要在生物化学传感器领域，如东宇华仁和 LG 化学，如表 1-9 所示。

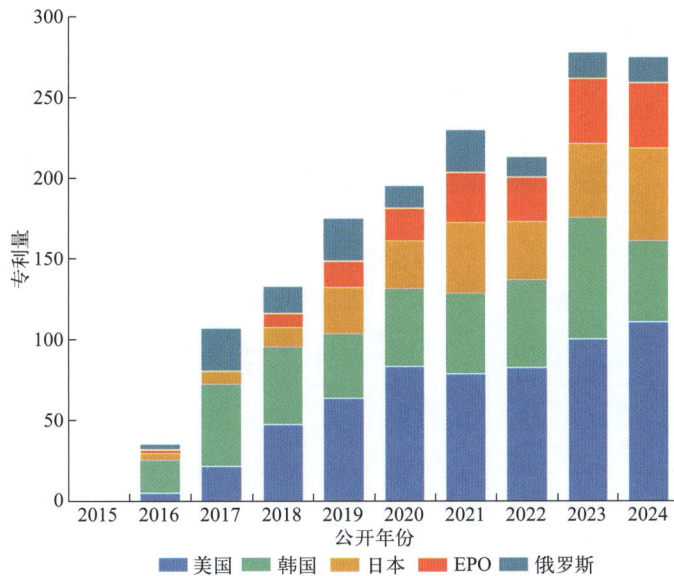

图 1-9　国外镁合金专利地域趋势分析

表 1-9　国外镁合金专利申请人排名分析

国别	申请人	专利数量	合计
美国	通用汽车环球科技	36	49
	波音公司	13	
韩国	浦项制铁公司	43	116
	东宇华仁化学有限公司	24	
	现代自动车株式会社	20	
	韩国生产技术研究院	15	
	LG 化学株式会社	14	
俄罗斯	俄罗斯镁业	14	14
法国	肯联科技	14	14
卢森堡	安赛乐米塔尔公司	12	12

国内专利分析表明，我国在镁基材料领域的发明专利申请量和授权量经历 2019—2022 年的低迷储备时期，近两年稳步上升，如图 1-10 所示。2024 年发明专利授权率高达 90%。这可能得益于以重庆大学、太原理工大学、中南大学、上海交通大学等高校为创新主体的基础研发，使得传统镁合金拓展到储氢等新能源方面，见表 1-10。

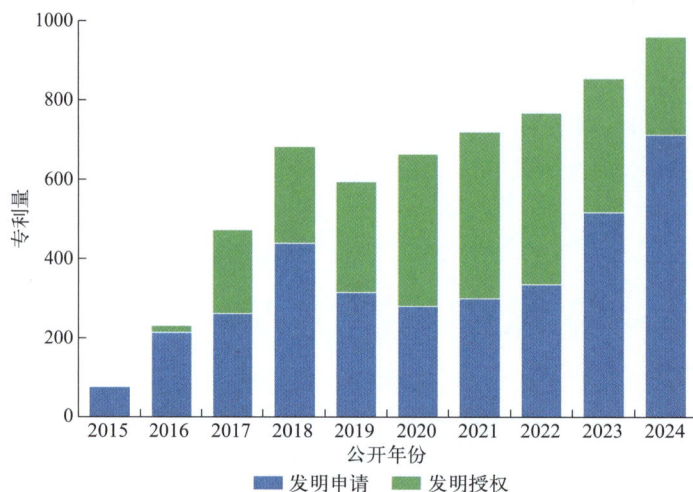

图 1-10　我国镁基材料专利趋势分析

表 1-10　我国镁基材料专利权人排名分析

省别	专利权人	专利数量	合计
重庆	重庆大学	161	161
山西	太原理工大学	136	301
	中北大学	90	
	太原科技大学	75	
湖南	中南大学	129	129
上海	上海交通大学	121	121
吉林	吉林大学	113	113
辽宁	东北大学	95	95
黑龙江	哈尔滨工业大学	76	76
北京	北京科技大学	69	69

综上所述，国外先进有色金属材料技术领域除俄罗斯铝业外，美国主导钛合金和镁合金领域，欧洲国家表现出色，如德国、法国和卢森堡的汽车和大飞机产业推动。韩国的钛合金和镁基材料主要应用在生物化学等领域。

相较而言，我国先进有色金属材料均需要依赖自然资源禀赋优势，其中铝合金创新主体以公司企业为主，需开发高性能增强材料，以巩固国际市场的话语权；钛合金和镁基材料目前以高校院所为创新主体，已经具备较好的转型升级潜力，如钛合金在生物医用材料，镁基材料进军新能源储氢产业。

1.3 / 先进无机非金属材料

无机非金属材料衍生于硅酸盐材料，是以某些元素的氧化物、碳化物、氮化物、卤素化合物、硼化物以及硅酸盐、铝酸盐、磷酸盐、硼酸盐等物质组成的材料。根据自然指数评估和专家遴选，无机非金属材料技术的专利分析以半导体材料为主。

1.3.1 / 国外半导体材料专利分析

半导体是导电性能介于导体（通常是金属）和绝缘体（多为陶瓷）之间的材料。根据能带理论，半导体系统可激发核外电子在导带和满带之间填充，从而实现用电来调控电。半导体可以是纯元素（硅或锗），也可以是化合物（砷化镓或硒化镉）。以氮化镓、碳化硅、金刚石、氧化锌、氮化铝、氧化镓等为代表的半导体材料在功率密度、功率载荷比以及抗辐照能力上展示了极具潜力的应用优势，助力于研发深空探测器、压电控制系统、卫星激光通信系统。

半导体材料的专利检索式设计为"战略性新兴产业分类＝（3.4）and SS＝（semiconductor or 半导体）"。2015—2024年，该领域国外合计15263件发明专利，筛选发明授权专利并进行简单同族合并后，得到10733组同族专利，国内同族发明专利合计21186组。

国外半导体材料专利地域趋势（图1-11）分析表明，近十年来，日本和美国发明专利授权数量具有绝对领先优势。近五年来，美国和韩国都出现了明显的增幅。2023—2024年，欧洲、日本、韩国等一直奋起直追，均呈现上升趋势，甚至一度赶超美国，时至今日，依然在某些领域保持着竞争优势。例如日本在电镀液、溅射靶材、光刻胶等高精密材料领域占据绝对优势；韩国在动态随机存取存储器上的优势；欧洲在半导体设备上的优势等。

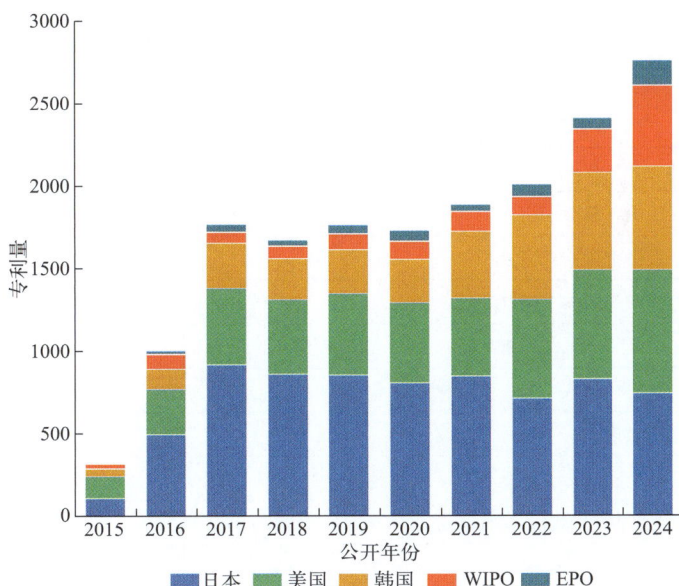

图1-11　国外半导体专利地域趋势分析

国外半导体专利分析全景（图 1-12）表明，日本、美国和韩国占据前三强位置，其中日本和美国全球份额相近（约为 36%），两者占据全球约 70% 授权发明专利。

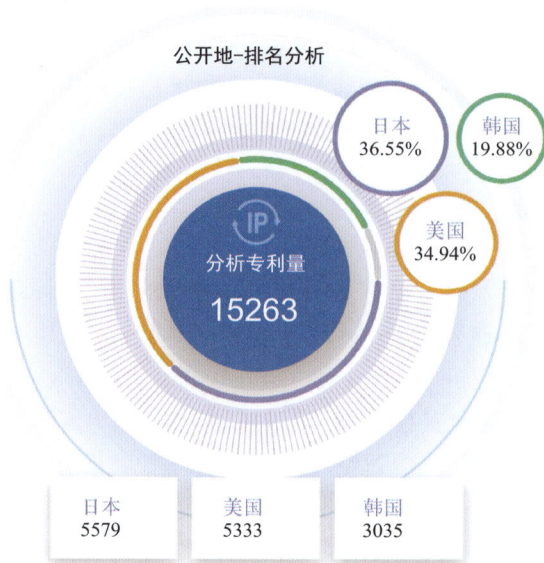

公开地-排名分析

日本 36.55%
韩国 19.88%
美国 34.94%

IP
分析专利量
15263

| 日本 5579 | 美国 5333 | 韩国 3035 |

图 1-12 国外半导体专利分析全景

从国外半导体专利申请人排名分析表 1-11，可以看出，美国应用材料公司是全球最大的纳米制造技术企业，是电子产业中最大的设备、服务和软件产品供应商，具有半导体和显示器件的完整产业链以及系统化专利布局。日本半导体产业完全是剑走偏锋，主攻半导体辅料，如科意半导体公司主业是半导体成膜技术的研发、设计和制造，信越化学工业株式会社专注于高性能有机硅、琳得科株式会社主打是不干胶密封材料等。在半导体芯片产业竞争白热化的全球局势下，日本走出了独具特色的自主发展之路。例如密封材料，是所有器件组装后不可或缺的，真实践行了完美之道：不是增而有益，而是减而有损。这种专利战略布局，值得学习和借鉴。

表 1-11 国外半导体专利申请人排名分析

国别	申请人	专利数量	合计
美国	应用材料股份有限公司	639	639
韩国	三星电子株式会社	409	409
日本	科意半导体 KOKUSAI	523	2530
	信越化学工业株式会社	381	
	琳得科株式会社	369	
	味之素公司	365	
	富士胶片株式会社	326	
	半导体能源研究所株式会社	291	
	住友电木株式会社	275	
中国	台湾积体电路制造股份有限公司	287	287

1.3.2 我国半导体材料专利分析

我国半导体材料技术领域专利分析表明，近三年我国半导体材料领域的发明专利申请量和授权量呈现指数上升趋势，近十年发明专利授权率从 64% 跃升至 96%，如图 1-13 所示。

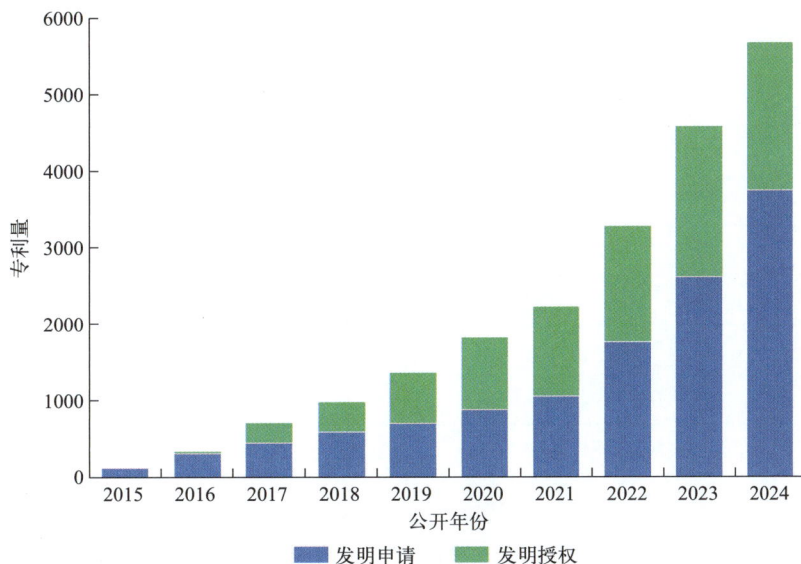

图 1-13　我国半导体材料专利趋势分析

如表 1-12 所示，从专利权人排名分析可知，国内半导体产业呈现多点开花的区域发展态势，主要创新主体以公司企业为主，如北方华创微电子、深圳 / 武汉华星光电半导体显示、上海新昇半导体、河北光兴半导体、宁夏中欣晶圆半导体等。2024 年，国内各地方政府逐渐收敛半导体产业发展，后续有望表现出了更加精准化、更加集约化。半导体人才与知识储备的高校院所涉及无机硬件的中国科学院半导体研究所和吉林大学，系统架构的中国科学院微电子研究所和华中科技大学，以及有机半导体的中国科学院化学研究所和华南理工大学。

表 1-12　我国半导体材料专利权人排名分析

省别	专利权人	专利数量	合计
北京	北京北方华创微电子装备有限公司	283	562
	中国科学院半导体研究所	128	
	中国科学院化学研究所	92	
	中国科学院微电子研究所	59	
广东	深圳市华星光电半导体显示技术有限公司	136	203
	华南理工大学	67	
湖北	武汉华星光电半导体显示技术有限公司	135	197
	华中科技大学	62	

续表

省别	专利权人	专利数量	合计
上海	中微半导体设备（上海）股份有限公司	131	299
	上海新昇半导体科技有限公司	106	
	大陆商上海新升半导体科技有限公司	62	
辽宁	拓荆科技股份有限公司	116	179
	拓荆创益（沈阳）半导体设备有限公司	63	
河北	河北光兴半导体技术有限公司	105	171
	中国电子科技集团公司第十三研究所	66	
宁夏	宁夏中欣晶圆半导体科技有限公司	105	105
江苏	中环领先半导体科技股份有限公司	94	94
黑龙江	哈尔滨科友半导体产业装备与技术研究院	94	94
吉林	吉林大学	80	80
江西	江西兆驰半导体有限公司	75	75
安徽	长鑫存储技术有限公司	59	59
湖南	湖南三安半导体有限责任公司	54	54

1.3.3 半导体材料技术对比分析

无机非金属材料技术领域，日本、美国和韩国占据主导地位，其中半导体材料美国以基材为主，日本以半导体辅料为主。具体地，随着集成电路芯片制程不断缩小，配套用高端溅射靶材及电子化学品纯度与洁净度的要求不断提高。国际上最先进的制程已达到 5nm 以下，需使用 5N5Co 靶材来制备接触孔，当特征尺寸达到 3nm 节点以下，要使用钌作为阻挡层材料。这些集成电路制造支撑材料，有望支撑以 6G 为代表的未来超高速大容量通信、新一代雷达遥感与高分辨成像等电子信息领域市场需求。

事关太赫兹技术用的关键真空维持材料、热阴极钨基体材料、金刚石铜复合材料的一致性，还有待提高，高强度无氧铜、热阴极合金基体、大电流热阴极材料，高性能、一致性优良氧化铝陶瓷与封接组件，高导热氮化物／碳化物陶瓷等，尚不能满足应用。

此外，非线性光学晶体包括硼酸盐、磷酸盐、氟化硼酸盐、氟化磷酸盐、碳酸盐、硝酸盐及其复合阴离子体系。大尺寸高质量激光（如深紫外激光光源）和非线性光学晶体的制备，仍然是目前发展的最大挑战。

同时，适应于高抗辐照等恶劣空间环境的压电、铁电、热释电、微波等介电材料如氧化铪及其谐振器、滤波器、介质天线、移相器、存储器、传感器、介质导波回路等元器件的规划探索是移动通信、卫星通信和军用雷达领域的必经之路，对保障未来太空军事安全和信息安全有战略性的意义。

1.4 前沿新材料

1.4.1 量子材料

量子材料是以半导体晶体为基础的，单晶尺寸为 1 ~ 100nm 的强关联电子体系，包括拓扑绝缘体、超冷原子和极化激元等，具有新颖特性如莫特跃迁、高温超导、拓扑超导、巨磁电阻和巨磁电等效应。

量子材料的专利检索式设计为"战略性新兴产业分类 =（3.6）and SS=（quantum materials or 量子材料 or 量子点）"。2015—2024 年，检索到 1498 件国外发明专利，国内同族发明专利合计 7371 组。检索专利类型设定为发明申请和发明授权，从而了解新兴量子材料的发展态势。

国外量子材料专利地域趋势（图 1-14）分析表明，近十年来，美国发明专利授权数量具有绝对领先优势。韩国、日本和欧洲国家以保持跟进为主，保持稳定增长趋势，近五年来受逆全球化影响，发明专利授权数量略有回落。

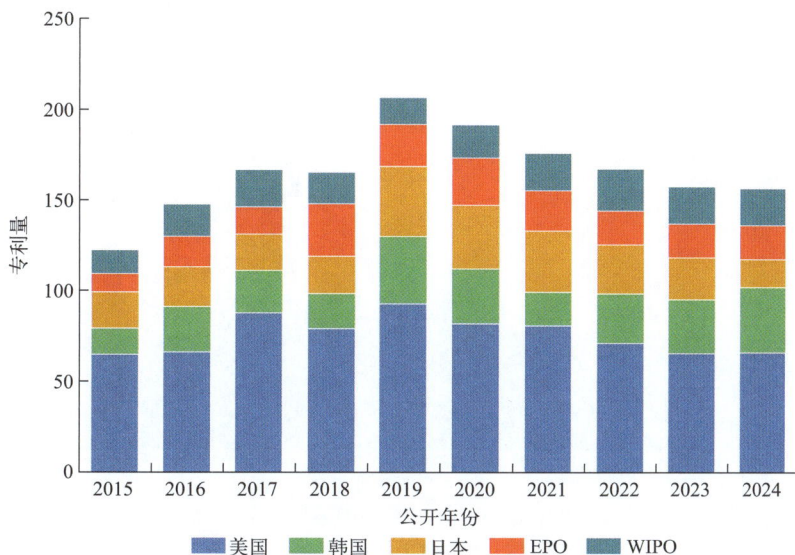

图 1-14 国外量子材料专利地域趋势分析

国外专利分析表明，美国在超导离子阱、光量子等多个领域都保持领先优势。多项量子计算的政策规划推动了企业数量的增长，美国在量子材料产业链上具有明显优势，涵盖了各类型的企业包括量子材料公司、量子点技术、应用材料等。相比之下，日本和韩国的量子材料专利布局，保持着谨慎观望式跟进态度，英国 Nanoco 公司也正持续关注量子点等新兴材料技术，见表 1-13。

近十年来，我国量子材料发明专利申请量和授权量呈指数级增长，如图 1-15 所示，发明专利授权率从 53% 跃居至 86%。

表 1-13　国外量子材料专利申请人排名分析

国别	申请人	专利数量	合计
韩国	三星电子株式会社	69	69
美国	罗姆哈斯电子材料有限公司	60	336
	加州大学董事会	57	
	量子材料公司	51	
	陶氏环球技术有限责任公司	44	
	量子点技术开发商 NANOSYS	42	
	应用材料股份有限公司	38	
	德瑞迪克纳米科技公司	23	
	量子元件开发公司	21	
英国	纳米技术公司 Nanoco	42	42
日本	NS 材料股份有限公司	33	64
	住友化学株式会社	31	

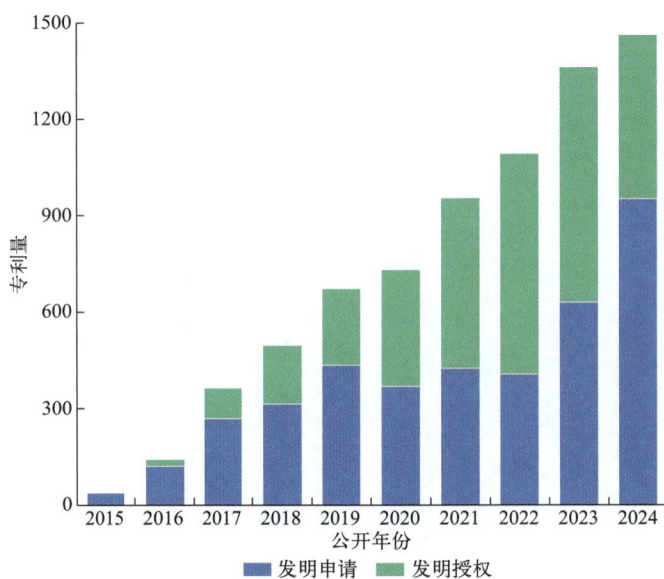

图 1-15　我国量子材料专利趋势分析

如表 1-14 所示，量子材料创新主体以量子点公司为主，如 TCL 科技集团、苏州星烁纳米科技、纳晶科技、京东方科技等，这表明量子点已具备产业化优势。

表 1-14　我国量子材料专利权人排名分析

省别	专利权人	专利数量
广东	TCL 科技集团股份有限公司	279
江苏	苏州星烁纳米科技有限公司	103
浙江	纳晶科技股份有限公司	91

省别	专利权人	专利数量
山东	济南大学	75
上海	上海大学	73
北京	京东方科技集团股份有限公司	72
湖北	华中科技大学	66
山西	山西大学	59

1.4.2 超材料与超构工程

超材料（metamaterials）是指通过设计获得的、具有自然材料不具备的超常物理性能的人工材料。将超材料设计理念拓展到量大面广的力学、声学、机械、建筑和纺织等民用大型工程领域，就成就了超构工程。这些新材料性质和结构功能，主要来源于人工结构而非构成其结构的材料组分，主要特殊物理性质包括电磁/声学斗篷、负泊松比、负折射率等。典型超材料包括左手材料、光子晶体、超磁性材料、力学超材料等，超材料智能蒙皮、雷达天线、吸波、隐身等颠覆性技术研发已成为各国科技竞争制高点。

超材料与超构工程的专利检索式设计为"战略性新兴产业分类=（3.6）and SS=（metamaterial or metasurface or 超材料 or 超表面 or 超构）"，检索专利类型设定为发明申请和发明授权。2015—2024年，检索到1498件国外发明专利，国内同族发明专利合计7371组。

国外专利分析表明，全球超材料与超构工程发明专利呈指数级增长趋势（图1-16）。美国哈佛大学和杜克大学以及衍生 Metalenz 公司是全球商用超材料产品的先驱，也是超透镜及超表面产品的全球领导者。加拿大材料科技公司 Meta Materials 在 Facebook 更名前就已经成立，后来随着更名 meta 公司后，超材料领域股价飙升，也带动了超材料及超构器件的商业化进程，如韩国三星电子也有部分参与进来，从而推进超材料产业发展，见表1-15。

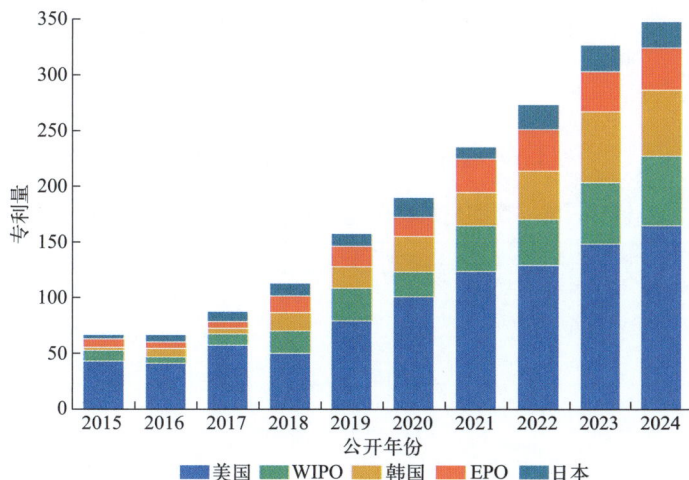

图1-16　国外超材料与超构工程专利地域趋势分析

表 1-15 国外超材料与超构工程专利申请人排名分析

国别	申请人	专利数量	合计
美国	增强现实公司（Magic Leap）	160	448
	哈佛大学校长及研究员协会	80	
	加州理工学院	83	
	超透镜（Metalenz）	35	
	哈佛大学（John Brian Pendry）	30	
	杜克大学（David R Smith）	29	
	犹他大学（David Schurig）	31	
韩国	三星电子株式会社	77	77
加拿大	加拿大材料科技公司（Meta Materials Inc.）	30	30

近十年来，我国超材料与超构工程发明专利申请量和授权量呈指数级增长，如图 1-17 所示。发明专利授权率始终保持 60% 以上，2023 年达到最高值 90%。创新主体依然以高校院所为主体，技术成果转化及产业化趋势更加多元化，见表 1-16。

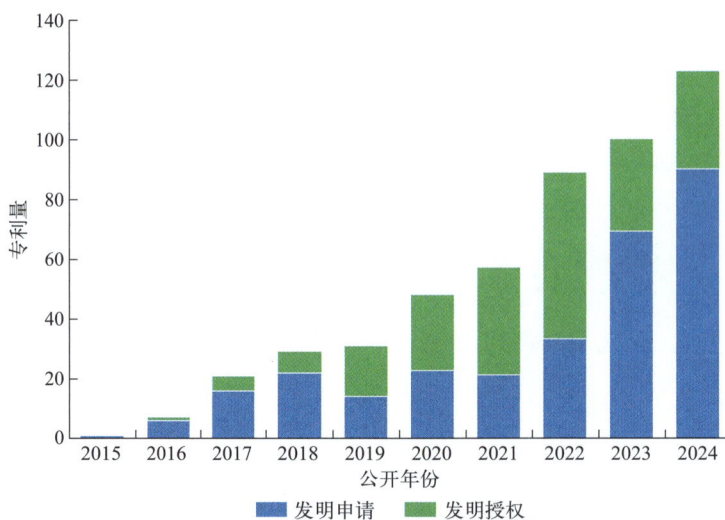

图 1-17 我国超材料与超构工程专利趋势分析

表 1-16 我国超材料与超构工程专利权人排名分析

省别	专利权人（机构树）	专利数量	
北京	中国科学院	29	38
	清华大学	9	
广东	光启合众	21	
上海	同济大学	17	
四川	电子科技大学	15	

续表

省别	专利权人（机构树）	专利数量
浙江	浙江大学	12
江苏	东南大学	11
河南	洛阳尖端技术研究院	10
湖北	华中科技大学	8
黑龙江	哈尔滨工业大学	8

综上所述，关涉量子材料和超材料与超构工程发明专利申请量和授权量，美国在中长期战略布局呈现明显优势地位，韩国和日本通常采取跟进或辅料加工形式，以保持竞争优势。我国在前沿新材料领域专利授权量均呈现指数级增长趋势，2024年发明专利授权率高达100%。

目前，前沿新材料亟需一个产业化切入点，如量子材料以量子点公司为主，超导材料以铁基超导为主，智能仿生材料以形状记忆合金主，方能有力地塑造科技成果转化和产业化优势。例如针对我国航空航天、国防军工、智能机器人等若干领域的需求，有待开展超材料功能构件增材制造原理、关键技术及应用验证等研究，突破传统材料和设计极限，研发整体化、轻量化、低成本高性能新结构的超材料。在提升增材制造加工精度的同时，进一步将跨尺度拓扑优化、多材料组合设计（金属/陶瓷/聚合物）与增材制造技术有机结合，实现超材料"需求－设计－制备"一体化，形成电磁学、热力学、力学、材料学、工程学等学科方向的若干颠覆性创新。

1.5 专利影响力分析和社融结构

高价值发明专利的影响力评估分析通常取决于技术因素、法律因素、经济因素和市场因素。根据新材料产业发展特点，确定了发明专利影响力分析的七个因素：技术因素（发明人数量、权利要求数、引用数量、被引用数量）、法律因素（同族国家数、专利有效期）、市场因素（涉及行业数量）。通常，权利要求数越多，意味着专利的保护范围越宽，以及技术创新程度越高；被引频次的高低，可用于识别高价值专利的指标之一，一项专利若被多国专利引用，表明该专利在世界范围内具有技术的开创性和核心性，是领域内的基础专利。同族国家数可知发明技术主题在哪些国家申请了专利。涉及行业数量用以考察专利的市场影响力。

我国新材料技术发明专利的融资信息，以高熵合金和超材料与超构工程为代表的新兴材料产业。高熵合金的主要融资方式除定向增发和战略投资外，还出现了A轮，如图1-18所示，这表明新兴材料技术首次开始社会融资。

如图1-19所示，超材料与超构工程的融资信息分析表明，除定向增发、战略投资和A轮外，还存在其他融资方式，这表明该领域覆盖了初创期、成长期、成熟期和扩张期等不同技术成熟度。

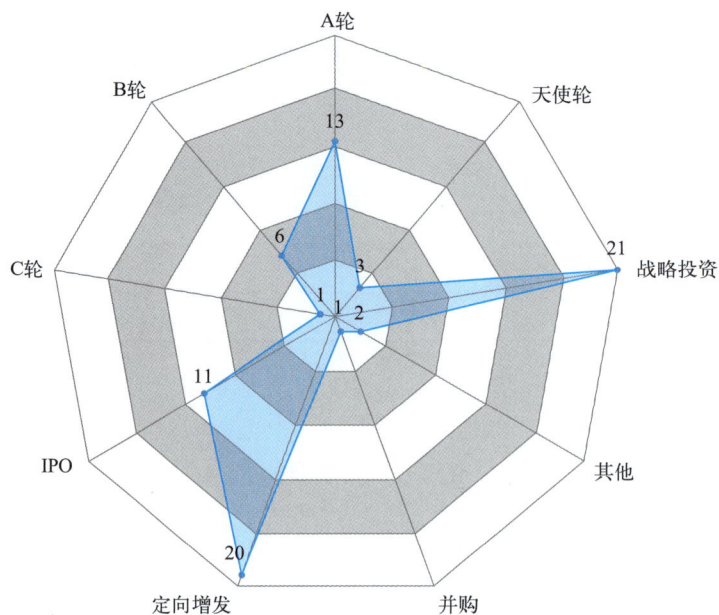

图1-18 高熵合金的融资信息分析

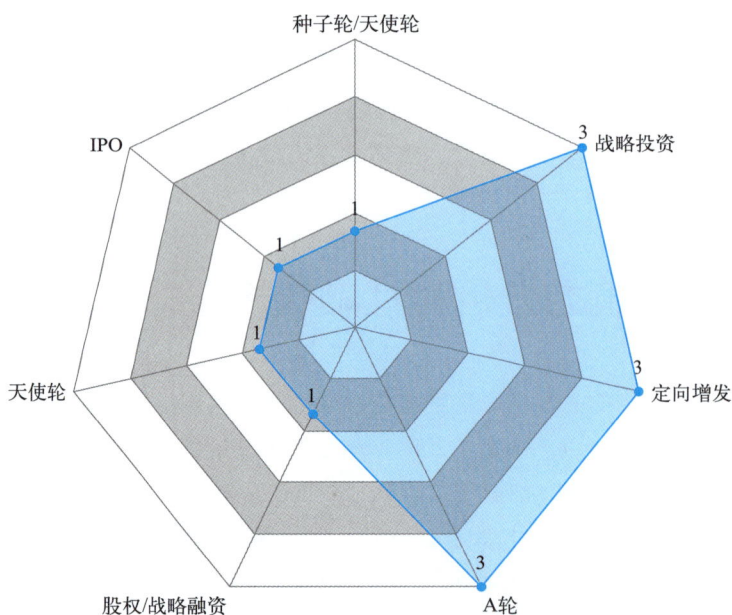

图1-19 超材料与超构工程的融资信息分析

以先进有色金属材料领域的镁基材料为例，开展了发明专利的影响力分析，如图1-20所示。从国外镁基材料发明专利的影响力分析可知，较高的同族国家数和较低的被引数量表明，该领域国际市场专利布局相对成熟，涉及行业较多，产业链相对比较完善。

如图1-21所示，国内镁基材料发明专利的影响力分析中，较高的发明人数量和专利有效期，以及较低的被引数量、权利要求数、同族国家数和涉及行业数，这表明我国在该领域还没有国际市场专利布局，研究热度和广度都有待提升，亟需转型升级。

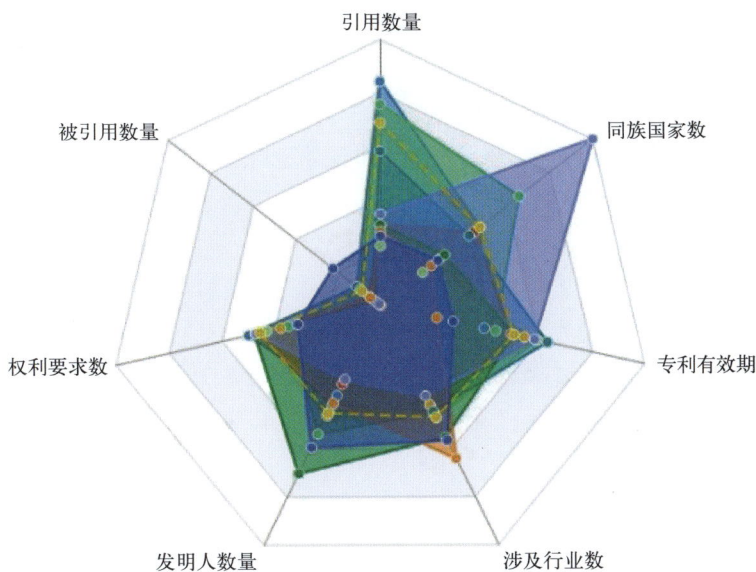

图1-20 国外镁基材料发明专利的影响力分析

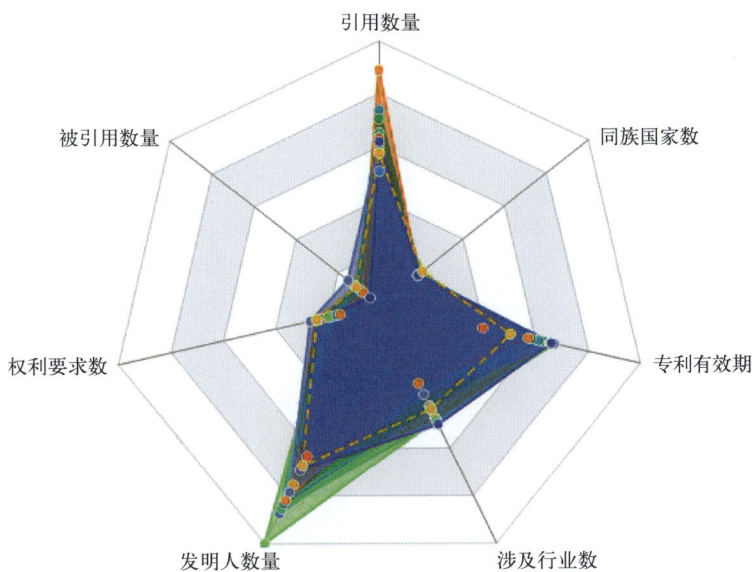

图1-21 国内镁基材料发明专利的影响力分析

结语

根据国内外新材料技术的影响力分析，研判新材料产业中长期社融走向，明晰了我国新材料技术发展与国外的优势与差距，以及中长期可行性发展建议。

（1）先进钢铁材料：焊材是关键

① 高熵合金以韩国产业化研究占优，我国仍是以北京科技大学等高校为主体的基础研究阶段。

② 高温合金以美国、法国主导，我国多应用在国防航天，还有待商业化。先进钢铁材料

市场需求潜力较大，受制于焊接材料研发，我国还可考虑优先进行专利战略布局，需攻克焊材材料的关键核心技术。

（2）先进有色金属材料：发挥资源禀赋

除俄罗斯铝业外，美国几乎主导钛合金和镁合金等所有先进有色金属材料领域。欧洲德国、法国和卢森堡则取决于汽车和大飞机产业推动。韩国钛合金和镁基材料已经拓展到生物传感器等生命健康领域。

我国先进有色金属材料技术的铝、钛、镁金属领域，通常依赖自然资源禀赋优势，其中铝合金创新主体以公司企业为主，资源禀赋依赖性较高，易受国际市场波动影响，需重点保证自主关键技术研发，以巩固资源禀赋带来的国际市场领先优势；钛合金和镁基材料以高校院所为创新主体，已经具备较好的产业转型升级潜力，如钛合金在生物医用材料，镁基材料已开始进军新能源储氢产业。

（3）先进无机非金属材料：密封互连辅材

日本半导体材料产业完全是剑走偏锋，主攻芯片辅料，如胶粘密封和互连材料。这是因为所有器件组装后，不可或缺的工序就是密封材料，这种专利战略布局遵循了产业发展的完美之道：不是增而有益，是减而有损。

美国、日本和韩国占据无机非金属材料技术领域的主导地位，其中半导体材料美国以基材为主，日本以半导体辅料为主；我国无机非金属材料技术专利创新主体方面，半导体材料均以企业公司为创新主体，但"大而全"的局面还有待融合"小而精专"，而且缺少体系化的专利族群构建，尚未形成有效专利布局。

（4）前沿新材料：小切口、快应用

关涉前沿材料的量子材料、超材料与超构工程，美国在中长期战略布局中呈现明显优势地位，韩国和日本则采取跟进或辅料加工形式，以保持产业竞争优势。我国前沿材料的专利申请量和授权量均呈现指数级增长，发明专利授权率均高达100%，现亟需找准场景驱动的产业化需求切入点，如量子材料以量子点产业为主体，超材料与超构工程以电磁隐身和超透镜为主体，如此小切口、快应用模式，才能有力地塑造前沿材料技术成果转化和产业化优势。

第 2 章

AI-Ready 材料数据、标准及基础设施

汪　洪　张澜庭　余　宁　路勇超

2011 年，美国启动了材料基因组计划（MGI）[1]，旨在利用定量数据和计算代码来发现和预测材料的行为，实现材料研发由试错法向预测型范式的转变，从而加快新材料的发现、设计、开发和部署，降低成本。其中心内容是发展先进的材料计算、实验和测试及数据信息学的工具，并将它们集成，构建新型的材料创新基础设施。欧盟、日本等发达国家也迅速启动了类似的政府主导的研究计划[2-4]。中国科学院和中国工程院自 MGI 发布的当年起，分别组织开展了广泛的咨询和调研。基于中国工程院关于中国版材料基因组计划咨询报告，汪洪等[5]对材料基因组的理念进行了归纳总结，并根据中国的实际需求特点与现有条件，对实施中国版材料基因组计划的发展战略、技术路线、政策措施等提出了建议。科技部于 2015 年启动了"材料基因工程关键技术与支撑平台"重点专项[6]。此后，汪洪等[7]进一步讨论了材料基因工程的三种具代表性的工作模式，阐明了材料基因工程方法与传统方法的根本不同点在于以数据为基础。明确提出数据驱动模式以"数据＋人工智能"为标志，围绕数据产生与数据处理展开，通过大量数据结合人工智能（artificial intelligence，AI）分析，揭示海量数据间的关联，挖掘潜藏的参量关系。数据驱动为材料研究开拓了新的视角，得益于 AI 的高效数据分析处理能力，数据驱动模式大幅度增加了研究问题的维度，提高了材料探索速度，从而有望带来颠覆性的效果。与之相比，实验驱动与计算驱动仍旧以传统的基于事实判断或理论推演的方式开展，并未改变既定的研究思维。因此，数据驱动代表了材料基因工程的核心理念与发展方向。近年来，以数据 +AI 为基本方法的材料研究工作正呈快速上升趋势（图 2-1），数据驱动的材料研究态势已初步形成。

关于人工智能的科学定义，可以从多个方面进行阐述[8, 9]。从数据角度，人工智能（AI）被定义为"一个系统所具有的正确解读外部数据、从这些数据中学习、并通过灵活的适配使

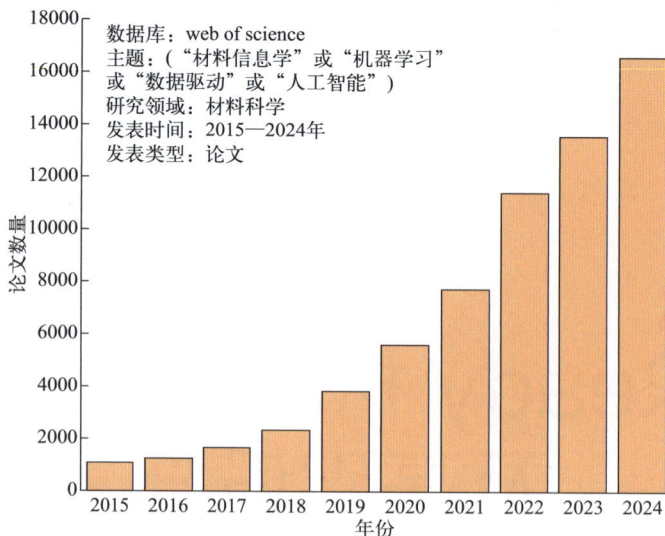

图 2-1　材料科学领域"数据 + 人工智能"研究的论文发表趋势

用这些习得知识来实现特定目标和任务的能力 [10]"。这种能力为材料研究提供了一个通过数据间相关性来探索规律的方法。它有别于传统物理模型所依赖的因果性，为缺乏基本物理模型条件下的科学规律研究提供了新的视角 [11]。材料是由极大数量原子构成的复杂体系，材料性能经常是多个物理机制耦合的结果，很少只受单一因素影响，因此仅建立起性能与某一个参量相关的简单模型，很难描述清楚。从生活经验可知，通常人类大脑只能想象三维图像，同时处理超过三个变量的问题是具有很大挑战性的。利用人工智能方法可以同时轻松地研究成百上千个参量耦合的效果，这大大增加了理解问题的维度。因此，在解决这类问题时具有极大优势。与此同时，传统实验或计算研究所形成的先验知识在实际中常被用于为人工智能构建知识模型提供特征选择和模型优化、解释的基础参考 [12-14]，因而，数据驱动并非实验驱动与计算驱动模式的简单替代，而是在此基础上的补充和延伸。

人工智能基于数据而建立。数据的规模和质量与人工智能模型的可靠性呈正相关关系，因此，数据 + 人工智能共同构成了数据驱动范式的核心内容。简单来说，数据就是我们通过观察、实验或计算得出的结果 [15]。在传统思维中，数据的主要作用是提供事实，作为科学研究、技术设计、查证、决策所依托的数值根据来使用，主要体现其表观价值。长期以来，材料科学数据生态是围绕计算、实验等传统研究范式而建立的。数据经常作为个体研究者在特定目标的研究中为获得特定信息所进行的实验或计算的结果而被产生并收集，因此整体呈现出多源异构、规模小、离散分布、无规范的特点。在人工智能背景下，数据是作为各种参数综合作用效果的承载体，为数据挖掘提供信息源。人工智能方法对大量数据进行处理与分析，通过建立数据间的关联，挖掘出背后构成这种关联的参数及相互关系，此时更多的是体现数据的内在价值。由于数据驱动模式在数据使用中表现出的新特点，对用于 AI 的数据在组织形式和内容上都提出了不同于往常的新要求。

目前已有的材料数据绝大部分都是面向传统的应用形式来收集、组织、存储和呈现的。事实上，这样的数据在基于 AI 的应用中，其查找、访问、准备、共享、重用和机器自动处理方面都遇到一定困难，这客观上阻碍、延缓了数据驱动模式在科学研究领域获得更快、更广泛地应用[16]。因此，在材料科学领域正阔步迈向数据驱动新未来的时刻，有必要对于在 AI 语境下材料数据应具有的特征、性质、特点取得深刻的理解与明确的认识，从而指导面向未来的材料数据的采集、组织、存储与使用，使之适合用于人工智能方法，助力其充分发挥出特殊的潜力。具有这样特点的数据在近期发布的新版美国材料基因组战略计划[17]中被恰当地称为 AI-Ready（AI 就绪）。对 AI-Ready 的含义做出清晰的解释将为构建面向未来的材料科学数据基础设施提出必要的基本遵循。这对于推动人工智能方法在材料科学领域中的应用，加速研究范式从试错法向数据驱动的预测型转变具有决定性意义。

我们从 AI 的自身特点出发，结合材料领域数据治理现状和最新趋势，对 AI-Ready 的材料数据所需满足的特点、要求进行了全面分析，在此基础上进行总结，讨论了实现 AI-Ready 的举措和领域内正在开展的相关工作。

2.1 / AI-Ready 对材料数据的要求

2.1.1 / 海量数据

人工智能本身融合了统计学的相关知识，需要有足够的样本量来表征所训练数据潜在规律的显著性[18]，再将其学习到的数据关联知识用于新样本的决策判断中。众多案例表明，随着模型训练集数据量的增加，模型愈加准确。例如 Schmidt 等[19] 报告，钙钛矿化合物形成能的预测误差随着训练集数据量的增加呈幂指数单调下降，当训练集加倍大约可将误差降低 20%；Lee 等[20] 研究了无机化合物带隙的机器学习模型，部分模型误差随数据量增加下降趋稳，而对于支持向量机模型，当达到该工作最大数据量时，误差仍呈明显下降趋势，说明数据量的增加将进一步促进模型的优化。因此，海量的数据是人工智能采用相关性策略探索的基本保障。

材料研究领域长期延续着课题小组的工作模式，研究社区主体以传统的低通量实验或计算方法来对材料的特性进行表征或模拟，再用产生的结果进行材料构效关系构建。工作模式的分散及表征、模拟方法的多样，造成材料数据来源众多，且研究社区内没有建立明确而统一的数据管理规范，导致了各个研究团队采集数据的种类和格式互不相同，数据呈现出多源异构的特点[21]，即便以某个具体材料类型为主题来汇集研究数据，例如镍基高温合金材料的制备、表征数据，因为不同团队数据模板格式的差异性，总的可用数据量仍旧不会太大[22]。可用数据匮乏问题在机器学习相关的研究工作和评述文章里经常被提及[23-26]。

目前材料领域对海量数据获取途径可大致分为两种。

① 高通量实验与计算技术，是高效产生大量材料数据的直接手段[27-29]。例如，以组合芯片为代表的高通量制备技术[30]，可在一块 1 英寸（1 英寸 =2.54 厘米）见方的基板上快速制备包含覆盖完整三元系成分含量的薄膜样品。采用同步辐射微束 X 光面探衍射技术对其进行表征，单点衍射表征时间可缩短到 1 ～ 2s，在一块组合材料芯片样品上获取 5000 点以上的衍射谱图，总耗时在 7h 以内，单日可完成 3 块组合材料芯片的逐点结构表征工作。以第一性

原理计算为代表的高通量计算依托先进超级计算机的超强算力、智能纠错的自动化计算流程、规范化的计算参数设定，可高速批量化地产出大量服务于材料设计的计算模型数据[31]。高通量实验与计算技术是从根源上加快产生材料数据量的有效方式，我国在"十三五"期间通过材料基因工程重点研发计划专项对高通量实验与高通量计算技术进行了系统布局，并取得了诸多进展[6]。各个细分材料领域正在持续推进该工作的开展[27, 32, 33]。

②从海量文献提取数据[34]。迄今为止，各种公开发表的科学文献是大量重要的科研数据的最主要出口与聚集地，将它们收集起来具有重要意义[34]。目前研究成果的呈现并无标准形式，大部分均以非结构化的异构形式公开。Pauling File 项目[35]是最大的人工收集无机晶体材料数据的项目之一，收集了从 1891 年至今材料科学、工程、物理和无机化学的科学文献中提取的晶体结构、物理性质和相图数据，迄今总共包含了超过 350000 个晶体结构、150000 个物理性质和 50000 个相图，并于 2016 年推出了在线版本 MPDS（Materials Platform for Data Science，https://mpds.io）。同时，借鉴生物医药信息学领域的经验，研究者们开始尝试采用自然语言处理、文本挖掘方法等计算机技术来自动化地从文献中提取数据。英国剑桥大学 J. Cole 开发了一个用于化学文本的自然语言处理工具包 ChemDataExtractor[36]，并使用它构建了磁性材料相变温度的大型数据集[37]，以及电池材料电化学性质的数据集[38]。从文献中提取数据是对当前非结构化数据发表生态的一种弥补性方案，其中手动提取模式需要专家知识来进行标注，数据精度较高，但耗费大量人工，效率较低；而采用自然语言处理和文本挖掘算法来自动提取文献数据效率比较高，但是精度比较低。从文献中提取数据是一种间接的数据收集方式，数据在非结构化发表和再次抽取的过程中，会导致大量有效信息损失。因此有必要改革知识确权方式与共享机制，将有价值研究数据直接发表。

2.1.2 综合全面的特征量

材料数据中所包含的特征量决定了 AI 描述现象的可能视角。如果数据中仅包含单一特征量，由此产生的认识必将局限于研究变量与此特征量的相互关系，而无法延伸至除此特征量之外的特征。一套能完整反映材料研究过程的特征集将有助于 AI 对数据间关联产生更精准的认识。在传统研究模式中，由于人类生活在三维空间中，人脑仅可直接处理较低维度的研究问题，在科学推理时，经常采取理想化的形式来对自然现象进行简化，例如经典物理学中经常用"足够光滑平面""忽略空气阻力""理想气体"等理想化假设，去掉一些复杂的干扰因素，只保留关键因素进行研究分析。在现代材料科学所采用的探究工具中，受限于技术条件，也经常采用一些类似手段来保证科学探究的可开展，如"真空条件""模拟海水腐蚀"等。这些简化反映在数据上，就是对复杂高维的现象经过降维进行低维描述，以方便人类对其进行处理。当然，也不可避免地导致了真实世界与认识的一定偏差。

人工智能方法的特点之一便是有能力处理高维度的数据，这为探究认识更真实的自然世界提供了新途径。与此相适应，AI-Ready 的数据集应包括尽可能综合全面的特征参量，以充分发挥人工智能的潜力。从工作流程上看，实验驱动和计算驱动均是先提出可能的理论，再搜集数据，并通过表征或仿真方法进行验证。这种依赖先验知识的做法有利于聚焦已知特征参数进行高效优化，但受限于当时的认识水平，有可能在无意中排除掉许多可能在实际问题中同样有意义的参数。从而在实际工作中限制了我们的想象力[39]，导致一些未知的关键因素擦肩而过。而数据驱动范式从理论上说，并不预设哪些参数是重要或不重要的，也就避免了对参数选用的习惯与偏向。例如 Ward 等[40]围绕化学元素的计量属性、统计属性、电子结构属性、离子化合物属性四个方面，创建了一组包含了 145 个材料参数的通用性特征空间，可对任意化学元素组成的无机材料进行特征表示，结合各种机器学习模型和训练数据，能够对材料的物理、化学性能进行预测，并在晶体的带隙能量、比体积、形成能预测和新型非晶体的发现等不同方面验证了其通用性和有效性；同时，为了量化每个特性对目标性能的预测能力，依次采用二次多项式拟合方式来测量模型的均方根误差，发现对于不同的材料和性能，影响其最佳建模的特性参量可能会发生显著变化。例如金属间化合物的形成能与熔化温度的变化和组成元素之间的 d 层电子数最相关，而含有至少一种非金属的化合物与平均离子特征（基于组成元素之间电负性差异的量）关系最密切，这些示例中最相关特性的变化进一步支持了构建机器学习特性集中有大量可用特性的必要性。该工作中所涵盖的 145 个特性虽然无法完全涵盖无机材料的所有特征，但朝着创建丰富的材料特性空间迈出了一大步，体现出全面的特性空间对于人工智能自动分析探索，获取未知规律的重要价值。

2.1.3　数据记录的完整性

从材料研究数据的产出过程来看，这些数据中不仅揭示了材料样品自身的内在特性，也蕴含了材料的制备、表征、计算设施及处理流程等相关因素的影响[41]，利用 AI 对研究数据分析处理时，这些因素均将在数据所反映的内在关联关系上有所体现。在以工艺优化、性能改进等为目的的研究中，研究者能够有效地获取、利用这些隐藏关系的前提是数据集中包含可反映制备、表征、计算等研究过程的完整特征维度，方可在相应特征参数上得到精细化、定量化的参考指导，并在计算模拟和实验中快速实现。

同时，任何制备、表征、计算过程都包含了大量细节参量，AI-Ready 的数据必须对这些参量有足够完整的收纳，使数据使用者对数据产生的条件、环境、过程充分理解，如同他们自身经历过一样，才能真正确保对这些数据的正确、合理使用。从当前的数据采集方式看，数据产生者主要是基于自身的研究目的来进行材料的实验制备、表征或计算模拟研究，记录每一条数据时，往往仅选用一部分符合自身研究需求的"关键参数"，而将研究过程中产生的其他参数直接忽略或舍弃。这些"不完整"的数据记录经过发表被再次使用时，常常由于细节的缺失而使研究结果不可重复，这在各个科学领域都经常出现[42]。为了保证科学工作的可靠性和科学数据的可重用性，目前一些期刊开始要求用户在提交预发表文献的同时，需要同时提交该成果中的所有源数据，如 Nature 出版社旗下的所有期刊都有这种要求[43]，其鼓励作者将所有必要数据存储在公共存储库中公开，并描述数据获取的完整途径，一些推荐的公共存储库包括 Figshare[44]、Zenodo[45] 和 Dryad[46] 等。考虑到数据驱动范式下数据使用时空范围在不断扩大，不同使用者对数据的利用视角也愈发广阔，在进行原始数据采集时，需充分考虑对数据产生动作相关的参数做到"应收尽收"，留下完整的数据参量记录，为数据的再利用提供尽可能详尽的信息，并为

AI 高效指导材料的优化设计提供详尽、全面的特征空间。

2.1.4 / 数据分布的均衡性

如前所述，人工智能通过找出多个参量间相关性来揭示数据内在规律。然而若用于训练的数据集在参数空间分布不均衡，将导致标准模型的判断结果发生偏差[47]，这在 AI 应用较为成熟的商业系统中较为常见，例如亚马逊曾放弃了一个通过 AI 来对求职者简历进行评分的智能招聘系统，因为该系统对女性应聘者产生了不公正的判断结果，出现这种偏见的原因是用于开发算法的训练数据集是基于与以前的申请人（主要是男性）相关的数据[48, 49]。

类似地，当 AI 用于材料科学探究时，若材料特征数据集中带有人为的偏向，将导致模型的判断结果也出现相应的偏向，如在传统方式的材料科学研究中，研究者往往只注意记录与研究目标相符的所谓"积极数据"，而将与目标不符的"消极数据"直接忽视或舍弃，这样收集到的数据用于人工智能模型训练时，会导致模型在统计意义上丢失部分客观性，并会损失一些潜在材料规律的挖掘机会。本质上，科学数据的所谓"好坏"是研究者从狭义角度进行的人为定性，数据本身是无优劣之分的，从统计学角度看，在严谨的科学条件设计下，每次材料实验产生的数据都是对材料客观规律的一次反映，均应该进行记录保存，在后续利用 AI 进行数据分析时，模型才能够全面客观地反映材料规律，具备较强的鲁棒性和可扩展性，充分体现出每条数据的潜在价值。例如在 2016 年发表的著名案例中，Raccuglia 等[50]在使用决策树方法预测新的金属有机氧化物材料时，在训练集中同时包括了之前的"成功"与"失败"的实验数据。

2.1.5 / 数据的可共享性

科学数据的重复利用，是关系到科研文化由单打独斗向共享合作的大科学模式改变的根本性要求，也是大数据时代数据驱动模式的现实需求。为构成所需的海量、多变量、均衡分布的数据集，单一来源数据往往很难满足，需要将多个来源的离散数据进行整合。这就要求离散的单条材料数据在形式表达上具备参与到大数据集中的条件，满足使用者对数据便捷访问、使用的可共享需求。

近几年，数据共享受到了广泛的关注，我国"十三五"材料基因工程重点专项也对数据汇交做出专门规定，提出硬性要求。美国 2019 年发布的《联邦数据战略和 2020 年行动计划》[51]、欧洲 2020 年发布的《欧洲数据战略》[52]、中国 2018 年发布的《科学数据管理办法》[53] 等，均从国家战略层面制定了促进科学数据共享的配套政策和实施方案支持。在一些具体科学领域，也部署了促进数据共享的强制性措施，例如美国国立卫生研究院（NIH）规定[54]，自 2023 年 1 月起，将要求其每年资助的 30 万名研究人员和 2500 家机构中的大多数在其拨款申请中纳入数据管理计划，并最终公开其研究数据。数据共享已在科学界形成共识。

然而，一直以来，科学数据大多存储在本地服务器上，且缺乏明确一致的管理规范，不同来源的数据在表达格式、表述完整性上参差不齐，使得数据既不容易访问，也不容易集成利用，共享效益较低。围绕科学数据如何能被更广泛和更充分地利用这一问题，国际科学界已经探讨多年[55, 56]，2016 年，荷兰莱顿大学的 Barend Mons 教授联合学术界、产业界、资助机构和学术出版商等一系列数据利益相关行业的代表，共同设计认可了一套简明且可衡量的数据管理原则——FAIR［Findable（可发现），Accessible（可获取），Interoperable（可互操作），Reusable（可再利用）］原则[57]，用于在更广范围提升数据的可共享性和可重用性。FAIR 原则得到了科学界的广泛认可，一些新型数据共享基础设施建设正在基于 FAIR 原则进行建设[58,59]。FAIR 原则的基本要求可以总结如下。

可发现（Findable）原则针对 AI 研究所需的目标特征研究数据从何处查询、用什么来查询的问题提出，要求数据被唯一且持久的标识符进行标识，其典型代表为 DOI 系统（digital object identifier system）[60]，能够在公共互联网空间通过系统分配的唯一数据标识，为数据对象提供一种解析访问方法，找到目标数据的所在存储位置；同时要求用丰富的元数据来描述数据，并将其在可检索的数据资源平台中注册或设置索引，使查询者能够通过数据的特征属性来对目标数据进行精确检索，满足了目标数据能够被使用者查询到的基本要求。

可获取（Accessible）原则对于所查询到的目标数据如何获取的问题，对数据的获取方式进行了最低实现程度的规定，要求在开放、免费、可普遍实施的标准化通信协议下检索数据及其元数据，使得数据能够通过网络基础设施免费、简捷地进行传递；涉及数据获取过程中的知识权益问题，允许数据所有者设置数据获取权限，在必要时对数据使用者进行身份验证和授权流程，在尊重数据所有权归属的基础上鼓励数据的开放；同时要求描述数据基本信息的元数据应能够持久访问，即便数据对象因为各种原因变更而不可访问，保证数据所携带的信息能在最低限度上被稳定地获取；此外，可再利用（Reusable）原则要求在数据发布时应包含清晰且可访问的数据使用许可要求，为数据能够被正确地访问获取提供明确的注解提示。

可互操作（Interoperable）原则要求数据使用正式、可访问、可共享和广泛适用的语言来描述数据，其中所涉及的词汇应从符合 FAIR 原则的词汇表中或已有的权威术语中来选择，从而使其表达形式在领域内具有通用性，避免不同来源数据集成时在数据语义、格式上的不兼容，使得不论是人类或机器均可方便地对数据进行处理，为 AI 应用建立一套领域共识的可理解语言机制。

对于非自身产生的数据，在 AI 模型构建时如何完整理解和正确使用这些数据的问题，可再利用（Reusable）原则要求用多个准确且相关的元数据来描述数据，这些元数据应与数据的详细出处相关，且在表达组织上符合本领域相关的标准，使得使用者能够尽可能详细地了解到数据的背景和内容组成，促使其能被合理利用。可再利用原则充分考虑了非数据产生者在完整理解数据时所应具备的内容要求，为 AI 模型所需多来源数据的正确理解、使用和模型解释、应用提供可靠性保障。

2.2　AI-Ready 材料数据的实现

2.2.1　材料数据的标准化治理

AI-Ready 对材料数据的海量、全面、完整、均衡、可共享需求，反映了数据驱动研究范式下的新型数据生态特点。其中数据完整性和可共享性，是单条数据的特性，可以通过标准化方式得到保障。标准化是为在既定范围内获得最佳秩序，促进共同效益，对现实问题或潜在问题确立共同使用和重复使用的条款以及编制、发布和应用文件的活动[61]。现实中的材料数据覆盖材料研发的全链条，从电子、原子、分子现象，多尺度下工艺条件对材料性能与服役表现的影响，直至应用设计与制造技术的细节。管理这样海量且多元的数据需要全领域的协调建立共同的规则，从而无缝地实现数据的交换与共享，实现 AI-Ready 的目标。传统材料数据库一般收集由原始数据处理而得到的分析结果（如各种材料性能参数等），而原始数据通常分散在实验者手中，不被收录，且数据格式五花八门，不便为其他人再次利用。再有，这些数据产生时往往以特定应用为目标，包含的材料属性相对有限，缺乏综合性。这样，数据可关联的参数就比较有限。这与传统材料研究方式与数据产生方式有着极大关系。因此现有的材料数据库大多不能满足材料基因工程的需要。在数据驱动前提下，有必要通过顶层设计，提出建立符合 AI-Ready 要求的材料数据结构的通用规则，用于规范 AI-Ready 数据的内容组成。

数据标准为 AI-Ready 数据库（集）的构建提供了重要的保障措施。材料数据具有数量大、种类多、形式多样、产出单位各异、知识产权归属复杂等特点，如果没有统一的标准可以遵循，不仅收录存储更加复杂，也不便使用。在当今多种数据基础设施共存的条件下，某种形式的标准化是实践数据驱动范式所必不可少的[62]。因此建立统一的数据标准是围绕数据的规范化治理所开展的关键措施，为材料领域大规模采用人工智能方法奠定重要基础。

2.2.1.1　AI-Ready 数据标准化的内容

元数据是一种较为直观的数据组织管理方式。元数据通常被定义为关于数据的数据，本质上是从某个角度对数据对象进行结构化描述的一种形式。例如对某个人进行描述可以通过姓名、性别、身高、年龄、性格等众多元素进行描述。从特定角度反映数据对象所具有的特征，需要选择相关元素组合形成特定的元数据模式。标准化就是以在一定社会范围内取得共识的方式来规范元数据模式中所涵盖的内容。在数据驱动模式下，元数据是数据检索和人工智能分析的实际载体。数据的完整性和可共享性可以通过在标准元数据模式中包含相应的元素来得到保证。由于材料体系复杂，种类众多，为材料科学开发信息丰富、详尽且适应性强的标准化元数据是一个突出的挑战[62]。目前在材料元数据标准建设方面，国际上尚处于起步阶段，现有的元数据标准不是完全缺失就是不完整，标准组织［如国际标准化组织（ISO）］为提供受控词汇表、数据格式和数据处理等元数据规范化相关的标准进行了许多尝试，但到目前为止还没有在领域范围内得到采用[63]。

本体（ontology）是对"共享概念模型明确的、形式化、规范化说明"[64]（an ontology is a formal，explicit specification of a shared conceptualisation）。本体能够描述某个领域内的特定概念体系及其中各元素之间的确定关系。在实际构建层面，本体本身并没有定义其表现形式，可通过 OWL、DAML、RDFS、IDEF5 等多种语言表示[65]，将本体设计转化为计算机可处理的模式，目前较为常用的本体语言是 OWL 语言（web ontology language）。各类本体在表达结构上具有相似性，均采用概念（也称为类）、实例、属性、关系、约束等基本构造元素来进行更具体的描述[65]。举例来说，我们在描述 45 钢材料"抗拉强度"和"延伸率"等数据"属性"时，这个概念体系包括："材料"是一个"类"，代表所有类型的材料；在"材料"中还可分"金属材料""无机材料""高分子材料"等子类（"子类"代表了它们之间的"关系"），"钢铁材料"又是"金属材料"的子类；"45 钢"是"钢铁材料"中的一个具体实例；这个实例具有"抗拉强度"和"延伸率"等多种"属性"，而抗拉强度 460MPa，延伸率 17% 定义了"45 钢"这个实例的两个属性值。再有，"铁素体钢"可以定义为一种包含至少一种铁素体组织的钢，我们可以用材料本体中的"钢"、"铁素体"和"基本组织"之间的关系来约束定义"铁素体钢"这一概念[66]，这种约束令数据对人类和计算机均有意义，是建立计算机对概念体系进行自动推理的基础。本体与元数据均是描述数据资源的工具，两者均通过概念，或者说术语来对对象所包含的特征进行表示，区别在于元数据通过树状形式来组织这些术语，在表达上更加模块化和直观简洁；而本体通过网状形式来表示，更加凸显这些术语的相互联系，为数据资源的理解和利用提供语义背景。它们之间可通过其所包含的术语及其关系进行相互转化。标准元数据模式可以被表达为在一个学科范围内定义的一套表述规范、相互关联的一个通用概念体系，其中的元数据元素根据其在概念体系中的逻辑关系，可以看成是体系中不同概念的构造元素，因此本体可以用于描述、反映元数据元素间的关系。

在材料科学中，现有材料本体是对材料、材料性质、单位和约束条件及其相互关系的一种分类方案[62]。标准化材料本体的建立将为材料领域内研究者提供一个共享的标准概念体系，促进领域内不同研究者对同类数据描述、管理的规范化协同，提升数据间的互操作性。多个异构数据库之间的数据交换可以方便地通过基于材料本体的中间数据表示来实现。随着本体的采用范围扩大，还将释放机器自动推理、挖掘海量材料数据间所隐含知识关联的潜力。目前，有关材料科学的本体建设刚刚开始，距离覆盖完整的知识体系还有很大差距。同时，各种各样的本体和不太正式的标准相互竞争[62]。如 NOMAD Meta-info[67]、ESCDF[67] 和 OpenKIM[68] 是原子材料科学中对计算结果进行分类的初期尝试，PLINIUS[69] 用于陶瓷领域，ONTORULE[70] 用于钢铁行业，SLACKS[71] 用于层压复合材料，PIF[72]、Ashino[73]、EMMO[74]、MatOnto[75]、Premap[76] 和 MatOWL[77] 代表一般材料科学数据等。还没有出现确保材料完整表示的标准化本体。虽然材料本体的发展过程已经加快，但它们还没有像其他领域（如生物科学）那样成熟[66]，在工业应用中，这些公开可用的本体通常是不够用的，这迫使商业公司创建自己内部的、特定使用范围的本体[74]。

2.2.1.2 材料数据标准化的国内外研究现状

近几年，材料信息学领域已经开始广泛认识并重视数据标准化的重要性[6, 41, 62, 63, 67, 78]。但在实际操作中，建立并推广标准是一件耗时费力的工作。尤其是在数据库基础较好的国家，形成各家共识本身就似乎是一件不可完成的使命。为了应对快速积累大量数据的需求，以 Materials Data Facility（MDF）[79] 为代表的机构采用了数据仓库的做法，即不限制材料数据的格式，将数据尽量多地收纳存储起来，以待今后进一步开发工具进行整理、分析和挖掘。数据仓库的形式对于解决数据量瓶颈问题是个短平快的方案，同时也是对缺乏数据标准现状的一种妥协。随机技术和标准的进步，后期固然可以对数据做一些标准化的规整，但原始数据中本身缺失的信息是无法通过事后弥补的。因此需要尽量一开始就标准化。

欧美国家注重对既有数据与数据系统的利用，尽力通过建立整套材料科学本体，改善多源异构数据的可互操作性，但这种元数据协调方式仍需开发数据转换器和共享数据模式。欧洲的 Novel Materials Discovery（NOMAD）实验室专注于收集、存储、清理计算材料学的数据，例如他们可以直接存储世界上主流的 10 多种从头计算代码产生的原始数据，然后通过开发转换器的方法将原始数据规整为符合一定标准的格式[67]。FAIRmat[63] 是德国国家研究数据基础设施（NFDI, https://nfdi.de）支持建设的数据联盟组织，将为材料领域许多特定的数据存储库构建一个联合基础设施，所有参与的团体或机构将使用统一的框架管理其数据，即在计算、管理和存储中共用一个中央元数据存储库。由于不同子领域不同主题的元数据存在差异，在管理时采用自下而上的分层方式，提取其共性元数据元素到上层中作为公共属性，例如材料的成分及研究方法，由此形成一个类似购物网站似的层层递进的数据组织和查阅模式，基于这些元数据形成一个材料数据描述的百科全书，可同时支持非专家用户的普通查询和专家用户的特定需求查询。FAIRmat 已经开始为不同领域中使用的词汇的数字翻译建立元数据和词典，下一步是开发本体，建立元数据之间的上述层级及其他关系描述，之后将标准元数据和本体部署到电子实验室记录本（ELN）和实验室信息管理系统（LIMS）中，实现不同团体所采集和存储数据的可互操作性。这种自下而上的元数据规范化工作模式使得 FAIRmat 在连接新的子域时具有较高的灵活性，但这种元数据协调方式需要开发数据转换器和共享数据模式。这种元数据协调方案的一个具体例子是 Open Databases Integration for Materials Design（OPTIMADE）[80] 联盟最近发布的首个版本 API，通过该 API 允许用户访问参与该联盟的各数据库元数据模式项的公共子集，实现对分布式数据库的统一访问。

我国在开展材料基因工程方法探索与研究的早期，便认识到标准的重要性。2017 年在中国材料与试验标准委员会（CSTM）成立之时，我国科学家前瞻性地便提出成立 CSTM 材料基因领域标准化委员会，这是国际上第一个材料基因工程领域的标准委员会，率先开展材料基因工程领域标准与标准化的重要探索与示范。2017 年 11 月 22 日，在第一届材料基因工程高层论坛期间，CSTM 材料基因工程领域标准化委员会（CSTM FC-97）正式成立，下设通则、计算、制备、表征、数据、应用 6 个技术委员会，分别负责对材料基因组的研究、开发、应用等各领域的材料产品、材料工艺方法、材料试验方法、材料试验技术评价方法、材料评价方法、材料模型和软件、材料计算、材料数据规范、材料领域管理和工作标准的团体标准体系建设工作。

考虑到材料基因工程以数据为核心的特点，FC-97 委员会确定将材料相关标准制定围绕数据展开。目前国际上尚无现成的材料基因工程数据标准可以借鉴。参考国际上材料数据标准建设中的实际情况，并结合中国材料研发领域特点与制度优势，FC-97 提出的标准化总体建设方针是通过顶层设计，建立一个面向未来的、适合材料基因工程数据系统的数据标准体系。数据标准体系中将包含一系列标准与规则，覆盖材料数据的全生命周期各个环节所涉及的技术、流程与功能，规范数据条目必须收集的内容与遵循的格式、协议、规定，使获得、存储与使用的材料数据都满足 AI-Ready，符合数据驱动模式的要求。

FC-97 选择在 CSTM 平台上从建立数据通用规则入手，基于最大化满足数据的 FAIR 原则这个基本出发点，确立数据条目中所包含内容的原则。2019 年 8 月，CSTM 发布了由国内 30 余家材料研究主体单位共同制定的世界范围内首个关于材料基因工程数据的团体标准——

《材料基因工程数据通则》（T/CSTM 00120—2019）[6, 81]，《材料基因工程数据通则》跳出了材料及分工多样性对标准工作开展的限制，从数据层面切入，提出一套兼容性极强的材料数据分类框架。如图 2-2 所示，《材料基因工程数据通则》针对材料科学在数据驱动模式下对数据的需求，将数据分为样品信息、原始数据（未经处理的表征数据）与衍生数据（经分析处理得到的数据）三类，这里，样品可以是实验产生的实物，也可以是经计算产生的虚拟物。同理，原始数据可以来自表征或是直接的测量，也可以通过模拟计算产生。注意：这里每条数据以单个操作（样品制备 / 表征 / 计算 / 数据处理）为单位，仅收集与该操作相关的内容。例如，关于样品信息的一条数据中，只包含关于该样品制备的信息，而不包含对该样品进行表征的内容。对每条数据分别赋予独立且永久资源标识（例如依据国标 GB/T 32843 等规则，也可依据任何独立赋予的唯一且永久的标识体系）。

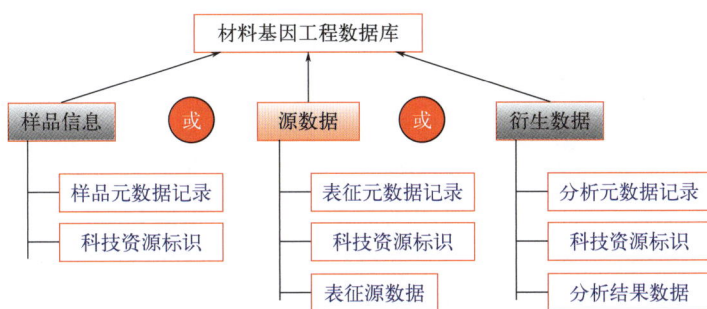

图 2-2 《材料基因工程数据通则》对材料数据类别的划分及其内容的规定

《材料基因工程数据通则》的设计重点解决三个问题：其一，原始数据（未经分析处理的数据）中包含大量的信息，它的多次利用，特别为不同的目的多次利用是数据可再利用性的重要保障。目前原始数据大多分散在产生者手中，不被收录，极大地限制了数据的再利用。这样的分类从制度上确保原始数据被记录下来，从而保证了被再次利用的可能。

其二，传统数据目前以数据产生者视角将成分 - 结构 - 工艺 - 性能间关系一体式组织呈现，从形式上就限制了数据应用的领域范围，不利于应用面开拓。《材料基因工程数据通则》将数据条目内容单元定为单个动作（制备 / 表征 / 处理），在保障丰富的元数据前提下，单条数据可依据自身信息独立地流通使用，方便地参与到使用者多元视角的材料探究中，在不同研究目的、情境下灵活自由地组合、重复使用。

其三，将样品单独列为一类数据是之前任何其他数据中都没有的做法。这样做的最大优点是使样品本身成为符合 FAIR 原则的公共社会资源，便于样品以数字代理形式共享、多用和重复使用。除此之外，还有以下几点重要考量：①避免在表征元数据和衍生数据中包含过大且重复的样品信息所导致的数据处理负担，特别是衍生数据中可能大到不可接受；②样品单独立项的前提假设是每个样品都是与众不同的个体，即便是两个表观参数完全相同的样品，其反映的重复性在材料数据科学中是具有统计意义的。传统数据库以一个样品作为同名样品的代表，实际上假设了所列参数是给定材料的特征值，客观上抹杀了由细节因素带来的差别。

在此基础上，基于《材料基因工程数据通则》对数据的标准化要求，构建材料基因工程术语标准、数据标识标准、数据标准化通用方法等一系列规则性通用标准，分别为各类研究方法的数据标准制定提供权威术语、标识方法、标准化流程与方法参考，以更具体地服务数据标准化工作建设。以一个关键方面举例，充分的元数据是数据再利用的基础条件，是 AI-Ready 要求中的重要组成部分，目前材料数据收录的元数据通常很不完整，达不到 AI-Ready 的要求，因此，在数据标准化通用方法中将明确规定，在具体标准中必须本着应收尽收原则，收集足够的元数据。不可忽视的是，在目前阶段，由于数据 / 元数据产生 / 收集过程使用的软、硬件没有考虑到应收尽收的需求，要完成这样的动作，必然伴随着大量的手工记录与录入，致使数据管理占用大量时间与精力，实施者不胜其烦，不可避免地产生懈怠甚至抵触情绪。解决这一矛盾的关键在于尽快完成数据标准化，并将标准规则贯彻于软、硬件的配置中。随高通量实验与计算技术的发展，数据产生 / 收集过程必将实现全面自动化，这个问题也将必然逐步弱化直至消失。为此，一些基于实验设备或计算软件数据产生特点的工作流控制软件系统被开发出来，例如美国 NIST 开发了一套电子显微镜实验室信息管理系统——NexusLIMS[82]，可以将用户使用 Nexus 电子显微镜时间段内所产生的所有数据和元数据，都打包到一个表示实验快照的结构化文本文档中，实现所有原始研究数据自动备份和归档存储，同时构建了一个基于网络的门户网站，用户可按日期、用户、仪器、样本或任何其他元数据参数搜索访问之前的实验记录。计算材料领域由于其天然的规范化和数字化特征，也开发了多个围绕材料计算而开发的自动化数据工作流管理软件，包括 Fireworks[83]、AFLOW π[84]、Atomate[85]，AiiDA[86] 等，可实现计算数据的自动化采集和存储管理，在数据完整收集上具有相对优势。进一步地，对于通用的制备、表征、计算技术、方法、流程应建立统一的数据模板，即数据标准，使得这些数据可以方便地共享。

2.2.1.3　材料基因工程数据标准体系

完整的 AI-Ready 材料数据生态需要通过构建完整的数据标准体系来保证。《材料基因工程数据通则》为 AI-Ready 材料数据的标准化建立了基点、指明了方向，也被用于更广泛意义上的材料数据标准设立所遵循的基本原则[87-96]。材料数据纷繁复杂，以《材料基因工程数据通则》为核心的数据标准化工作采取了一种自上而下与自下而上相结合的工作模式。首先，从顶层设计出发提出一套全面覆盖材料数据相关的方方面面问题的标准体系构架，对需要建立的标准进行了整体规划。在实操中依据标准体系框架，发动各方面专家，发挥各自专业特长，以《材料基因工程数据通则》为核心指导原则，从具体问题入手，逐步建立各类数据标准细则。材料基因工程数据标准体系框架如图 2-3 所示，从内容上可以划分为四个板块。

① 基础通用标准对材料数据的通用性要求进行明确。其中《材料基因工程数据通则》对材料数据的标准化工作目标、内容提供总体设计和规划。材料基因工程术语标准、数据标识标准、数据标准化通用方法等标准，将《材料基因工程数据通则》对数据的各项通用要求具体化，如前所述，分别为各类研究方法的数据标准制定提供权威术语、标识方法、标准化流程与方法参考，以更具体的服务、指导数据标准化工作的整体性建设。

② 实验和计算是材料数据产生的两个主要方面。相应的标准从材料数据生产者的角度出发，规定各种实验或计算方法产生的数据条目中应包含的内容。在具体执行上，需要重点关注三个方面：数据分类、标准建设粒度和标准化内容。首先，依据《材料基因工程数据通则》对材料数据的分类，按照实验制备 / 计算（虚拟）制备、实验表征 / 计算表征、数据分析几种

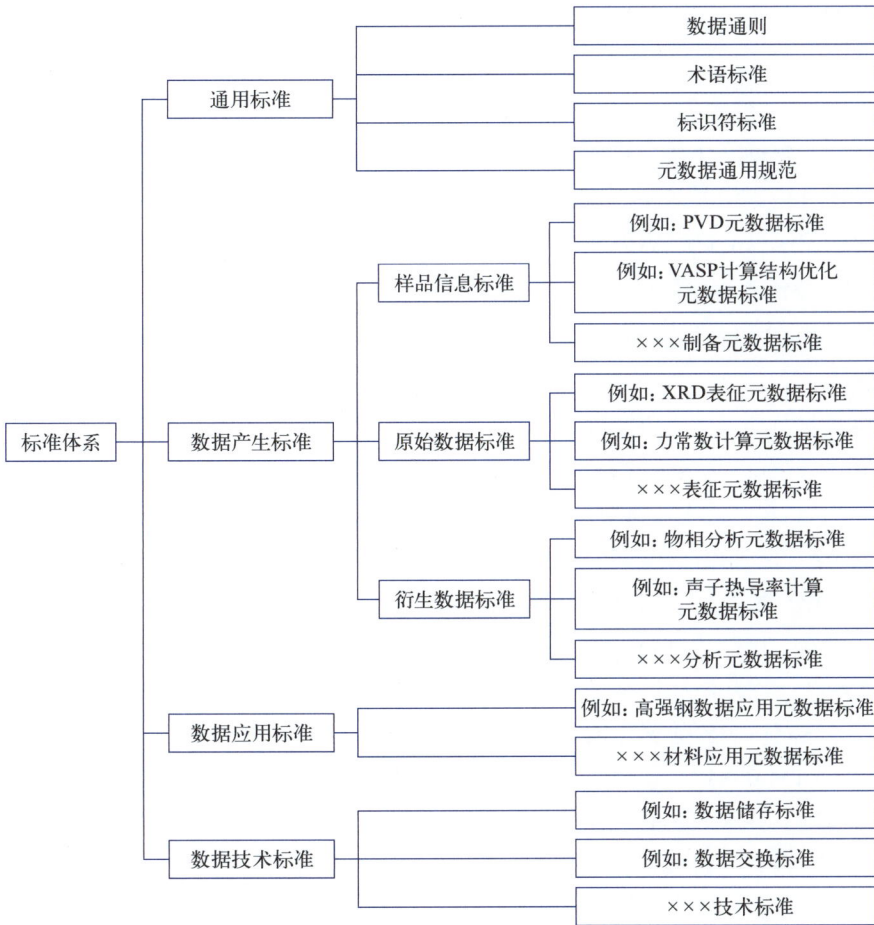

图 2-3　材料基因工程数据标准体系框架

数据产生过程，将数据划分为样品信息、原始数据和衍生数据三类。其次，每件标准以可独立存在的数据产生动作（样品制备／表征／计算／数据处理）为条目主题，以该动作（样品制备／表征／计算／数据处理）所采用的具体方法为载体。例如针对"物理气相沉积方法（PVD）"制备薄膜样品过程，建立相应的"物理气相沉积（PVD）薄膜样品信息元数据标准"；针对"X射线衍射分析（XRD）"表征，建立"XRD 表征元数据标准"；针对"XRD 数据物相分析"，建立相应的"XRD 物相分析衍生元数据标准"。计算数据标准实例如 VASP 结构优化计算元数据标准（虚拟样品）、VASP 力常数计算元数据标准（虚拟表征）等。再者，标准的内容则是以数据产出动作过程为描述对象构建标准化的元数据模式。高通量实验与计算数据的标准除包含相应的样品制备／表征／计算／数据处理基本技术的规定外，还应反映高通量技术的特点。

　　③ 数据应用标准板块包括一系列从材料数据在研究中应用角度出发，根据不同材料细分领域所关注的材料性质、参数来建立的标准化应用数据集元数据模式。例如针对低合金高强钢研究人员通常关注其关键成分、力学性能、组织结构、加工工艺等参数。领域专家根据多年经验，构建包括该材料常用特性的元数据模式，并形成领域共识，使其成为"低合金高强

钢应用元数据标准"。数据应用标准依据材料类型划分粒度,为使用者提供一种专家经验的视角。

④ 数据技术标准板块是从计算机科学出发,为材料数据标准在数据的存储、交互、挖掘、质量控制、数据安全等方面建立共识性协议、规范、标准,为数据在机器层面的一致性管理和互操作性提供信息技术保障,相关工作正在中国材料与试验团体标准委员会材料基因工程领域委员会成员单位中积极推进。

2.2.1.4　材料基因工程数据标准化实施进展

自《材料基因工程数据通则》发布以来,材料数据标准化建设从不同层面、不同材料领域迅速开展。

在材料数据标准化基础通用标准层面,依托"材料基因工程关键技术与支撑平台"国家重点专项的支持,围绕《材料基因工程数据通则》所规定的数据标准化建设基本框架,CSTM 发布了《材料基因工程数据　元数据标准化基本原则与方法》(T/CSTM 00837—2022)[87]《材料基因工程　材料数据标识(MID)》(T/CSTM 00838—2022)[88]《材料基因工程　术语》(T/CSTM 00839—2022)[89] 等通用标准,分别对数据标准化的规范化方法、标识方案、权威术语进行了规定,这些标准将《材料基因工程数据通则》的内涵和要求具体化,为材料数据标准化工作的全面性开展提供指导方案。为进一步推动数据产生层面标准化工作的有序开展,CSTM 发布了《材料实验数据　通用要求》(T/CSTM 00796—2022)[90]、《材料计算数据　通用要求》(T/CSTM 00848—2022)[91],针对实验和计算这两大材料数据来源,结合《材料基因工程数据通则》要求和实验方法、计算方法自身共性特点,分别对实验数据规范化和计算数据规范化的通用性内容要求作了规定。参考上述不同层面的通用性标准的要求,CSTM 发布了《材料实验数据　扫描电镜图片要求》(T/CSTM 00795—2022)[92]、《材料实验数据　粉末冶金技术数据要求》[T/CSTM 00846—2022/T/CCPMA 001—2022(IDT)][93]、《材料实验数据　火花放电原子发射光谱数据要求》(T/CSTM 00847—2022)[94] 等针对特定材料制备、表征方法的数据产生层面标准,使标准化工作落实到具体的研究过程的数据管理中,为领域内相应主题数据的统一化管理提供了共识基础。

在不同细分材料领域,一些代表性标准化工作正以规模化方式积极建设中。在"云南省稀贵金属材料基因工程"重大科技专项支持下,围绕稀贵金属材料研究过程的数据标准化工作正在以云南贵金属集团为主要载体建设过程中;贵金属数据标准化建设针对贵金属研究过程相关实验和计算方法,进行了系列以《材料基因工程数据通则》为基本要求的数据规范化探索,孕育了覆盖面较为广泛的数据标准化生态文化,一些代表性的贵金属研究手段如合金扩散偶制备、声子热物性计算等方法的数据标准工作已经 CSTM 正式立项,同时依据标准化要求构建了一个大型的贵金属材料专业数据库(http://ipm-data.matclouds.com)。此外,结合高速列车车轮车轴产业化国家重点工程与综合领域共同制定了若干大尺寸构件全域高通量原位统计映射表征技术标准,以材料基因工程创新方法为评价相关材料构件的质量提供了科学支撑,现已申请立项 13 项,提出立项计划 30 多项。围绕数据驱动研究对数据的组织应用需求,CSTM 发布了《用于数据驱动材料设计的钐钴基合金数据规范》(T/CSTM 00629—2022)[95],从研究数据的应用层面对钐钴基合金研究过程所需的样品、表征及处理数据内容进行了规定,也为其他从材料层面来建立数据应用规范的工作提供了借鉴。

数据驱动模式下的材料研究不仅覆盖了广阔的材料研究领域，在密集数据处理需求下，信息技术的重要性不断凸显，数据标准化工作同样离不开信息技术层面的支持，材料数据驱动研究所需的信息技术标准建设工作，正在中国材料与试验团体标准委员会材料基因工程领域委员会成员单位中积极推进。2022 年 6 月，CSTM 在其资讯平台发布了材料数据标准框架体系[97]，该体系整合了上述材料基因工程数据标准化研究工作，以数据为主线，结合材料数据自身特点和材料信息学研究流程，覆盖数据获取、数据存储、数据管理、数据应用和数据安全的全过程，并提供了材料数据现行及在研标准体系表，为后续工作开展提供方向。

CSTM 标准系统将确保材料基因工程研究活动及其成果具有引领性、规范性、准确性、高效性和可复现性，而材料基因工程标准化的创新驱动，必将为面向信息化、智能化的材料产业高质量发展提供强有力的支撑。

2.2.2 ／ AI-Ready 数据基础设施

数据标准化的实施为构建完整可再用和可共享的规范化单条数据提供了治理方案，也为海量、特征全面、均衡分布材料数据集的广泛构建奠定了基础。现有的材料研究基础设施是基于当前的需要而设计和开发的，产出的数据无论在量与质上，均与 AI 要求相差甚远。因此，AI-Ready 数据的获得需要与之相符的新型材料数据基础设施予以支撑。新型材料创新基础设施将以数据为核心，AI 为关键词，由数据平台、高通量实验平台和高通量计算平台三部分组成。数据平台包括基于 AI 方法的软件工具库，与 AI-Ready 的数据库；高通量实验与高通量计算平台作为数据生产来源，为快速获取大量数据提供了有效途径。这样，材料基因工程的 3 个技术要素实现了内在的协同，形成了缺一不可的深度融合关系。

构建 AI-Ready 新型数据基础设施的相关技术包括了数据的高通量实验技术、数据的自动化采集存储技术、高通量计算技术、数据标准体系、数据语义和结构的标准化存储、数据的统一标识和网络访问获取等。数据标准化随每条数据渗透在其中的每一环节。通过综合运用这些技术，实现 AI-Ready 数据产生、收集、存储、处理、交换、共享、使用、分析和网络协作的全链条综合基础能力[16]。

基于上述考虑，Wang 等[98]提出了"数据工厂"的概念模型，即在理想条件下，AI-ready 数据应产生于一个像工业生产线一样以标准化方式批量生产数据的专用设施平台。图 2-4 所示为数据工厂的概念图。概念图中央是数据工厂的数据设施。图 2-4 右翼为实验数据工厂，它可以是基于大型科学设施（如同步加速器光源、中子源等）的大规模、系统性的高通量综合制备与表征平台设施，集成一系列原位制备和多参数表征手段，能够产生包括力学、电气、光学、热学、磁学和声学特征及性能等多参量数据，理想情况下，所有性能测量都在同一样品上实时原位地进行。图 2-4 左翼展示了计算数据工厂的概念，它实质上是一个拥有各种高通量计算软硬件的计算中心，通过密度泛函理论、分子动力学、CALPHAD 方法、相场模拟、有限元分析等多种方法，配备有高通量计算工作流程，有能力生成从原子尺度到宏观尺度的大批量综合计算数据。数据工厂可以在同一地点集中建立，也可以由一组虚拟链接站点组成的分布式平台构成。

　　"数据工厂"将直接回应 AI-Ready 对材料数据的各方面需求：自动化、不间断流水线式的数据采集存储方式为海量数据的产生提供了保证；公共数据生产设施弱化了研究者通常所带有的强烈目的性，使特征参数分布更为均衡；高通量的产生方式有利于获得具有更好的系统性、一致性的数据；综合的观测指标为人工智能对未知规律的探索提供了巨大的特征空间。数据标准可以方便地实施于数据工厂，使数据的采集、存储和管理都按照统一的方式进行，保证了 FAIR 原则在任何一条数据得到满足。同时，由于实现了自动化与标准化，以"应收尽收"原则收集大量参数不再是负担。

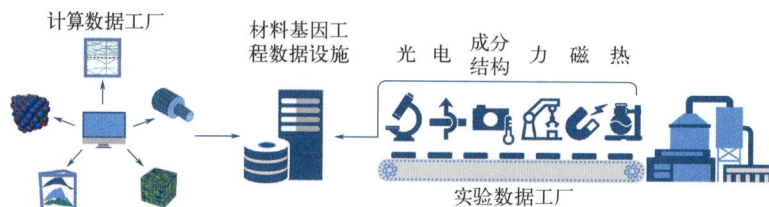

图 2-4　"数据工厂"概念图示——一个能够以标准化方式批量生产数据的专用设施，如同一条工业生产线[98]

　　"数据工厂"的出现将给数据生产带来一系列重大变革。其一，为了更广泛的长远的目标，综合、均衡的材料数据集将被大规模地有意识地产生，而不再局限于作为分散的具有特定目的的实验或计算的副产物；其二，数据标准的全面实施保证参数的完整性和数据的可共享性，使每条数据可用度和可用范围大幅提升；其三，"数据工厂"将数据产生由个体活动转变为有组织的社会活动。其四，这种有组织的努力将把数据的社会属性从私有财产转变为公共资源。其结果将带来材料数据数量和质量的全面提升，数据共享将变得更加简单，社会总成本也将降低。这种新型的数据产生方式是材料科学的革命性变化。

　　"数据工厂"概念模型反映了材料创新基础设施的最新发展趋势。在美国白宫国家科学技术委员会于 2021 年 11 月发布的最新"材料基因组计划战略规划"[17] 中对材料创新基础设施作了重点部署，提出连接、创建和加强计算工具、实验工具及数据存储共享软件框架等要素，建设国家材料数据共享网络，将其整合为一个统一化的材料研究连续体，从而扩大 MGI 覆盖范围，提高研究资源的易得性；在这个统一的数据网络架构基础上，以构建 AI-ready 数据为目标，利用和加强材料创新基础设施，使人工智能方法的应用大大加快材料的研发。

　　目前国际上已开发了一系列基于高通量计算平台或计算"数据工厂"的数据库平台。由麻省理工学院和劳伦斯·伯克利国家实验室联合开发的 Materials Project[99]，依托美国国家能源研究科学计算中心［National Energy Research Scientific Computing Center，NERSC］的超级计算集群，并借助其开发的 Fireworks 工作流软件和 Custodian 作业管理软件来自动管理计算及数据处理流程，建立了一个大型的材料第一性原理计算数据库，迄今已包括了超过146000 种材料、24000 种分子、4000 多种电池材料等在内的系列计算性质数据，计算量达 1亿 CPU 小时 / 年，并提供了多种检索、分析工具来帮助研究人员快速获取、分析数据（https://next-gen.materialsproject.org）。其他比较著名的高通量计算数据平台还有 Automatic Flow for Materials Discovery（AFLOW）[100]、Open Quantum Materials Database（OQMD）[101]、Novel

Materials Discovery（NOMAD）[102] 和 MatCloud[103] 等。值得注意的是，这些基础设施在数据管理和存储时采用了各自独特的方式，相互之间并没有遵循同一标准，在多源数据整合为 AI-Ready 数据时存在诸多不便[62]。OPTIMADE[80] 联盟发布的通用 API 所支持的数据基础设施包括了 AFLOW、Materials Project、NOMAD、OQMD、Materials Cloud[104] 等，通过 OPTIMADE API 可以在这些物理位置分布不同的材料数据基础设施实现跨库检索，体现出了"数据工厂"分布式建设、虚拟链接的特点。

与计算相比，具有"数据工厂"特点的实验数据大型数据库平台目前还较少，High Throughput Experimental Materials Database（HTEM DB）[105] 是其中为数不多的典型代表，HTEM DB 由美国国家可再生能源实验室（National Renewable Energy Laboratory，NREL）基于其开展的物理气相沉积（PVD）组合薄膜样品的高通量制备和表征实验数据而建设，并开发了 LIMS 材料实验信息管理系统，负责自动收集、索引和归档实验数据，目前公共版本涵盖了 82000 余个采用物理气相沉积合成的各种薄膜材料样品（氧化物、氮化物、硫化物、磷化物、金属间化合物）的成分（55000+）、结构（65000+）、光学（46000+）和电学特性数据（19000+），同时提供了用户界面供研究者查询检索，并可通过提供的应用程序编程接口（Application Programming Interface，API）获取更多数据来进行数据挖掘和分析（https://htem.nrel.gov）。

结语

数据驱动模式为材料科学研究带来了颠覆性发展机会，数据的价值正在从辅助作用向核心作用转移。传统范式下形成的离散分布、多源异构、小规模、无规范的数据无法与 AI 实现有效对接，制约了数据驱动效力在材料领域的发挥，面向 AI 的数据治理和新型数据基础设施建设成为材料领域必须面对的问题。我们由 AI 分析原理出发，系统提出了构建 AI-Ready 的材料数据所应满足的条件：海量、全面、完整、均匀和可共享，以期为数据驱动研究从更广领域构建更多、更可用的材料数据提供基本参考依据和方向。

标准化是实现 AI-Ready 材料数据的重要基础，也是全球共同关注的问题。欧美国家注重与既有数据相匹配，着力通过建立整套材料科学本体，改善多源异构数据的可互操作性，但这种元数据协调方式仍需开发数据转换器和共享数据模式。我国通过建立《材料基因工程数据通则》重新定义了 AI-Ready 材料数据的构建原则。基于《材料基因工程数据通则》核心理念提出的材料数据标准化框架体系，为 AI-Ready 的材料数据生态的构建提供一套具体化的数据治理方案。不论采取何种方式，材料数据的标准化势在必行，但任重道远。

"数据工厂"新型数据基础设施是全面构建 AI-Ready 数据库的理想场所，将为材料研究领域持续不断地提供海量、全面、完整、均匀、可共享的 AI-Ready 标准化数据。当有一天"数据工厂"成为数据生产的主要形式时，数据驱动的潜力将有望真正得到释放。

参考文献

作者简介

汪洪，国家特聘专家，上海交通大学材料学院"致远"讲席教授，材料基因组联合研究中心主任，中国材料与试验标准委员会（CSTM）副主任委员，材料基因工程领域委员会（FC-97）主任委员。美国伊利诺伊大学材料科学与工程博士。曾担任中国工程院、中国科学院材料基因组重大咨询项目专家。牵头制定了首部材料基因工程数据标准《材料基因工程数据通则》，率先提出变革性的"数据工厂"概念。当前研究集中在材料基因工程理论，数据标准，高通量材料制备与表征技术及机器学习在材料中的应用。

张澜庭，上海交通大学材料科学与工程学院教授，博士生导师。现任材料学院高性能金属所所长，兼任中国材料与试验团体标准委员会材料基因工程领域委员会秘书长，上海交通大学材料基因组联合研究中心副主任，*Journal of Alloys and Metallurgical Systems*（JALMES）副主编。曾获得日本学术振兴会（JSPS）奖学金，2005 年获上海市首届浦江人才计划资助。长期从事材料微结构表征和计算模拟的研究，近年来从事材料基因组高通量实验技术和数据标准的研究。在国内外重要期刊发表论文100 余篇，它引超 1500 次，H 因子 =40。

余宁，上海交通大学材料科学与工程学院英文国际期刊 *Heat Treatment and Surface Engineering* 编辑部主任、执行主编。上海交通大学材料基因组联合研究中心成员，中国材料与试验团体标准 CSTM 材料基因工程领域委员会秘书，通则技术委员会、应用技术委员会委员。日本京都大学能源科学博士，获日本文部省国费奖学金，日本 21 世纪 COE 项目资助，日本东北大学博士后。曾获 2019 年 CSTM 团体标准科技创新奖、2021 年 CSTM 团体标准贡献奖、2023 年 CSTM 团体标准组织贡献奖、2024 年 CSTM 标准创新贡献奖二等奖。

第 3 章

镁基储氢材料

李　谦　邹建新　欧阳柳章

3.1　镁基储氢材料产业发展的背景需求及战略意义

3.1.1　背景需求

3.1.1.1　能源安全与环境保护

为了保障经济快速发展和社会持续繁荣，传统的一次能源（即以煤炭、石油、天然气为主的化石能源）依然是全球稳定运转的重要支柱（图 3-1）。据《世界能源统计评论 2024》，2023 年，全球能源消费总量达 620EJ（艾焦，等于 6.2×10^{20}J），同比增长 2%，其中一次能源消费占比高达 81.5%。然而，化石能源的大量使用导致环境问题日益严重。2022—2023年，全球二氧化碳排放量上升 2.2%，首次突破 400 亿吨。随着全球能源需求的持续增长，一次能源逐渐枯竭，"能源危机"日益严峻，温室效应和环境污染问题亟需解决。当前，"碳达峰、碳中和"目标仍在推进，寻找绿色、无污染、可替代的可再生能源已成为人类可持续发展的必然要求。值得注意的是，目前可再生能源在总能源消费中的占比为 14.6%，并呈现持续增长的趋势。人类正积极推动能源结构优化，以尽快实现二氧化碳净零排放的目标。在众多可再生能源（如太阳能、风能、水能、氢能、潮汐能、生物质能、核能）中，氢能因其高能量密度被认为是 21 世纪极具潜力的绿色清洁能源。其理论重量能量密度为 141.8MJ/kg（39.38kW·h/kg），是汽油的 3 倍，更是锂离子电池的 15 倍。高效、安全地利用氢能将成为缓解能源危机的关键方案之一。

《全球氢能回顾 2024》报告显示，2023 年全球氢能需求达 9700 万吨（同比增长 2.5%），2024 年全球氢能突破 1 亿吨，并保持持续增长，提速增至 3.8%。《中国氢能行业发展白皮书（2024 年）》指出，2023 年，全球氢气产量达 1.05 亿吨，可以满足氢气使用需求。然而，当前氢气的生产仍以化石能源为主，其中 62% 源自天然气，19% 来自煤，18% 为工业副产品，低碳制氢的占比不足 1%。中国作为全球最大的能源消费国，2022 年，原油和天然气对外依存度分别达 71.2% 和 40.5%（国家统计局数据），高度依赖进口化石能源，严重威胁了我国能源安全。同时，化石燃料占比超过 80%，导致环境污染和碳排放问题突出，氢能发展仍面临诸多挑战。

氢能的发展非常契合当前和未来战略需求，并将成为创新和新兴产业发展的重要引擎：①促进高新技术和产业的发展。推动无人机、新能源、新材料等多种高新科技和产业发展。②带动氢能相关产业发展。据预测，到 2035 年，我国氢能与燃料电池产业总产值将达 5 万亿元。③支撑战略性新兴产业发展。助力 5G、电动汽车、智慧产业等战略性新兴产业突破。④推动全球投资与市场扩展。美国燃料电池卡车公司 Nikola 于 2020 年上市，市值逼近 320 亿美元；法国 - 摩洛哥 NAMX 公司计划在 2025 年年底将氢燃料电池汽车投放市场。

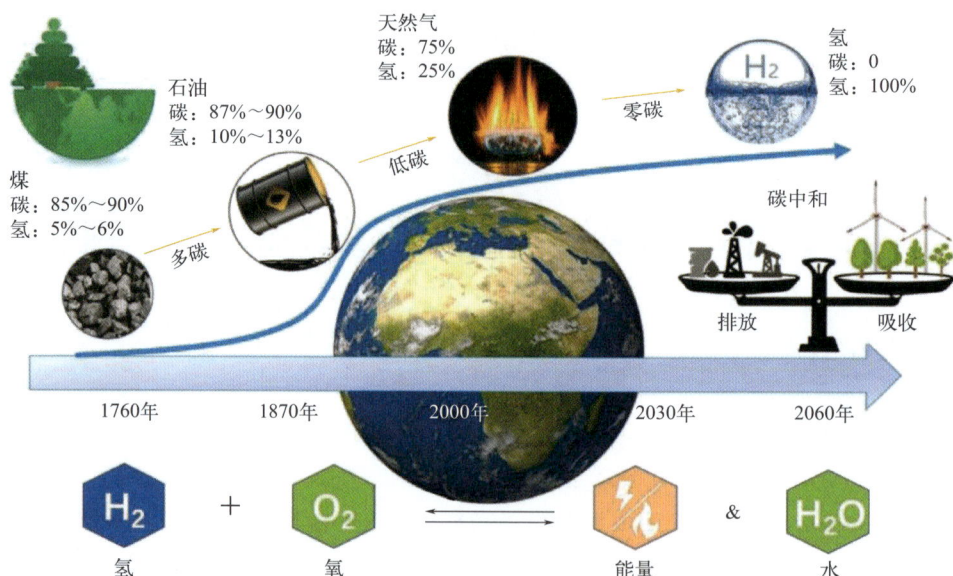

图 3-1　全球能源演变图

3.1.1.2　可再生能源的消纳与氢能产业链的完善

氢能作为可再生能源的重要载体，其产业链主要涵盖制、储、运、用四个环节。大规模氢气制取仍以化石能源副产品为主，包括焦炉煤气重整、蒸汽甲烷重整和煤气化等工艺，其主要反应如下。

焦炉煤气重整：

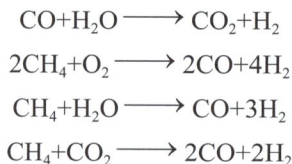

$$CO+H_2O \longrightarrow CO_2+H_2$$
$$2CH_4+O_2 \longrightarrow 2CO+4H_2$$
$$CH_4+H_2O \longrightarrow CO+3H_2$$
$$CH_4+CO_2 \longrightarrow 2CO+2H_2$$

蒸汽甲烷重整：

$$CH_4+2H_2O \longrightarrow CO_2+4H_2$$

煤气化：

$$Coal（固态）\longrightarrow Coal（气态，1200 \sim 1350℃）+O_2+H_2O \longrightarrow CO+H_2+CH_4+CO_2$$
$$\longrightarrow H_2+CO_2 \longrightarrow H_2（纯化以及分离）$$

虽然技术成熟，成本较低，但由于其储量有限、碳排放高（如 CO_2）、污染物排放严重（包括 SO_x、NO_x、P、NH_3、焦油、苯、萘等有害物质），且反应条件苛刻（温度压力过高、催化剂使用寿命较短），难以支撑长期可持续发展。因此，当前能源转型聚焦于低碳可再生能源制氢技术，如核能热化学制氢、生物质催化制氢及电催化水分解制氢。其中，电解水制氢因其反应效率较高，反应条件温和，环境友好的优势，已实现商业化并展现出广阔发展前景。

尽管电解水制氢耗电量较大，但可通过风能、太阳能等富余电力转化为氢气存储，实现能源高效利用。中国风电、光伏装机量全球第一（2023 年超 7 亿千瓦），但部分地区弃风弃光率仍达 5% ~ 10%（国家能源局），急需高效储能技术。通过电解水制氢将过剩电能转化为氢气，再通过储氢材料储存运输，实现跨区域能量调配，可以有效解决用电量与新能源发电不匹配的问题。全球氢能产业（尤以中国为引领）正在高速发展，《全球氢能综述 2024》预测，2030 年，低碳制氢产量将达 4900 万吨 / 年，电解产能可达 520GW(吉瓦，等于 $5.2×10^{10}$W)，这有望进一步取代化石能源制氢。同时，考虑到淡水资源有限，未来电解海水制氢的技术突破与规模化应用将成为关键。

制氢领域的技术需求与挑战包括：

① 成本更低、效率更高、更耐用的电解槽开发；

② 重整、气化和热解制氢工艺的优化设计；

③ 利用可再生能源、化石能源和核能的创新制氢技术开发；

④ 多种氢源（水、化石燃料、生物质和废弃物）制氢的高效低成本技术开发；

⑤ 低成本和环境友好的碳捕集、利用和封存（CCUS）技术开发。

氢气广泛应用于工业、储能、交通等领域，助力碳中和目标：

① 工业冶金。以氢气替代高炉炼铁的煤炭燃料和还原剂，可大幅度降低二氧化碳排放。

② 储能与电网调节。夜间电力需求低谷时，可将多余电力电解为氢气存储，后续通过燃烧或燃料电池发电，并利用余热提升能源效率。随着风电、光伏装机规模增长，其波动性对电网稳定性构成挑战，氢能可作为储能介质，提升电网可靠性。

③ 交通零排放。氢燃料电池汽车相比于燃油车零碳排放，相比于电动汽车充能时间更短，具备大规模推广潜力。

氢气终端应用的技术需求与挑战包括：

① 可大规模生产的低成本、更耐用、更可靠的燃料电池开发；

② 高浓度氢气或纯氢为燃料的燃气轮机开发；

③ 大规模混合能源系统的开发与示范；

④ 系统集成、测试和验证，以识别和解决各应用的特有挑战；

⑤ 终端应用示范，包括钢铁制造、氨生产合成燃料制备等领域的应用验证；

⑥ 电网集成示范，验证氢能在储能与电网服务中的可行性。

第
3
章

氢气的储运环节对产业化至关重要，影响氢能的经济性和应用范围。当前氢气储存方式主要包括液态储氢、物理吸附储氢、高压气态储氢、固态储氢［碳纳米管、碳纳米纤维、金属有机框架化合物（MOFs）、共价有机金属框架（COFs）］、储氢合金（BCC 型 V 基固溶体，AB$_5$、AB$_2$、AB、AB$_3$ 型，镁基储氢合金）、地下洞穴储氢、化学储氢［配位氢化物水 / 醇 / 糖醇解储氢（含［AlH$_4$］¯、［BH$_4$］¯ 配位体的化合物）、氨、甲醇储氢］、有机液体储氢。

3.1.1.3　适用于储氢端的镁基储氢材料

在氢能应用中，制氢端与用氢端的温度、压力、储氢密度以及使用环境存在较大差异，这对储氢材料提出了严格要求。例如，美国能源部（DOE）要求车载储氢系统的质量储氢密度（即释放出氢气质量与总质量之比）在 2020 年须达到 4.5%（质量分数，余同）、2025 年达到 5.5%，最终目标是 6.5%。此外，体积储氢密度需达 40kg/m³，运行温度范围为 -40 ~ 85℃，吸氢时间小于 3.3min，循环寿命超过 1500 次（2025 年要求）。

与气态高压和液态储氢系统相比，固态储氢材料具有更高的储氢密度和安全性，在满足 DOE 目标方面具有巨大潜力。固态储氢方式可分为物理吸附和化学吸附两类。物理吸附主要通过相对较弱的范德华力实现储氢，包括碳基多孔材料、介孔材料、金属有机框架（MOFs）等，其吸附压强较高且只能在较低温度（-196℃）下实现储氢。化学吸附通过较强的化学键实现储氢，包括化学氢化物（Mg-N-H、NH$_3$BH$_3$、Li-N-H）、络合氢化物（LiAlH$_4$、LiBH$_4$、NaBH$_4$）和金属氢化物（MgH$_2$、TiFeH$_2$、LaNi$_5$H$_6$）等。尽管化学氢化物和络合氢化物普遍具有较高的储氢能力，但其工作温度高和循环可逆性差及复杂的合成和再生工艺限制了大规模应用。传统金属基氢化物（TiFeH$_2$ 和 LaNi$_5$H$_6$ 等）可以在相对温和条件下可逆储氢，提高了安全性，但其质量储氢密度较低［如 LaNi$_5$ 的储氢量只有 1.4%wt.H$_2$］。相比之下，MgH$_2$ 的储氢密度是气态氢的 1000 倍、液态氢的 1.5 倍，在金属储氢材料中相对最优（质量储氢密度为 7.6wt.%，满足 DOE 目标；体积储氢密度为 110kg/m³）。此外，镁储氢材料还具有吸放氢化学反应简单、可逆性好、安全性好、无毒无害、成本低、资源丰富等优点，且具备氢净化功能，可用于大容量长距离储运、固态加氢站以及燃料电池动力系统。

镁为六方结构，其晶胞参数为 a=3.209Å，c=5.211Å。在 300 ~ 400℃、2.4 ~ 40MPa 条件下，Mg 与 H$_2$ 反应生成 MgH$_2$，在加热条件下吸收和分解放氢反应式如下：

$$Mg+H_2 \rightleftharpoons MgH_2+\Delta H$$

Mg 吸收氢的过程有四个步骤：

① 氢分子吸附在 Mg 表面，随后分解；

② 分解的氢原子通过 Mg 内部的固相界面扩散；

③ 在金属 Mg 内部形成含氢固溶体；

④ 当固溶体中的氢浓度达到一定阈值时会发生相变，从而形成 MgH$_2$。

镁基储氢材料应用的挑战在于：

① 吸放氢条件苛刻。MgH$_2$ 需在 300 ~ 400℃、2.4 ~ 40MPa 条件下吸氢，吸放氢速率较慢。

② 放氢动力学性能差。MgH$_2$ 热力学稳定性高，脱氢温度高（脱氢焓 ΔH = 76 kJ/mol，活化能 E_a = 160kJ/mol），需 300℃ 以上才能有效放氢。

③ 吸放氢循环稳定性差。Mg 的表面极易生成一层致密的 MgO 氧化膜，从而阻碍其与氢的反应；氢在 Mg 和 MgH_2 中的扩散速率慢；MgH_2/Mg 颗粒易团聚和长大。

④ 耐腐蚀性差。镁合金电极在碱液中的耐腐蚀性差，影响循环寿命。

⑤ 单位体积储氢量低。因此，亟需设计一种能在适宜温度下快速吸放氢且循环稳定高的镁基储氢材料。

提升镁基储氢合金储氢性能的主要方法包括合金化、纳米结构（化）、掺杂催化剂和复合材料改性。

（1）合金化

镁基储氢合金的多元合金化是优化其热力学性能的关键策略。通过添加过渡金属［TM：铜（Cu）、铁（Fe）和镍（Ni）］、非过渡金属［Al、Si、铟（In）和 Li］或稀土（RE）金属［铈（Ce）、镧（La）和钕（Nd）］，形成具有比 Mg-H 键的亚稳氢化物，从而降低 MgH_2 的稳定性。同时，形成的多相界面可以为氢吸收和解吸反应提供更多活性位点，从而提高储氢性能。

1）Mg-TM 合金

过渡金属（TMs）因其不完全填充的 d 轨道，能有效促进 H_2 的解离，与 H 原子相互作用，从而削弱 Mg-H 键并降低反应焓变。然而，在平衡条件下，由于 TMs 在 Mg 中的固溶度非常低，很难通过形成 Mg-TM 固溶体来改善其储氢性能。因此，TM 的作用主要通过以下两种途径实现：①催化修饰。通过将大约 5% 的 TM 原子分数添加到 Mg 或 MgH_2 中，可以改善 MgH_2 的吸氢和放氢动力学，但对增强热力学性能有限。②结构相改性。通过改变相结构形成新的 Mg-TM-H 氢化物，改善热力学和动力学性能。

Ni 是最常用的 TM，它与 Mg 合金化可以形成金属间化合物 Mg_2Ni，其在 $0.2MPaH_2$ 压力和 300℃下加氢后可形成 Mg_2NiH_4。当 Mg_2Ni 的六方结构被氢化时，最初形成 $Mg_2NiH_{0.3}$ 的固溶体，由于氢原子占据晶格内的间隙位点，固溶体的晶体结构保持不变，但是晶格膨胀，晶胞参数增大。当氢原子达到一定浓度时，原子发生重排，晶体结构发生转变，导致形成 Mg_2NiH_4，该氢化反应的焓变约为 65kJ/mol，明显低于 MgH_2。然而，Ni 的高原子质量导致体系质量储氢密度降低至 3.6wt.%。

针对 Mg-Ni 合金的上述缺点，研究人员尝试通过合金化来提升 Mg_2Ni 的氢吸收和解吸性能。添加的合金元素可分为两类：一类取代 Mg（A 位元素），另一类取代 Ni（B 位元素）。这些合金元素的添加会产生伪二元金属间化合物，有进一步降低氢吸收和解吸反应的焓变，从而增强氢性能，并降低解吸温度。在 Mg_2Ni 合金中，A 位元素的取代通常采用ⅠA-ⅤB 族放热元素，如钛（Ti）、钒（V）、钙（Ca）、锆（Zr）、稀土元素（RE）、铝（Al）等；而 B 位元素的取代则倾向于ⅥB-ⅧB 族吸热过渡金属，如锰（Mn）、铁（Fe）、铬（Cr）、钴（Co）、锌（Zn）、铜（Cu）、钯（Pd）等。在 A 位点的取代中，Zr、Al 和 Ti 被认为是极好的改性元素。例如，随着 Zr 含量的增加，Mg_2Ni 合金的储氢容量提高，氢原子的扩散能力增强，同时氢化物形成的焓变降低，从而使解吸温度下降。当 Al 和 Ti 部分替代 Mg_2Ni 中的 Mg 时，可形成新型 Mg_3MNi_2 合金（M=Ti，Al）。与 B 位元素取代相比，A 位元素取代会削弱 Mg-Ni 键的结合强度，有助于进一步降低氢的吸收和解吸温度。

与 Mg_2Ni 相比，Mg_2FeH_6 的理论储氢容量高达 5.5wt.%，且 Fe 价格相对较低，具有潜在的经济优势。由于在 Mg-Fe 体系中难以形成稳定的二元金属间化合物，因此无法通过直接合成 Mg-Fe 二元合金并与氢气反应来制备 Mg-Fe-H 三元氢化物。但研究发现，Mg 与 Fe 可以在氢气环境中按一定比例通过机械研磨或烧结直接生成 Mg_2FeH_6，为 Mg-Fe 体系的储氢应用提供了可行的制备路径。

目前，Mg-Co、Mg-Cu 及其他镁基储氢合金也成为研究的热点。Mg-Co 体系（Mg_2CoH_5）的理论储氢容量为 4.5%。Mg_2CoH_5 在室温下呈四方晶系结构，当温度升至 215℃时会转变为立方结构，两者均以离子键结合。Mg_2CoH_5 在 101.375kPa 压力下的脱氢温度为 280℃，但其制备通常需要在高温高压下长期烧结或在较高氢气压力下进行机械球磨，这些苛刻的制备条件限制了其实际应用。Mg-Cu 合金的金属间化合物主要是 $MgCu_2$ 和 Mg_2Cu。$MgCu_2$ 在常温下不与氢气反应，Mg_2Cu 在 300℃和 $30MPaH_2$ 压力下才能与氢气反应。Mg_2Cu 氢化后不形成三元氢化物，而是发生歧化反应，分解生成 MgH_2 和 $MgCu_2$。在 101.375kPa 的压力下，Mg_2Cu-H_2 的可逆氢释放反应温度为 239℃，表明 MgH_2 和 $MgCu_2$ 反应可以有效降低氢释放温度。然而，该系统的可逆氢储氢容量仅为 2.6%。

2）Mg- 主族元素合金

目前，采用主族元素替代 TMs 以优化镁基合金的储氢性能已成为研究热点。2004 年，Vajo 等首次报道，硅（Si）的引入可显著降低 MgH_2 的生成焓（$\Delta H = -36.4kJ/mol$），但该体系难以实现可逆的氢吸放过程。此外，纯 Si 本身不具备储氢能力，且过量添加 Si 会显著降低 MgH_2 的储氢容量。因此，尽管 Si 资源丰富且质量轻，但其氢吸放效率远低于 TMs。然而，目前对 Si 在镁基储氢体系中作用机制的研究仍较为有限。为此，Wan 等采用了 Mg、Si 和 Ni 的共合金化策略来深入研究其潜在机制。在这个复合系统中，通过调控 Ni 和 Si 含量，可形成不同金属间化合物，从而影响储氢性能。其中，$Mg_{93}Ni_2Si_5$ 表现出优异的活化和吸氢性能。研究表明，吸氢性能的增强归因于 Si 含量的增加，而在脱氢过程中，Ni 作为主要催化组分，有效促进氢解离，改善了反应动力学。

降低镁基合金材料热力学稳定性的另一种策略是形成镁基固溶体。华南理工大学朱敏团队通过高能球磨和烧结法创新性地合成了 Mg-In 固溶体体系。该材料在 300℃以上具有良好的循环 H_2 吸收和解吸性能，其脱氢焓降低至（68.1 ± 0.2）kJ/mol，相较于纯 Mg 降低了约 10kJ/mol。然而，该材料的动力学性能仍然较差。由于 In 成本高，该团队进一步采用 Al 代替 In 制备了 Mg-In-Al 三元合金。然而，Al 在 Mg 的溶解在热力学失稳化效应和动力学增强效应方面均不及 In 的溶解。

3）Mg-RE 合金

大多数用于储氢的金属间化合物由吸氢和非吸氢元素组成，而 Mg 和 RE 元素形成的 Mg-RE 化合物都是氢化物形成元素。不仅能够形成稳定的 RE 氢化物，还具有催化作用，促进微观结构细化，从而显著提升储氢性能。此外，RE 含量的变化不仅影响 Mg-RE 化合物的结构，还能有效改善 Mg 或 MgH_2 的动力学性能。根据 RE 含量的不同，Mg-RE 化合物大致可分为两类：①低 RE 含量化合物，典型的代表为 La_2Mg_{17} 和 $LaMg_{12}$，其不与氢反应形成 Mg-RE-H；②高 RE 含量化合物，如 Mg_3La，其在特定条件下形成 Mg-RE-H 氢化物。

钪（Sc）是最轻稀土元素（密度为 3.0g/cm³），可以在远低于 0.1MPa 的压力下与氢气反

应形成二元氢化物 ScH_2。此外，Sc 不仅具有提高储氢性能的潜力，而且可以显著增强镁基合金的电化学特性。然而，由于形成 ScH_2 使 Mg 的脱氢过程不可逆，且 Sc 价格昂贵，使其难以成为理想的可逆储氢材料。

钐（Sm）可以有效地催化镁基合金的氢化和脱氢，用 Sm 部分替代 La-Mg 合金中的 La 的研究表明，虽然 Sm 替代 La 可以提高氢吸收和解吸的动力学性能（即降低合金放氢温度，提高放氢速率），但会导致储氢容量下降。此外，铈（Ce）和钇（Y）也能有效提高 Mg 的吸放氢动力学性能。

与纯 Mg 相比，Mg-RE 合金的动力学性能得到了极大的提高，但其对氢吸收和释放的热力学影响并不显著。例如，Mg_3RE 结构合金具有良好的氢吸收动力学性能和近 3wt.% 的可逆储氢容量，而放氢温度仍然较高。

（2）镁基储氢合金材料的纳米改性

纳米结构化储氢材料的主要优势包括：

① 高活性。高表面 / 界面能增强了催化活性，加速氢分子的解离。

② 高效扩散。高密度表面 / 界面减少了氢扩散距离，产生的大量晶界为氢原子提供快速传播通道，提高扩散速率。

③ 促进氢化物形成。氢化物更容易在材料的表面 / 界面上成核，从而提高了氢化物的生长速率。

④ 增加氢化驱动力。纳米储氢材料的比表面 / 界面面积大，为氢化反应提供了更高的驱动力。

根据其纳米结构的特点，储氢材料可分为两类：

① 纳米级储氢材料。至少在一个维度上处于纳米尺度。

② 纳米晶储氢材料。可能并非所有维度都是纳米级，但其内部结构具有纳米级结晶度。

理论计算表明，当 Mg/MgH_2 的粒径减小至 50nm 以下时，其动力学性能得到改善；当尺寸降至 3nm 以下时，其热力学和动力学性能均大幅度提高，脱氢焓变（ΔH）显著降低。例如，当 MgH_2 粒径为 0.9nm 时，对应的 ΔH 仅为 63kJ/mol；而当 MgH_2 粒径约为 6nm 时，H_2 初始释放温度降低了 60℃。机械球磨法是获得纳米级 Mg/MgH_2 颗粒的一种简单且有效的方法。然而，该方法存在一定的局限性：

① 球磨所得的颗粒通常尺寸不均匀、形态不规则，且粒径相对较大；

② 球磨破坏了 Mg/MgH_2 的表面和体相结构，导致结晶度低，甚至形成非晶相，并增加了表面能；

③ 由于高表面 / 界面能，纳米 Mg/MgH_2 颗粒在吸放氢循环过程中易发生团聚，导致循环稳定性下降。

除机械球磨外，还可以通过化学还原、热解、气相沉积等方法制备更小尺寸的 Mg/MgH_2 颗粒。然而，制备尺寸小于 10nm 的 Mg/MgH_2 颗粒仍具有主要挑战。由于纳米结构的亚稳态特性及高界面能，在氢吸收 / 释放过程中，纳米颗粒易发生晶粒生长和聚集，使其循环稳定性较差。此外，在高温长时间循环 H_2 吸放过程中，MgH_2 的体积反复膨胀与收缩，会导致其储氢容量显著衰减。因此，纳米级 Mg/MgH_2 通常缺乏良好的循环稳定性。

针对 Mg/MgH$_2$ 循环稳定性差的问题，研究人员使用纳米约束方法，通过将 Mg/MgH$_2$ 加载到多孔支架中，可以很好地控制其粒径，有效限制纳米颗粒的生长，从而提高循环稳定性。然而该方法仍面临一些挑战：

① 储氢容量下降。框架材料不可避免地占据部分储氢体积，影响整体储氢容量。

② 可逆性降低。碳材料表面的氧基团可能降低 Mg/MgH$_2$ 的可逆性，并在吸放氢循环过程中形成氢氧化物。

③ 材料制备难度大。如何在确保材料高活性的同时，维持可控的操作参数仍然具有挑战性。因此，实现更精细的纳米颗粒合成，并寻找理想的支撑材料，仍是提高镁基储氢合金整体性能需要克服的关键问题。

（3）催化剂修饰复合改性

尽管纳米结构可以显著改善镁基材料的储氢性能，但其仍然难以满足实际应用需求。引入催化剂掺杂是一种有效的策略，可进一步提升其动力学性能。这不仅是当前研究最广泛的策略之一，也是增强镁合金性能的最简单、最有效的方法。催化剂的作用机制主要包括：

① 促进氢分子解离和氢原子扩散。某些催化剂可以提供表面活性位点和额外的氢原子传输通道，促进 H$_2$ 的解离和氢原子扩散。

② 降低 MgH$_2$ 的稳定性。部分催化剂可削弱 Mg 和 H 的结合强度，增强 H$_2$ 析出动力学。

③ 增强电子传递。一些催化剂可以产生额外的电子，这些电子参与 Mg 的 H$_2$ 吸收和解吸过程中的内部反应，加速 MgH$_2$ 的形成和分解。目前，已开发并应用于镁基储氢材料的催化剂主要分为三类：金属元素、金属化合物和碳基材料。

过渡金属元素 TMs 具有逐渐填充到二次外层的 d 轨道中的价电子，这种特性增强了其对 MgH$_2$ 的催化效果。常见的 TM 催化剂包括：

① 非氢化反应性金属（如 Fe、Ni、Co、Cr），可提高 MgH$_2$ 的脱氢动力学；

② 易形成氢化物的金属（如 Pd、Ti、Nb、V），在与氢作用时可形成氢化物，从而提高氢吸收动力学。TM 催化剂对 MgH$_2$ 的脱氢和氢化过程的影响已被广泛研究，并被证明是改善镁基材料储氢性能的重要手段。

金属氧化物、卤化物及氢化物也能显著催化镁基储氢材料的反应过程，其催化机制主要包括：

① 氢分子吸附与活化。金属氧化物表面可吸附大量氢分子，并降低氢原子间的键能，从而促进 H$_2$ 的解离。

② 价态调控效应。具有多种氧化态的金属（如 Fe、Cu、Cr、Mn）表现出更强的催化活性，而单一价态金属（如 Al、Sc）则影响较小。其原因在于，氢原子在解离前需要与镁基底交换电子，而多价氧化物催化剂可通过"电子转移"降低反应能垒，从而改善 H$_2$ 的吸放氢动力学。

碳纳米管（CNTs）、石墨烯、活性炭等碳基材料在催化 MgH$_2$ 脱氢/吸氢过程中展现出诸多优势，包括：

① 优异的导电性。促进电子传递，加速 MgH$_2$ 的解离。

② 高化学稳定性。避免催化剂在储氢循环过程中发生降解。

③ 重量轻。相比金属及其化合物，碳基材料具有更优的质量优势，可提高储氢密度。

④ 高比表面积。增加氢气的吸附能力，从而增强储氢性能。碳基材料因其独特的催化特性，已成为镁基储氢材料研究中的重要方向。

针对镁基储氢材料，研究人员已探索多种方法以优化其热力学和动力学性能。目前，提升镁基氢化物可逆储氢性能的三大策略包括合金化、纳米结构化、催化复合改性。其中，纳米结构化和催化剂改性是最有效的优化策略，并在实验研究中取得了重要进展。然而，实现低成本、可控的纳米结构，并筛选出高效、稳定的催化剂，仍是未来镁基储氢合金材料研究的关键挑战。

3.1.2 战略意义

3.1.2.1 推动能源转型

近年来，镁产业正迎来前所未有的发展机遇，凭借其优异的物理性能和环保特性，在多个行业崭露头角。新能源汽车、航空航天、3C 电子等领域的广泛应用，为镁产业注入了新的活力。然而，镁产业的崛起并非偶然，而是长期技术积累与产业变革的结果。随着全球对可持续发展的关注持续升温，轻量化、节能和环保已成为制造业转型升级的重要方向。镁作为一种低密度、高比强度的金属材料，正逐步成为这一趋势的核心推动力。特别是在新能源汽车领域，镁材料的应用不仅有效降低了车身重量，还提升了车辆的续航能力和整体能效，充分彰显了其在现代制造业中的价值。

在全球能源转型的背景下，氢能被视为实现"碳达峰、碳中和"目标的关键技术之一。其中，镁基储氢材料因其高储氢容量、低成本和丰富的资源储备，受到广泛关注。与传统储能方式相比，镁基材料在储氢效率与安全性方面具有显著优势，成为未来清洁能源体系的重要组成部分。尤其是在可再生能源领域，镁基储氢技术能够有效将风能、光伏发电等间歇性电能转化为稳定的氢能，为长周期储能（如季节性调峰）提供可靠解决方案，弥补锂电池在这一方面的局限性。这一技术突破不仅为镁产业开辟了新的市场空间，也推动了相关储氢技术的持续发展，为绿色氢能的规模化应用提供有力支撑，从而助力全球能源转型和低碳可持续发展。

3.1.2.2 促进技术创新和产业发展

镁基储氢材料涉及合金改性、纳米结构设计、催化剂优化等核心技术，其研发可带动材料科学（如多孔复合材料）、装备制造（如高精度球磨设备、金属机械加工）等领域的突破，形成自主技术专利池。目前国内团队已在镁基材料的掺杂改性技术上申请专利超千项，部分性能指标领先国际。镁基储氢材料的研究和应用不仅推动了相关技术的进步，还带动了新材料、新能源等领域的发展。其高储氢密度、低成本和环保特性使其在储能领域具有重要战略意义。

镁合金在新能源汽车中的应用展现了巨大的市场潜力。例如，一辆普通汽车的油箱储油量相当于 5～6kg 的氢产生的能量，需要 80～90kg 的镁合金容器，这与普通油箱的重量接近，但体积较小。用氢作为动力并不是通过燃烧氢来获得，而是通过氢燃料电池，把氢直接转化为电能，进而为汽车提供动力。汽油燃料的效率在 20%～30%，而氢通过能源电池直接转换为电能，效率可达 60%～80%，综合来看，氢的使用效率比汽油更高。目前，国内外正在开发面向应用场景的镁基固态储运氢技术，但技术水平仍处于产业化初期阶段，仍需解决材料的规模低成本制备、大容量储氢罐设计、高温余热耦合集成等技术，实现储氢合金的高效安全吸放氢。根据市场研究机构预测，镁材料未来在汽车轻量化方面的应用将会显著增加。尤其是在电动汽车不断普及的背景下，提升续航里程、降低能耗，镁材料将扮演更加关键的角色。除了新能源汽车，镁材料也在短途交通工具、绿色建筑、医疗健康、航空航天、农业和畜牧业等领域开拓了更为广泛的应用蓝海，进一步提升了其市场需求与复苏潜力。

在长距离氢气运输方面，特别是超过 150km 的应用场景，镁基固态储氢技术是极具优势的储运方案之一。相较于高压储氢技术，镁基固态储氢具有更高的运输效率和更低的成本。高压储氢车的单次运输量约为 300kg，而镁基固态储氢车的运输能力可达 1～1.5t，是高压储氢的 3～5 倍。此外，镁基储氢无需进行高压压缩或液化处理，仅需不锈钢储氢瓶即可完成储存，而无需昂贵的碳纤维储氢罐，大幅降低了设备成本。其主要的成本支出集中在加氢站的放气增压环节，相较于传统高压储氢，运输成本更为节约。同时，基于其高储氢密度和安全性，镁基固态储氢技术可应用于移动加氢站，占地面积小、经济性强、加氢能力大，并具备更高的安全性能。在可再生能源制氢应用场景中，镁基固态储氢能够有效缓解可再生能源的间歇性、波动性和季节性问题，为大规模氢能存储提供了可行的技术路径。

除了长距离储运，镁基储氢还可广泛应用于"氢进万家"项目，这是氢能技术商业化的重要发展方向。例如，在日本，家庭用氢技术已较为普及，覆盖约 300 万户，并呈现快速增长趋势。日本的家用热电联供（CHP）系统通过现场天然气重整制氢，并结合固态储氢技术存储氢气，以供燃料电池发电，同时利用发电过程中产生的热能提供供暖和热水。据研究，该系统的热电联供效率最高可达 90%，大幅提高了能源利用率，有助于降低整体能耗，为实现"双碳"目标提供了强有力的支持。一个 5kg 储氢容量的镁基储氢罐可产生约 75kW·h 电力，足以满足一个五口之家的日常用电及供热需求；而 1t 镁基储氢材料可存储约 70kg 氢气，可为一个中小型社区提供数月的电力调峰支持，展现出在分布式能源系统中的巨大应用潜力。

此外，氢能在冶金、电力等高耗能行业的节能减排方面也具有广阔的应用空间。例如，目前我国钢铁年产量已达 14 亿吨，按照每吨钢铁排放 1.8t 二氧化碳计算，每年碳排放总量约为 25 亿吨，占全国碳排放总量的 1/5。通过在炼钢过程中引入镁基固态储氢技术，结合氢冶金工艺，可有效降低碳排放，推动钢铁行业向绿色低碳方向转型。此外，镁基固态储氢还可应用于燃气轮机发电系统，利用燃气轮机的余热释放固态储氢材料中的氢气，以替代煤炭作为新型能源，提高能源利用效率，同时减少二氧化碳排放。综合来看，镁基固态储氢技术在工业、交通及民用能源供应等领域均展现出重要的应用价值，为实现可持续能源体系提供了创新解决方案。

3.1.2.3 提升国家竞争力

我国在镁资源方面具有显著优势，我国不仅是世界 Mg 资源最为丰富的国家之一，而且全球镁产量中占比高达 85% 以上。镁资源主要来源于菱镁矿、含镁白云岩、盐湖区镁盐及海水等，我国矿石类型全、分布广、总储量占世界的 22.5%，居世界第一，目前已探明菱镁矿储量 34 亿吨，位居世界第二；镁白云石储量也很丰富，现已探明储量 40 亿吨以上，遍及我国各省区。我国四大盐湖区蕴藏着丰富的镁盐资源，其中柴达木盆地内大小不等的 33 个卤水湖、半干涸盐湖和干涸盐湖镁盐资源储量 60.03 亿吨。镁锭年产量 90 万吨，占全球总产量的 90%。正因为有如此丰富的储量，我国对于进口依赖度低，不受国际供应链影响。

目前，全球氢能产业标准主要由欧美和日本主导，而镁基储氢是我国少数具备全自主知识产权的领域之一。通过率先制定材料性能、安全认证等标准（如《镁基氢化物固态储运氢系统技术要求》），可增强我国在国际氢能组织（如 ISO/TC 197）中的话语权。未来中国镁基储氢技术出口潜力巨大。例如，针对东南亚、中东等可再生能源丰富但储运设施薄弱的地区，可输出"制氢 - 储氢 - 运氢 - 用氢"一体化解决方案，形成技术"软实力"出口。当前国家充分利用镁资源和技术优势，发展镁基储氢材料产业，国资和民营资本逐步进入 Mg 合金行业，国内核心整车厂也开始不断尝试镁合金产品的应用和开发。国家发展和改革委员会、国家能源局关于推动新型储能发展的指导意见指出："新型储能是支撑新型电力系统的重要技术和基础装备，对推动能源绿色转型有重要意义"，要求"以需求为导向，探索开展储氢、储热及其他创新储能技术的研究和示范应用"。镁基储氢作为新型储能技术的重要方向，不仅助力实现"双碳"目标，也是未来国家科技竞争力的重要体现。

3.2 镁基储氢材料产业的国际发展现状及趋势

3.2.1 市场规模和增长趋势

根据 Grand View Research 报道，2023 年，全球储氢材料市场规模约 50 亿美元，其中，镁基储氢材料占比约 15%（7.5 亿美元），预计到 2030 年镁基储氢材料份额将增至 40 亿美元，年复合增长率（CAGR）达 18%。金属基储氢材料作为储氢材料的一个重要分支，其市场规模正在迅速扩大。国际能源署（IEA）预测，2030 年，全球氢能需求将达 1.5 亿吨，其中交通和工业领域占比超 60%。在此背景下，欧盟、中国等国家纷纷出台氢能专项补贴和碳排放税政策，加快储氢技术替代高压气态储氢。在氢燃料电池汽车、长周期储能需求和各国减碳政策作为主要驱动力的情况下，国际氢能市场呈现出一片欣欣向荣的景象。

3.2.2 技术进展和应用场景

镁基固态储氢材料以其高储氢密度、高安全性、低成本和环保性等优势，在氢能产业链中展现出巨大潜力。此外，镁基储氢材料反应过程简单，无有害副产物产生，易于回收且对环境友好，目前的技术已经可以熟练合成并产业化使用。镁基固态储氢材料在常温常压下稳定，装载在合适的储氢罐中，即可适用于新能源、冶金、电力、热电联产等产业领域，还能用于多方式、长距离、大规模、跨时间的氢运输。目前亚太地区主导市场，受益于氢燃料电池汽车推广和可再生能源大基地建设，中国、日本、韩国三国合计占全球镁基储氢材料产能的 65%。而欧洲正在快速追赶，德国、法国通过"欧洲氢能银行"加大研发投入，到 2030 年欧洲市场份额预计提升至 25%。

3.2.3 主要国家的企业和技术创新

在国际市场上，多家企业已经在镁基储氢材料领域取得了显著进展。

（1）日本：技术专利主导者，产学研深度协作

2013 年，日本 Biocoke Lab 公司推出 Mg 氢块（MgH$_2$），每块重 21.8g，可储藏约 1.66g 氢。到了 2022 年，该公司与德山（Tokuyama）联合发布的 Mg-H 储存筒，仅需加水，即可让小型电动车连续行驶约 1h，最高时速达 20km，行驶距离约 8km。最近，日本 Biocoke Lab 公司和德山（Tokuyama）又宣布计划以年产量 30t 为目标开始量产 MgH$_2$。

日本 JFE 钢铁通过对合金组分进行改进，开发出 Mg-Ti-Fe 三元合金，吸放氢温度降至 250℃（较行业平均水平降低 30%）。

名古屋大学通过纳米多层结构设计（Mg/Ti 薄膜材料），将储氢动力学效率提升 30%。

（2）美国：催化技术与成本优化先锋

美国 Alfa Aesar 公司、美国 Sigma Aldrich 公司，其 MgH$_2$ 的价格在 5000～10000 元 /kg。

美国 EnerVenue 公司通过等离子球磨技术制备纳米多孔镁，在纳米结构尺度上进行创新，储氢密度提升至 6.8%（质量分数），循环寿命突破 2000 次。此外，他们还利用镍催化剂掺杂和电化学等离子体活化技术，将镁基储氢材料的循环寿命提升至 5000 次以上。

NREL 实验室：开发光伏电解水制氢与镁基储氢的耦合系统，氢能综合利用效率超 75%。

（3）德国：工艺设备与复合技术领跑者

德国 Forschungszentrum Jülich 进行复合催化剂的研究，将镁基材料负载于碳纳米管，氢解离能降低 40%。

Hydrogenious LOHC 技术将镁基材料与液态有机氢载体（LOHC）技术相结合，实现常温常压安全运输。截至 2025 年 5 月，该项目仍处于规划或早期实施阶段，尚未建成欧洲最大固态储氢枢纽。其核心挑战在于技术整合与规模化应用，预计需至 2028 年后才能实现商业化运营。

Fraunhofer 研究所开发镁基 - 石墨烯复合材料，储氢密度提升至 8.2%（质量分数），热管理系统效率提高 40%。

德国莱茵集团（RWE）计划 2030 年前部署 1GW 镁基储氢电站，单次储能时长超 72h。

（4）中国：规模化制造与应用场景先行者

宝武集团建成全球首条千吨级镁基储氢材料（Mg-Cu-Ni 合金）产线，2024 年启动光伏制氢 - 储氢一体化项目。

上海交大联合上海氢枫能源集团，开发了世界首台吨级镁基固态储运氢车，并联合上海浦江特种气体有限公司，实现了吨级镁基固态储运氢车在加氢站运氢 / 供氢的技术实验验证。

（5）其他国家

法国 McPhy 公司于 2010 年开发了以镁基合金为储氢介质的 Mc-Store 系统，单罐储氢量高达 5kg。2016 年，McPhy 公司与意大利 Troia Ingrid 公司合作推出了可再生能源电解水制氢的固态储氢平台，配置了 5 个 HDS150 储氢模块，每个模块的储氢量可达 150kg。

2015 年，澳大利亚 Hydrexia 公司设计出一款基于镁基合金的储运氢装备，单车储运氢量高达 700kg，非常适合氢气的大规模安全储运。值得一提的是，上海氢枫能源集团在 2021 年 1 月完成了对 Hydrexia 公司的并购。此外，澳大利亚 LAVO 公司在 2020 年推出的 LAVO™ 氢电池储能系统也备受瞩目。该系统通过结合氢与固体材料（如 Mg 纳米粒子）形成氢键金属氢化物来实现储氢，可在 −10 ～ 50℃的宽温度范围内稳定运行，并提供长达 20000 次的储存和充电周期。

全球储氢材料市场竞争激烈，主要的竞争焦点集中在产品的性能、成本、安全性及市场占有率等方面，国内外大型储氢材料企业在技术研发、产品生产和市场推广等方面具有显著优势。例如，在全球金属基储氢材料市场中，XTC New Energy Materials、Grimat、China Northern Rare Earth 等企业占据了较大的市场份额，这些企业通过技术创新和市场拓展不断提高自身的竞争力。

3.2.4 / 政策支持和市场前景

各国政府对氢能产业的支持政策也在推动镁基储氢材料的发展。例如，亚太地区是全球储氢材料行业的主要市场之一，特别是中国、日本和韩国，储氢材料市场发展迅速，这些国家不仅在储氢材料的研发和生产上取得了显著成果，还在氢能产业链的其他环节上进行了积极布局；这些政策支持和市场布局为镁基储氢材料的发展提供了良好的外部环境。欧洲也是储氢材料行业的重要市场，欧洲各国在氢能技术和储氢材料领域有着深厚的积累，并在政策上给予了大力支持，德国、法国、荷兰等国家在氢能产业的多个环节上进行了广泛合作，推动了储氢材料市场的发展；北美地区以美国和加拿大为代表，也在储氢材料市场上占据重要地位，这些国家拥有丰富的资源和技术实力，在氢能产业和储氢材料领域进行了大量投资和研究。

欧盟：氢能银行（Hydrogen Bank）于 2024 年启动 200 亿欧元专项基金，支持固态储氢材料研发和基础设施建设。碳关税（CBAM）将镁基储氢纳入低碳产品清单，技术出口可抵免碳税。

中国："十四五"氢能规划明确 2025 年实现镁基储氢量产成本低于 300 元 /kg，补贴氢能重卡、船舶等示范应用。

美国：IRA 法案为固态储氢项目提供 30% 税收抵免，扶持镁基储氢材料企业在德州、加州建立生产基地。

市场前景方面，目前市场需求爆发，新能源汽车产量和储能电站的需求量都会逐年增高，镁基储氢材料在这些领域的应用势必也会有相应的增加。从技术进步来看，2023 年全球镁基储氢系统的量产成本约 500 美元 /kg H_2，预计 2030 年降至 150 美元 /kg H_2（与高压储氢持平）。镁基固态储氢材料以其高储氢密度、高安全性、低成本和环保等优势，已经可以产业化制备，在氢能产业链中展现出巨大潜力。从应用领域来看，镁基固态储氢材料的应用领域广泛，包括氢能汽车、燃料电池、电力储能等。随着氢能产业的快速发展，下游用氢市场对储氢材料的需求也在不断增长。

3.3 / 镁基储氢材料产业的国内发展现状

3.3.1 / 市场规模和增长趋势

2023 年，中国镁基储氢材料市场规模约为 15 亿元，占全球市场的 28%，主要应用于氢燃料电池车、两轮车换氢站及工业分布式储能领域。从需求端来看，2023 年氢燃料电池商用车保有量突破 1.5 万辆，推动车载储氢市场规模同比增长 45%；从供给端来看，2020—2023 年国内新建 / 扩建镁基材料生产线超 20 条，总产能从 500t/ 年增至 3000t/ 年，体现了不俗的增长动力。2024 年镁基固态储氢技术已列入《国家工业和信息化领域节能降碳技术装备推荐目录（2024 年版）》。这些事实预示着对镁基储氢材料的大规模市场需求即将到来。但是，2024 年金属镁市场是极其"寒冷"的一年，市场产能过剩，产量居于高位，下游应用镁基材料、镁基储氢、镁基电池基本在研究阶段，还没有进入规模性应用，导致金属 Mg 市场供需失衡，全年价格不断下探，业内人士对市场缺乏信心，相比较 2023 年市场的高度活跃，几轮价格涨至 30000 元 /t，2024 年市场累计跌幅已近 4500 元 /t，两极分化明显，市场缺乏平衡发展机制。主要存在以下问题。

① 供应维持高位，产量同比增加明显。据市场调研了解，Mysteel 统计全国 53 家独立镁锭生产企业，2024 年全年生产镁锭突破 90 万吨，相比较 2023 年，同比增加 32.35%（2023 年全年生产镁锭 68 万吨），因 2023 年镁锭主产区陕西地区（约占全国镁锭产量 60%）受兰炭市场行业提标升级改造影响，受影响镁厂在 20 家左右，均出现了不同程度的减停产情况，反观 2024 年市场，在改造完成后，厂家开工积极，2024 年除个别厂家有减产检修情况出现，多数厂家均维持正常生产。

② 需求市场复苏缓慢，供需失衡情况持续。2024 年，下游镁合金厂整体开工率保持平稳，2024 年年初，受镁锭市场看空氛围影响，企业经营压力增加，镁合金工厂停产检修增加。随着下半年海外夏休结束，需求有所增加，市场转暖，产量增加明显。现阶段厂家基本维持正常开工，市场供需失衡情况加剧，从而带动镁合金市场弱势运行。据 Mysteel 调查统计，2024 年全年主产区镁合金总需求量约 33.85 万吨，对镁锭的需求量约占镁锭总产量的 37.61%，严重的供需差距现象导致了价格的迅速下跌，反过来对上游产业造成负面影响。

③ Al 合金市场应用平稳发展。据市场了解，2024 年全年累计 Al 合金产量为 1614.4 万吨，2023 年全年 Al 合金市场产量为 1458.7 万吨，同比增加 10.67%，从 2023 年统计需求量来看，对镁锭需求量为 19.5 万吨，2024 年对镁锭的需求量增长为 21.84 万吨，对镁锭的需求量约占镁锭总产量的 24.27%。

④ 海绵钛市场需求情况。生产海绵钛采用 Mg 热法还原，生产 1t Ti 约需 1.1t 以上原 Mg，2023 年我国海绵钛产量 21.7 万吨，海绵钛还原用 Mg 量约为 23.87 万吨，但目前我国大多数海绵钛生产企业采用全流程法生产，$TiCl_4$ 被 Mg 还原为 Ti 与 $MgCl_2$ 后，在生产过程中通过电解 $MgCl_2$ 获得 Mg 与 Cl_2，其中，Mg 再次用于 Ti 还原。根据市场统计全流程法，海绵钛仅需要在市场采购 10%～20% 的 Mg 来作为补充，因此，2023 年市场海绵钛对于镁锭市场的需求量不足 5 万吨，2024 年海绵钛产量约为 26.8 万吨，同比 2023 年海绵钛产量 21.8 万吨增加 22.93%。按全流程法计算，2024 年海绵钛对镁锭的需求量为 13 万吨左右，约占镁锭比重为 14.4%。

⑤ 金属 Mg 出口市场情况。据海关数据统计，2024 年 1～11 月金属 Mg 市场共出口镁及镁产品 42.07 万吨，相较于 2023 年 1～11 月 36.93 万吨，同比增加 13.92%，2024 年全年金属 Mg 市场共出口镁及镁产品 45.98 万吨，相较于 2023 年全年的 40.47 万吨，同比增加

13.62%，其中主要出口产品为镁锭、Mg 合金、Mg 粉。其中镁锭出口 26.60 万吨，Mg 合金出口 9.53 万吨，Mg 粉出口 8.25 万吨，其他产品出口 1.60 万吨，单从镁锭产品来看，相比较 2023 年镁锭出口数量，增加 24.42%，约占镁锭产量的 29.36%。

⑥ 需求情况总结。根据以上几个方面数据可以看出，占比最大为 Mg 合金市场，占比在 37.61%，其次为出口市场，占比 29.36%，Al 合金市场占比 24.27%，海绵 Ti 市场占比 6.22%，其余为钢铁脱硫等领域，随着下游应用领域的不断发展，尤其是在汽车轻量化领域（占比 70%）、3C 电子领域（占比 20%），Mg 合金对镁锭的消耗量将有望进一步提升。

⑦ 供应情况展望。从 2024 年市场情况来看，主流大厂基本开工稳定，除山西地区减停产厂家较多外，陕西地区个别有减停产情况出现，其余产区开工正常，因价格逐渐趋向平稳，下游合金的需求量缓步发展，对镁锭的需求量有望上升，但是结合 2024 年来看市场因供需失衡问题，导致价格屡探新低，同时根据市场了解，2025 年政府及市场有控制产能产量扩张的预期，因此综合来看，2025 年产量或有小幅的上升，但空间较小。

3.3.2 中国主要企业和技术创新

在镁基固态储氢材料制备方面，上海交通大学、华南理工大学、重庆大学、北京大学、复旦大学等院校开展了相关基础研究，非常多的公司在此基础上做出了创新性突破。

（1）上海

中科院上海硅酸盐研究所通过纳米限域效应设计多孔镁基复合材料（Mg@C），循环寿命突破 3000 次，优于国际同类产品。

上海镁源动力科技有限公司的镁基固态储氢材料生产技术来源于上海交通大学氢科学中心。2017 年，核心成员邹建新教授在多方支持下，将该成果在上海临港落地产业化，成立上海镁源动力科技有限公司。公司成立之后，将此专利技术进行了进一步的产业化研究，克服了镁基固态储氢材料生产制备放大、储放氢动力学和热力学等一系列难题，开发了低成本批量制备高性能镁基固态储氢材料的技术及全套设备。可以达到年产 10 吨级的生产水平，生产的镁基固态储氢材料性能稳定可控，技术水平处于国际领先地位。经多年攻关，镁源动力已形成完整自主知识产权专利体系，从镁基储氢材料的制备及设备，到材料在能源、医疗健康和医学领域的应用技术，开发布局了关键核心专利技术共计 18 项，其中 PCT 专利 3 项。核心技术荣获 2018 年上海市技术发明二等奖。

值得一提的是，在镁基固态储氢领域，成立于 2016 年的氢枫（中国）是国内领先的氢能技术解决方案提供商，专注于提供氢气制取、储存、运输和应用的跨产业链综合技术解决方案。在氢气运输与储存领域，氢枫自主研发及生产包含镁基固态储氢材料（图 3-2）和吸放氢控制等的镁基固态储氢罐系统产品（图 3-3），并在行业内进行了商业化应用。公司依托领先技术及强大研发实力，助力突破氢能行业的技术和应用瓶颈，目前氢枫（中国）已逐步发展成为一家服务于氢能全产业链的高科技公司。2023 年 4 月，由上海交通大学氢科学中心与上海氢枫能源技术有限公司联合研发的全球首台吨级镁基固态储运氢车（MH-100T）发布。该车装载的镁基固态储运氢装置为 40 英尺（1 英尺 =30.48 厘米）大小的集装箱，搭载了 12 个固态储氢罐，可以储存 1.03t 氢气，其储氢量是传统高压气态储氢长管拖车（20MPa）的 3 ～ 4 倍，而运输成本仅为其 1/3，同时具有高安全性、高储氢密度和高循环稳定性，可广泛用于加氢站、氢冶金、氢化工、储能等领域的氢气储存与运输，标志着业内首次实现吨级镁基固态储运氢技术商业化。2023 年 10 月，氢枫（中国）全球首批镁基固态储运氢车交付仪式在宜兴举行。镁基固态储运氢车的投用进一步推动氢能的规模应用，强力引领能源产业转型升级。

除此之外，氢枫采用独特的多元催化复合镁合金成分设计，显著提升了镁基储氢合金的充放氢动力学性能；同时创造性采用二维片层状加工工艺和多孔粉末压制成型技术，在保障充放氢动力学性能的同时，显著增加材料的体积储氢密度，大大提高了镁基储氢材料的结构稳定性和循环使用寿命，且能够进行工业级规模化生产。氢枫镁合金材料配方及结构都拥有专利，不易被复制，已经形成具有自主知识产权的镁合金材料研发及生产、镁基固态储氢罐系统产品研发及生产的整套体系。氢枫镁基固态储氢罐的储氢密度已经达到 6.4%（质量分数）以上，单个 20 英尺（1 英尺 =30.48 厘米）储氢罐容量高达 1.0t，在 1MPa 氢压下即可实现满充，能耗相对较低，并能实现大于 3000 次吸放氢循环无明显衰减，具有更长的使用寿命。后续产品的储氢容量将根据应用场景需求进行扩展、优化。

图 3-2　氢枫公司独特的 Mg 合金材料（左为 MgH$_2$，右为 Mg 合金）

图 3-3　氢枫公司镁基固态储氢罐系统产品

2023 年 12 月，上海镁源动力科技有限公司公开一种利用低成本电的镁基固态循环储放氢系统，相比导热油式储放氢装置，该系统导热介质采用空气，温度更高（导热油介质最高为 330℃，气体温度可高于 450℃），换热速率增大，缩短换热时间，而且空气介质无成本。可以消纳大量的谷电、风电、光伏电产能，节能环保、无污染。

明月湖实验室与宝钢金属有限公司签订了《低成本镁基固态储氢》合作协议，目标 2 ～ 5

年实现工业化生产；宝武集团已投入 200 多亿元进入 Mg 产业，推动重庆博奥镁铝金属制造有限公司的"高性能轻量镁铝合金生产基地暨镁铝合金创新研发中心"项目获得国家超长期特别国债；Mg 合金储氢材料正在向产业化推进，市场需求量有望每年超过 200 万吨。

2024 年 4 月，上海铼恩氢能科技有限公司自主研发的产品"纳米碳镁基固态氢存储材料（储氢棉）"经中国工业气体工业协会的鉴定评审，其储氢量、氢动力学性能均表现出优越的性能指标，处于全球领先水平。该产品储氢体积密度达到 116kg H_2/m^3（水容积），49t 的重型卡车使用 2t 的储氢棉材料，可以充满 96kg 氢气，可续航 1152km。

（2）重庆

重庆大学潘复生院士团队突破镁基储氢材料在热 / 动力学特性上的技术瓶颈，开发出一种 Mg-Ni-RE 的镁基稀土储氢材料，该储氢材料具有可逆储氢容量为 5.38% ～ 6.40%（质量分数），吸氢活化能为 46.9 ～ 61.3kJ/mol，放氢活化能为 59.7 ～ 84.2kJ/mol。

重庆大学与上海大学联合设计了高容量和长寿命（大于 3000 次）的 200℃左右的中温释氢 Mg-Ni-Nd 储氢合金（图 3-4），阐明循环中微观组织演变机制及寿命衰减机理，并提出循环寿命稳定化方法，开发了具有抗 CO_2、N_2 等杂质气体毒化的镁基储氢合金，完成模拟真实工业副产氢下的吸放氢稳定性测试。此外，重庆大学搭建了镁基储氢材料切削中试产线，实

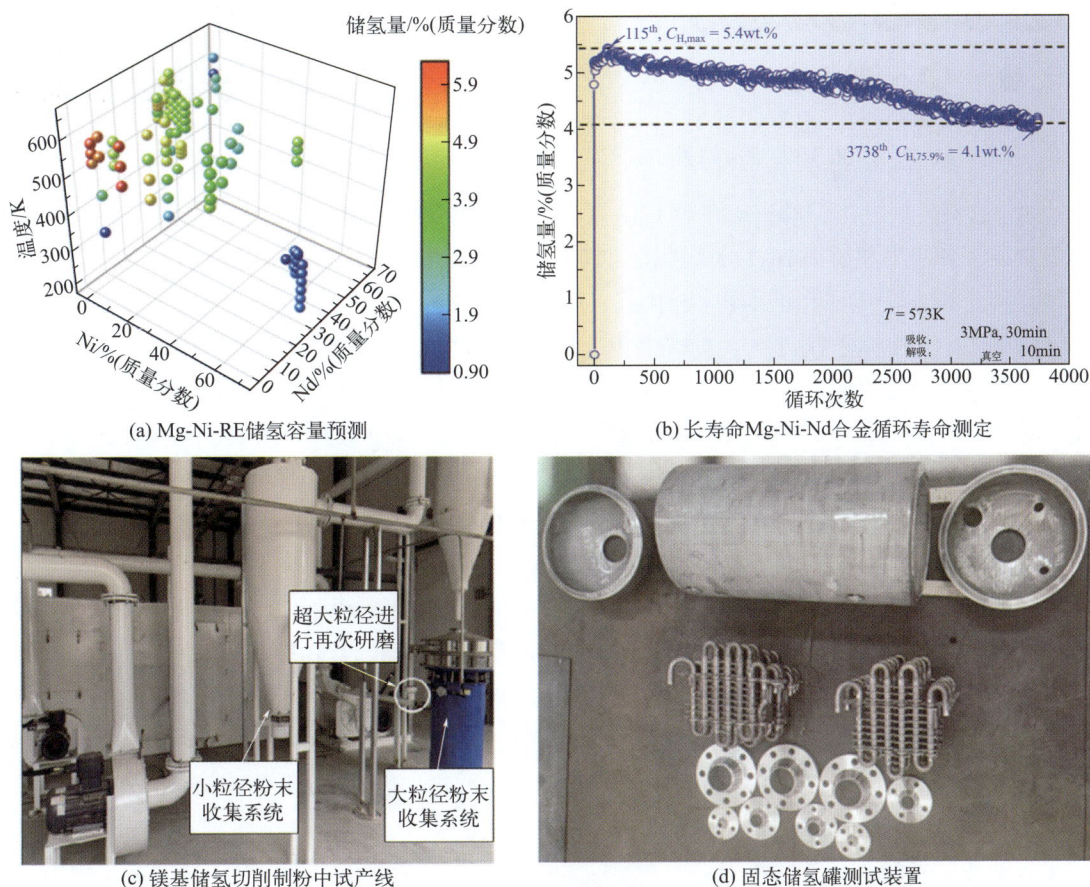

(a) Mg-Ni-RE储氢容量预测

(b) 长寿命Mg-Ni-Nd合金循环寿命测定

(c) 镁基储氢切削制粉中试产线

(d) 固态储氢罐测试装置

图 3-4　重庆大学开发的中温释氢镁基复合储氢材料和储氢罐

现每小时 30kg 级的稳定制备；完成固态储氢罐吸放氢性能自动测试装置方案设计，并完善了吸放氢系统总体工艺模型及工艺方案。

重庆大学提出了基于 Ti 价态调控的催化剂设计思路，通过原位还原反应在 MgO 晶格中掺杂 Ti 等前过渡金属，形成配位数可控的 Ti-MgO 催化剂，可调控过渡金属的特定价态并提高其化学稳定性，实现了对氢吸附、解离和扩散过程同时有效的催化作用，180℃条件下实现了 Mg/MgH_2 的可逆放氢反应（图 3-5）。经 30 次循环后，未能观察 Ti-MgO 种 Ti 价态和结构的变化，展现出其优异的化学稳定性。该成果报道了 Ti 价态和 Ti-H 键强之间的关联，提出了基于催化位点价态为控制参数的"微观"标度关系理念。该研究成果为理化性质可控的 Ti 基催化剂开发提供了设计思路。

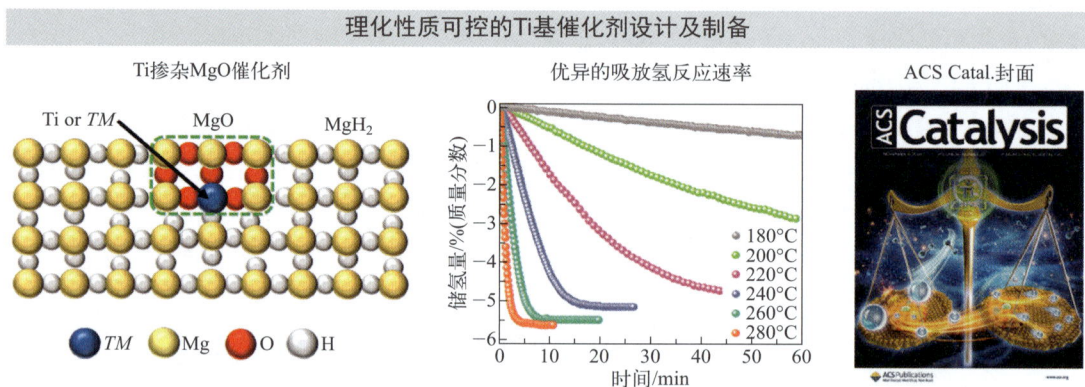

图 3-5 理化性质可控的 Ti-MgO 催化剂的设计制备及其性能

水（H_2O）的吸附和解离对于镁基储氢材料的水解腐蚀反应至关重要。虽然 d 带中心常用于指导有效吸附和解离 H_2O 分子的催化剂设计，但由于未考虑库仑作用对 H_2O 分子的作用机理，因此其难以应用于金属间化合物或主族元素催化剂。重庆大学以 Mg 的水解腐蚀（$Mg + 2H_2O \rightarrow Mg(OH)_2 + H_2 \uparrow$）为研究对象，阐明了金属间化合物催化剂的偶极子对 H_2O 解离的关键作用。结果表明，由于吸附的 H_2O 分子与 Mg_xMe_y 的偶极子发生偶极耦合，Mg_xMe_y 金属间化合物（Me = Co、Ni、Cu、Si 和 Al）催化剂可以显著改善 H_2O 解离的动力学。因此可显著降低 H_2O 的解离势垒（图 3-6）。该成果提出了镁基储氢材料表面的变质机制和耐腐蚀性调控方法，为化学稳定性可控的镁基储氢材料开发提供了设计思路。

（3）陕西

陕西作为能源大省，加快发展氢能产业，有利于陕西发展清洁能源，优化能源结构，推动落实"碳达峰、碳中和"战略目标。同时，陕西是我国重要的铝镁轻质材料生产地，也是全球最大的金属镁产地，榆林原镁产能占全球的 40%，发展镁基固态储氢具有得天独厚的优势。

2020 年 9 月，陕西省人民政府与国家电力投资集团有限公司达成战略合作协议，支持国家电力投资集团在陕投资发展，开发建设"榆林风光水镁储氢一体化"基地项目。

2022 年 11 月，陕西富镁氢科新材料科技有限公司成立，目前该公司核心产品为高性能低成本镁基储氢材料以及镁基固态储氢系统，镁基储氢材料在 200℃时吸氢量可达 4.5%（质量分数，下同）。

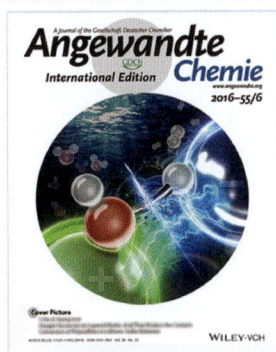

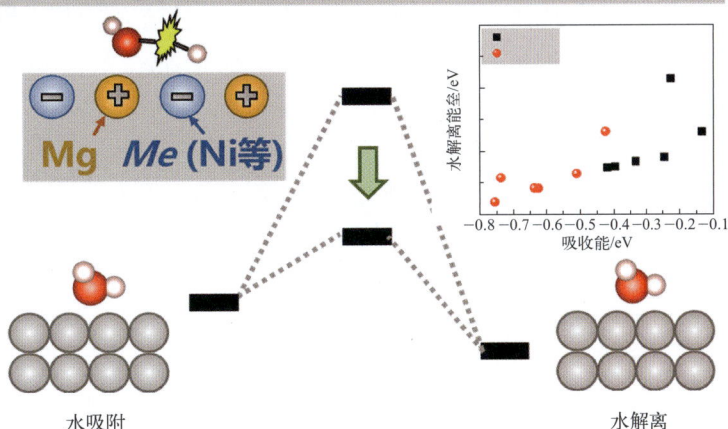

图 3-6　催化剂对镁基储氢材料表面的腐蚀机制

2023 年 2 月，陕西省 Mg 基新材料中试基地在全球最大的金属镁产地榆林市府谷县揭牌投建，全国首条年产千吨级高品质镁示范生产线正式建成投产。

2023 年 8 月，陕西科技大学公开一种镁基固态材料加热循环储氢装置，通过装有镁基固态储氢材料粉末的储氢罐进行储氢，相比气态及液态等传统储氢方式，不仅提升了储氢密度，还大大减小了储氢罐的压力，储氢罐仅需负载 3MPa 左右的压力即可完成储氢工作，且通过这种固态储氢方式可大大提升储存氢气氢能的安全性。

2023 年 9 月，榆林中科洁净能源创新研究院展出撬装式镁基固态储氢装备，质量储氢密度大于 6.5%，储运效率是传统高压氢气管束车的 5 倍，常温常压安全运输，距离不限，可用于公路运氢、加氢站储氢、科研和工业小批量供氢、车 / 船 / 飞行器储氢等。

2023 年 10 月，西安建筑科技大学公开一种基于镁基固态储氢材料的储氢装置，储氢装置为内外双层结构，设置有陶瓷隔热板和保温填充层，实现保温隔热，减少热量的流失，同时保证罐体强度，避免罐体受到损坏，并采用温度检测仪检测罐体内部温度变化，保证安全性。

西安交通大学开发出镁 - 稀土（Mg-La-Ce）合金，吸氢动力学效率提升 50%。

（4）广东

2023 年 11 月，广东省国研科技研究中心有限公司公开一种基于细化球磨高硬度掺杂剂的镁基储氢材料制备方法，克服了同时具有高硬度和高塑性合金的不能破碎问题，实现了高性能储氢材料的制备。

佛山仙湖实验室联合中国科学院宁波材料所开发的 Mg@TiC 核壳材料，通过合金化改性降低材料吸放氢温度，实验室条件下吸氢温度降至 140℃，储氢量提升至 6.2wt.%（处于全球领先水平）。

华南理工大学团队采用高能球磨技术制备纳米级镁基复合材料（如 Mg-Fe-Ti），结合碳纳米管掺杂强化导热性能，吸氢动力学速度提升 40%。此外，还创新性引入过渡金属催化剂（如 V 基催化剂），降低反应能垒，放氢效率提高 25%，开发的 Mg-V$_2$O$_5$ 复合储氢材料，放氢速率达 0.8%/min（未优化前仅为 0.3%/min）。

广东省科学院新材料研究所主导"固态镁基储氢集成技术及装置开发"，已实现镁基材料储氢密度超过 7%，整装置储氢密度超 6%，适用于新能源物流车、新能源冷链车等推广应用。联合重庆大学与广东国研科技研究中心，共建大湾区氢能产业技术研究院、"全国镁基储能材料创新联合体"，已取得技术转化和奖项，包括 2021 年国际镁科学技术奖、2022 年深圳高交会优秀产品奖等。

广东省国研科技研究中心有限公司联合国家镁合金工程技术中心，专注固态镁基储氢及镁电池研发和产业化，固态镁基储氢材料与技术开发已完成实验室研究和初步示范，正推进中试或示范应用，开发了系列镁电池产品，取得多项专利，并荣获 2021 年国际镁创新产品奖。广东省国研科技研究中心有限公司与重庆大学在 2021 年签署"固态镁基储氢材料及技术开发"项目协议，投入资金共 5 亿元（首期 1.5 亿元），加速相关技术研发与产业化。项目聚焦合金化、球磨等路径，结合装置研发推动整体布局。

国鸿氢能和镁源动力开展战略合作，共同探索镁基储氢材料及其在氢能装备链条中的应用，早在 2017 年就已布局固态储氢材料发展，与镁基产业方向形成协同。

《广东省推动新型储能产业高质量发展的指导意见》强调，2025 年全省新型储能产业营业收入达到 6000 亿元、装机 300 万千瓦，并纳入固态储氢技术作为储能的重要方向。

（5）河南

2022 年 4 月，氢储（新乡）能源科技有限公司首条镁基固态储氢装置生产线建成投产测试。该公司计划建设 6 条镁基固态储氢设备、储氢装置生产线，全部达产后，可年产镁基固态储氢设备约 720 套，预计年销售收入 4 亿元，利税总额约 9000 万元。

（6）江苏

2023 年，宝武集团建成全球首条千吨级镁基储氢带材（Mg-Ni-Cu）连续轧制生产线，材料成本降至 280 元/kg（国际平均 400 元/kg）。联合上海大学开发梯度纳米晶结构镁合金，吸氢温度从 300℃降至 220℃。

2024 年 1 月 12 日，宝武镁业科技股份有限公司发布公告，称公司与上海氢枫能源技术有限公司就镁基固态储氢事宜签订战略合作协议。宝武镁业实现储氢镁合金材料的规模化生产，并保证所生产的镁合金锭符合镁基固态储氢设备所需的技术指标；宝武镁业利用其在镁合金加工方面的技术优势及多年的生产经验，将 Mg 合金锭加工成镁基固态储氢设备所需的镁丸供应给氢枫能源，镁丸应满足氢枫能源提供的技术指标并通过检测，具体的采购数量和价格以双方另行签署的采购协议为准；氢枫能源将符合质量标准要求和高性价比的镁丸充填上装，制造成镁基固态储运氢设备并对外推广应用及销售，实现镁基固态储运氢设备的规模化应用和提高国内外市场的占有率。

2024 年 1 月，宝武镁业公告披露公司镁合金深加工产品包括 Mg 储氢材料，2024 年公司和国内使用氢能及固态储氢的头部公司保持紧密合作，同时改良单台设备生产效率，以进一步满足大型化生产需要。此外，氢枫与宝武镁业已于 2024 年 1 月签署镁基固态储氢战略合作协议，双方利用各自优势与资源，将聚焦镁基固态储氢技术和镁基固态储氢应用等进行战略合作。根据产业化进展情况，该行认为 2024 年是 Mg 基固态储氢材料的规模化生产和应用"元年"，随着氢能产业快速发展，大规模氢储运需求将不断提升，带动镁基固态储氢材料的发展，如此一来，镁行业迎来发展机遇，建议关注行业及相关公司进展。

江苏华镁时代科技有限公司从法国 McPhy 公司引进镁基储氢材料生产技术，在国内实现了百吨级镁基固态储氢材料生产线的投料生产。试生产中下线的镁基储氢材料质量储氢密度可以达到 6.5wt.%，每块镁饼可以储存氢气 65g。据悉应用最新技术试产的镁基储氢材料可以循环使用 7000 次以上，且材料 85% 以上可以回收利用。

（7）广西

2024 年 3 月，广西大学新能源材料团队基于镁基储氢材料具有高能量密度和良好吸放氢循环性的特点，开展镁基储氢材料吸放氢热力学动力学性能调控研究，制备出在温和条件下进行储氢的高容量、长寿命镁基储氢材料，并能对材料的储氢热力学动力学性能进行调控。

（8）青海

阳光电源在青海建成镁基储氢 - 光伏耦合储能示范项目，储氢规模 500kg，可为偏远地区连续供电 72h。

3.3.3 / 政策支持和市场前景

中国对镁基储氢合金的发展给予了高度重视，并出台了多项鼓励政策。最顶层的《氢能产业发展中长期规划（2021—2035 年）》明确将镁基储氢列为关键技术攻关方向，要求 2025 年实现材料成本≤ 300 元 /kg。这些政策旨在推动固态储氢材料行业的发展，具体措施如下。

资金支持：政府提供资金支持，用于研发和推广镁基储氢合金技术。

地方补贴：对相关企业提供税收减免和相应补贴，降低企业运营成本。例如，佛山市对镁基储氢模块按储氢量补贴 1000 元 /kg；上海市对氢能船舶应用给予设备投资额 30% 的奖励。

技术标准制定：制定相关技术标准，规范行业发展。国促会标委会于 2024 年立项《固定式固态储氢系统技术规范》和《移动式固态储氢系统安全技术规范》。

市场推广：通过政策引导，促进镁基储氢材料的市场应用和推广。镁基固态储氢材料具有高储氢密度、高安全性、成本低、绿色环保等优势，例如，镁基固态储氢在氢冶金、氢储能、氢化工、分布式发电等方面都具备很大的应用潜力，匹配多元应用场景。尤其是目前镁基固态储氢产业化提速，行业将会迎来发展机遇。

3.4 / 发展我国镁基储氢材料产业的主要任务及存在的主要问题

尽管镁基固态储氢材料在储能领域展现出巨大的潜力，但其目前的产业化应用仍处于初级阶段，面临着多方面的困难与挑战。主要任务包括突破关键材料性能极限，实现低成本高可靠储氢体系。

3.4.1 / 材料技术瓶颈

镁基固态储氢材料在应用过程中遇到了几个关键的技术难题。首先，MgH_2 的热稳定性过高，通常需要超过 280℃才能释放氢气，这对材料的使用提出了严苛的要求。其次，吸放氢的速度较慢，放氢时需要克服较高的能垒。此外，Mg 表面容易形成氧化层，这进一步影响了其动力学性能。最后，氢在 MgH_2 中的扩散系数较低，导致吸放氢的过程时间较长，且氢化和放氢过程往往不能完全。这些问题目前尚且停留在实验室阶段，而科学家们为此已经做出长足的努力来攻克难题。

任务 1：降低吸放氢温度。

目标：从现有 220 ～ 300℃降至 150℃以下（适用于车载场景）。

技术路径：开发新型催化剂（如钒基、稀土掺杂催化剂），优化纳米晶 / 非晶结构镁合金（如 Mg-Ti-Fe 复合材料），提高表面活性。

任务 2：提升循环寿命。

目标：目前循环寿命 2000 次，到 2030 年提升至 5000 次（对标日本 JFE 钢企水平）。

技术路径：通过梯度结构设计（如中国科学院提出的核壳型 Mg@C 材料）、原位钝化技术抑制粉化和晶粒粗化。

任务 3：降低材料成本。

目标：量产成本从 280 元 /kg（2024 年）降至 150 元 /kg 以下（2030 年）。

技术路径：开发低纯度镁（95% ～ 98%）合金制备工艺，推广连续卷绕轧制代替传统粉末冶金（可降本 35%）。

存在的主要问题：

① 催化剂依赖进口。高活性钒 / 钯基催化剂 80% 依赖日本、德国企业，国产催化剂效率仅为国际水平的 60%。

② 材料稳定性不足。循环过程中镁合金易发生氧化腐蚀（尤其是沿海高湿环境），失活速度较海外产品快 30%。

③ 标准体系缺失。材料性能测试方法（如吸氢速率测试）尚未统一，导致产业化进程受阻。

3.4.2　系统集成设计的不完善

镁基固态储氢在材料层面的研究已经相对成熟，可以实现由实验室的克级样品制备转向工厂的公斤级产品制备，但是，镁基固态储氢技术，不仅需要材料层面的攻关，更重要的是要实现材料到产品、系统乃至完整解决方案的系统性构建。当前，固态储氢系统与其他应用系统的耦合集成设计尚不完善。大多数优化设计模型在模拟过程中未能充分考虑吸放氢过程中物性参数的动态变化，这使得模拟结果难以直接应用于大容量镁基固态储氢系统的优化设计。目前，国内镁基材料的产业化发展还处于起步状态，没有开始大规模量产。不过，部分氢能企业已经开始合作进行生产线建设，实现大规模生产后，成本会大幅下降。未来，随着氢能产业快速发展，会进一步拉动镁基固态储氢材料需求提升。

主要任务：构建模块化、智能化储氢系统。

任务 1：优化热管理系统。

目标：系统热效率从 40% 提升至 70%（对标美国 NREL 实验室水平）。

技术路径：通过相变材料储热（如石蜡基复合相变材料）、多通道微流道散热设计。

任务 2：开发轻量化结构。

目标：储氢系统质量能量密度从 1.2kW·h/kg 提升至 2.5kW·h/kg（超越高压气罐）。

技术路径：采用仿生拓扑结构优化储氢罐壳体（如北京理工大学开发的蜂窝夹层结构），集成 3D 打印减重技术。

任务 3：提升系统动态响应。

目标：实现氢燃料电池车辆 30s 内快速充氢（储氢罐供氢速率 ≥ 30g/s）。

技术路径：开发分级多孔介质流道设计，耦合 AI 算法实时调控供氢压力。

存在的主要问题：

① 热管理效率低。放氢反应需外部热源供热（如电加热），系统寄生能耗占比高达 25%。

② 机械安全性不足。储氢模块在振动、冲击载荷下易出现裂纹，缺乏长周期疲劳测试数据支撑。

③ 智能化水平落后。压力 / 温度传感器与控制系统国产化率不足 50%，动态调控算法依赖德国西门子等国外企业。

3.4.3 优化经济成本

镁作为一种储量丰富、分布广泛的战略性资源，在全球范围内具有显著的资源优势。我国作为镁资源大国，凭借其低廉的原材料价格优势，使得镁基固态储氢技术成为突破氢能产业发展中氢储运瓶颈的关键技术之一。然而，当前镁基固态储氢技术的应用成本仍较高：吨级镁基固态储运氢装置的售价为 300 万元 / 台（即 3000 元 /kg 氢气），辅助氢 / 热设备的价格在 250 万元 / 套，这在一定程度上限制了其大规模推广应用。

因此，镁基固态储运氢技术正处于产业化初期阶段，亟需在以下关键领域取得突破：一是开发高性能固态储氢材料及其规模化低成本制备技术；二是研制大容量固态储氢装置；三是发展与应用场景深度耦合的集成技术。通过以上技术创新，可有效降低镁基固态储运氢技术的综合成本，实现氢能的高效安全储运，从而推动氢能产业的可持续发展。未来，随着材料生产成本的下降和装置加工制造技术的成熟，镁基固态储氢装置的成本有望降低至 500 元 /kg 氢气，这将显著提升其市场竞争力。

从成本构成来看，镁基固态储氢技术的实际应用，需要包括三大模块：充装设备、固定 / 移动式固态储氢装置以及放气及增压设备，其成本主要涵盖设备投入、折旧费用和能源消耗等方面。基于镁基固态储氢技术在加氢站直接加注、SOFC 耦合发电、氢化工和氢冶金（具备余热利用）等典型应用场景的分析，结合现有成本测算，图 3-7 展示了该技术在 500km 公路运输和 1000km 铁路运输的经济性对比。其中，SOFC 耦合发电因可利用 SOFC 系统本身产生的余热，能源利用效率最高，终端用氢成本最具优势；氢冶金和氢化工场景因可充分利用工业余热，用氢成本较低；相比之下，加氢站场景由于难以获得廉价热源，主要依赖电加热方式，其用氢成本最高。从区域分布来看，西北地区凭借可再生能源电价的显著优势，在氢气成本方面具有明显竞争力；而华东和华南地区由于可再生能源价格较高，终端氢气成本相对偏高。在运输方式选择上，鉴于铁路运输的成本优势，建议在长距离氢能运输中优先采用铁路运输方案，这将有效缓解华南、华东等地区氢能成本过高的问题，促进氢能产业的均衡发展。此外，通过优化运输路线和提升运输效率，可进一步降低氢能的综合成本，为氢能的大规模应用奠定坚实基础。

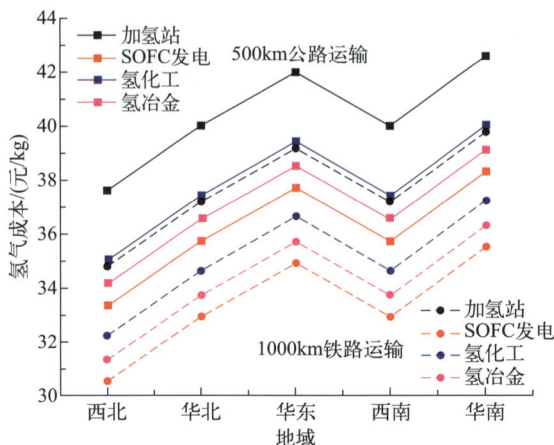

图 3-7　镁基固态储氢技术经济性分析

3.4.4 ／ 拓展商业化应用场景

氢能产业的发展受限于安全、便捷、经济等储氢技术，镁基固态储运氢技术可以极大地减少对压缩设备、高压储罐、高压阀门和管道的依赖，减少了因氢气压缩和减压过程导致的能耗，显著降低了初期设备投资、建设和运营成本，同时降低氢气在储存和运输环节的成本，助力氢能产业发展。目前涉及镁产业的公司包括上海氢枫能源技术有限公司、上海镁源动力科技有限公司等，它们的镁基固态储运氢技术给氢能行业最大的创新，是缓解了氢储运瓶颈，为氢气在各垂直领域的大规模应用提供了可能，之前没法使用氢气的场景，现在可以用固态储氢技术来提供氢气的解决方案。这为氢气的应用场景大大拓宽了空间。

镁基固态储运氢技术应用场景，可以分为固定式场景和移动式场景（图 3-8）。固定式应

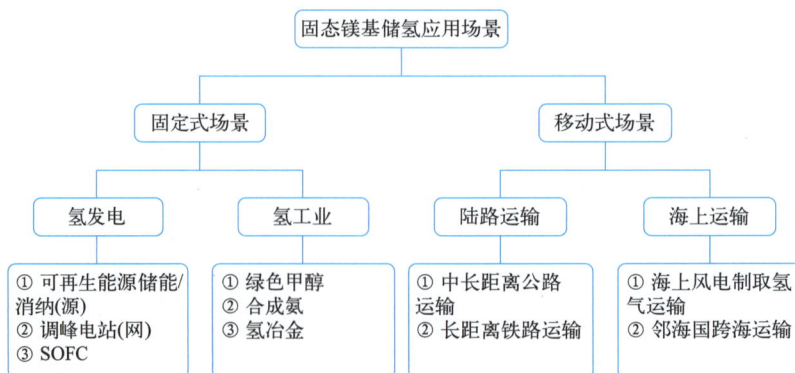

图 3-8　镁基固态储运氢主要应用场景

用主要是对氢气进行存储，适用于氢发电和氢工业方面的应用；移动式应用主要是对氢气进行运输，在陆上运输和海上运输均可使用。

3.4.5 利用可再生能源储能与绿色化工／发电

随着风电及光伏发电装机规模不断扩大，其随机性和间歇性致使弃风、弃光的问题逐渐凸显。因此，可通过在风力高峰时段或光照充足的时段产生的富余电力用于电解水制取氢气，大规模地存储于镁基固态储氢装置中，实现能量安全、长周期储存，便于下游氢气原材料的供应。

图 3-9 展示了镁基固态储氢耦合氢发电／氢工业场景。工业领域是氢气巨大的消纳领域，据 H2 Plus Data 数据，绿氢在化工领域的消纳占比达到 90.49%。存储起来的氢气可用于下游化工领域的应用，为绿醇、绿氨等氢基产品生产线提供大量源源不断的绿氢供应；当然，也可以用于氢冶金领域。同时，在风力不足时段或光照不足的时段（如夜晚），可充分利用镁基固态存储的氢气通过燃料电池发电，用于补充下游负荷的电力供应。

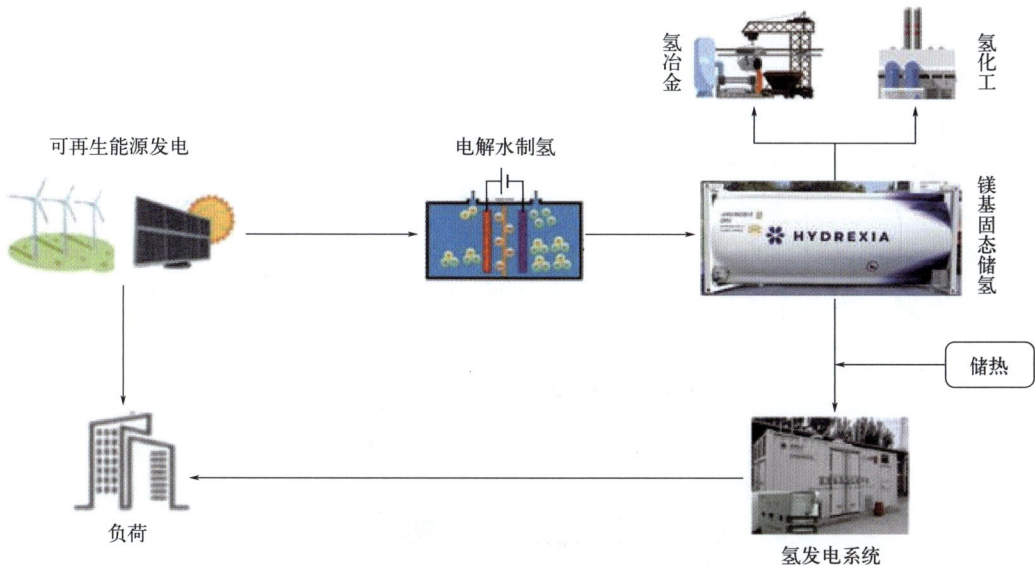

图 3-9　镁基固态储氢耦合氢发电／氢工业场景

3.4.6 利用镁基固态储氢与电池耦合

① 固体氧化物燃料电池（SOFC）。需要在 600 ~ 1000℃（一般为 700 ~ 800℃）的高温下运行，同时副产高温余热，因此，可充分利用该余热为镁基固态储氢放氢过程提供热量。而镁基固态储氢的吸氢过程是放热反应，可为固体氧化物电解水制氢（SOEC）提供热量。整个过程有效实现热量的循环利用，促进"电-氢-电"融通共赢。

镁基固态储氢和 SOEC/FC 耦合可完美应用于电网侧削峰填谷。在用电低谷时利用廉价的电力制取氢气，存储进镁基固态储氢罐中；在用电高峰期通过镁基固态储氢为 SOFC 燃料电池发电系统提供充足氢气进行氢发电，并入公共电网。相比常规的抽水蓄能和压缩空气储能等技术，镁基固态储氢具有能量转换效率高、占地面积小、对地形和地质条件要求低等特点。

② 便携式电源与应急设备。2025 年前推出 5kg 级 Mg 基储氢应急电源（续航 72h，单价≤3 万元），替代柴油发电机（如阳光电源西藏离网项目）。

③ 通信与数据中心备用电源。在 5G 基站推广小型镁基储氢系统（单机储氢量 2kg，占地 0.5m³），实现 48h 不间断供电（如华为内蒙古基站试点）。

3.4.7 陆上、海上氢气储存与运输

镁基固态储运氢技术适用于大规模、中长距离的氢气运输场景。对于海上运输，随着海上风电耦合电解水制氢产业的发展，未来可对海上风电场产生的氢气进行储存和运输，当然，也可以进行外贸的跨海和跨国运输（图 3-10）。

① 重卡与物流车辆。到 2025 年搭载镁基储氢系统的氢能重卡占比从不足 5% 提升至 20%（如陕西榆林"氢能重卡走廊"计划）。可以通过联合车企（如中国第一汽车集团有限公司、东风汽车集团有限公司）开发标准化储氢模块（容量 10 ～ 20kg），适配 120kW 燃料电池系统。

② 船舶与轨道交通。在珠三角、长江流域试点 50 艘氢能货船（如中国船舶集团有限公司"氢舟 1 号"项目），储氢量达 500kg/ 船。可以通过开发船用抗腐蚀镁基储氢罐，适配内河航运低振动、高湿环境需求。

③ 绿氢规模化储运。在内蒙古、甘肃等风光富集区建设"制 - 储 - 运"一体化基地，替代传统液氢运输成本（预计降本 30%）。可以通过开发模块化 Mg 基储氢集装箱（单箱储氢量 1t，耐压 2MPa），适配铁路 / 公路运输（如国家电力投资集团有限公司新疆哈密示范项目）。

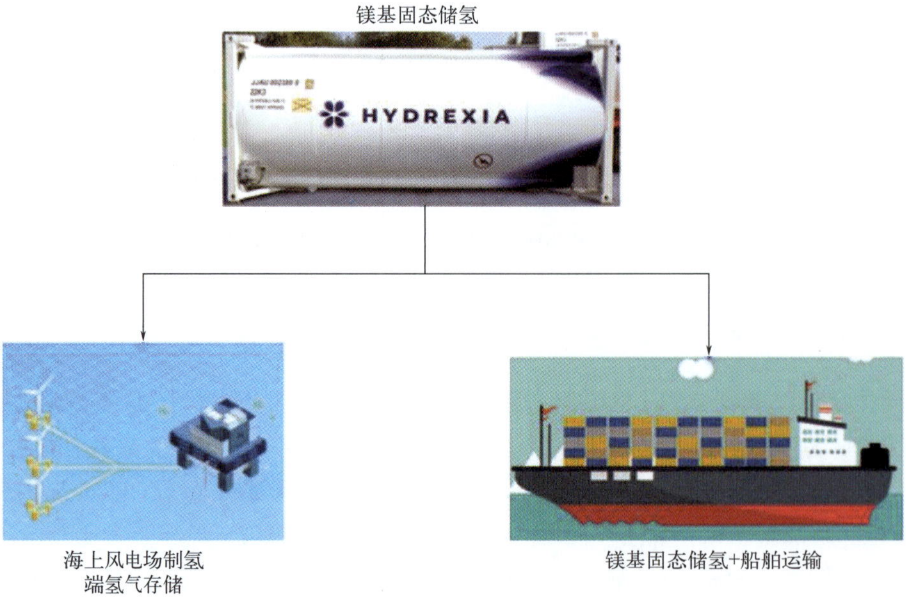

镁基固态储氢

海上风电场制氢
端氢气存储

镁基固态储氢+船舶运输

图 3-10　镁基固态储运氢跨海运输

总体来说，镁基固态储氢是氢储运领域的一项创新性技术，以其安全性、便捷性、经济性、长周期和高储氢密度等特点很好地解决了氢气长距离、大规模运输问题，从而扩大单一氢源经济性半径，氢能应用也将会不断扩大，整体促进氢能产业的发展。

镁基固态储氢材料技术已经发展成熟，进入了产业化应用阶段和商业化初始阶段，但系统产品的规模化、批量化有待进一步提高，交付能力有待加强，需要更多如上海氢枫能源技术有限公司这样的综合技术解决方案提供商，整合产业链资源，提供系统的镁基固态储运氢解决方案。

3.5 / 推动我国镁基储氢材料产业发展的对策和建议

3.5.1 / 推动我国镁基储氢材料产业发展的对策

3.5.1.1 加强技术研发与创新

支持龙头企业联合产业链上下游企业、高校、科研院所组建创新联合体，以市场为牵引、以应用为导向实施产业链协同攻关。重点突破低成本高纯 Mg 提纯精炼、新型高强韧镁基材料开发及制备、镁合金宽幅板材热成型、镁合金一体化成形等一批关键核心技术，推动新能源汽车、新型固态储能、绿色建筑材料、生物医用、消费电子、轻量化轨道交通、航空航天等用途镁基新材料产品加速应用。对镁基新材料领域实施的"卡脖子"技术攻关或重大关键核心技术产业化的项目，纳入省重大产业创新计划给予支持。需要以开发低温高效镁基材料（如 Mg-La-Ni 体系）为目标，将吸放氢温度降至 $120 \sim 150℃$（现有水平 $200℃$ 以上），循环寿命提升至 5000 次。突破纳米复合技术（如碳纳米管掺杂），将质量储氢密度提升至 6%（目前约 5.5%）。

在镁合金制备加工、镁合金腐蚀和防护、Mg 合金功能材料（包含储氢材料）、镁合金结构材料、镁产业资源综合利用等领域，支持相关企业与科研院所、下游用户联合实施研发产业化项目。根据任务清单、绩效目标完成程度、成果形式等情况，按照研发费用和设备投入按比例给予科研团队补助和奖励。

鼓励优势单位与院士合作围绕镁基新材料领域建立院士工作站，对新建登记备案院士工作站按照省级规则给予资助。支持已建立的省级院士工作站围绕镁铝合金精密成形绿色产品研发与应用等开展联合攻关，有效期满，考核优秀的给予一次性省级奖励。

支持建设镁基新材料领域共性技术研发中心、中试基地、试验验证中心、检验检测中心等公共服务平台，便于加快镁基材料的实际应用落地，例如开发连续化镁基粉末制备技术（如等离子球磨产线），成本降低 30%（从当前 500 元 /kg 降低至 350 元 /kg）。研制模块化储氢系统集成装备，适配规模化生产（单线产能提升至 10t/ 年）。对符合支持标准和达到绩效目标的产业公共服务平台，采取投资期建设补助最高按固定资产投入（不含土地投入）的 20% 和运营期绩效奖励的方式给予支持。支持有条件的市争创镁基新材料国家级产品质量监督检测中心。

支持龙头企业牵头组建省级镁基新材料产业协会或产业创新联盟，推动镁基新材料领域企业、高校、科研院所等各类创新主体围绕产业链部署创新链，提升创新要素资源配置效率。鼓励企业加大研发投入，提升科技研发占据销售收入的比重，围绕镁基储氢材料技术创新中心等平台，谋划推进相关项目。

支持链接镁基新材料领域创新资源，联合知名高校院所、一流镁基新材料研发机构和创新型企业等建立省级镁基新材料领域产业创新中心、工程研究中心、企业技术中心、产业创新研究院、企业研发中心等创新平台，积极争创国家级创新平台。

鼓励企业、高校、科研院所、行业协会等主导或参与镁基新材料产业的国际标准、国家标准、行业标准制定，对制定涉及基础共性、关键技术、典型应用等产业发展急需的标准，按规定给予奖励。

3.5.1.2 推进产业化建设

对镁基新材料产业项目建设给予贷款贴息支持，保障重大项目用地、能耗、环境容量等要素资源。

对镁基新材料重大项目用地、能耗、环境容量等要素资源依法足额予以保障。支持镁基新材料企业实施节能降碳技术改造，腾出的用能（煤）指标，优先用于企业新建项目用能（煤）需要。充分利用省新材料产业主题基金、科技成果转化引导基金等，以市场化方式支持镁基新材料研发成果加速就地转化，推动产业链延伸发展，建设一流镁基新材料生产基地和科技创新基地。例如在氢能示范城市群（如京津冀、长三角）建立 3 ～ 5 个百吨级生产基地（如上海临港、佛山仙湖）。到 2025 年形成 10 万吨 / 年镁基储氢材料产能（覆盖交通、工业等多领域需求），以及国家电力投资集团有限公司在内蒙古规划年产 2 万吨镁基储氢材料工厂，配套风光制氢消纳等。

推进镁基储氢材料产业化中试基地布局，加速产业化进程。例如联合上游镁矿企业（如青海盐湖工业股份有限公司）建立高纯镁原料定向供应机制（纯度 ≥ 99.9%）。推动中游企业（如中集安瑞科控股有限公司）开发标准化储氢罐（容量 10kg/ 罐、耐压 5MPa）。

3.5.1.3 拓展应用场景与市场需求

积极拓展镁基储氢材料在氢能储运、新能源汽车、绿色建筑材料等领域的应用场景。建立镁基新材料企业与汽车及零部件、高端装备制造、新能源、生物医药、家电、电子信息等领域企业常态化对接机制，支持围绕镁基新材料应用协同开展产品研发，着力提升产业配套水平。例如，2025 年前在"氢能走廊"（如北京—张家口）部署 500 辆镁基储氢重卡（单次续航 ≥ 600km）。在船舶领域，联合中国船舶集团有限公司开发内河氢能货船（单船储氢量500kg，运营成本下降 40%）。或是在西北风光基地建设"镁基储氢集装箱 + 铁路专列"运输体系（成本较液氢低 25%）。在离网储能方面，在西藏、青海部署兆瓦级"光伏 + 镁基储氢"离网电站［平准化成本降至 0.4 元 /（kW·h）］。

鼓励企业研发"三首"产品（首台套、首批次、首应用），按程序将符合要求的镁基新材料及其研发制造装备纳入相关推广应用指导目录，并按照相关政策给予支持。支持镁基新材料"三首"产品示范应用，对评定的镁基新材料领域"三首"产品省内研制和示范应用单位，按政策给予支持。

依托世界制造业大会、国际新材料产业大会等重要平台，举办产业对接会等活动，加强供需对接及信息交流，推动镁基新材料产业与新能源汽车、高端装备制造等新兴产业高质量协同发展。例如以汽车轻量化为重点，推进 Mg 合金在仪表盘支架、座椅支架、车身结构件等部件上的应用普及，同时拓展在其他领域的应用。

3.5.1.4 构建产业发展生态，支持产业融合集群发展

在标准与检测体系完善方面，制定《镁基氢化物固态储运氢系统技术要求》等国家标准（覆盖生产、运输、应用全流程）。建设国家级检测平台（如中国特检院），提供循环寿命、抗毒化性等认证服务。

支持多方主体参与组建创新联合体，强化金融支持和人才支撑。积极引进镁基新材料领域高层次人才，鼓励各地因地制宜制定人才招引政策措施，省级依规根据人才政策给予支持。支持高校、职业院校（含技工院校）等优化镁基新材料相关专业设置，扩大招生规模，由同级财政按规定落实生均拨款政策。

搭建供需对接平台，推动镁基新材料产业链。支持有条件的集群（基地）创建省级镁基新材料特色产业集群（基地）。结合全省汽车产业和镁基新材料产业布局，在全省范围内规划建设 2～3 个镁基新材料汽车轻量化配套示范基地。优先支持特色产业集群（基地）申报国家级、省级相关示范试点，积极推动国家和全省重大项目、重大创新平台等在集群（基地）布局。对符合条件的集群，及时认定为省级重大新兴产业基地，积极争创国家级战略性新兴产业集群、国家先进制造业集群。构建创新链、产业链、人才链、政策链、资金链深度融合的产业发展生态。

大力推进"双招双引"，鼓励产业集群内部产业链上下游优势互补与协同合作，加快提升产业链现代化水平。定期组织特色产业集群（基地）与省内外高校院所开展产学研对接，组织集群（基地）企业参加省重大招商引资活动，结合世界制造业大会、国际新材料产业大会等开展特色产业集群（基地）专项推介。例如打造"京津冀-长三角-粤港澳"三大氢储产业创新集群，形成"材料研发-装备制造-场景应用"闭环。推动氢能园区试点（如张家口氢能产业园），实现制氢、储氢、用氢一体化示范。

3.5.1.5 加强政策扶持与引导、金融支持和人才支撑

制定并落实相关政策措施，如《推动镁基新材料产业高质量发展若干措施》等，为产业发展提供政策保障。例如将镁基储氢纳入战略性新兴产业目录，享受 15% 企业所得税减免。在"十四五"氢能规划中明确镁基储氢应用占比目标（2025 年达 20%）。

加大财政补贴、税收优惠等政策支持力度，降低企业成本，提升产业竞争力；设立专项基金，对镁基储氢材料研发、产业化及示范应用等项目给予资金支持。安徽省里面可以支持具备条件的市设立镁基新材料领域子基金，安徽省新材料产业主题基金以市场化方式参股支持，服务镁基新材料产业发展和"双招双引"重大项目建设。发挥雏鹰计划专项、新型研发

机构专项、科技成果转化引导基金等天使基金投早投小作用，重点支持镁基新材料初创团队、关键核心技术研发攻关、镁基新材料应用转化等早期项目。例如设立"氢储产业基金"规模50亿元，支持技术转化与产线建设。推广"储氢设备融资租赁"模式（首付比例低至10%），降低中小企业参与门槛。

加强产业监管和标准化建设，确保产品质量和安全。

加强国际合作与交流，引进国际先进技术和管理经验，提升我国镁基储氢材料产业的国际竞争力。例如高校增设氢储材料专业（年培养硕士以上人才500人），强化产学研合作（如清华大学-国电投联合实验室）。实施国际人才专项（如"千人计划"氢能领域），引进海外顶尖团队（如日本JMEC储氢技术专家）。

通过全链条技术突破、场景聚焦、生态协同与政策引导，可以有效推动我国镁基储氢材料产业的快速发展，提升产业技术水平和市场竞争力，为氢能产业的可持续发展提供有力支撑。当然，推动我国镁基储氢材料产业发展需要政府、企业、科研机构等多方面的共同努力和协作。通过加强技术研发与创新、推进产业化建设与示范应用、构建产业发展生态以及政策支持与引导等措施的实施，可以加速我国镁基储氢材料产业的发展步伐，提升其在全球市场的竞争力。

3.5.2 商业化应用场景的突破路径建议

3.5.2.1 技术突破：聚焦低成本与场景适配

（1）低温高效材料开发

路径：通过纳米结构调控（如球磨法制备Mg-Ni-Ti纳米复合材料）与新型催化剂设计（Ce基/V基催化剂），将吸放氢温度从200℃以上降至120～150℃，满足车载冷启动需求（启动时间≤60s）。

示范案例：上海交通大学研发的Mg@LaNi$_5$核壳材料，已在实验室实现160℃/3MPa可逆吸氢，循环稳定性提升至3000次以上。

（2）长寿命技术攻关

路径：开发表面气相沉积钝化层（如石墨烯包覆），抑制镁基材料氧化粉化，寿命从2000次循环提升至5000次（接近高压气罐水平）。

示范案例：宝武集团与清华大学合作研制的Mg-Ti-Fe-C复合材料，在湛江钢铁厂储氢项目中实现连续3000次循环无性能衰减。

3.5.2.2 推进产业化建设：聚焦规模化与差异化

（1）交通领域：重卡与船舶先行

① 长续航重卡。在"氢走廊"试点（如潍坊-青岛线路）部署镁基储氢重卡（单罐储氢30kg，续航500km，成本降至1000元/kg以下）。

② 内河航运。开发抗腐蚀镁基储氢模块（耐盐雾3000h），适配长江、珠江流域货船（如中国船舶集团有限公司的"氢舟2号"项目）。

③ 经济性突破。通过共享储氢罐模式（如每辆重卡配 3 罐轮换使用），降低单次使用成本至 2 元 /km（对标柴油车）。

（2）工业领域。绿氢储运与消纳融合

① 风光制氢配套。在内蒙古、甘肃等风光基地建设镁基储氢集装箱 + 制氢站一体化设施（单箱储氢量 1t，成本比液氢运输降低 25%）。

② 钢铁 / 化工应用。在宝武湛江基地、万华化学园区开展镁基储氢直接还原炼钢试点，氢气利用率提升至 85%（对比传统气态氢 70%）。

（3）高附加值领域：便携与离网场景。

① 5G 基站备用电源。开发 2kg 级镁基储氢系统（占地 $0.3m^3$，充氢时间 ≤ 2h），在海南、西藏等偏远基站试点（成本较柴油发电机降低 40%）。

② 应急电源。推广 10kW 级镁基储氢急救设备（单价 5 万元，续航 72h），替代现有铅酸电池（如四川甘孜州防灾应急项目）。

3.5.2.3　拓展应用场景与市场需求：基础设施与政策协同

（1）标准体系构建

① 安全认证。制定车载储氢系统振动测试标准（模拟 10 万公里路况）、抗冲击测试（15g 加速度碰撞）。

② 性能分级。按吸放氢温度（≤ 150℃、150 ～ 200℃、> 200℃）划定材料等级，匹配不同场景需求。

（2）政策引导与资金支持

① 场景化补贴。对镁基储氢重卡按储氢量给予 500 元 /kg 购置补贴（限定车辆续航 ≥ 400km）。

② 绿氢消纳配额。强制要求钢铁、化工企业 5% 氢气必须通过固态储氢运输（2030 年提升至 15%）。

◈ 作者简介

李谦，重庆大学教授、博士生导师、国家级高层次人才、国家镁合金材料工程技术研究中心副主任、中国有色金属学会轻合金材料专业委员会主任委员，*J. Mater. Sci. Technol*、*Int. J. Miner. Metall. Mater.*、*J. Mater. Inf.* 等期刊的副主编及编委，长期从事储能与节能材料设计及应用研究，主持国家重点研发计划项目、863 课题、国家自然科学基金项目及企业委托等项目 50 余项。在 *Adv. Mater.*、*Angew. Chem. Int. Ed.*、*Acta Mater.* 等期刊发表 SCI 论文 400 余篇，入选爱思唯尔高被引学者、全球前 2% 顶尖科学家终身影响力排行榜，授权国家发明专利 70 余件，出版中英文教材 / 专著 3 部。

邹建新，上海交通大学材料科学与工程学院特聘教授、教育部长江学者、氢科学中心副主任、国家重点研发计划首席科学家、英国皇家化学会会士、国际先进材料学会会士。主要从事镁基能源材料方面的基础研究与应用开发工作，在 *Science*，*Adv·Mater* 等国际知名期刊上发表 SCI 收录论文 190 余篇，已授权国内国际发明专利 26 项，曾获中国有色金属工业技术发明一等奖，国际镁业协会未来技术奖，中国产学研合作促进会创新成果一等奖，国际镁学会年度人物奖，国际能源署 Hydrogen TCP 奖等。

欧阳柳章，华南理工大学教授、博士、博士生导师、国家级高层次人才、爱思唯尔（Elsevier）中国高被引学者。现任教育部高等学校材料类专业教学指导委员会委员、华南理工大学材料学院副院长、国际著名期刊 *J. Alloys & Comps* 编辑。兼任中国机械工程学会热处理分会常务委员、中国机械工程学会材料分会常务委员、广东省机械工程学会热处理分会理事长。曾任华南理工大学材料科学与工程国家级实验教学示范中心主任、广东省先进储能材料工程技术研究中心主任。发表论文 300 余篇，被引近 20000 次，主持国家重点研发计划项目等 30 余项，获省部级一等奖 3 项。

第4章

钠离子电池关键材料

俞术雷 李 林 李 丽 吴星樵

4.1 钠离子电池关键材料产业发展的背景需求及战略意义

4.1.1 背景需求及战略意义

能源是人类文明进步的重要物质基础和动力，攸关国计民生和国家安全。化学电源作为实现化学能和电能储存转换的装置，是现代能源体系的重要组成部分。在国家"双碳"目标的战略背景下，化学电源被视为可再生清洁能源高效利用和达成"双碳"目标的核心路径。

当今世界正经历百年未有之大变局，新时代、新形势、新任务对储能电池提出了新要求。针对国家能源战略发展对储能电池的迫切需求，2022年2月，国家发展和改革委员会、国家能源局联合印发了《"十四五"新型储能发展实施方案》，以期推动新型储能规模化、产业化发展，加快构建清洁低碳、安全高效的能源体系。在众多储能系统中，具有高能量密度、长循环寿命的锂离子电池已成功应用于各种电子设备和电动车，并在电网调峰和分布式储能中开展了示范应用。然而，急剧增长的市场需求和日益紧缩的锂资源状况以及不理想的安全性，严重阻碍了锂离子电池在大规模储能系统中的应用。与锂相比，钠储量十分丰富，约占地壳储量的2.64%，是地壳中储量第六丰富的元素，远高于地壳中锂资源的储量（0.0065%），且分布广泛、提炼简单。此外，钠离子电池还具有负极无需使用铜集流体、高低温性能优越等优势。因此，低成本、高性能的钠离子电池应用于大规模储能系统具有巨大的发展潜力，被认为是构建绿色可持续发展型社会的重要抓手。

4.1.2 / 钠离子电池关键材料简介

钠离子电池的结构组成与锂离子电池相似，正极材料、负极材料、电解质材料是其关键组成，严重影响着钠离子电池的电化学性能以及安全性能。因此，高性能关键材料的研发是推动钠离子电池产业化发展的重要一环。目前，钠离子电池正极材料的主要种类有氧化物、聚阴离子化合物、普鲁士蓝类似物和有机化合物。其中初具产业化前景的是层状氧化物、普鲁士蓝类似物这两种材料。层状过渡氧化物正极材料兼顾高比容量、合成工序简易、环境友好等优点，在钠离子电池正极材料中应用前景广阔。然而由于层状氧化物仍存在钠离子传输动力学缓慢、相变复杂和空气稳定性差等关键科学问题，严重影响其电化学性能。聚阴离子正极材料通常具有开放的三维骨架，有利于钠离子的快速传输，因此表现出较好的倍率性能及循环性能。但其导电性较差，需要通过纳米化、碳包覆等手段来改善其电子电导性。普鲁士蓝类正极材料成本较低，但其结晶水致使存储性能较差。亟需寻找高效的除水方案，从而推动普鲁士蓝类正极材料的商业化应用。

电解质在钠离子电池中扮演着重要角色，显著影响着电池的电化学性能和安全性。电解质的主要功能是提供离子导电性，确保钠离子在正负极之间的迁移。根据电解质的形态特征，可以将其分为液体电解质和固体电解质。液态电解质通常由钠盐和溶剂组成，可调性较强，可以通过选择不同的溶剂和盐种类 / 浓度以及电解液添加剂来优化钠离子电池性能。然而，液态电解质在高温情况下可能存在挥发和泄漏的风险，这对电池的安全性构成挑战。固态电解质则具有较高的化学稳定性和热稳定性，能够降低火灾和爆炸的风险。此外，固态电解质的使用有望提升钠离子电池的能量密度。然而，固态电解质与电极材料之间的界面接触问题仍然是当前研究的难点之一，亟需寻找创新的解决方案推动固态钠离子电池的商业化应用。

由于资源丰富、成本低且易于制造，碳基材料被认为是钠离子电池最理想的候选负极材料之一，包括软碳（SC）和硬碳（HC）。然而，由于高石墨化特性及其相应的有限层间距，软碳材料的首次库仑效率以及可逆比容量均较低，其竞争力较低。相比之下，具有大的微观结构调节空间和相对较高可逆比容量的硬碳材料被认为是最有可能用于钠离子电池的商业化负极材料，因此在近年来受到了广泛关注。然而，一些关键问题仍然存在，例如，不理想的初始库仑效率和电化学性能。因此，硬碳的结构调控非常重要，迫切需要制备具有长程石墨层而不会过度发展的石墨化结构。而有针对性地设计碳材料微观结构在保持低缺陷率的同时具有大量开放的钠离子扩散通道成为提升性能的重要突破口。

4.2 / 钠离子电池关键材料产业的国际发展现状及趋势

4.2.1 / 正极材料

4.2.1.1 普鲁士蓝类正极材料

普鲁士蓝是一种亚铁氰化铁配位化合物，在不改变普鲁士蓝整体框架结构的前提下，采用其他金属元素代替其中的 Fe 元素可得到一类新化合物，通常被称为普鲁士蓝类化合物，化学通式为 $A_xM[M'(CN)_6]_y \cdot zH_2O(0 \leqslant x \leqslant 2)$[1]。目前常见的普鲁士蓝正极材料的性能如表 4-1 所示。普鲁士蓝材料具有开放型三维框架结构，使得钠离子在隧道中可以快速迁移，因此具有较好的结构稳定性和突出的倍率性能[2]。但是，普鲁士蓝通常是在水溶液中合成的，所以会存在微量的晶格水，这些晶格水在循环过程中可能会脱出，存在短路或与电解液反应腐蚀材料的风险[3]。

表 4-1 普鲁士蓝类化合物正极电化学性能[4]

材料	库仑效率 /%	稳定电压 /V	首次放电容量 /（mA·h/g）
$Na_2Zn_3[Fe(CN)_6]_2 \cdot xH_2O$	86.77	3.5	56.4
$Na_2Mn[Mn(CN)_6]$	99.50	1.80/2.65/3.55	209.0
$Na_2Mn[Fe(CN)_6]_2 \cdot zH_2O$	94.34	3.44	150.0
$Na_{1.72}Mn[Fe(CN)_6]$	93.71	3.27/3.57	134.0
$Na_{1.92}Fe[Fe(CN)_6]$	94.12	3.11/3.00	160.0
$Na_{0.66}Ti[Fe(CN)_6]_{0.92}$	95.00	2.70/3.30	92.3
$Na_2Co[Fe(CN)_6]$	98.00	3.20/3.80	158.0
$Na_{0.84}Ni[Fe(CN)_6]_{0.71}$	94.00	3.20	66.0

普鲁士蓝类似物作为一种出色的金属有机框架材料，可能已在地球上存在约 35 亿年。最早，普鲁士蓝作为颜料由前军官 Johann Jacob von Diesbach 和炼金术士 Johann Conrad Dippel 在德国柏林发现[5]。随后，普鲁士蓝的化学结构和性质的研究在 20 世纪 70 年代取得了突破性进展，为其在能源存储领域的应用研究铺平了道路[6]。早期，普鲁士蓝类材料的研究主要集中在锂离子电池（LIBs）中，但由于其导电性较差和结构稳定性不足，未能得到大规模应用。2014 年，哈佛大学崔屹教授团队开始研究普鲁士蓝类材料在钠离子电池中的应用，为普鲁士蓝材料的实际应用奠定了基础[7]。

在基础研究迅速发展的同时，部分企业也开始布局普鲁士蓝产业。欧洲在普鲁士蓝材料的研究和应用方面起步较早，并在钠离子电池领域取得了显著进展。例如，瑞典钠离子电池公司 Altris Energy 正在积极推进普鲁士蓝材料的产业化，并于 2023 年形成了完整的产业链。此外，Altris Energy 公司与 Sandvik Materials Technology 公司合作，在美国建立了一个名为 Ferrum 的工业规模工厂，用于生产普鲁士蓝正极材料。该工厂预计每年可生产 2000t 普鲁士蓝正极材料，具备 1GW·h 的钠离子电池产能。

美国在普鲁士蓝材料的研发和产业化方面也表现突出。美国钠离子电池制造商 Natron Energy 是该领域的领先企业之一，采用普鲁士蓝作为正极和负极材料应用于水系钠离子电池，其产品已实现超过 5 万次的循环寿命，电芯能量密度大于 > 140W·h/kg。Natron Energy 公司与 Clarios International 公司建立了战略伙伴关系，在 Clarios 公司位于密歇根州的 Meadowbrook 锂离子电池工厂开发生产设备，并计划利用这一设施成为全球最大的钠离子电池生产厂。Natron Energy 公司持有普鲁士蓝正极钠离子电池的专利，致力于钠离子电池技术的大规模产业化。预计到 2026 年，钠离子电池将进入大规模生产阶段，年产 600MW

的 Natron 电池，主要应用于数据中心、电信网络等领域，并计划扩展至电动汽车和电网储能市场。此外，Natron 公司已经获得了该电池技术的 UL 9540A 防火测试认证，标志着其在钠离子电池产业化道路上的重大突破。韩国则主要专注于氰化物的生产，典型的如 Taekwang Ind.、TongshuPetro 等公司。

4.2.1.2　层状氧化物正极材料

层状氧化物正极材料的研究始于 20 世纪 70 年代，早期主要集中在钠基层状氧化物（如 Na_xCoO_2、$NaFeO_2$ 等）的电化学行为研究。然而，由于锂离子电池的快速商业化，钠离子电池的研究一度停滞。直到 2010 年，随着锂资源短缺和价格波动问题的加剧，钠离子电池重新成为研究热点，层状氧化物正极材料市场呈现出快速增长的态势[8]。据市场调研数据，北美、欧洲和亚洲是钠离子电池层状氧化物正极材料的主要生产地区，这些地区不仅拥有先进的研发能力和生产技术，还具备庞大的市场需求，为产业发展提供了有力支撑。目前，全球已有多家企业涉足钠离子电池层状氧化物正极材料的研发和生产。

技术创新是推动钠离子电池层状氧化物正极材料产业发展的关键，全球范围内已有多个研究团队和企业致力于层状氧化物正极材料的研发和创新。作为全球最早推动钠离子电池产业化的企业之一，英国 Faradion 公司在层状氧化物正极材料的研究和开发方面处于领先地位。其开发的层状氧化物正极材料具有高能量密度和良好的循环稳定性，已在储能和低速电动车领域实现示范应用。法国 CNRS（国家科学研究中心）在层状氧化物的结构设计和电化学机理研究方面取得了重要进展，特别是在 O3 型和 P2 型层状氧化物的相变机制和改性策略方面。美国太平洋西北国家实验室在层状氧化物的元素掺杂和表面包覆技术方面进行了深入研究，提出了多种提升材料性能的改性策略。美国 Natron Energy 公司专注于钠离子电池的商业化应用，其开发的层状氧化物正极材料在储能领域具有显著的成本优势。日本东京工业大学在层状氧化物的结构优化和新型材料设计方面取得了重要突破，尤其是在 P2/O3 混合相材料的研究中处于国际领先地位。

通过改进材料结构、提高材料性能、优化生产工艺等手段，钠离子电池层状氧化物正极材料的综合性能和应用范围有望持续提升。随着全球能源转型和碳中和目标的推进，钠离子电池层状氧化物正极材料的市场需求将持续增长，尤其是在电动汽车、储能电站和可再生能源等领域，钠离子电池层状氧化物正极材料的应用前景广阔[9]。这些领域对高性能储能技术的需求不断增加，将为钠离子电池层状氧化物正极材料产业的发展提供强大动力。未来，随着全球对高性能储能技术需求的不断增长，钠离子电池层状氧化物正极材料的研发与创新将更加注重提高能量密度、循环寿命和安全性等关键性能指标。

4.2.1.3　聚阴离子正极材料

聚阴离子材料是由聚阴离子多面体与过渡金属离子通过共价键连接形成的三维网络结构化合物，具有较高的化学稳定性、热稳定性和电化学稳定性[10, 11]。根据阴离子的种类不同，聚阴离子类化合物包括磷酸盐（磷酸铁钠、磷酸钒钠等）、焦磷酸盐（焦磷酸铁钠）、硫酸盐（硫酸铁钠）、硅酸盐（硅酸钠）和混合阴离子（氟磷酸钒钠、复合磷酸铁钠等）[12]。由于结构中包含多个钠离子，且过渡金属离子一般存在多个中间价态，聚阴离子材料能够在充放电过程中实现多电子转移，从而获得更高的容量。此外，阴离子官能团具有较高的电负性，使得该类材料通常表现出较高的氧化还原电势[12-14]。基于上述优势，聚阴离子材料跻身钠离子电池正极三大主流路线之一，展现出良好的发展势头。

2023年，全球聚阴离子型正极材料市场规模约为数百万美元，预计未来6年将以较高的年复合增长率增长，至2030年市场规模将达到数百万美元。弗迪电池表示，其研发的复合磷酸铁钠正极材料的全极耳大圆柱钠离子电池将在2025年实现能量密度达到115W·h/kg，物料清单（BOM）成本有望与磷酸铁锂电池持平，长期BOM成本可低于磷酸铁锂的70%。综合而言，基于聚阴离子正极材料的钠离子电池有望广泛应用于储能和动力电池领域。

目前为止，世界上聚阴离子正极材料的技术路线主要包括以下三条。

复合磷酸铁钠（NFPP）： 该材料包含磷酸根和焦磷酸根的混合框架结构，化学式为 $Na_4Fe_3(PO_4)_2P_2O_7$，理论比容量高达129mA·h/g，平均放电电压约为3.2V，结构可逆性强，在充放电过程中体积变化小于5%，可有效减少电极材料在脱钠和嵌钠过程中的结构破裂，从而延长电池的循环寿命[12-16]。此外，NFPP原材料丰富，成本低廉，制备方法多样，包括固相合成法、冷冻干燥法、喷雾干燥法、静电纺丝法、溶胶-凝胶法等[17, 18]。目前主要以固相合成法为主，该方法与磷酸铁锂的合成工艺相似，制造设备基本通用，因此制造成本较低。由此制成的电池具有长寿命、良好的循环性能，可与磷酸铁锂电池媲美，是大型储能领域理想的正极材料。

磷酸钒钠（NVP）： 磷酸钒钠具有高比容量、优异的倍率性能和长循环寿命等优势。其电压平台为3.4V（vs. Na^+/Na），理论容量为117.6mA·h/g，主要应用于大规模钠离子储能技术[12, 19, 20]。由于其具备三维钠超离子导体（NASICON）结构，磷酸钒钠具有快速的钠离子迁移能力，已被认为是最具前景的钠离子电池正极材料之一。然而，磷酸钒钠存在一定的局限性，主要体现在钒为毒性金属，其生产程序复杂且钒金属价格较高，因此布局磷酸钒钠路线的企业相对较少。

硫酸铁钠（NFS）： 硫酸铁钠是一种具有多项优势的材料，包括较高充放电电压平台（3.8V vs. Na^+/Na）、开放的三维框架、良好的倍率性能和循环性能以及低成本等特点[12, 21-23]。这些特性使得硫酸铁钠在储能和电动车技术领域具有广阔的应用前景，尤其是在两轮车领域备受关注。然而，硫酸铁钠正极材料存在电子电导率较低的问题，通常通过导电炭复合、纳米化等措施进行改进。

综上所述，聚阴离子材料产业在国际上呈现出快速发展的态势，特别是在储能和动力电池领域的应用前景广阔。随着技术的不断进步和成本的降低，聚阴离子材料有望在未来的市场中占据重要份额。

4.2.2 电解质

4.2.2.1 液体电解质

六氟磷酸钠（$NaPF_6$）是最常用使用的钠盐，但其空气稳定性较差，易与水反应产生强腐蚀性HF破坏电极-电解液界面，从而恶化钠离子电池的电化学性能。鉴于此，英国剑桥大学的 Darren M.C. Ould 等制备了一系列具有不同结构和电子特性的硼酸钠盐，并深入研究了其在钠离子电池中的实际应用潜力[24]。与传统的 $NaPF_6$ 基电解液相比，使用 $Na[B(hfip)_4]\cdot DME$ 和 $Na[B(pp)_2]$ 基电解液的商用软包电池展现出更为优异的循环稳定性。此外，他们发现 $[B(pp)_2]^-$ 阴离子具有优异的化学稳定性，即使在空气中暴露两天，化学性质仍然稳定。因此，这两种硼酸盐在钠离子电池中展现出良好的应用前景。美国弗吉尼亚理工大学 Feng Lin 教授团队则发现使用醚类电解液可以有效提升碳负极的电化学性能，他们发现醚类电解液倾向于形成阴离子分解产生的稳定固体电解质界面（SEI），有利于提升电化学反应动力学，从而提升钠离子电池的电化学性能[25]。

针对循环过程中 SEI 膜的溶解和高压下正极材料结构衰退的问题，美国太平洋西北国家实验室张继光教授团队设计了一种由 1.5 M NaFSI 和 DMC/TFP（1.5：2 摩尔比）混合溶剂组成的弱溶剂化电解液，助力 4.2V 高压钠离子电池的稳定运行（图 4-1）[26]。通过引入低极性的 TFP 溶剂调控溶剂化结构，可减少自由溶剂的数量。这种独特的溶剂化结构有利于形成阴离子源无机富含的稳定电极-电解液界面，有效避免电解液的持续分解以及正极材料的不可逆相变和过渡金属溶出。同时，富无机组分的 SEI 和溶剂弱的极性，有效地避免了 SEI 在充放电过程中的溶解。因此，HC||NaNMC 钠离子全电池在使用弱溶剂化电解液的情况下可在 4.2V 高压下稳定运行，循环 300 圈后，容量保持率为 94.8%。最近，美国北卡罗来纳大学夏洛特分校 Lin Ma 团队提出使用弱配位乙酸乙酯作为单一溶剂构建高电压钠离子电池电解液[27]。他们采用氟代碳酸乙烯酯（FEC）作为成膜添加剂来构建稳定电极-电解质界面，从而改善钠离子电池的电化学性能。此外，这款电解液具有高的离子电导率（5.28mS/cm）和钠离子扩散系数（$3.95 \times 10^{-10} m^2/s$）。因此，$Na_{0.97}Ca_{0.03}[Mn_{0.39}Fe_{0.31}Ni_{0.22}Zn_{0.08}]O_2$（NCMFNZO）/ 硬碳（HC）软包电池在 4.0V 截止电压下展现出优异的循环稳定性，循环 250 圈后的容量保持率约为 80%。

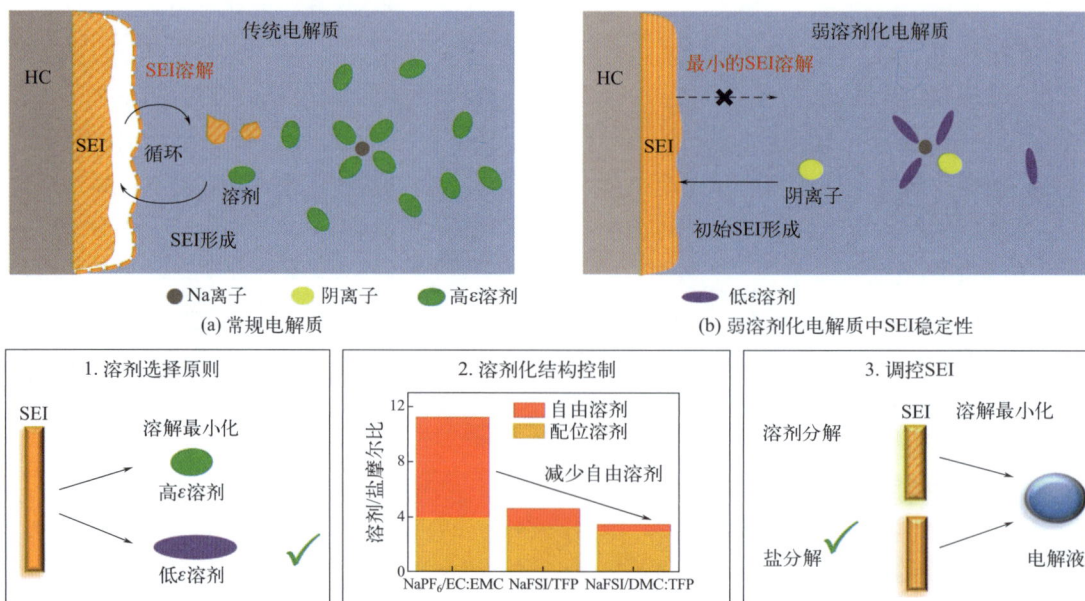

(a) 常规电解质

(b) 弱溶剂化电解质中SEI稳定性

(c) 抑制SEI溶解的电解液主要设计原则

图 4-1 张继光团队设计的电解液[26]

4.2.2.2 固体电解质

美国休斯敦大学姚彦教授团队将硫化物和氧化物固态电解质有机结合，开发出一种新型氧硫化物 $Na_3PS_{4-x}O_x$（$0 < x \leqslant 0.60$）均质玻璃固态电解质[28]。一定量的氧引入硫化物固体电解质玻璃结构中形成丰富的桥连氧结构单元，这种独特的结构单元提高了玻璃结构密度和机械强度，有利于硫化物玻璃粉体在室温低压条件下的致密化过程，从而获得一种超高致密度、无结构缺陷的均质固态电解质，有效抑制钠金属枝晶的形成和生长。此外，氧硫化物玻璃固体电解质在钠金属表面形成稳定的电极-电解质界面，从而提升固态钠离子电池的电化学性能。最近，加拿大滑铁卢大学 Linda F. Nazar 教授团队通过机械反应合成法制备了 Na^+ 快离子导体——$NaTaOCl_4$[29]。$NaTaOCl_4$ 具有高的离子电导率（1.2mS/cm）和低的活化能（0.31eV），并具有良好的化学/电化学兼容性。$Na_3Sn\|Na_{2/3}Ni_{1/3}Mn_{2/3}O_2$ 电池可在 4.0V 的高截至电压下稳定运行，循环 250 圈后，容量保持率高达 82%。在聚合物电解质方面，澳大利亚迪肯大学 Maria Forsyth 教授团队设计了基于全氟聚醚（PFPE）封端的聚环氧乙烷（PEO）基嵌段共聚物聚合物固体电解质[30]。这种独特的嵌段共聚物形成自组装纳米结构，可以有效地提高聚合物电解质的机械稳定性，并能在高盐浓度（EO/Na=8/2）条件下提供传输通道。此外，全氟

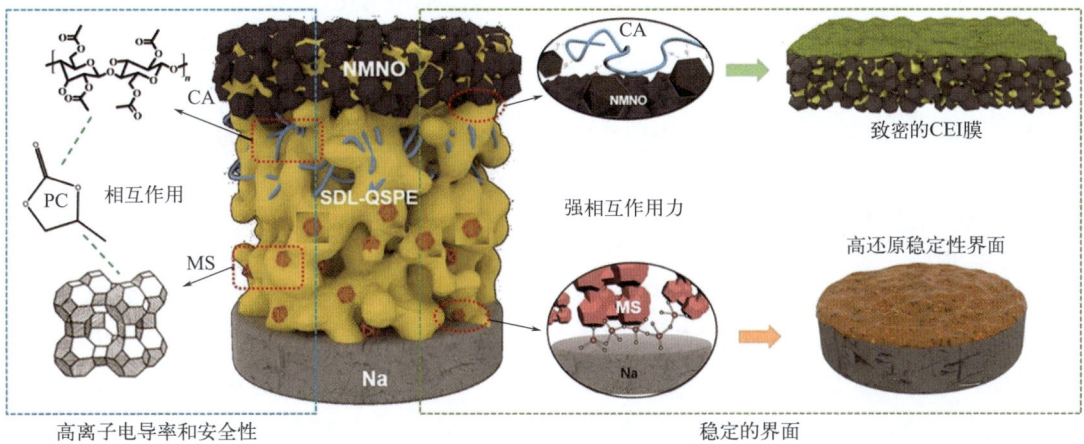

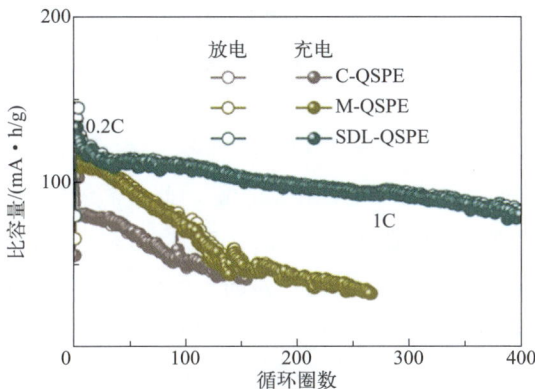

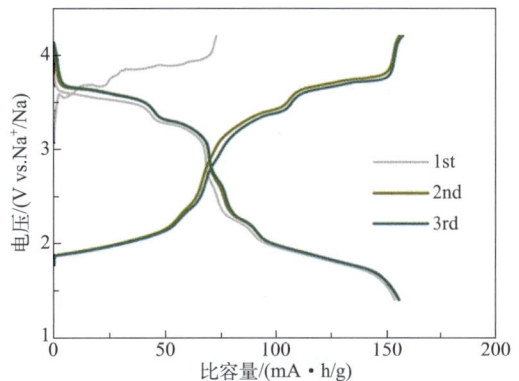

(a) SDL-QSPE设计原理示意图(左)和电极-电解质界面示意图(右)

(b) 使用不同电解质构建的钠离子电池的循环性能

(c) NMNO|SDL-QSPE|Na的充放电曲线

图 4-2　范红金团队设计的电解质

聚醚链段的加入有效提升了聚合物电解质的 Na^+ 迁移数（0.46），并构建了稳定的电极 - 电解质界面。因此，Na||NVP 全固态电池展现出优异的循环稳定性，循环 940 圈后，容量保持率超 97.5%。

美国得克萨斯大学奥斯汀分校 Manthiram 教授团队制备的室温离子电导率分别为 1.58×10^{-4}S/cm、1.76×10^{-4}S/cm 的 PEO-SN-NaClO$_4$ 聚合物电解质和 PAN-Na$_3$Zr$_2$Si$_2$PO$_{12}$-NaClO$_4$ 有机 / 无机复合电解质。[31] 得益于 PEO-SN-NaClO$_4$ 对钠金属良好的兼容性和 PAN-Na$_3$Zr$_2$Si$_2$PO$_{12}$-NaClO$_4$ 优异的抗氧化性，开发了适用于高电压全固态钠电池的双层复合钠电电解质 PEO-SN-NaClO$_4$/PAN-Na$_3$Zr$_2$Si$_2$PO$_{12}$-NaClO$_4$。双层复合电解质表现出高的室温离子电导率（1.36×10^{-4}S/cm）、宽的电化学稳定窗口（0 ~ 4.8V）、适宜的钠离子迁移数（0.42）。因此，Na||PEO-SN-NaClO$_4$/PAN-Na$_3$Zr$_2$Si$_2$PO$_{12}$-NaClO$_4$||Na$_2$MnFe（CN）$_6$ 全固态电池在室温下表现出优异的性能，室温循环 200 圈后仍具有 83.3% 的容量保持率。

针对凝胶聚合物电解质与电极材料界面稳定性较差，导致钠离子电池电化学性能不理想的问题，南洋理工大学范红金教授团队设计了具有高 Na^+ 电导率的独特溶剂化双层准固体聚合物电解质（SDL-QSPE），如图 4-2 所示，以同时改善正负极侧的电极 - 电解质界面稳定性 [图 4-2（a）] [32]。他们使用不同的功能填料来调控增塑剂溶剂化，以提高其离子电导率和热稳定性，并构建稳定的电极 - 电解质界面。因此，Na$_{0.67}$Mn$_{2/3}$Ni$_{1/3}$O$_2$|SDL-QSPE|Na 电池表现出优异的循环稳定性，循环 400 圈后仍保持 80.4mA·h/g 的可逆容量，并且循环过程中的库仑效率接近 100%，明显优于单层结构准固体聚合物电解质 [图 4-2（b）、（c）]。

4.2.3 / 硬碳负极

硬碳材料是一种难石墨化的固体碳，即使在高达 3000℃的温度下也无法通过热处理转化为石墨，但其表现出较高的储钠比容量（> 300mA·h/g）以及良好的循环稳定性和较好的倍率性能。2000 年，加拿大 Dahn 等 [33] 发现了适用于钠离子电池的高容量硬碳负极材料，并提出了硬碳的"纸牌屋"模型，揭开了硬碳材料发展的序幕。2011 年，Komaba 等 [34] 首次报道了硬碳 ‖ NaNi$_{0.5}$Mn$_{0.5}$O$_2$ 全电池性能，同年全球首家钠离子电池公司 FARADION 成立。从 2011 年至今，随着钠离子电池技术的兴起，硬碳材料因其优异的储钠性能，成为钠离子电池负极材料的研究热点。为此，研究人员也不断探索新的制备方法和优化现有工艺，以提高硬碳材料的性能和降低成本。

目前硬碳面临的挑战主要包括以下几个方面：技术上，硬碳材料的制备工艺复杂，需要精确控制热解温度、时间等参数，以获得具有特定结构和性能的硬碳产品。此外，硬碳材料的导电性能相对较差，限制了其在一些高性能电池和电子器件中的应用，需要通过复合材料、表面改性等技术手段来提高其导电性能。从成本角度考量，硬碳材料的生产成本相对较高，主要原因是其制备过程的能耗以及前驱体损耗较高，同时对设备和技术的要求也较为苛刻。此外，传统的锂电石墨材料价格逐步降低，对于钠电硬碳材料的市场推广形成一定的阻碍；另一方面，由于硬碳行业目前处于起步阶段，工艺路线的不明确性使得部分企业仍处于观望态势。

近期，国际上报道了大量制备硬碳的新型和先进方法。例如，日本 Komaba 团队[35]以氧化镁作为模板成功制备了容量达到 478mA·h/g 超高容量的硬碳材料（图 4-3）。其通过冷冻干燥法混合葡萄糖酸镁和葡萄糖，调节氧化镁模板的大小和数量，经预处理后形成纳米级氧化镁颗粒。在酸洗和 1500℃ 炭化后，得到具有大量微孔和高比表面积的硬碳材料，并实现了 478mA·h/g 的超高可逆容量。在此基础上，该团队又提出以氧化锌作为纳米孔模板制备硬碳材料的策略，使用葡萄糖酸锌和醋酸锌的混合物作为前驱体材料，通过优化氧化锌在碳基质中的浓度，制备得到的硬碳可逆容量达到 464mA·h/g 并且具有 91.7% 的高初始库仑效率[36]。Goodenough 等[37]利用金属铁离子辅助催化炭化，在 800℃ 相对较低的温度下利用酚醛树脂和 Fe^{3+} 的螯合效应制备了三维互连碳骨架的硬碳气凝胶，并在此过程中嵌入了扩展纳米石墨和碳微孔等富含氢的有序微结构。这种结构优势使得硬碳在钠存储性能上表现出色，具有高比容量、快速动力学和长循环寿命，在钠半电池中展示了 745mA·h/g 的放电比容量和 245mA·h/g 的可逆容量。

第 4 章

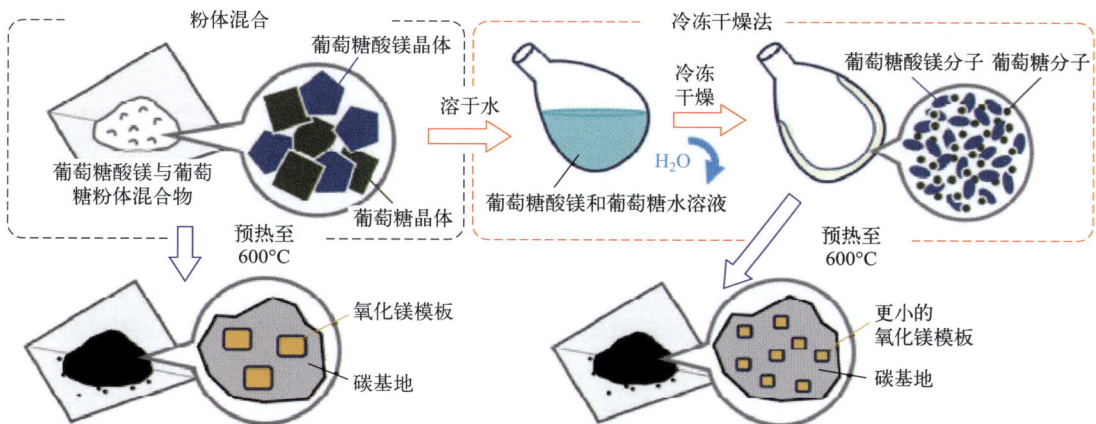

图 4-3 制备葡萄糖酸镁和葡萄糖混合物的两种混合程序的示意图[35]

此外，Qatarneh 等[38]采用通过在不同水热温度和反应时间下以桤木、针叶树、白蜡树、杨树和柳树等多种浮木生物质作为前驱体制备系列硬碳，发现生物质前驱体的种类差异和灰分对硬碳结构影响最大。其中，灰分含量最高的桤木树皮材料（碳酸钙和碳化钙）的性能最低，其他种类生物质衍生硬碳在 0.1C 时可达到 300mA·h/g 左右的可逆容量，且可保持稳定循环（图 4-4）。韩国电气技术研究院的 Daeho Kim 和 Jong Hwan Park 博士团队[39]利用微波感应加热技术快速制备硬碳负极材料的新方法。该方法通过聚合物/单壁碳纳米管薄膜实现硬碳的制备，仅需要 30s 即可完成加热至 800～1400℃ 的温度范围内。与传统炭化过程相比，这种超快速制备方法更为可靠，且能替代需要高温炉的传统工艺。

此外，研究人员发现可通过先进测试方法去分析硬碳材料差异，从而进一步优化硬碳材料。兰卡斯特大学 Nuria Tapia-Ruiz 团队[40]利用电子顺磁共振（EPR）谱预测硬碳材料在斜坡和平台区域所存储电荷的程度。使用两种由生物废料前驱体在不同炭化温度下合成的硬碳并对其进行球磨处理，改变其结构特性，如缺陷、氧官能度以及开孔率和闭孔率。探究了硬碳样品的 EPR 图谱数据与其相应的电荷存储机制之间的相互关系。在硬碳产业方面，一些国

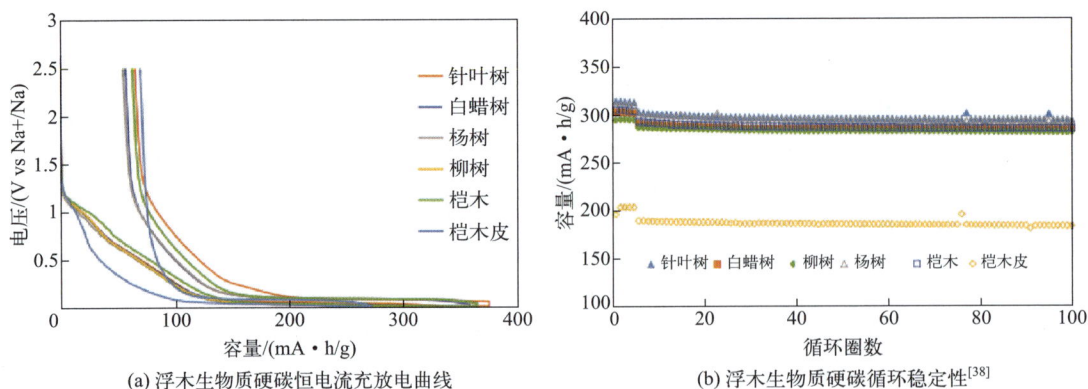

(a) 浮木生物质硬碳恒电流充放电曲线　　　　　(b) 浮木生物质硬碳循环稳定性[38]

图 4-4　浮木生物质硬碳

际知名企业如日本可乐丽、JFE Chemical 等在硬碳材料的研发和生产方面具有丰富的经验和技术优势。可乐丽生产的硬碳材料以椰子壳为原料，具有高纯度、高导电性等特点，钠电比容量 300mA·h/g，首效达到 90%，平均价格 15 万元 /t。目前，可乐丽的硬碳材料已实现产业化，广泛应用于超级电容器、锂离子电池负极和钠离子电池负极。JFE Chemical 研发的硬碳材料由煤焦油制成，具有高比容量（350 ～ 410mA·h/g）、长循环寿命等特点，广泛应用于锂离子电池、钠离子电池等新能源领域。

　　总体来看，近年来全球硬碳负极材料的产业化进展取得了显著的成果。随着钠离子电池需求的不断上升，在政策支持和市场需求的双重推动下，硬碳负极材料的研发和生产得到了快速发展。同时，在中国钠离子电池产业化的稳步推进下，作为配套产业之一的硬碳负极材料将迎来快速扩容的阶段，但整体产能有限且主要依赖进口。未来硬碳负极材料产业的发展趋势可归纳为以下几点。

　　① 市场需求持续增长：随着钠离子电池市场的蓬勃发展，硬碳负极材料的需求预计将显著增加。这主要得益于钠离子电池在市场中的替代比例逐步提升，随着产业技术水平的不断发展，未来硬碳负极材料的市场需求将进一步增加。

　　② 产能提升及价格下降：尽管硬碳材料的生产成本较高且技术尚不成熟，但新技术的不断开发与进步以及规模化生产的不断推进，硬碳的生产成本有望呈现逐步降低趋势。生物质前驱体的生产工艺难度相对较小且产业化速度较快，但其仍面临着生物质原材料供应的一致性与稳定性的难题。虽然树脂基 / 煤炭基等硬碳原材料供应稳定，但是其生产工艺与难度较高，未来伴随着硬碳前驱体处理技术的发展，其成本有望进一步降低。

　　③ 政策支持不断加强：国家和地方政府已出台了一系列扶持政策，以推动硬碳负极材料行业的发展。这些政策不仅在技术研发和生产方面提供了有力支持，也增强了投资者对该领域的信心。例如，工业和信息化部、财政部发布的《电子信息制造业 2023—2024 年稳增长行动方案》中明确提出，要有序推动钠离子电池等重点领域的重大项目开工建设，加强能源资源、用工用地等生产要素保障，积极吸引各方资源以提升有效产能供给能力，力争早投产、早见效，从而带动全行业投资的稳步增长。

　　④ 应用领域不断拓宽：硬碳作为负极的钠离子电池在电动汽车、电子产品以及大规模储

能领域有着广阔的应用前景，也使得硬碳负极材料的市场需求进一步扩大。新能源汽车行业的快速增长对高能量密度、长循环寿命的硬碳负极材料需求显著增加。预计到 2030 年，该领域的应用将占据总市场规模的一半以上。随着可再生能源发电比例的提升和储能技术的不断进步，对硬碳负极材料的需求将持续增长，特别是在大型电池储能系统的应用中。此外，在柔性电子、超级电容器以及生物医学等领域的应用也展现出良好的前景。

综上所述，2025 年全球硬碳负极材料产业将迎来快速增长的黄金时期，市场需求显著增加，技术创新不断推进，产业化进程加速，成本逐渐降低，政策支持和市场环境持续优化。这些因素将共同推动硬碳负极材料产业的健康发展，为全球新能源产业的转型提供强有力的支撑。

4.3　钠离子电池关键材料产业的国内发展现状

4.3.1　正极

4.3.1.1　普鲁士蓝类正极材料的国内发展现状

普鲁士蓝类正极材料因其低成本和高比容量，具有巨大的未来潜力。在国内，多家企业迅速抓住这一机遇，积极布局普鲁士蓝技术路线。普鲁士蓝类似物的吸引力，部分源于宁德时代的引领作用。2021 年 7 月 29 日，宁德时代发布了第一代钠离子电池，采用普鲁士白材料作为正极，通过电荷重排创新技术提升了电池性能，如图 4-5 所示。该电池具备高能量密度（160W·h/kg）、快速充电（15min 充电 80%）、优异的低温性能（−20℃下放电保持率 90% 以上）、高集成效率（80% 以上）和卓越的热稳定性。尽管能量密度稍低于磷酸铁锂电池，但其在快充和低温表现上具有明显优势，标志着普鲁士蓝基钠离子电池正式进入产业化阶段。

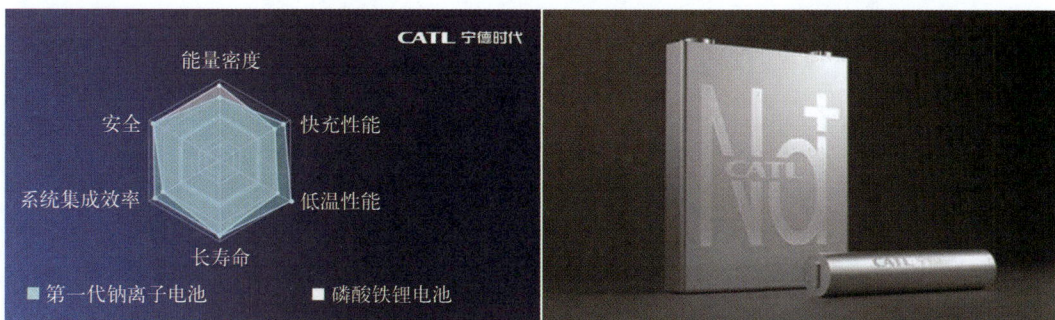

图 4-5　宁德时代第一代钠离子电池性能及样品展示（数据来源：宁德时代发布会）

由于普鲁士蓝类材料本身为无机颜料，多家颜料领域的化工企业率先被吸引加入普鲁士蓝规模化行列，例如，七彩化学、美联新材、容百科技、格林美等公司，如表 4-2 所示。2022 年，七彩化学与美联新材合资成立辽宁美彩新材料有限公司，共同投资 25 亿元，建设年产 18 万吨电池级普鲁士蓝（白）项目。预计该项目将能为 90GW·h 储能电池提供支持。

七彩化学在普鲁士蓝（白）产业化技术、成本控制及环保处理方面具备优势，美联新材则提供氰化钠等上游原材料的产能和技术支持，双方的合作有望加速普鲁士蓝基钠离子电池的产业化进程。目前，该项目已取得一定进展：50t 中试生产线于 2023 年年底投产，部分产品已通过电池厂商检测。此外，七彩化学子公司辉虹还具备 3000t/年的普鲁士蓝生产能力，为产业化提供进一步保障。与此同时，七彩化学与江苏盐城悦达汽车科创基金、吴中金控基金共同投资并推进"苏州悦钠新能源科技有限公司"钠离子电池产业化项目。2023 年 1 月 6 日，美联新材和美彩新材与立方新能源签署了战略合作协议，推动钠离子电池产业化进程。2023 年 3 月，美联新材与七彩化学共同增资 1.25 亿元参股辽宁星空钠电电池有限公司。2023 年 7 月 1 日，由美彩新材、星空钠电与湖南立方新能源联合打造的首个普鲁士蓝钠离子储能示范项目，在国网辽宁省电力有限公司管培中心正式投入使用。截至 2024 年 9 月，美联新材已开始量产普鲁士蓝正极材料，并计划逐步扩充产能。这些举措展现了七彩化学与美联新材在钠离子电池市场的坚定决心。此外，百合花公司曾有颜料级普鲁士蓝的生产与技术经验，颜料级与电池级普鲁士蓝在前端合成方面有一定的共通性。因此，百合花在转型布局电池级普鲁士蓝（白）材料时，具有一定的先发优势。目前，百合花的普鲁士蓝（白）材料仍处于实验室小试阶段。

表 4-2　普鲁士蓝类化合物正极材料布局和发展情况

公司	普鲁士蓝类化合物正极材料布局
七彩化学	七彩化学与美联新材合资成立辽宁美彩新材料有限公司，共同投资 25 亿元，建设年产 18 万吨电池级普鲁士蓝（白）项目，预计可为 90GW·h 储能电池提供支持。该项目已于 2023 年年底启动 50t 中试生产线，并已通过电池厂商的检测。此外，七彩化学的子公司辉虹还具备 3000t/年的生产能力，为产业化提供了坚实的技术保障
美联新材	2023 年，美联新材除与七彩化学合作建设 18 万吨电池级普鲁士蓝（白）项目外，还与立方新能源签署了战略合作协议，共同推动钠离子电池产业化进程。同时，美联新材与七彩化学联合增资 1.25 亿元参股星空钠电，加速普鲁士蓝钠离子储能项目的推进
格林美	格林美自 2019 年起专注于普鲁士蓝技术路线，尽管进展较慢，但公司依然积极布局并积累了实验室技术，已与多家企业展开合作
容百科技	容百科技自 2022 年起布局普鲁士蓝类化合物，致力于提高材料的电子导电性和倍率性能，并开发了新型制备方法，解决了传统工艺中的团聚问题。到 2024 年，公司普鲁士蓝项目已进入中试阶段，容量测试结果大于 125mA·h/g
山东汉行科技	汉行科技的普鲁士蓝项目总投资 21.3 亿元，7 号车间年产 2500t 普鲁士蓝正极材料产线已于 2025 年 1 月 17 日全线拉通并实现量产，同时公司宣布年产 9 万吨普鲁士蓝正极材料将于 2025 年建成。经过十年研发，公司成功解决了普鲁士蓝正极材料中结晶水的问题，实现了大规模量产，并通过创新包覆工艺提升了导电性能，推动了钠离子电池的广泛应用
温州钠术新能源	温州钠术新能源科技有限责任公司通过合成工艺优化，成功解决了普鲁士白钠离子电池正极材料大规模生产中的结晶水和缺陷问题，能够将材料的含水量从 12% 降低至 0.25%。公司已建成年产千吨的连续化生产线。基于量产普鲁士蓝材料，公司已完成 18650、33140、32700 型号圆柱电池的开发，并布局百安时级大方形电池。所组装的电池在 -40℃ 至 90℃ 的低高温范围内可稳定运行。计划在 2025 年完成万吨级产线和 2GW·h 电芯生产项目，向多家头部企业提供产品
山东零壹肆	2024 年 1 月，公司成功交付全球首款普鲁士蓝基钠离子电池。2024 年 8 月，启动了投资 40 亿元的 10GW·h 生产项目，预计年产值可达 60 亿元，填补国内相关领域空白，推动钠离子电池技术的商业化。此外，公司拥有完全自主知识产权的普鲁士蓝基钠离子电池材料与电芯制备技术

公司	普鲁士蓝类化合物正极材料布局
星空钠电	星空钠电自 2014 年起专注于普鲁士蓝钠离子电池技术的研发，成功攻克结晶水处理等技术难题，实现普鲁士蓝正极材料的规模化量产，并与多家企业合作推出首个普鲁士蓝钠离子储能示范项目。此外，公司计划在四川达州投资 115 亿元建设年产 5 万吨钠电池正负极材料产业项目，进一步扩大产能
湖州超钠	公司 2024 年申请新型制备方法专利（CN119100417A），优化晶体生长工艺，提升合格率及成本竞争力，并在 2024 年 12 月，安吉基地布局年产 1000t 普鲁士蓝正极材料项目（与层状氧化物并列），全厂普鲁士蓝总产能规划为 1000t。至 2025 年 4 月，2000t 级高功率普鲁士蓝正极材料生产线在湖州安吉投产。此外，公司还在四川绵竹基地布局 8 万吨钠电正极材料产能（含普鲁士蓝、层状氧化物等多路线）

数据来源：相关公司公告，财联社，国海证券研究所等

动力电池回收龙头格林美自 2019 年起启动钠离子电池材料的技术攻关，已在普鲁士蓝和层状氧化物两大钠离子电池材料技术路线积累了丰富的产业化经验。目前，公司正与多家下游客户进行认证合作，随着钠离子电池产业化进程加速，格林美将在适当时机推出量产技术，以满足市场需求。

容百科技自 2022 年起积极布局普鲁士蓝类化合物作为钠离子电池正极材料，并通过技术改进提升了材料的电子导电性和倍率性能。公司开发了一种新型的普鲁士蓝类正极材料制备方法，成功解决了传统工艺中颗粒粒径小、比表面积大导致的团聚问题，显著提高了生产效率。此外，容百科技还申请了多项与普鲁士蓝相关的专利，进一步巩固了其技术优势。截至 2024 年，容百科技的普鲁士蓝项目已进入中试阶段，且全电容量测试结果已超过 125mA·h/g。

山东汉行经过长达十年的研发，攻克了普鲁士蓝正极材料的制备难题，特别是在钠离子电池领域的应用中，展现了优异的低温性能和放电能力。该项目是山东省的重大项目，总投资达 21.3 亿元，规划建设年产 9 万吨普鲁士蓝正极材料和 5 万吨电解液材料的生产线。目前，项目的基础施工已基本完成，多个车间主体工程和基础设施建设已完工，设备安装工作正在进行中。7 号车间的主体结构已经完工，外墙安装和设备调试正在进行，预计将在 2025 年四季度正式投产。汉行科技在普鲁士蓝正极材料的研发方面也取得了突破性进展。

温州钠术新能源科技有限责任公司通过合成工艺优化，成功攻克了普鲁士白钠离子电池正极材料大规模生产中的关键技术瓶颈——结晶水和缺陷问题。通过调整生产工艺，公司实现了结晶水含量可调、粒径可控的高容量普鲁士白正极材料的可控合成，并最终成功制备出无水普鲁士白材料，从而基本消除了结晶水的影响，将普鲁士白材料的含水量从 12% 降至 0.25%。此外，公司已建成年产万吨的连续化生产线，所生产的普鲁士白材料呈单晶颗粒状，粒径分布可调，比容量高（155～165mA·h/g），工作电压高（3.2～3.4V）。在 1C 倍率充放电条件下，放电容量≥90%，循环寿命≥4000 次。公司在温州基地还成功建设了千吨级普鲁士蓝中试产线，并计划在 2025 年完成万吨级产线建设和 2GW·h 电芯生产项目。目前，温州钠术已向多家头部企业提供产品并进行送样服务，进一步推动了普鲁士白钠离子电池材料的市场化应用。

4.3.1.2　层状过渡金属氧化物正极材料的国内发展现状

随着国家对新能源产业的重视和支持，钠离子电池层状氧化物正极材料的基础研究和产业化布局在国内呈现出快速发展的态势，尤其是在电动汽车、储能电站和可再生能源等领域的快速发展推动下 [41, 42]。与此同时，这些领域对高性能储能技术的需求不断增长，为钠离子电池层状氧化物正极材料产业的发展提供了广阔的市场空间。国内许多科研机构和企业致力于提升材料的能量密度、循环寿命、安全性等关键性能指标，并通过改进材料结构、优化合成工艺等手段，持续增强材料的综合性能。例如，浙江钠创新能源有限公司专注于钠离子电池材料的研发和生产，其正极材料和电解液已在宁德时代、比亚迪、中兴派能等 20 多家电池制造企业进行验证。其圆柱形、软包型钠离子电池的性能已满足家用储能、微型电动车和移动基站等应用要求。中科海钠聚焦于新一代储能体系—钠离子电池的研发与生产，重点产品为低成本、长寿命、高安全、高能量密度的钠离子电池，潜在应用领域涵盖低速电动车、大规模储能、电动汽车以及国家安全等，同时具备提供钠离子电池正负极材料与电解液产品的能力。宁德时代也成功研发了第二代钠离子电池，其能够在零下 40℃的严寒环境中正常放电，预计将在极寒地区实现大规模应用，其乘用车钠离子动力电池（品牌名"钠新"）将于 2025 年 12 月正式量产。国内企业还加强了与国际先进企业的合作与交流，引进并吸收了先进的研发理念和技术手段，进一步推动了钠离子电池层状氧化物正极材料的技术创新。

在技术兼容性方面，层状氧化物正极材料的工艺与锂电三元正极产线高度兼容，这一特点能够有效降低产业化门槛。钠离子电池的量产可以利用现有的锂电产线，既降低了投资成本，又有助于激活锂电冗余产能的价值。

在应用场景方面，钠离子电池已经在多个领域开始得到应用。例如，江淮汽车集团推出了全球首款钠电池量产车型——钠电版花仙子电动车，并已向用户交付。江铃集团新能源也推出了搭载孚能科技钠离子电池的江铃易至 EV3（青春版）车型。此外，大唐50MW/100MW·h 钠离子储能项目在湖北潜江熊口农场落地，标志着钠离子电池在储能领域的应用取得进展。随着技术的不断成熟和市场需求的不断增长，钠离子电池有望在更多领域得到广泛应用，如储能电站、低速电动车、电动自行车、数据中心和低能耗工业叉车等。

目前，中国在层状过渡金属氧化物正极材料领域已形成"基础研究—技术开发—产业化落地"的完整链条。未来，随着材料科学与工程技术的深度融合，层状氧化物材料有望在储能、低速电动车等领域实现大规模应用，助力"双碳"目标的实现。

4.3.1.3　聚阴离子正极材料产业的国内发展现状

采用聚阴离子正极材料的钠离子电池能量密度为 100 ～ 180W·h/kg，循环寿命在1000 ～ 8000 周，电芯成本为 0.5 ～ 0.7 元 /（W·h）。随着规模化量产的推进，电芯成本有望降低至 0.15 ～ 0.3 元 /（W·h）。综合来看，这类钠离子电池的成本和价格相对稳定。截至 2024 年 10 月底，已有众多企业基于聚阴离子技术路线及其细分技术路线进行研究与布局。布局 NFPP 路线的企业数量最多，超过 15 家。NFS 路线紧随其后，布局企业超过 4 家。由于磷酸钒钠路线涉及的钒元素既具有毒性，又成本较高，因此该路线的布局企业相对较少。

4.3.2 / 电解质

4.3.2.1 液体电解质

  为了提升钠离子电池的循环稳定性，中国科学院化学所郭玉国教授团队提出使用 TMSPi 作为电解液添加剂来调控电极电解液界[43]。TMSPi 有助于构建薄而均匀的稳定 SEI，并且在循环 100 圈，厚度没有明显变化，具有优异的稳定性。TMSPi 的引入明显减轻了不利的 NaF-Na$_2$CO$_3$，Na$_n$PO$_x$F$_y$ 共存物聚集在 SEI 外层，并且分解产生了丰富的 SiO$_x$F$_y$ 物种，提升 SEI 的稳定性。此外，TMSPi 衍生的 SEI 同时实现了电子驱动力和高电子绝缘能力，有效抑制了电子泄漏行为和 SEI 的持续增长。因此，钠离子电池的循环性能得到了显著的提升，循环 100 圈后，容量保持率高达 98.8%。华中科技大学黄云辉教授团队采用五氟（苯氧基）环三磷腈（FPPN）作为一种功能性电解液添加剂，同时在正负极表面构筑稳定的电极 - 电解液界面[44]。FPPN 能在负极和正极表面同时优先还原和氧化形成了均匀、超薄、富含无机物的电极 - 电解液界面。因此，5A·h 的高容量钠离子软包电池展现出优异的倍率性能和循环稳定性，循环 1000 圈后仍能保持 4.46A·h 的高容量（图 4-6）。温州大学翁术雷教授团队则研究了溶剂的种类对电极材料电化学性能的影响[45]。我们发现使用醚类溶剂替代酯类溶剂可以有效提升高熵取代磷酸钒正极材料的循环稳定性，循环 2000 圈后，容量保持率为 93.1。最近，温州大学李林特聘教授团队联合华南师范大学曾荣华教授使用环丁砜（SL）作为含硫添加剂调节 1.0M NaPF$_6$-EC/EMC 电解液的溶剂化结构，并构建添加剂衍生的含硫富无机界面化[46]。SL 具有很强的配位能力，其配位数高达 0.79，从而能够有效削弱 Na$^+$ 和溶剂的相互作用。这种独特的溶剂化结构在普鲁士蓝（PB）正极和硬碳（HC）负极上构筑了含硫的富无机界面，

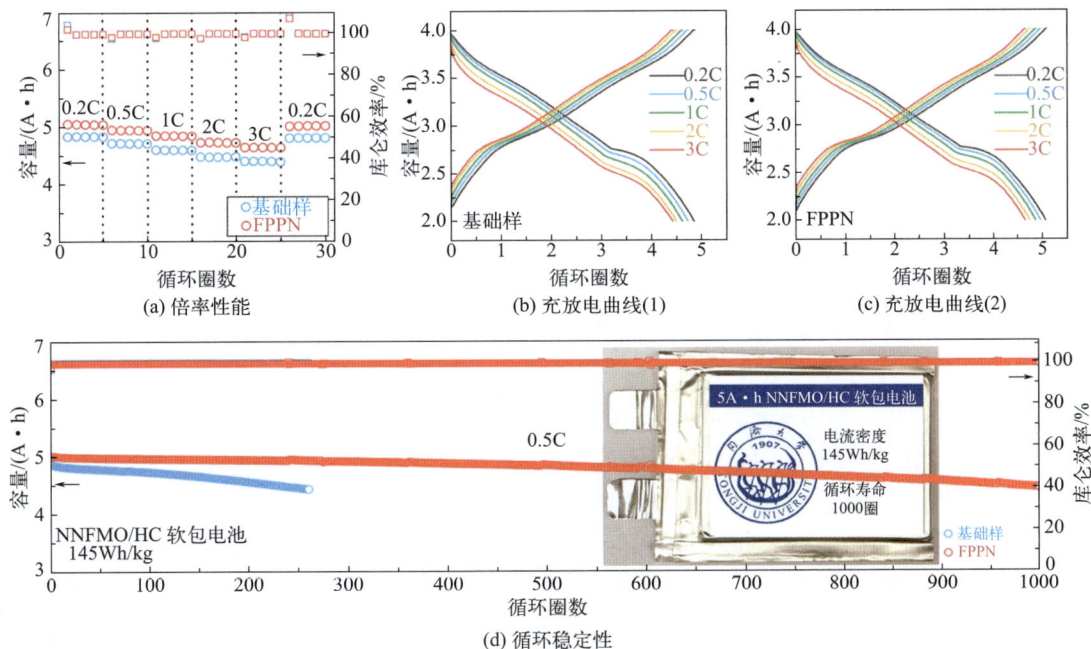

图 4-6　5A·h NNFMO/HC 软包电池在不同电解液中的倍率性能，充放电曲线以及循环稳定性[44]

这同时也加速了 Na$^+$ 在电极界面的去溶剂化过程，保证了 HC||PB 全电池和软包电池的优异电化学性能。

温州大学李林特聘教授团队联合安徽大学张朝峰教授提出了一种具有阴离子增强型溶剂化结构和高离子电导率的混合酯醚电解液，诱导阴离子衍生的坚固电极 - 电解液界面的形成[47]。将弱溶剂化的醚类溶剂四氢呋喃（THF）引入到碳酸丙烯酯（PC）基电解液中，调节更多的 PF$_6^-$ 阴离子参与到 Na$^+$ 内鞘中，加速脱溶过程。此外，由熵效应引起的分子多样性增加的弱溶剂化结构可以增强离子电导率和快速的界面动力学。18650 圆柱 PB||HC 全电池在 50 次循环后容量保持率为 91.6%。最近，苏州大学严锋教授团队提出一种弱溶剂化电解液设计策略来提升钠离子电池的快充性能[48]。通过分子极化作用有效降低了碳酸酯的溶剂化能力，使含有离子化醚溶剂的碳酸酯电解质能够实现弱 Na$^+$- 溶剂配位结构和快速 Na$^+$ 迁移动力学。同时，离子化醚溶剂的电正性醚基团，能够在电场作用下形成自适应双电层结构以稳定电极 - 电解液界面，从而有效提升钠离子电池的快充性能，Na||Na$_3$V$_2$（PO$_4$）$_3$ 电池在 10C 下循环 500 圈后容量保持率为 83.5%。

湖南大学马建民课题组通过引入 NaClO$_4$ 和三甲氧基（五氟苯基）硅烷（TPFS）双添加剂，将电解液的氧化电位从 3.77V 提高到 4.75V，成功制备了 4.7V 钠离子电池[49]。ClO$_4^-$ 与 Na$^+$ 之间具有强的配位作用，在电场力的驱动下可以快速迁移到正极表面与溶剂形成稳定的聚合物状链，减少充电过程中溶剂的持续分解。此外，TPFS 可优先与 PF$_6^-$ 配位，减弱 PF$_6^-$ 与溶剂的相互作用，促进 PF$_6^-$ 阴离子去溶剂化。因此，Na||Na$_3$V$_2$（PO$_4$）$_2$O$_2$F 全电池在 4.7V 截止电压下展现出优异的循环稳定性，循环 500 圈后，容量保持率高达 93%。温州大学李林特聘教授团队联合河北工业大学雷凯翔教授选用具有弱配位能力的稀释剂六氟异丙基甲醚（HFME）调控高浓度 NaFSI-G2 体系的溶剂化学，构建稀释剂参与溶剂化结构的新型高电压醚基电解液[50]。弱配位稀释剂 HFM 取代部分 G2 进行配位，减弱了 Na$^+$-G2 相互作用，减小去溶剂化。此外，其可以降低溶剂化结构的 HOMO 能级，提升电解液抗氧化性，并促进阴离子和稀释剂分解，构建富无机物的高质量电极 / 电解质界面膜。最终实现 Na||NMO 电池在 4.2V 的截至电压下循环 350 周后呈现出 87.3% 的容量保持率和 99.7% 的高平均库仑效率。

为了改善钠离子电池的低温性能，中南大学王海燕教授团队提出了一种基于弱溶剂化溶剂四氢呋喃的电解液调控电极 - 电解质界面化学，从而实现优异的低温性能[51]。他们发现四氢呋喃的弱离子溶剂化特性加速了去溶剂化过程和界面处的离子扩散，并构筑了 NaF 和有机组分的均匀分布的稳定 SEI。因此，商用硬碳在设计的电解液中表现出优异的倍率性能和低温性能，在 5A/g 下具有 212mA·h/g 的可逆容量，即使在 -20℃ 下也保持 175mA·h/g 的高可逆容量。随后，温州大学俞术雷教授团队联合南开大学李福军教授团队选用高电子亲和能力的三氟乙酸根阴离子（TFA$^-$）调控 1.0M NaPF$_6$-G2 电解液中的溶剂化学（图 4-7），实现常规浓度下更多阴离子占据的溶剂化构型，显著降低电解液的去溶剂化能，有效提升其温度耐受性 [图 4-7（a）、（b）][52]。与 1.0M NaPF$_6$-G2 电解液相比，增强的 TFA$^-$ 和降低的 G2 配位的溶剂化化学加速了界面 Na$^+$ 去溶剂化行为，呈现出较低的去溶剂化能（-20 ~ 40℃：3.49vs. 4.16kJ/mol；-60 ~ -20℃：16.55vs. 24.74kJ/mol）。Na||Na$_3$V$_2$（PO$_4$）$_3$ 电池在 -40℃ 下循环呈现 60.2% 的室温容量和 100 圈后 99.2% 的高容量保持率 [图 4-7（c）、（d）]。最近，

温州大学李林特聘教授团队联合山东理工大学周朋飞团队通过碳纳米管作为导电剂的 P2-$Na_{0.67}Mn_{0.67}Ni_{0.33}O_2$（NMNO-CNTs）正极和四氢呋喃（THF）诱导的弱溶剂化电解液解锁了低温钠离子电池的电荷转移限制[53]。前者构建了稳健的电子传输通道，而后者促使富含阴离子溶剂化鞘形成，加速 Na^+ 脱溶剂化并构筑富含无机物的电极 - 电解液界面。得益于快速电荷转移动力学，Na‖NMNO-CNTs 电池在 3600 次循环后容量保留率高达 92.7%，在 −40℃ 下每个循环的衰减率为 0.002%。此外，硬碳 ‖NMNO-CNT 全电池在 −40℃ 下循环 1500 次后容量保持率为 86.5%，展示了巨大潜力的实际应用。

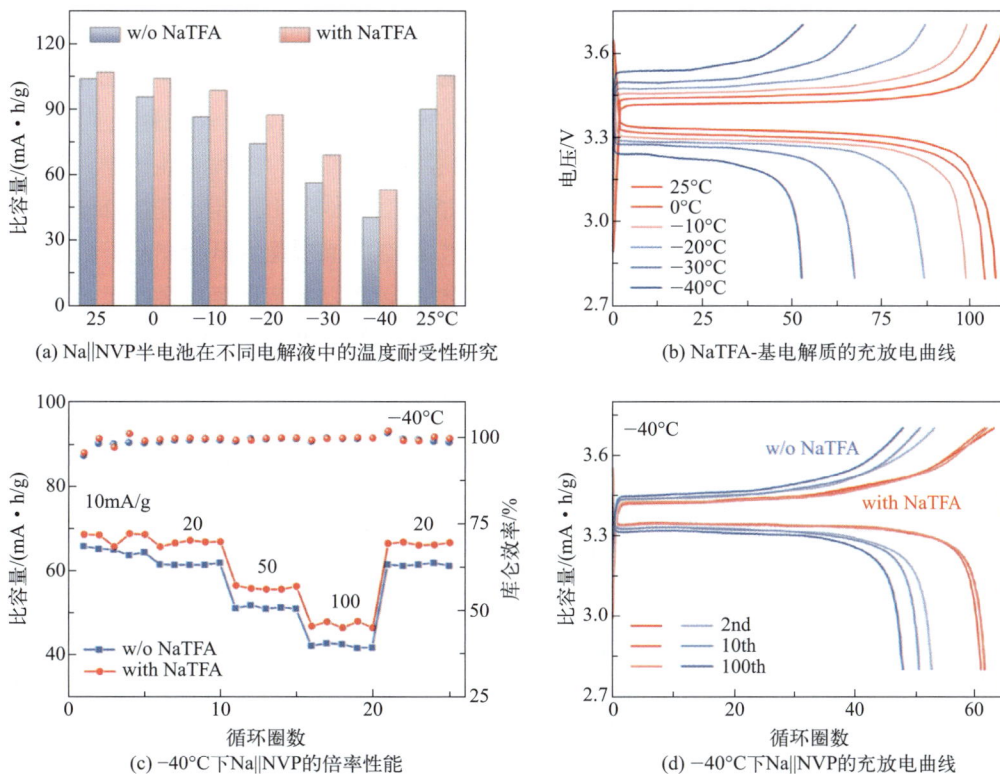

(a) Na‖NVP半电池在不同电解液中的温度耐受性研究
(b) NaTFA-基电解质的充放电曲线
(c) −40℃下Na‖NVP的倍率性能
(d) −40℃下Na‖NVP的充放电曲线

图 4-7　Na‖NVP 的性能

针对高温下钠离子电池电极 - 电解液界面不稳定致使电化学性能不理想的问题，东北师范大学吴兴隆教授团队提出设计了一种具有酸清除能力与稳定界面构筑功能的新型电解液，从而提升钠离子电池的高温性能[54]。电解液的自净化能力以及其所构筑的富硅稳定界可确保钠离子电池在高温下安全稳定运行，高压 $Na_3V_2(PO_4)_2O_2F$（NVPF）正极显示出优异的循环稳定性，在 60℃ 下循环 1000 圈后，容量保持率为 84%；在 70℃ 下循环 100 圈，容量保持率为 86%。此外，使用硬碳负极构筑的全电池也可在 60℃ 下稳定循环 100 圈。最近，温州大学俞术雷教授团队申请人提出了一种构建深度共晶电解液（DEE）的策略以提高 SN 基电解液的安全性和高温性能[55]。1,3,2- 二硫代烷 -2,2- 二氧化物（DTD）的 S=O 与 SN 的 α-H 之间的强氢键使得 SN 与 Lewis 碱的相容性和安全性增强。同时，DTD 参与 Na^+ 第一鞘层，削弱了 SN 的配位数。独特的溶剂化结构促进了梯度富无机电极 - 电解液界面膜的形成，并在宽温度范围内实现了稳定的半电池循环，室温下 800 次循环后，容量保留率为 82.8%；高温 60℃下，100 次循环后，容量保留率为 86.3%。相应地，使用硬碳负极组装了钠离子全电池，其在循环稳定性和倍率性能方面同样展现出显著提升。

为了实现钠离子电池在宽温域范围内的稳定运行，温州大学李林特聘教授团队联合安徽大学张朝峰教授团队提出引入了阴离子受体三（五氟苯基）硼烷（TPFPB）作为电解液添加剂，提升电池的高温循环稳定性 [56]。TPFPB 和 ClO_4^- 阴离子之间通过 B-O 键具有强相互作用，其通过 ClO_4^- 阴离子参与中心 Na^+ 的溶剂化构型配位，并优先分解生成稳固且富含 NaF 的界面膜。磷酸钒钠正极在 4.2V 的高截止电压和 60℃ 的高温条件下，100 次循环后，容量保持率达 86.9%，并在 $-30 \sim 60℃$ 的宽温域范围内展现出优异的高压稳定性及倍率性能。浙江大学潘慧霖教授课题组设计了一种独特的三元电解液，利用三种溶剂不同的溶剂化能调节溶剂 - 溶剂相互作用，从而实现钠离子电池电化学稳定性和倍率性能的提升 [57]。这种设计的三元电解液可以有效加速 Na^+ 的传输，并形成了稳定的电极 - 电解液界面。与常用的酯类电解液相比，三元电解液有效地抑制了层状氧化物正极的不可逆结构相变和过渡金属溶出。因此，氧化物正极能够在 4.2V 以及 $-35 \sim 80℃$ 的温度范围稳定运行。此外，安时级软包电池也在宽的温度范围内展现出良好的循环稳定性。最近，华南师范大学南俊民教授课题组将三功能三甲基硅基甲烷磺酸酯（TMSS）添加剂引入到碳酸酯基电解液中，以提高商业化 $NaNi_{0.33}Fe_{0.33}Mn_{0.33}O_2$（NFM）/ 硬碳（HC）软包电池的温度耐受性 [58]。TMSS 可以调控溶剂化结构，加速反应动力学，去除电解液中的残余 H_2O/HF，并构筑稳定电极 - 电解液界面。因此，NFM/HC 软包电池可以在宽的温度范围内稳定运行，在 45℃下循环 300 圈后仍保持 103Wh/kg 的能量密度，$-30℃$放电容量增加 14.76%。此外，NFM/HC 软包电池的高温存储性能得到了显著提升，在 60℃下储存无明显气体产生。

在提升钠离子电池安全性能方面，武汉大学曹余良教授团队通过调控阴阳离子相互作用开发出了具有优异理化特性的低浓度磷酸酯基电解液 [59]。采用磷酸三（2,2,2- 三氟乙基）酯（TFEP）作为共溶剂，可以有效增强阴阳离子间的相互作用，从而调控溶剂化结构，在 1.22M 下构建稳定的阴离子诱导溶剂化结构。此外，TFEP 有助于构筑富含 NaF 的无机 SEI 膜，有效提升与电极材料的兼容性，避免电解液持续分解，从而实现钠离子电池的安全稳定运行。A·h 级 HC∥NFPP 软包电池循环 2000 圈后，容量保持率高达 84.5%，并可在宽的温度范围内稳定运行（$-20 \sim 60℃$）。更为重要的是，使用这款电解液的软包电池通过了严格的安全测试，安全性能得到了显著提升。最近，温州大学俞术雷教授团队通过调节阴阳离子间相互作用以及分子空间位阻的差异，选择性增强低溶剂化能配体分子在 Na^+ 溶剂化壳层中的配位数，从而构筑稳定的电极 - 电解液界面，提升磷酸酯基电解液与电极材料的兼容性 [60]。我们将一系列低溶剂化能的碳酸酯分子（EC、PC、VC、DEC、EMC）分别引入到高溶剂化能的磷酸酯（TEP）溶剂中，促使形成富含碳酸酯分子的溶剂化结构，最终构筑了以碳酸酯分子分解为主的稳定电极 - 电解液界面。因此，普鲁士蓝 ∥ 硬碳软包电池在高负载量条件下循环 50 圈后仍有高达 96% 的容量保持率，展示了巨大的实际应用潜力。

目前，多家国内企业致力于钠离子电池电解液的产业化应用。天赐材料开发了六氟磷酸钠及相关添加剂的合成工艺，并在推动年产 10000t 六氟磷酸钠产线的建设。多氟多目前已商业化量产六氟磷酸钠，并具备千吨级生产能力，已获得年产 2000t 钠离子电池用六氟磷酸钠和 1.5 万吨电解液的项目批复。此外，国内的其他企业，例如珠海赛纬、丰山全诺、传艺钠电、盐城金晖、汉行科技、蓝固新能源、宏达化学、永太科技、中欣氟材、延安必康（九九久科技）、新宙邦、瑞泰新材和天际股份也都在钠离子电池电解液产业化方面布局，致力于推动钠离子电池的商业化应用。

4.3.2.2　固体电解质

宁波东方理工大学（暂名）的孙学良院士团队开发了一类新型的基于氧氯双阴离子化学的钠超离子导体（Na_2O_2-MCl_y；NMOC,M = Hf,Zr,Ta）[61]。研究发现氧氯化物框架结构有效优化了离子传输路径，从而降低了迁移能垒。这种独特的氧氯化物双阴离子固体电解质表现出高达 2.0mS/cm 的离子导电率、良好的力学性能、优异的抗氧化稳定性以及令人满意的界面兼容性。因此，基于 NHOC 的全固态钠离子电池表现出优异的循环稳定性，循环 700 圈后，容量保持率为 78%。为了提升硫化物固体电解质的空气稳定性，天津理工大学张联齐教授团队通过空位效应与构型熵结合，设计了兼具界面和空气稳定性 $Na_{3-x}Sb_{1-4x}(SnWCaTi)_xS_4$ 硫化物固体电解质[62]。该硫化物电解质在 13.8℃露点湿空气中放置 30min 后仍能实现稳定长循环。

针对 PEO 基电解质低的室温离子电导率和离子迁移数的问题，南开大学陈军教授课题组提出一种阴离子固定的策略有效提升了 PEO 基全固态电解质离子迁移数[63]。通过分子设计和理论计算选择了具有导 Na^+ 能力的 Na_3SbS_4 作为活性填料 Na_3SbS_4 中的五价 Sb 与盐中 $TFSI^-$ 阴离子具有较强的静电相互作用，能够有效地固定盐中 TFSI- 阴离子，从而显著提升了 PEO 基固态电解质的离子迁移数（0.49）和离子电导率（1.33×10^{-4}S/cm，45℃）。其应用于全固态 Na-PTCDA 电池表现出优异的倍率性能和循环性能，为开发高性能全固态钠电池电解质提供了新思路。

南开大学焦丽芳教授团队利用静电纺丝技术制备了 $Na_3Zr_2Si_2PO_{12}$（NZSPO）均匀分散在聚（偏二氟乙烯 - 六氟丙烯）（PVDF-HFP）中的复合电纺膜，随后通过原位光聚合乙氧基化三羟甲基丙烷三丙烯酸酯（ETPTA）前驱体溶液制备凝胶聚合物电解质[64]。复合电纺膜构建快速离子传输通，有效促进 Na^+ 迁移，使得凝胶聚合物电解质在室温下展现出高达 4.1mS/cm 离子电导率，Na^+ 迁移数为 0.54。此外，PVDF-HFP 在负极表面优先被还原，构建"富含 NaF"的稳定电极 - 电解液界。因此，Na||NVP 电池展现出优异的循环稳定性，循环 2000 圈后，容量保持率超 83%。

4.3.3　硬碳负极

钠离子电池硬碳负极在全球范围内展现出的巨大发展潜力，也推动着国内硬碳产业的发展。一方面，国内拥有丰富的原材料资源和庞大的市场需求，为硬碳的发展提供了坚实的基础；另一方面，国内科研力量不断发展，在硬碳材料的研发和创新上取得了显著成果。从全球聚焦到国内，钠离子电池硬碳产业正迎来新的机遇与挑战，有望成为推动我国能源存储领域发展的重要力量。目前，国内硬碳的制备方法主要以生物质、有机聚合物、煤炭等为原材料进行高温炭化的制备方法为主。

① 生物质基硬碳：秸秆、毛竹、核桃壳、糖、淀粉等是最常见的生物质。生物质前驱体具有原材料丰富、价格低廉、绿色环保、可持续的优点，也是目前硬碳生产的主要原材料之一。但由于生物质原材料的组分非常复杂，通常由纤维素、半纤维素、木质素以及 K、Ca、Mn 等灰分元素组成，使得在其炭化过程中，对前驱体的处理以及后续的碳化过程提出较高的要求。例如，纤维素、半纤维素和木质素是天然木材中的主要成分，纤维素在经过高温炭化后更容易形成长程有序的石墨层结构并收缩成闭孔，有利于钠离子存储；而半纤维素和木质素则不利于闭孔的形成，其通常会形成短程的无定形碳结构[65]；所以通过酸洗、碱洗减少或者去除天然木材中的半纤维素和木质素对富含闭孔结构的硬碳十分重要。温州大学碳中和技术创新研究院团队在使用硫酸对竹子处理后，不仅可以去除半纤维素和木质素，同时还可以把大分子分解成小分子，并去除竹子中的 K 等灰分元素，经过处理后的竹子炭化后的钠离子电池硬碳负极容量相比于没有处理的竹粉提高了 76mA·h/g[66]。此外，该方法构筑的竹基硬碳材料具有优异的倍率性能，并具有一定的规模化制备潜力。在对天然生物质的组分充分认识的基础上，可以充分利用其自身含有的各种组分，制备具备独特闭孔结构的硬碳。虽然半纤维素和木质素在炭化过程中会转化为无定形碳，但是其可以抑制纤维素的过度石墨化；K、Ca 等灰分元素也可以在炭化过程中促进闭孔的形成[67]，进一步提高钠离子的储存性能。

② 有机聚合物基硬碳：与生物质相比，有机聚合物则不存在组分复杂的问题，其分子结构简单、可控，在硬碳制备中可根据所需要的结构提前对有机聚合物前驱体的分子结构进行优化设计。在众多的有机聚合物前驱体中，酚醛树脂是最常用的前驱体，其具有较高的硬碳产率；通过氨基等不同官能团对酚醛树脂进行修饰，可精确调控其衍生硬碳的微观结构以提高钠离子电池性能。例如，使用环氧酚醛树脂作为前驱体炭化可制备获得容量提高至480mA·h/g[68] 的硬碳材料。除此以外，聚吡咯、聚苯胺等有机高分子也可通过高温热解实现高性能硬碳的制备。

③ 煤炭基硬碳：煤炭作为重要的碳资源，其含量丰富的芳香碳单元形成的大分子结构在高温过程中会倾向于形成石墨化结构，而不利于钠离子存储。因此，煤炭基硬碳的制备重点在于有效抑制高温碳化过程中的过度石墨化。由于煤炭种类众多，包括褐煤、烟煤、亚烟基煤和无烟煤等，其中氧含量、灰分元素、碳含量存在明显差异，在炭化过程中，需针对性采取措施提高抑制石墨微晶的形成。酸洗去除灰分、预氧化提高氧含量、优化炭化温度等有效改善煤炭在炭化过程中的微晶结构，形成更多的无序结构，增强钠离子存储性能。例如，在对烟煤进行预氧化处理后，氧与烟煤交联抑制高温过程中的石墨化，从而获得短程且层间距扩大的硬碳，容量相较未进行预氧化处理的烟煤提高 24%[69]。

除了在这三大类的基础硬碳，通过利用每一种前驱体的特性，进行相互混合，可实现在硬碳结构上的互补。如把蔗糖和褐煤进行混合炭化，得到层间距达到 0.402nm 的硬碳，且容量高达 356mA·h/g，明显高于蔗糖衍生硬碳和褐煤衍生硬碳的容量[70]。同时，国内对钠离子电池硬碳负极的研究投入也不断增加。各大高校、科研机构和企业纷纷开展相关的研究项目，致力于提高硬碳负极的性能和降低生产成本。在现有原材料的基础上，通过杂原子掺杂、表面修饰、杂化硬碳设计等手段提高硬碳性能，为硬碳负极的产业发展提供前沿技术。

钠离子电池目前成为国内研究和产业化的热点，国家发展和改革委员会、国家能源局等九部门共同印发的《"十四五"可再生能源发展规划》提出研发储备钠离子电池等高能量密度储能技术。基于此,国内针对钠离子电池硬碳负极的产业化也已经初具规模,处于蓬勃发展的关键阶段。根据北京智研科信咨询有限公司发布的《2023—2029年中国硬碳负极行业市场专项调查及投资前景分析报告》内容,我国硬碳负极材料行业市场会跟随新能源汽车的发展和储能装备的需求而进一步增长,预计2025年,我国硬碳负极材料行业市场规模会达到86.5亿元,未来5年内的年平均增速也将达到15.3%。

国内企业以贝特瑞和杉杉股份在硬碳产业布局最早,其中贝特瑞采用椰壳等生物质作为前驱体,实现了容量范围在280～350mA·h/g的BSHC系列产品的生产,其通过工艺优化,在保持性能的前提下大幅降低了生产成本。贝特瑞BSHC系列产品具体参数见表4-3。此外,成都佰思格科技有限公司实现了产能在5000t以上的硬碳规模化量产,并开始了20000t的硬碳生产的整体设计,且其研发的硬碳容量已突破400mA·h/g并开始进行中试量产;另外,中科海纳、福建富钠能源科技等公司也已经实现了硬碳的规模化量产。

表4-3　贝特瑞BSHC系列产品参数

型号	D50/μm	表面积/（m²/g）	振实密度/（g/cm³）	极片压密/（g/cm³）	客容量/（mA·h/g）	首效/%
BSHC-280	7.0±1.5	≤8.0	0.8±0.1	0.95±0.05	280±10	≥88.0
BSHC-300	7.0±1.5	≤8.0	0.8±0.1	0.95±0.05	300±10	≥88.0
BSHC-320	5.0±1.5	≤8.0	0.8±0.1	0.95±0.05	320±10	≥88.0
BSHC-350A	5.0±1.5	≤8.0	0.8±0.1	0.93±0.05	350±10	≥88.0
BSHC-350B	5.0±1.5	≤8.0	0.8±0.1	1.0±0.05	3440±10	≥88.0

根据统计,2021年我国椰子产量约为36.42万吨,其中椰壳重量约占椰子总重量的13%,相当于产生椰壳约4.74万吨。经过干燥处理后,椰壳干重约为2.8万吨,可进一步转化为椰壳炭7100t,最终制成硬碳约5600t。这一产量仅能满足不到5GW·h钠离子电池的需求。同年,印度尼西亚、菲律宾和斯里兰卡三国的椰壳炭化料总出口量约为55.5万吨,若全部供应中国,可满足约37GW·h钠离子电池硬碳的需求。然而,目前这些椰壳炭出口的主要用途是供应中东地区的水烟炭市场以及全球活性炭市场。全球椰子年产量近年来稳定在6000万吨左右,可转化为椰壳炭约100万吨。然而,随着活性炭市场的持续增长,未来真正可用于钠离子电池硬碳前驱体的椰壳炭可能仅有30万吨,最多可制成硬碳24万吨,仅能满足约200GW·h的需求。当前椰壳炭供应链存在诸多问题:首先,大部分椰壳炭由种植人员通过贸易商供应,产品一致性和稳定性较差,且难以溯源和改进,供应链管控难度大;其次,碳化工艺较为原始粗糙,原料品质较低,直接影响成品质量,难以满足高标准需求。随着钠离子电池市场的快速增长,椰壳炭的供需矛盾将进一步加剧,其价格也将面临不可控的上涨风险。

面对巨大的市场规模,采用国内资源丰富的竹子作为生物质前驱体可有效降低硬碳成本。目前国内竹林面积超过1亿亩,按照每亩竹子产量1t,15%的硬碳产率计算,一年可满足1500万吨硬碳生产,而150万吨即可满足1200GW·h钠离子电池,这不仅能够保障原材料的供应，还可以进一步降低成本；但是，由于竹子呈纤维排列、灰分较高，合理的前处理对于硬碳结构十分重要。竹基硬碳特点如图 4-8 所示。例如，温州钠术新能源科技有限公司开发出竹粉精粹技术，同时实现竹子灰分降低和纤维素组织结构调控，从而开发了一款具备拓扑孔道的硬碳产品，其具备 330mA·h/g 的高可逆容量和优异的低温性能。目前，国内的硬碳企业也多以竹子、椰子壳、蔗糖、淀粉等生物质作为前驱体，通过工艺优化硬碳生产过程，提高硬碳性能并降低成本。其他对微观结构要求较高的硬碳产品多以酚醛树脂等作为前驱体，通过分子结构设计精确优化微观结构。

竹基硬碳特点

资源丰富，充分保障供应

竹产业成熟，原材料成本低

品种多，分布广，灰分较高

纤维排列，密度小，压密低

图 4-8　竹基硬碳特点

4.4 ／ 发展我国钠离子电池关键材料产业的主要任务及存在的主要问题

4.4.1 ／ 正极材料产业化的主要任务及存在的主要问题

4.4.1.1　普鲁士蓝类正极材料

普鲁士蓝类正极材料壁垒较高，相关公司积极布局普鲁士蓝类正极材料量产的任务和难点主要在于：结晶水和缺陷去除；导电性及电芯工艺的控制；高自旋位 Fe^{2+} 氧化问题；上游氰化物准入门槛较高。

（1）结晶水和缺陷去除

目前，结晶水去除是普鲁士蓝类化合物正极材料产业化中的关键难题。在实际合成过程中，普鲁士蓝类化合物会生成大量结晶水及 Fe（CN）空位缺陷。普鲁士蓝类材料的结晶水问题较为复杂，可细分为吸附水、结合水和间隙水，它们分别占据了材料的表面、晶格间隙和 Fe（CN）$_6$ 空位缺陷位点[3, 71, 72]。吸附水位于材料表面，通过简单的加热烘干可以去除；而间隙水的去除较为困难，虽然可以通过提高加热温度强行去除，但这可能会导致材料结构的破坏。结晶水容易占据储钠位点或阻碍钠离子的脱嵌通道，从而影响材料的比容量和库仑效率；而 Fe（CN）空位缺陷则可能导致材料在充放电过程中发生结构坍塌，进而降低其循环稳定性。为了解决这一问题，在制备过程中可以通过降低反应速率、采用高温处理、加入螯合剂或制备富钠型 PBAs 来控制结晶水和空位缺陷的数量，从而改善材料的性能。

（2）导电性及电芯工艺控制

普鲁士蓝类化合物导电性偏低，在循环过程中容量易快速衰减。在实际应用中可通过材料复合改性、离子掺杂等方式提高 PBAs 的电化学性能。在复合改性中，可以通过与碳材料、聚合物、金属化合物等材料的包覆来提升 PBAs 的电化学性能，并有效抑制其在充放电过程中的相变问题[73]。对于普鲁士蓝类化合物的离子掺杂改性，通常通过在与 N 相连的过渡金属位点进行掺杂。离子掺杂可以降低材料的带隙和迁移能垒，提高材料中电子及 Na^+ 的迁移能力[74, 75]。

（3）高自旋位 Fe^{2+} 氧化问题

普鲁士蓝类材料在制备过程中，由于其高自旋位的 Fe^{2+} 极易被氧化，形成 Fe^{3+}。根据电中性原理，Fe^{3+} 生成会排斥钠离子，从而导致贫钠相结构的形成。这种贫钠相的出现将严重影响钠离子电池的容量和首次库仑效率[3]。此外，贫钠的正极材料通常需要进行预钠化，这会大幅提高钠离子电池的制造成本，进而影响企业的盈利能力。

（4）上游氰化物准入门槛高

普鲁士蓝类化合物的上游原料为氰化钠，属于危险化学品，准入门槛较高，其生产和销售受到公安部门的严格监管。随着环保政策日益严格，氰化钠的新增产能受到限制，新进入者很难获得新的生产许可证，生产牌照的稀缺性较高。

4.4.1.2 层状氧化物正极材料

钠离子电池层状氧化物正极材料产业在快速发展的同时，也面临着诸多挑战和问题：

① 技术瓶颈与性能限制。尽管层状氧化物正极材料在钠离子电池中展现出一定的应用潜力，但仍存在一些技术瓶颈和性能限制。例如，材料的比容量和循环稳定性仍需进一步提升；离子和电子的传输性能有待优化；热稳定性和安全性也亟待加强。这些技术瓶颈限制了钠离子电池在能量密度、循环寿命和安全性等方面的进一步提升。

② 原材料供应与成本控制。层状氧化物正极材料的原材料供应和成本控制是产业面临的另一大挑战。尽管钠资源丰富且分布广泛，但高纯度的钠盐等原材料的生产和供应仍存在不确定性。此外，原材料价格的波动可能影响生产成本，因此需要建立稳定的供应链体系，确保原材料的稳定供应并有效控制成本。

③ 生产工艺与设备投入。层状氧化物正极材料的生产工艺较为复杂，需依赖高精度设备和严格的生产环境，这无疑增加了生产成本和难度。随着市场规模的扩大和技术的进步，生产工艺和设备需要不断优化与更新，从而提高生产效率和产品质量。因此，产业需要加大在生产工艺和设备上的投入。

④ 环保与可持续发展。环保和可持续发展是全球关注的热点问题。钠离子电池层状氧化物正极材料在生产过程中可能会对环境产生污染或废弃物排放。因此，产业必须增强环保意识，推动绿色生产和技术创新，减少对环境的负面影响。同时，探索废弃物回收和资源循环利用，助力可持续发展。

为应对上述挑战，层状氧化物正极材料的产业发展应重点聚焦以下几个方向：

① 加大技术研发力度。应持续加强技术研发投入，深入研究材料微观结构与性能之间的关系，开发新型合成方法与改性策略。此外，要加强与其他领域的合作，借鉴先进技术和经验，推动产业创新发展。

② 优化生产工艺与成本控制。优化生产流程，提高原材料的利用率和生产效率，降低生产成本。通过引入先进的生产设备和自动化生产线，降低人力成本。同时，强化供应链管理，确保稳定的原材料供应渠道并有效控制成本。

③ 推动标准制定与认证体系建设。产业应积极参与标准的制定工作，推动认证体系的建设。通过建立统一的技术标准和认证要求，规范市场秩序、提升产品质量和安全性。这将有助于提升产业的竞争力和可持续发展能力。

④ 加强环保意识与可持续发展。产业需要强化环保意识和技术培训，推动绿色生产和技术创新。通过采用环保材料和工艺、减少废弃物排放等手段，降低对环境的负面影响。同时，积极探索废弃物的回收与再利用，推动资源的循环利用，实现可持续发展。

综上所述，通过加大技术创新和突破，不断提升层状氧化物正极材料的能量密度、循环稳定性和安全性，以满足市场需求，增强市场竞争力。同时，完善产业链上下游布局，确保钠、锰、铁、铜等关键原材料的供应安全和质量可控。优化电芯制造技术，提高生产效率和产品质量，降低生产成本，并推动钠离子电池在储能、电动汽车等领域的推广应用，形成多元化的市场需求。最后，要加强标准制定与检测体系建设，确保产品的安全性和可靠性，并解决安全性与环保问题，推动产业的绿色可持续发展。

4.4.1.3 聚阴离子正极材料

针对产业化进度，目前，层状氧化物技术的发展速度较快，具有高能量密度的优势，在特定应用领域表现出较强的市场潜力。此外，近年来，聚阴离子技术也取得了快速发展，其中 NFPP 正极材料备受关注，广泛应用于大型储能等场景，并被业内认为是未来短期内最具突破性发展的技术之一。此外，NFS 技术在电动车领域也逐步占有一定市场份额。

聚阴离子型正极材料的制备工艺与磷酸铁锂正极材料相似，这使得其产业化进程较为顺利。一旦实现规模化量产，其经济性优势将进一步提升，有望扩大市场份额。然而，聚阴离子型正极材料也存在一些缺点，例如电导率较低。为了改善这一问题，可以通过碳包覆、掺杂等方法对材料进行改性，但这会增加制备的复杂性，且可能影响能量密度。因此，在发展过程中需要平衡这些因素，以实现更好的性能和经济效益。聚阴离子材料产业化面临的主要问题如下。

（1）聚阴离子结构决定 NFPP 电子电导率较低

尽管 NFPP 具有三维的钠离子传输路径，晶格内含有 PO_4^{3-} 及 $P_2O_7^{4-}$，虽然可以提高材料的脱嵌钠电位，但也限制了 Na^+ 的迁移速率[20-23]。此外，聚阴离子材料普遍存在电导率较低的问题。虽然 NFPP 烧结温度较低，但其碳包覆导电性差，倍率循环性能也较为不足。

（2）加工性能不佳，压实密度偏低

NFPP、LFP 和 LMFP 都属于聚阴离子正极材料，面临挑战类似，为了提高电导率，同样也会进行碳包覆，这势必降低材料的压实密度，牺牲材料的加工性能。因此，合理的粒径优化和有效碳包覆技术对 NFPP 电池能量密度提升至关重要。目前，磷酸铁锂和磷酸铁锰锂的碳包覆改性技术已被应用于 NFPP 材料的改性，预计能够获得长寿命、高压实密度的 NFPP 正极材料。

（3）空气稳定性提高

聚阴离子材料通常具有较高的 pH 值（>10），环境敏感。因此，需要发展低比表面积的材料制备方法，并通过表面改性技术及全流程控制，降低空气敏感性。

综上所述，提高电导率的同时，需要优化颗粒的级配层次，并尽可能降低无效碳包覆的量，兼顾电池的电化学性能和能量密度，从而凸显聚阴离子正极材料的性价比优势。

4.4.2 电解质材料产业化的主要任务及存在的主要问题

钠离子电池电解质的产业化主要任务是提升电解质的化学稳定性、优化钠盐与溶剂体系、降低成本并增强对电池性能的适配性。同时，推动规模化生产，降低原材料和制造成本，使钠离子电池在经济性上具有竞争力。钠离子电池电解质产业化存在以下主要问题。

① 钠盐性能与成本问题。现有的钠盐（如 $NaPF_6$、NaTFSI 等）在溶解度、电导率和稳定性方面尚未达到理想水平。目前，钠离子电池电解液的核心材料（如高纯度 $NaPF_6$、NaFSI 等）尚未形成大规模生产体系，制备成本较高，供应链体系不够成熟，与锂电池电解质相比，仍缺乏规模化经济效益，需要进一步优化合成路线、寻找低成本替代品并构建稳定的原材料供应体系。

② 电解质体系匹配性问题。钠离子电池的负极材料（如硬碳、金属氧化物）和正极材料（如普鲁士蓝、层状氧化物）化学性质各异，现有电解质难以同时满足所有材料体系的稳定性和高效传导需求，尤其是在高电压和长循环使用场景下存在分解或副反应风险。

③ 低温和高温性能受限。钠离子电池电解质在低温（ $< -20℃$ ）下离子导电率下降，影响电池放电能力，而在高温（ $> 60℃$ ）环境下可能导致电解质分解，影响电池安全性和寿命。因此，如何通过电解质优化，提高宽温性能并增强安全性，是产业化的核心难题之一。

④ 产业链尚不完善。钠离子电池市场尚处于发展初期，电解质生产供应链不成熟，关键原材料（如钠盐、高性能添加剂等）受制于供应商的研发和生产能力，尚未形成规模化、低成本的生产体系。此外，电解质材料的规模化生产也是一大挑战。从实验室的小规模制备到工业化的大规模生产，需要解决生产工艺的放大效应、原材料的稳定供应、生产设备的自动化和智能化等一系列问题。

⑤ 环保处理和回收问题。电解液材料的环保处理和回收利用也是电解质产业化过程中不可忽视的问题。随着钠离子电池市场的不断扩大，废弃的电解质材料将越来越多，如何对其进行有效的环保处理和回收利用，避免对环境造成污染，也是电解质产业化需要思考的问题。

4.4.3 硬碳负极材料产业化的主要任务及存在的主要问题

硬碳是目前最接近商业化的钠离子电池负极材料，因其成本低、资源丰富且具有较高的比容量（约 $300mA·h/g$ ）而备受关注。硬碳作为典型钠电负极材料产业化的主要任务和存在问题。

（1）前驱体筛选与稳定供应

硬碳负极的产业化过程中，前驱体的筛选与稳定供应是关键挑战，直接影响材料的电化学性能、一致性和成本。理想的前驱体应具备适当的孔结构，以提供高比容量和稳定的循环性能，同时在碳化过程中保持良好的热稳定性，避免过度分解或杂质残留。目前常用的前驱体包括生物质（果壳、竹炭）、合成高分子（酚醛树脂、PAN）及石油焦类，但它们在成本、纯度和供应链稳定性上存在不同问题。未来，需建立标准化的前驱体筛选体系，优化碳化工艺，并通过拓展低成本、可持续的原料来源，确保硬碳负极材料的高效产业化。

（2）工艺复杂性与成本控制

硬碳负极材料的产业化面临较高的工艺复杂性和成本控制难题，主要源于其合成过程涉及高温碳化、气氛调控、前驱体选择及后处理等多个环节。首先，不同前驱体（如生物质、沥青、石油焦等）会影响硬碳的微观结构和电化学性能，需要精准控制碳化温度、升温速率和保温时间，以确保材料的比容量和循环稳定性。此外，硬碳负极的碳化温度通常较高（800～1500℃），这不仅增加了能耗成本，还对设备耐高温性提出更高要求，限制了大规模低成本生产的可行性。另一方面，生产过程中气氛（如氮气、氩气等）的精确控制对于硬碳的结构调控至关重要，但其高昂的气体消耗进一步推高了生产成本。同时，如何提高材料的一致性和批量生产的稳定性，降低制备过程中的材料损耗，也是硬碳产业化的核心挑战。未来的解决方案可能包括优化前驱体的选择、开发低温碳化工艺、提高碳化炉的能源利用率，以及通过化学改性或催化碳化技术降低成本，从而推动硬碳负极材料的规模化应用。

（3）首次库仑效率低与循环稳定性差

首次库仑效率低与循环稳定性差是硬碳负极产业化的核心挑战之一。硬碳首次库仑效率较低，通常在70%～85%，这主要源于硬碳表面丰富的缺陷、微孔结构以及不完全可逆的钠嵌入过程，导致首次循环时大量钠离子被消耗在固态电解质界面（SEI）膜形成和不可逆嵌钠反应中，使得电池的可用容量降低。另一方面，循环稳定性较差，则与硬碳的内部微观结构、膨胀特性以及SEI膜的稳定性有关，硬碳在长时间循环过程中可能发生结构塌陷，导致容量衰减。此外，电解液的选择对循环稳定性也有重要影响，不匹配的电解液可能导致SEI膜反复破裂重组，进一步加剧容量损失。因此，提升硬碳首次库仑效率和循环稳定性的关键在于优化材料的前驱体选择、碳化工艺、表面改性以及开发更稳定的电解液体系，以减少首次锂损失，并增强结构稳定性。

（4）振实密度低与压实密度不足

由于硬碳材料通常具有无序层状结构和较高的孔隙率，其颗粒间填充能力较差，难以实现高密度压实。这一问题不仅增加了电极制造中的涂布难度，还可能影响电池的离子传输性能和循环稳定性。此外，低压实密度会使单位体积的负极活性物质减少，影响电池整体的能量输出。为解决这一难题，需要优化前驱体选择、碳化工艺以及颗粒形貌调控，提升硬碳材料的颗粒均匀性和可压缩性，并探索添加导电填充剂或采用新型电极结构，以改善整体的压实性能。

（5）倍率性能与钠枝晶问题

硬碳负极的倍率性能受限于其本征的无序碳结构，导致钠离子在材料中的扩散速率较慢，影响快充能力和高倍率放电性能。此外，硬碳在钠离子电池中的应用还面临钠枝晶生长的问题，特别是在高电流密度和长循环条件下，钠离子的非均匀沉积可能导致枝晶生长，进而引发电池短路和安全风险。解决这些问题的关键在于优化材料的孔隙结构，通过控制比表面积和孔径分布，提高离子扩散速率，并优化电解液和SEI膜稳定性，减少枝晶生长的可能性。

此外，表面改性技术（如包覆、掺杂）也被用于提高界面稳定性，降低界面阻抗，从而提升倍率性能和循环寿命，这对于硬碳负极材料的产业化至关重要。

（6）技术壁垒与产业化水平

硬碳负极的产业化面临较高的技术壁垒，主要体现在材料设计、生产工艺控制和应用匹配等方面。首先，硬碳的合成涉及复杂的前驱体选择、高温碳化处理及结构调控，现有的工艺尚未形成高度成熟的标准化体系，导致产品性能和批次一致性难以保证。其次，产业化过程中，高温碳化工艺的能耗较高，制备成本相对较高，与传统石墨负极相比，缺乏价格竞争力。此外，硬碳负极的电化学性能仍需进一步优化，如降低首周库仑效率损失、提升倍率性能和循环寿命，以满足动力电池和储能电池的需求。当前，硬碳负极的产业化水平仍处于起步阶段，国内外企业正在积极研发，但尚未形成大规模应用，未来的突破点在于工艺优化、材料改性以及与上下游供应链的协同发展，以实现低成本、高性能的产业化进程。

4.5 / 推动我国钠离子电池关键材料产业发展的对策和建议

我国在钠离子电池材料的研究、技术开发和产业化推进方面已处于国际领先地位，拥有全套关键技术的自主知识产权，具备显著的先发优势。目前，钠离子电池仍处于产业化初期，正迎来产业化发展的黄金期。2023—2024 年，国内涌现出大量与正负极材料相关的企业，其中既包括从锂电企业转型的公司，也有科学团队孵化的新兴企业。这一现象表明，钠离子电池产业正处于快速发展的关键阶段。为进一步巩固我国的领先优势，钠离子电池关键材料的研发和产业化推进应重点关注以下几个方面。

（1）明确技术路线，细分应用场景

目前，大多数企业以生物质衍生硬碳材料作为负极材料，而正极材料主要存在三种主流路线：层状氧化物、聚阴离子和普鲁士蓝材料。不同的技术路线各有其优势和适用场景：层状氧化物，具有较高的能量密度和较好的循环性能，适合对能量密度要求较高的场景；聚阴离子材料，具有较高的热稳定性和较长的循环寿命，适合储能领域；普鲁士蓝材，成本低廉、制备简单，适合大规模储能应用。未来，应进一步细分钠离子电池的应用场景（如大规模储能设备、低速电动车等），明确各技术路线的定位，推动不同材料的差异化发展，避免资源浪费和同质化竞争。

（2）降本增效，打通上下游产业链

推动钠离子电池关键材料产业发展的核心在于降本增效，而降本的关键在于打通上下游产业链，实现资源的高效整合。建议以产业园区的形式进行协同合作，集中布局上游原材料和前驱体的生产，减少物流费用，优化资源配置，降低综合能耗；根据细分的应用场景，明确目标客户群体，开展精准合作销售，推动钠离子电池在储能、交通等领域的广泛应用。此外，政府和行业协会应积极推动上下游企业的协同发展，建立共享机制，降低产业链各环节的成本。

（3）推动与可再生能源的深度联动

钠离子电池在储能领域具有显著优势，尤其适合与可再生能源（如风能、光伏）联动发展。建议打造风光储能一体化，通过钠离子电池的低成本和高安全性优势，推动其在风光储能系统中的应用，提升可再生能源的利用效率；探索多场景储能应，如电网调峰、家庭储能、工业储能等，进一步拓展钠离子电池的市场空间。

（4）技术改进与规模化生产

当前钠离子电池材料本身仍存在一些技术瓶颈，例如正极材料的循环稳定性、负极材料的首次库仑效率（ICE）较低等问题。为此，需要通过技术改进加强对正负极材料的基础研究，优化材料的制备工艺，提升电池性能并降低成本；通过建立大规模生产项目，推动产业化进程。规模化生产不仅能降低单位成本，还能加速技术的成熟和市场的推广。同时，应注重前驱体材料的供应链安全，避免出现"卡脖子"风险，确保产业链的自主可控。

（5）加强基础研发与人才培养

基础研发是推动钠离子电池产业发展的根本动力。建议科研与产业并重，在推动产业化的同时，持续加强基础研究，尤其是在材料设计、储钠机制和电池性能优化等方面；注重科研人才和产业人才的双向培养，建立从实验室到工厂的完整人才梯队，确保技术与市场的有效对接。此外，政府和企业应加大对科研项目的支持力度，鼓励产学研合作，推动技术成果的快速转化。

（6）建立国家和行业标准

钠离子电池产业的快速发展需要规范化的技术标准和行业规范，针对不同应用场景（如储能、交通、消费电子等），制定相应的国家或行业标准，规范产品性能、生产工艺和安全要求，并积极参与国际标准的制定，提升我国在钠离子电池领域的国际话语权；标准化的建立不仅有助于提升产品质量，还能促进国内外市场的开拓和技术交流。

（7）政策支持与市场引导

政府可通过政策支持和市场引导，为钠离子电池产业的发展提供保障。例如通过示范项目和补贴政策，推动钠离子电池在储能、交通等领域的应用，培育市场需求。

参考文献

作者简介

俞术雷，温州大学教授，先后入选浙江省"鲲鹏行动"计划、教育部"长江学者"讲席教授、浙江省海外高层次人才引进计划，目前担任温州大学碳中和技术创新研究院院长、全省特种电池材料与技术重点实验室主任、浙江－澳大利亚钠离子电池国际联合实验室主任、温州市钠离子电池重点实验室主任、温州钠术新能源科技有限公司创始人、世界青年科学家联合会副理事长、世界青年科学家峰会学术委员会秘书长、Wiley 高影响力期刊 *Carbon Neutralization* 创刊主编。长期致力于电化学储能电池工艺及相关电极材料的研究与产业化应用，在 *Science*、*Nat. Chem.* 等国际高水平学术期刊共发表论文 500 余篇，高被引论文 55 篇，总引用次数超过 49000 次，H 指数达 121，2018—2024 年连续七年入选全球高被引科学家。

李林，温州大学瓯江特聘教授，浙江省科协青年人才托举培养项目、温州市高层次人才计划入选者，担任温州大学碳中和技术创新研究院副院长、院科协主席、全省特种电池材料与技术重点实验室副主任、浙江 - 澳大利亚钠离子电池国际联合实验室副主任。主要从事二次电池关键材料研发，目前已发表 SCI 论文 90 余篇，其中高被引论文 18 篇，热点论文 3 篇，总被引 7800 余次，H-index 为 40；以第一/共一/通讯作者身份在 *Natl. Sci. Rev.*、*Proc. Natl. Acad. Sci. U.S.A.*、*Angew. Chem. Int. Ed.*（10）、*Adv. Mater.*（2）、*Joule* 等期刊发表论文 50 余篇。主持国家自然科学基金青年项目等项目 9 项，获中国化学会第二十二次全国电化学大会优秀论文奖，担任 *eScience*、*Carbon Energy* 等期刊青年编委。

李丽，上海大学副研究员，近 10 年以来主要专注于钠离子电池关键材料的研发与产业化。在国际顶级材料和化学期刊，如 *Angew. Chem. Int. Ed.*、*Adv. Mater.*、*Adv. Energy Mater.*、*Adv. Funct. Mater.*、*Energ. Environ. Sci.* 等期刊上发表 SCI 收录论文 80 余篇，其中以第一/通讯作者发表论文 50 篇，总引用次数超过 5800 次，H-index=44，ESI 高被引论文 10 篇，ESI 热点论文 5 篇。主持以及作为骨干研究人员参与省部级以上项目 13 项。申请国家发明专利 24 项，其中授权专利 4 项，国际专利 2 项。担任 Wiley 旗下高水平期刊 *Carbon Neutralization* 编辑、*Battery Energy* 编委。

吴星樵，浙江大学工学博士，温州大学讲师，温州市高层次人才计划入选者。主要从事二次电池关键材料研发，目前以第一/共一/通讯作者身份在 *Angew. Chem. Int. Ed.*、*Adv. Mater.*、*eScience*、*Adv. Energy Mater.*、*Energy Environ. Sci.*、*Adv. Funct. Mater.* 等期刊发表论文 30 余篇，其中高被引论文 7 篇，热点论文 5 篇；主持国家自然科学基金青年项目等项目 5 项，担任 *eScience*、*Info. Funct. Mater.* 等期刊青年编委。

第 4 章

第5章

气凝胶材料

薛甜甜　樊　玮　刘天西

气凝胶因其独特的低密度、高孔隙度和大比表面积等物理特性，被国际纯粹与应用化学联合会（IUPAC）评为 2022 年化学领域十大新兴技术之一[1]。IUPAC 对气凝胶的定义是"由微孔固体组成的凝胶，其中分散相为气体"。然而，科学界对此定义存在分歧，因为并非所有微孔固体都能被认定为气凝胶。Kistler 最初定义气凝胶为"凝胶中的液体被空气所取代，且固体骨架不发生明显收缩"。Hüsing 和 Schubert 也提出了相似的定义，强调材料孔隙中的液体被空气取代时，材料的孔结构和骨架几乎不发生变化[2, 3]。Leventis 等则提供了更详细的定义，认为气凝胶是充满气体的开放胶体或聚合物网络，该网络是在凝胶中的液体去除后且体积不发生明显收缩形成的[4]。上述这些定义均认定气凝胶是由凝胶干燥而获得的，但是对于干燥过程中的体积、孔径变化没有给出定量化的指标。目前，工业界普遍认为气凝胶是一种由相互连接的纳米结构网络组成的开孔固体材料，孔隙率不低于 50%。随着纳米材料的快速发展，近期出现了将由均匀分散的一维纳米纤维或二维纳米片（例如金属纳米线或石墨烯纳米片）构成的低密度块体材料也描述为气凝胶的趋势[5-7]。这些由一维和二维纳米材料构建的气凝胶展现出高度多孔的网络结构，其孔径范围从几百纳米至几微米，远大于介孔结构。总的来说，气凝胶需满足以下条件：首先，它是由胶体粒子或聚合物分子相互聚集形成的多孔网络结构，并在孔隙中充满气态分散介质的固体材料；其次，该多孔网络必须是由湿凝胶经过特殊干燥方法将其内部液体取代为气体后形成的，同时体积不发生明显变化。

气凝胶的概念最早由 Kistler 在 1931 年提出，他在《自然》杂志上发表了题为 *Coherent expanded aerogels and jellies* 的文章[2]，描述了一种制备二氧化硅（SiO_2）气凝胶的方法。该方法涉及以水玻璃（硅酸钠）作为硅源，盐酸作为催化剂进行水解反应，得到硅酸水凝胶，然后利用乙醇进行溶剂置换，最终通过超临界干燥技术制得 SiO_2 气凝胶。由于气凝胶的纳米三维网络结构，它展现出大比表面积、高孔隙率和低密度等特点，使其在隔音降噪、隔热保温、吸附催化、生物医药、电池电极等多个领域具有广泛的应用前景[8-12]。1997 年，美国国家航空航天局（NASA）首次将气凝胶应用于火星探测器 Pathfiner 的索杰纳（Sojourner）火星车，其采用了环氧玻璃钢平板桁架结合的结构，在内部 25 ～ 32mm 的厚度充满了密度为 20kg/m³ 的 SiO_2 气凝胶材料。该隔热装置的热导率约为 0.0163W/（m·K），在火星大气环境下提供了理想的保温隔热效果，为系统节省了约 5kg 的质量。随着空间探测任务的发展，对环境隔热的要求越来越严苛，气凝胶材料已在多个型号中实现了工程应用。图 5-1 所示为气凝胶的发展历程以及近年来与气凝胶相关的论文数量，可以看出近年来气凝胶迅猛的发展态势。气凝胶作为我国基础战略性前沿新材料，对降低碳排放、实现"双碳"目标具有重要意义。目前，我国已出台相关政策鼓励支持气凝胶行业的发展。相关统计数据显示，2021 年，我国气凝胶市场规模达到 17.56 亿元，2017—2022 年，我国气凝胶材料消费量由 5.3 万立方米增长至 14.2 万立方米，气凝胶制品消费量由 8.7 万吨增长至 21.5 万吨。我国气凝胶市场目前主要以二氧化硅气凝胶为主，具有代表性的公司包括纳诺科技、埃力生、爱彼爱和等，产量可达上万立方米。

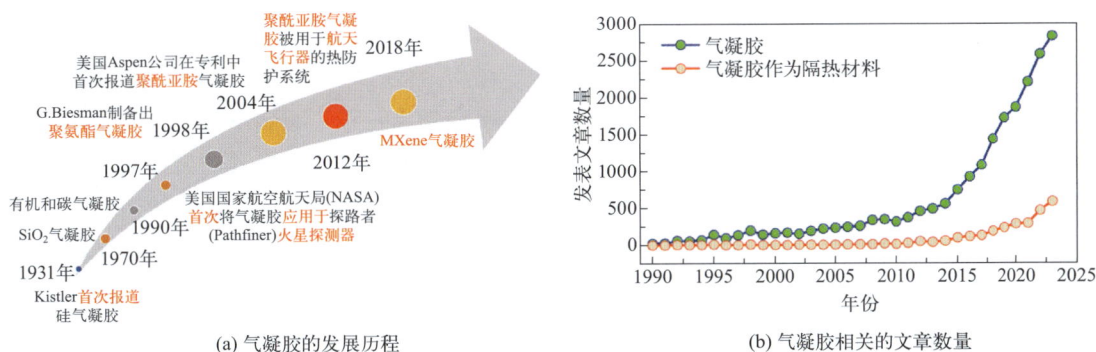

(a) 气凝胶的发展历程　　(b) 气凝胶相关的文章数量

图 5-1　气凝胶的发展历程以及近年来与气凝胶相关的论文数量

5.1　气凝胶材料的分类

5.1.1　无机气凝胶

无机气凝胶以无机物为基体，具有优异的耐高温性能，使用温度通常可达 600℃以上。代表性材料包括氧化物（SiO_2、Al_2O_3、ZrO_2）气凝胶[13, 14]、碳化物（SiC，ZrC）气凝胶[15]、氮化物气凝胶[16]、碳气凝胶[17, 18]以及金属气凝胶等。

无机氧化物气凝胶通常采用醇盐作为前驱体，并通过酸碱两步催化法进行制备。这类气凝胶具有高强度的颗粒骨架，但颗粒间的连接相对较弱，导致在机械加工或压缩过程中力学性能较差。为了提升其力学性能，研究者通过将气凝胶与玻璃纤维、碳纤维、纤维毡等材料复合，成功研发出具有高强度的纤维增强型二氧化硅气凝胶材料，其弯曲强度可达 7MPa，压缩强度可达 4MPa[19]。为了增强无机氧化物气凝胶的柔韧性和抗疲劳性，研究者选择柔性的一维纳米线作为纳米组装单元，通过精细结构调控提升材料的柔性。例如，某团队成功研发了具有高柔弹性和耐疲劳性的二氧化硅纳米纤维气凝胶、氧化锆纳米纤维气凝胶以及氧化铝纳米纤维气凝胶[20]。这类陶瓷纳米纤维气凝胶具有良好的压缩弹性，其可恢复压缩应变达到80%，并且在60%的压缩应变下经历500次压缩-回复循环后塑性形变为12%，展现出了良好的柔弹性和耐疲劳性能。然而，这些陶瓷纳米纤维气凝胶通常由分散的短纤维甚至碎片组装而成，纤维间的相互作用较弱，导致气凝胶结构在承受较大外力时容易坍塌。除对无机氧化物气凝胶的组装单元进行设计优化外，研究者还通过湿法纺丝技术，开发出具有高长径比的无机氧化物气凝胶纤维材料，将气凝胶的宏观形态从三维转变为一维。这种降维设计赋予了无机氧化物气凝胶优异的柔性和可编织性，拓宽了其在可穿戴领域的应用前景。此外，针对微电子领域对精细结构热管理气凝胶材料的需求，瑞士联邦材料实验室的赵善宇研究员与 Wim J. Malfait 研究员团队首次利用 3D 打印技术实现了二氧化硅气凝胶的精细结构设计和微型化制备。

碳气凝胶因其轻质、高熔点和稳定性成为航空航天领域理想的热防护材料。Pekala 在1989年首次通过有机气凝胶的碳化过程制备了碳气凝胶[21]。传统碳气凝胶通常表现出刚性和固有的脆性，尽管通过聚合物交联或添加纤维／晶须等第二相可以增强其结构的鲁棒性，但由于变形能力有限，在承受热膨胀和强烈振动时，材料的弹性可能会失效，导致结构破坏。近期，研究者通过采用碳纳米纤维、碳纳米管或石墨烯纳米片作为组装单元，开发了新一代超弹性碳气凝胶。这些新型气凝胶的内部结构从传统的链珠状转变为连续的自组装纤维网络或稳定的片层堆叠结构，单元间的充分相互作用限制了不可逆的滑动或位移，从而能够通过大变形吸收和耗散外部能量。碳气凝胶能够在高达2200℃的惰性环境中作为热绝缘材料使用，但在温度超过450℃的氧化气氛中，会因严重的热氧化作用而导致结构破坏和强度降低。此外，气凝胶骨架特有的相互连接的多孔网络结构为氧化气体的扩散和热解气体的释放提供了快速通道，从而加剧了氧化反应。因此，提高碳气凝胶的抗氧化性能是实现其在极端高温热绝缘系统中应用的关键。为了解决这一问题，研究者正在探索提高碳气凝胶抗氧化性能的方法，包括通过表面改性、涂层技术或引入抗氧化添加剂等策略，以增强其在高温氧化环境下的稳定性和耐久性。

金属气凝胶的独特之处在于其结构单元均由金属组分构建而成，完美继承了气凝胶的结构优势，包括大比表面积、3D 自支撑结构网络和高孔隙率以及金属特性，如优异的导电性、高催化活性和独特的等离子特性[22]。2009年，Eychmüller 等[23]率先开展了金属气凝胶相关研究，成功合成了一系列宏观自支撑的金属气凝胶材料，如金、银和铂金等金属气凝胶。这一成果为金属气凝胶领域的研究奠定了重要基础，开启了该类材料深入探索与应用开发的新篇章。同年，Leventis 课题组通过对酚醛树脂 - 氧化铁气凝胶进行了熔炼，制得了铁气凝胶。在这些开创性工作的引领下，剑桥大学 Kong 课题组、华盛顿大学 Lin 课题组、中国科学技术大学俞书宏课题组、华中师范大学朱成周课题组、山东大学夏海兵课题组、西北工业大学文丹课题组、中山大学刘卫课题组以及北京理工大学杜然课题组等均开展了相关研究，获得了一系列不同组成和结构的金属气凝胶。这些金属气凝胶在电催化、表面增强拉曼散射、自驱动器件、生物传感等多个领域均表现出卓越的性能。金属气凝胶通常通过溶胶 - 凝胶转变和干燥过程制备。溶胶 - 凝胶过程可分为两条路线：一是金属盐直接转化为湿凝胶（即一步法）；二是金属盐首先被还原为金属纳米粒子，然后在引发剂作用下，金属纳米粒子溶液失稳，转化为湿凝胶（即两步法）。此外，通过调节外界物理场（如温度、力、磁、微波等），可以影响金属凝胶的形成速度和最终形态。江南大学刘天西教授团队通过冻融法首次实现了高熵合金气凝胶的普适性制备，成功获得了一系列高熵合金气凝胶（六元 PdCuAuAgBiIn、七元 PdCuAuAgBiInCo、七元 PdCuAuAgBiInZn、八元 PdCuAuAgBiInCoNi 以及九元 PdCuAuAgBiInCoNiZn），这些气凝胶可作为新型高效稳定的二氧化碳电还原催化剂 [24]。这项工作不仅为高熵合金气凝胶的可控合成提供了新策略，还为高效二氧化碳电还原提供了新的材料平台，推动了其在催化及其他领域的研究。

5.1.2 有机气凝胶

与传统无机气凝胶相比，有机气凝胶因其分子结构的多样性和可设计性而具有显著优势，能够通过分子结构的精确设计实现性能的多元化发展。此外，有机气凝胶还展现出优异的力学性能、环境稳定性和生物相容性，使其在航空航天、生物医药等领域的应用前景十分广阔。1989 年，Pekala 等首次采用间苯二酚和甲醛作为原料，在碳酸钠催化聚合后，通过丙酮溶剂置换和超临界干燥技术，成功制备了酚醛气凝胶，并首次提出了有机气凝胶的概念 [21]。此后，通过溶胶 - 凝胶转变结合超临界干燥或真空冷冻干燥技术，聚氨酯、聚脲等聚合物气凝胶相继问世。进入 21 世纪，气凝胶研究领域迅速发展，有机气凝胶的原料范围进一步扩展，包括聚酰亚胺气凝胶 [25]、异氰酸酯气凝胶 [26]、聚乙烯醇气凝胶 [27] 等。以聚酰亚胺气凝胶为例，刘天西教授团队率先采用水作为溶剂，开发了绿色环保的聚酰亚胺气凝胶制备方法，并引入纳米颗粒同时作为交联剂、调孔剂和增强相，探索了聚酰亚胺复合气凝胶在热防护、电磁防护和水净化等领域的应用潜力。随后，纤维素作为一种绿色环保且可再生的材料，其在气凝胶领域的应用得到了推广，推动了纤维素基气凝胶的快速发展，因此被誉为第三代新型气凝胶（继无机气凝胶和聚合物气凝胶之后）。表 5-1 详细列举了一些常见的有机气凝胶及其特点和应用领域。

第 5 章

表 5-1　常见有机气凝胶特点及应用

有机气凝胶种类		特点	应用
酚醛类（RF）		原料成本低，结构易于调控	碳气凝胶前驱体
聚烯烃	聚间规苯乙烯（sPS）	多晶型，选择性吸收特性	有机物探测器，有机物吸附净化
	聚偏氟乙烯（PVDF）	生物相容性好，药物负载能力强，超疏水	药物载体，潮湿环境隔热
异氰酸酯	聚氨酯（PU）	高压缩回弹，抗弯曲特性，低热导率	隔热
	聚脲（PUA）	优良的力学性质，防湿热，耐摩擦	防撞，隔热，隔音材料
聚酰胺（PA）		低介电常数，成本低廉，原料易得	摩擦纳米发电机
聚酰亚胺（PI）		力学性能优异，低介电常数，耐辐射，耐热性优异	隔热绝缘结构，航空航天领域应用
聚吡咯（PPy）		导电气凝胶代表	电磁屏蔽，柔性可穿戴传感器

续表

有机气凝胶种类		特点	应用
生物质	纤维素	生物相容性好；官能化程度高，易于改性；来源广泛，价格低廉	吸附除油，组织工程，碳气凝胶前驱体
	木质素		
	壳聚糖		
	葡甘聚糖		
	海藻酸钠		

5.1.3 / 有机 - 无机复合气凝胶

无机气凝胶以其固有的防火和耐热特性而著称，但它们的机械脆性限制了其应用范围，尤其是在二氧化硅气凝胶中这一问题更为突出。与此相对，有机气凝胶通常展现出更好的柔韧性，但在易燃性和高温稳定性方面存在不足。为了解决这些相互矛盾的性能特点，有机 - 无机复合材料提供了一种优势互补的解决方案。Liu 等 [28] 将有机 - 无机复合气凝胶按不同组分的聚集形态划分为三类：分子 - 分子（molecular-level），分子 - 聚集体（molecular-aggregation-level），聚集体 - 聚集体（aggregation-level）。在这里，"分子"指的是构成凝胶骨架的有机或无机前驱体，而"聚集体"则包括纳米纤维、纳米颗粒和量子点等纳米材料。这三类有机 - 无机杂化气凝胶是通过化学键将凝胶骨架与其他分子（单体分子或高分子）、凝胶骨架与聚集体，甚至是不同形态的聚集体之间结合形成的。例如，Guo 等 [29] 报道了一种采用冷冻干燥法制备的聚乙烯醇 / 羟基磷灰石复合气凝胶，该复合气凝胶具有较低的密度（$0.108 \sim 0.113g/cm^3$），较高的杨氏模量（$3.3 \sim 6.4MPa$），较低的热导率 [$0.0336 \sim 0.0387W/(m \cdot K)$]，以及优异的阻燃性能和自熄性能。通过在有机气凝胶基体中加入无机纳米材料进行改性，有效解决了有机气凝胶阻燃性能差的问题。这种方法能够制备出轻质高强、低热导率、良好热稳定性和优异阻燃性能的有机 - 无机复合气凝胶，这在建筑保温材料领域具有广泛的应用前景。此外，有机气凝胶与金属气凝胶的复合能够集成金属气凝胶的高导电性，从而扩展有机气凝胶在催化、电子皮肤和电磁屏蔽等领域的应用。例如，经过化学镀处理的金属 - 有机复合气凝胶展现出较低的密度、高电导率（278.0S/cm）和超高的电磁干扰屏蔽性能（89.4dB）[30]。有机 - 无机复合气凝胶结合了有机材料和无机材料的优点，为气凝胶材料提供了新的机遇。然而，由于复合气凝胶由多种材料组成，其微观结构难以精确控制，复合过程中可能出现材料团聚和相分离等问题，需要进一步的研究和开发来克服这些局限性。

5.2 / 气凝胶材料的制备

气凝胶材料的制备通常分为溶胶 - 凝胶转变和干燥处理两大步骤。首先，在溶胶 - 凝胶转变过程中形成具有三维网络结构的湿凝胶。然后，通过干燥技术去除其三维网络骨架内部的溶剂和杂质，最终获得目标气凝胶材料。其具体步骤包括：①溶胶制备；②引入增强相

（如纤维相增强）；③凝胶制备；④老化热处理；⑤溶剂交换；⑥改性（如疏水改性、增强改性及掺杂改性）；⑦干燥处理等。

5.2.1 / 溶胶 - 凝胶转变过程

溶胶 - 凝胶转变通常是指酯类、无机盐或金属醇盐等具有较高化学活性的分子前驱体在一定条件下由流动的液体状态转变为具有三维网络结构的固体湿凝胶的过程[31, 32]。如二氧化硅[33]、酚醛树脂[34]、金属氧化物[35]等气凝胶均是通过此路径制备。无机二氧化硅气凝胶的制备通常采用水玻璃、正硅酸甲酯或正硅酸乙酯作为前驱体。首先，在酸性条件下，前驱体经历水解反应转化为硅溶胶；随后，加入碱催化剂促使硅溶胶发生缩聚反应，形成链珠状结构的凝胶骨架。经过进一步老化处理以增强凝胶强度，最终获得湿凝胶。在强酸性条件下，前驱体的水解速度加快，但过低的 pH 值会减缓缩聚反应速率，延长凝胶时间。相反，在碱性条件下，氢氧根离子能加速前驱体单体的缩聚反应，形成致密的胶体颗粒。对于有机聚酰亚胺气凝胶，其制备方法与二氧化硅气凝胶类似。首先，通过聚合二元酸酐和二元胺获得聚酰胺酸溶液，然后加入化学亚胺化试剂和交联剂。通过化学亚胺化和交联反应，生成具有链状或无序枝状网络结构的湿凝胶，经过溶剂置换和干燥后得到气凝胶。

为解决前驱体制备路线中反应流程长、过程复杂、凝胶速度慢、凝胶结构单一等问题，科研工作者提出了纳米构筑单元组装凝胶的概念。与传统前驱体制备方法相比，纳米构筑单元组装法利用纳米颗粒、纳米线、纳米片等作为构筑基元，将其分散在液相中形成分散液，通过改变温度、溶解度、添加交联剂、超声失稳等手段使这些基元在溶液中自组装成湿凝胶。例如，芳纶纳米纤维气凝胶[36]、纤维素气凝胶[37]和氮化硼气凝胶[38]等。然而，这种方法的前提是制备出稳定分散的纳米构筑单元。以芳纶纳米纤维气凝胶为例，其制备过程包括：首先，采用碱剥离法对芳纶纤维进行去质子化处理，或通过质子供体脱质子法得到芳纶纳米纤维分散液；然后，在分散液中加入促凝剂形成湿凝胶，干燥后即可获得芳纶纳米纤维气凝胶[39]。对于纤维素体系，需要先将纤维素溶解在某种溶剂中形成稳定透明的水溶胶，待溶胶陈化后，胶粒之间缓慢聚合形成三维网络结构。此外，研究者们还利用陶瓷纳米纤维作为自组装基元，在低温条件下辅助其自组装成三维网络结构。例如，东华大学丁彬教授团队以无机前驱体溶液作为纺丝液，通过静电纺丝技术制备了陶瓷纳米纤维膜，然后使用均质机对膜进行破碎和均质化处理，获得了稳定分散的纳米纤维分散液。随后通过冷冻实现低温自组装，成功制备了一系列陶瓷纳米纤维气凝胶材料[40, 41]。该方法可以通过调整纳米构筑单元的材料配比、组成单元的外观尺寸等实现对气凝胶材料的性能调控，但在构筑气凝胶过程中，需重点关注纳米构筑基元之间的界面问题，如界面润湿性、界面结合强度等，以提升构筑单元结合牢度，增强气凝胶的力学性能。

除了分子前驱体路线和纳米构筑单元组装路线，还有化学气相沉积制备方法。化学气相沉积法是指在气相环境中直接生长或构建气凝胶纳米三维网络结构的一种制备方法，主要利用气相碳 / 硅源（如丙烷、甲烷、乙炔和氧化硅气体等）在具有活性位点的基材或浮动催化剂上进行反应，生长出各种纳米结构单元，如珍珠链状、纳米线状和纳米管状等，随着纳米单元数量的不断增加，它们通过自组装的方式相互连接，最终构建成独特的气凝胶结构。其主要特点是气凝胶制备过程中纳米骨架不在液相中生成，制备过程不需要干燥，能够有效避免传统液相干燥过程中表面张力对纳米骨架的影响。按照是否需要模板，可将此制备工艺分为无模板化学气相沉积法和模板辅助化学气相沉积法。可采用化学气相沉积工艺进行制备的气凝胶种类较少，主要是炭材料、碳化物、硼化物等气凝胶。Su 等 [42] 最先使用化学气相沉积方法制备陶瓷气凝胶，通过加热硅氧烷干凝胶产生氧化硅和一氧化碳气体，然后使其在高温下持续反应，从而在气相环境中生长出大量直径为 20 ~ 50nm、长度为数十至数百微米的碳化硅纳米线，最后这些碳化硅纳米线以相互交织搭接的方式组装成三维碳化硅纳米线气凝胶。

5.2.2 / 干燥过程

干燥是制备气凝胶的关键技术。要成功制备气凝胶，就必须通过干燥将湿凝胶孔隙中的液态介质置换为气态介质，同时确保凝胶中的液体被气体替代后，凝胶骨架不发生坍塌。通过对凝胶干燥过程的应力分析和收缩规律的研究，可知避免凝胶网络骨架在干燥过程中发生收缩变形或破裂的关键在于提高凝胶网络骨架的机械强度和降低毛细管力所产生的拉应力。根据拉普拉斯公式，溶剂的表面张力越小、孔隙半径越大，干燥过程中产生的毛细管作用力就会越小。因此，通过增大凝胶孔径、采用表面张力小的溶剂、增大凝胶表面的疏水性或者是避免在干燥过程中产生气 - 液界面等手段可以有效减小毛细管力。目前，气凝胶的干燥技术包括超临界干燥 [43]、冷冻干燥 [44]、常压干燥 [45]，它们均旨在最大限度地减弱干燥过程中毛细管力对凝胶网络的破坏，从而提升气凝胶的产品性能。

（1）超临界干燥

超临界干燥是最早用于气凝胶制备的干燥技术，目前也被众多公司广泛应用于二氧化硅气凝胶的生产。其干燥过程如下：首先，干燥介质在超临界状态下渗透到湿凝胶内部，与溶剂分子进行温和而迅速的交换，将溶剂置换出来；然后，通过调整操作参数（如温度和压力），使流体从超临界态转变为气态，并从湿凝胶中逸出，从而实现干燥。在此过程中，液体处于超临界状态，气液界面消失，可以避免或减少气凝胶大幅度的收缩和开裂。超临界干燥能够较好地保持凝胶的三维网络结构，制备出的气凝胶具有高比表面积和高孔隙率，但对设备要求高，实验条件苛刻，设备和时间成本较高。

（2）冷冻干燥

冷冻干燥基于升华原理，其步骤如下：首先将湿凝胶进行冷冻处理，然后放入冷冻干燥机中。在特定的温度和压力条件下，湿凝胶中的冰晶会直接升华成气体，从而实现干燥。在干燥过程中，凝胶网络骨架内的液体直接升华成气体排出，避免了气 - 液界面的形成，从而防止了毛细管力导致的凝胶网络骨架收缩变形和破裂。此外，通过调控冷冻温度和方法，可以设计气凝胶的微观结构，进而提升材料性能。例如，Liu 等 [46] 通过双向冷冻、无规冷冻和定向冷冻方法制备了不同微观结构的聚酰亚胺气凝胶（图 5-2）。研究表明，通过双向冷冻制备的气凝胶在径向方向上具有较低的热导率。相比于超临界干燥，冷冻干燥操作简单，结构可设计性强，但仅适用于水等特殊溶剂体系。

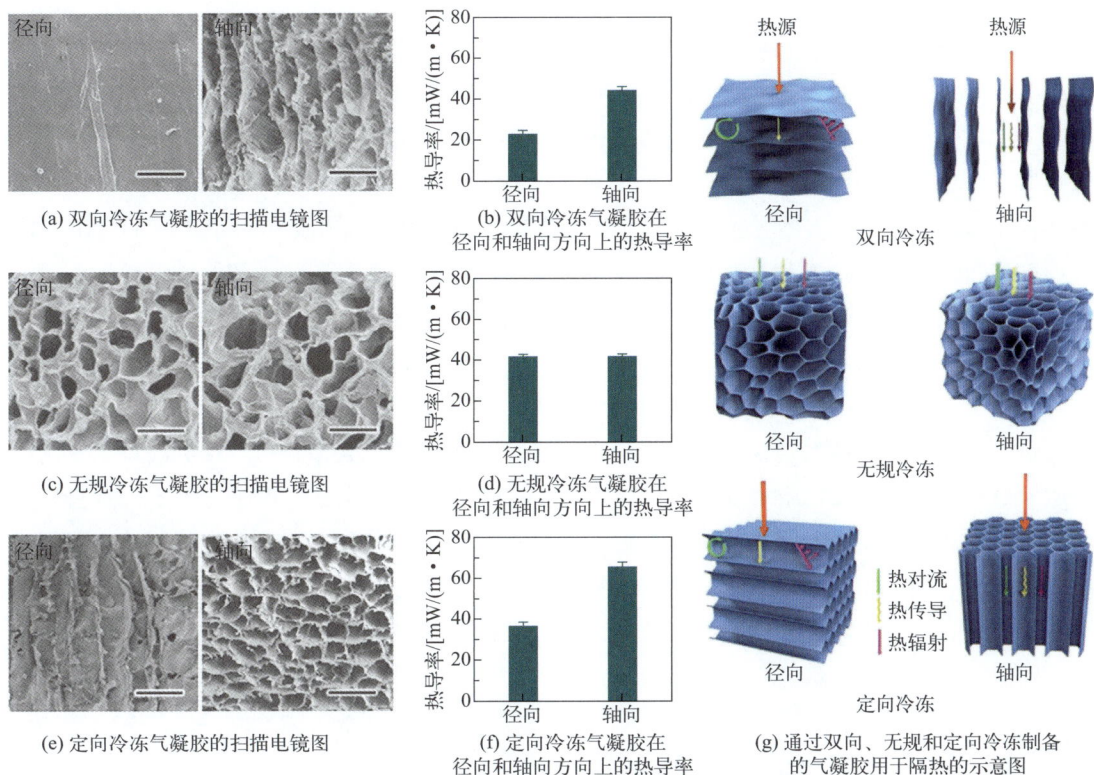

(a) 双向冷冻气凝胶的扫描电镜图

(b) 双向冷冻气凝胶在径向和轴向方向上的热导率

(c) 无规冷冻气凝胶的扫描电镜图

(d) 无规冷冻气凝胶在径向和轴向方向上的热导率

(e) 定向冷冻气凝胶的扫描电镜图

(f) 定向冷冻气凝胶在径向和轴向方向上的热导率

(g) 通过双向、无规和定向冷冻制备的气凝胶用于隔热的示意图

图 5-2　不同冷冻方法制备的聚酰亚胺气凝胶（所有扫描电镜图像的比例尺均为 40μm）

（3）常压干燥

常压干燥是在常压和较低温度条件下对湿凝胶进行干燥的方法。与超临界干燥和冷冻干燥相比，常压干燥操作简便、成本较低，但对凝胶材料和溶剂的选择性要求较高。使用常压干燥需要满足以下两个条件：一是凝胶骨架足够强，能够抵抗溶剂脱除时的表面张力；二是溶剂的表面张力较低，或者对凝胶骨架进行改性以降低溶剂与骨架间的表面张力。例如，对二氧化硅湿凝胶进行疏水处理后，即可实现常压干燥，这已成为当前产业化应用的常用技术。据报道，弘大科技（北京）股份公司自 2013 年成立以来，全球首创了"梯度减压干燥制备气凝胶工艺"，实现了气凝胶的低成本、大规模、产业化生产。同时，该公司在气凝胶应用领域也取得了突破，完成了微晶纳孔金属、超级绝热纤维、超级疏水涂料等一系列世界前沿的工业化制备技术。

总体来看，现有的干燥技术中，超临界干燥法虽然效果显著，但其工艺复杂、成本高且具有一定危险性；而非超临界干燥技术尚不成熟，大多仍处于研究阶段，应用范围有限。未来的发展趋势之一是研究低成本、易操作且可商业化的制备方法，以降低生产成本。常压干燥法因其能在常温常压下完成，具有很高的实用价值，是最有可能实现气凝胶材料规模化生产的关键技术。因此，提高常压干燥法的应用技术，不仅是非超临界干燥工艺亟待解决的技术难题，也是未来气凝胶材料规模化生产制备技术的发展方向。

5.2.3 / 成型方式

气凝胶材料具有多样化形态，包括微球、纤维、涂层、块材和复杂结构等，可通过多种成型方法制备。气凝胶微球一般可以通过喷雾法、乳化法制备。针对湿凝胶力学强度较低的样品，通过电喷雾或者超声喷雾等设备，可以得到气凝胶前驱体的微液滴，之后结合适当的接收装置可以制备相应的气凝胶微球[47, 48]。乳化法是在机械搅拌下，将溶胶与另一种不相溶液体混合，形成微乳液，同时实现凝胶化和凝胶颗粒的形成。气凝胶纤维可以通过湿法纺丝、冷冻纺丝、微流控等技术制备，这些纤维结合了气凝胶的三维多孔结构和纤维的柔性及可编织性，具有优异的隔热和吸附等性能，拓展了气凝胶在纺织品领域的应用前景[49, 50]。气凝胶涂层可通过旋涂法将溶胶沉积于基底（如硅片）上，随后利用超临界干燥工艺构建气凝胶结构[51]。对于气凝胶块材，则可运用浇注成型工艺，将气凝胶浆料倒入模具或容器中，自然凝胶后进行干燥处理，从而制成所需的气凝胶制品[52]。上述方法大多只可以得到简单形状的气凝胶，而针对一些精细化应用场景，则对气凝胶的尺寸、形状提出了更高的要求。3D 打印技术已用于制备具有复杂宏观结构的气凝胶，制备过程包括研发可打印油墨、按照特定路径进行 3D 打印、干燥以及后处理[53, 54]。在选择成型方式时，需根据气凝胶的特性和所需产品的形状进行选择。由于气凝胶的特殊性质和制备工艺的复杂性，确保合适的成型方式需要进行精确的工艺控制和优化。

5.3 / 气凝胶材料的应用

气凝胶以其低密度和低热导率特性，成为轻量化超级隔热保温材料的理想选择，尤其是在航空航天、交通运输等对重量敏感的应用领域显示出巨大潜力。气凝胶的高比表面积、高孔隙率、连续开孔特性以及分子和孔结构的可设计性，使其在吸附、催化、药物载体、能源和环境修复等领域具有显著的应用潜力。因此，气凝胶及其应用已成为国内外学术界和产业界的研究热点。

5.3.1 / 保温隔热领域的应用

气凝胶作为一种多孔材料，因其极低的密度和卓越的隔热性能，在航空航天、石化管道、高温反应釜、热网管道、热防护服装和电池隔热等领域具有广泛的应用。相比于传统保温材料，气凝胶优异的隔热性能主要归因于以下三个方面：

① 无对流效应。气凝胶的孔径为纳米级（20 ～ 50nm），小于空气的平均自由程（70nm），因此内部空气无法自由流通，热量无法通过对流传递。

② 无穷多遮挡板效应。气凝胶的气孔壁数量极多，形成类似无穷多遮挡板的效果，能够有效阻挡热辐射。

③ 无穷长路径效应。热量在气凝胶中沿着气孔壁传导，由于气孔壁数量极多且长度无

限，热传导路径变得非常长，从而降低了热传导效率[55]。

研究者探索了聚酰亚胺复合气凝胶在建筑隔热内层的应用潜力，当室外温度升至46℃时，室内仍能维持在30℃以下，保持在人体舒适温度内[56]。相比之下，使用商用聚苯乙烯泡沫作为夹层的房间内部温度迅速上升至36.3℃。这一实验结果证实了气凝胶在节能建筑领域的应用潜力。除此以外，研究工作者将气凝胶的独特物理性质与纤维材料相结合，研发了新型的纤维材料（即气凝胶纤维），用于制作保温隔热服装。气凝胶纤维展现了气凝胶与纤维的综合优势，由此制备的气凝胶织物，其隔热性能与羽绒服几乎相同，但厚度仅为羽绒的1/8[57]。

随着新能源汽车行业的迅猛发展，气凝胶材料在电池热防护领域的应用变得越来越重要。无机气凝胶材料拥有A级防火能力，可加工成气凝胶垫，用于电池电芯之间、电池模组与壳体之间以及电池包外部与车厢之间，有效阻止电池自燃或燃烧蔓延，从而提高新能源汽车的安全性[58]。例如，宁德时代麒麟电池、中航锂电、比亚迪刀片电池、国轩高科等全球领先的动力电池制造商，已将气凝胶应用于其电池产品中。据报道，极氪金砖电池大概用了190片防火隔热气凝胶，这种设计能够实现在一面电芯温度600℃的情况下，另一侧的温度仅约为100℃。另外，气凝胶在高温反应釜或热网管道等领域也得到了应用。在某热电厂的蒸汽管改造项目中，使用气凝胶纳米绝热防烫涂料后，汽包下降管的保温层厚度减少至原保温材料厚度的40%，同时单位长度管道的散热损失大幅降低，节能效果显著。某锅炉公司对其生产的循环流化床高温高压锅炉进行节能减排改造后，也取得了良好的节能效果和经济效益。2024年，玉门油田炼化总厂也利用气凝胶对蒸汽管线的保温系统进行了改造升级。以上的数据证明，气凝胶在我国的应用日益广泛，其卓越的隔热性能不仅显著提高了能源利用效率，还有效降低了因热失控引发的灾害风险。

5.3.2　隔音领域的应用

传统降噪材料常因吸声性能不足、重量大、体积庞大、耐热性能差和耐化学腐蚀性不足等问题而无法满足当前市场的需求。相比之下，气凝胶以其独特的高孔隙率和纳米孔隙网络结构，成为一种理想的吸声材料。声波穿透气凝胶时，主要通过热效应、黏性效应和结构阻尼效应将声波的机械能转化为热能，实现降噪效果。东华大学丁彬教授团队[59]通过逐步定向冷冻铸造技术，制备了具有纤维素纳米网、梯度孔结构的弹性陶瓷纳米纤维气凝胶。在声波传播方向上，大孔、中孔和小孔的梯度孔隙结构能够使噪声最大限度地进入和消散。此外，纳米纤维（直径约300nm）和纳米网络（直径约30nm）的高比表面积赋予了气凝胶超高的声接触面积。所得的气凝胶具有良好的超宽频噪声吸收性能，500Hz时的吸声系数为0.45，700Hz时的吸声系数为0.99，降噪系数为0.58，同时保持轻质特性（9mg/cm³）。

由于气凝胶不仅具有卓越的吸声能力，还被认为是性能最优的固体隔热材料，并具备防火等优点，使得气凝胶毡成为新型且具有潜力的建筑材料，在多个工程项目中得到应用。例如，广东粤港澳大湾区国家纳米科技创新研究院在新型纳米材料的应用上先行先试，大规模采用气凝胶毡作为吸音隔热材料，构建了保温隔音墙体系统。这一实践不仅展示了气凝胶毡在建筑领域的应用潜力，也证实了其在提升建筑舒适度和节能方面的显著效果。

5.3.3 / 吸附领域的应用

由于工业的快速发展，环境遭受破坏污染。水体中的有机污染物、重金属离子，以及空气中的固体颗粒等均对人类健康构成了严重威胁。为了净化环境，必须采用过滤和吸附等技术手段。与传统的吸附材料相比，气凝胶具有高比表面积、高孔隙率以及高度连通的三维网络结构，展现出卓越的吸附性能，在环境保护及环境监测中的应用日益广泛。它们不仅能有效吸附空气中的有害气体和颗粒物，如 VOCs、SO_2、NO_x 和 $PM_{2.5}$，还能用于去除水中的重金属离子、有机污染物和微生物，从而净化水质。

现阶段，具有吸附性能的气凝胶主要有石墨烯气凝胶、生物质气凝胶、金属有机框架气凝胶以及聚合物气凝胶等。石墨烯气凝胶凭借其静电或 π 共轭相互作用，对多种可溶性阳离子表现出优异的亲和力，因此在去除重金属阳离子方面受到广泛关注。此外，碳气凝胶在气体吸附净化领域也显示出一定的应用潜力。Yun 等 [60] 通过气相沉积引入 γ-氨丙基三乙氧基硅烷，并经热处理，成功制备了含硅和氮元素的石墨烯气凝胶。该气凝胶中均匀分布的杂原子以及其三维连续的大孔结构，使其对 CO_2 的最大吸附量为 2.38mmol/g（1000kPa），对 SO_2 的最大吸附量为 2.19mmol/g，且在 5min 内即可达到吸附平衡。

生物质基气凝胶材料因其吸附容量大、结构和化学稳定性好、选择性强以及可功能化等优势，已被广泛用作优良的吸收剂、光催化剂及抗菌消毒剂等，尤其是在去除水系统中的 Cr（Ⅵ）方面。通常，作为吸附剂/光催化剂，生物质基气凝胶有两种不同的功能材料可用于 Cr（Ⅵ）的吸附及光催化降解：一是以生物质材料为模板和稳定剂，引入其他能够吸附/光催化还原 Cr（Ⅵ）的纳米材料或官能团；二是与磁性纳米填料结合，实现在磁性条件下的高效且可控的离子去除。目前，纤维素气凝胶已经成功负载多种粉末状吸附剂，用于污染物的吸附和捕获。Yang 等 [61] 采用羧甲基纤维素钠气凝胶作为载体，负载镍/钴-金属有机框架材料，合成了负载金属有机框架的气凝胶材料用于水体内四环素的去除。结果表明，在 5.0min 内，对四环素的去除率可以达到 80.00% 以上，吸附量为 624.87mg/g。南京林业大学化工院凝芯净气项目团队成功研发出一种基于农林生物质原料的气凝胶型吸附材料。该产品基于独特的孔道设计和高效的吸附性能，与传统吸附剂相比，对苯系物的去除率提升了 46.7%。该产品已在江苏瑞达环保科技有限公司、南京颐维环保科技有限公司、南京博裕环境科技有限公司等多家企业成功应用，并获得了广泛好评。

气凝胶空气过滤材料凭借其高孔隙率、高比表面积以及三维网状结构等特性，在维持高过滤效率的同时，展现出较低的空气流动阻力。这些特性有效解决了传统二维纳米纤维过滤器在堆积结构控制、容尘量以及稳定性方面的不足。目前，用于空气过滤的柔性气凝胶材料，如聚酰亚胺纳米纤维、天然丝纳米纤维、木质素和纤维素纳米纤维，主要表现出纳米纤维的高度均匀性、较大的纵横比、三维气凝胶的轻质特性以及结构的稳定性等优势。研究人员通过纤维凝胶化处理、静电纺丝技术和超临界干燥等工艺制备柔性气凝胶，已在高性能过滤材料领域逐渐展现出其潜力。此外，通过功能化的后处理步骤，可以进一步提升柔性气凝胶的力学性能和稳定性，以满足不同领域过滤器的需求。例如，Xu 等 [62] 通过将前驱体聚酰胺酸与聚酰胺酸纳米纤维共混，并采用冷冻干燥和热处理技术，成功制备了聚酰亚胺纳米纤维气凝胶。该气凝胶的压降仅为 3M 9001 口罩过滤器压降的 80%，从而确保了其作为口罩佩戴时的舒适性。在气流速度为 0.25m/s 的条件下，即使在 PM2.5 质量浓度高达 200mg/m 的环境中过滤 22h，聚酰亚胺纳米纤维气凝胶仍能保持良好的空气过滤性能。同时，由于其优异的耐高温性能，该类气凝胶在高温环境下仍能保持优异的过滤性能，显示出作为高温烟筒过滤材料的潜力。在此基础上，Fan 等进一步采用沸石咪唑酯骨架材料 -8 材料（ZIF-8）对聚酰亚胺纳米纤维气凝胶进行修饰，制备了用于吸附细小颗粒（如 PM0.3）的 ZIF-8/ 聚酰亚胺纳米纤维复合气凝胶（图 5-3）[63]。该复合气凝胶对 PM0.3 的过滤效率为 98.7%，品质因子为 0.051，优于商用聚丙烯薄膜（0.030）。

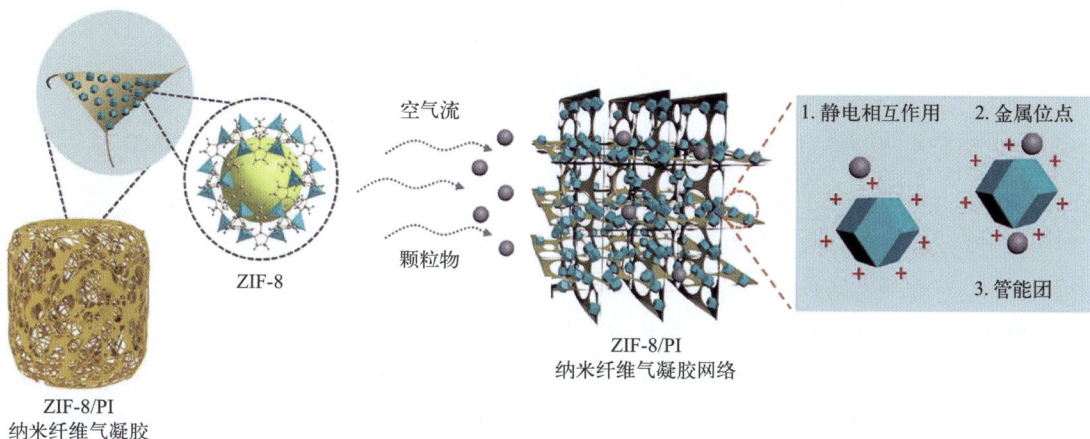

图 5-3　ZIF-8/ 聚酰亚胺纳米纤维复合气凝胶的颗粒物捕获机制

5.3.4　能源存储与转化领域的应用

　　当前，能量储存研究的核心目标是提升电能、热能、化学能和太阳能等能量形式的高效利用。在这一领域，气凝胶因其卓越的物理和化学特性扮演着关键角色。这些特性包括高孔隙度、轻质、低热导率和大体积，它们赋予气凝胶出色的能量转换能力，使其成为能量转换过程中的理想材料。在光热转换和电热转换领域，气凝胶能够显著提高能量转换效率并减少能量损失。此外，气凝胶的多孔结构为能量存储提供了充足的空间，从而增强了其能量存储能力。在热能积累和电化学能量存储方面，气凝胶有效提升了储能密度和循环稳定性，延长了储能系统的使用寿命。气凝胶在能量转换和储存中的应用主要体现在以下三个方面。

（1）光热转换应用

　　气凝胶具有多孔结构和高比表面积，可以有效地吸收太阳光并将其转化为热能。Liu 等[64]研发了一种新型的太阳能驱动的气凝胶界面蒸发器件，该蒸发器由上层聚吡咯层和下层聚酰亚胺（PI）纳米纤维气凝胶组成（图 5-4），其中，具有粗糙表面的聚吡咯层可以有效地吸收太阳光并将其转化成热能，而且其良好的亲水性和多孔结构有助于蒸汽的释放。下层三维多孔网络结构的聚酰亚胺纳米纤维气凝胶经过亲水处理后展示出更优异的水传输能力，得益于其较低的热导率,该气凝胶通过热限域效应将转换后的热能限制在空气 - 水界面处,减少了热量向水体的散失,从而提升了太阳能蒸发器件的光热转化效率。

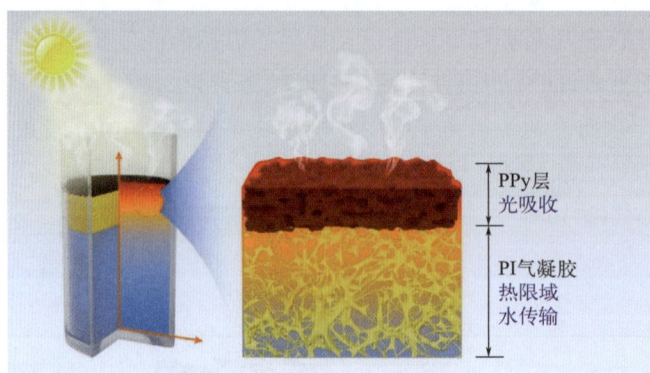

图 5-4　聚吡咯(PPy)/聚酰亚胺(PI)纳米纤维复合气凝胶的太阳能水蒸发机理示意图

(2)储热应用

在相变储能领域,气凝胶作为相变材料的支撑基质,不仅防止了相变过程中的泄漏,还提高了储能密度。当需要释放热能时,气凝胶的多孔结构有助于热量的均匀分布和快速释放。Fan 等[65]以水溶性聚酰胺酸和氮化硼纳米片为原料,通过冷冻纺丝和热亚胺化,构筑了具有三维多孔结构和高孔隙率的聚酰亚胺 - 氮化硼气凝胶复合纤维,用于负载聚乙二醇相变材料(图 5-5)。研究结果表明,基于氮化硼纳米片的高导热性和气凝胶纤维的高孔隙率及毛细作用力,相变复合织物表现出高熔融潜热(125.8J/g)和高热导率 [5.34W/(m·K)]。同时相变复合织物还具有较快的热响应速率和较长的温度稳定平台,能够有效减缓人体体温波动,解决了传统相变纺织品相变潜热低、热响应速率慢等问题。

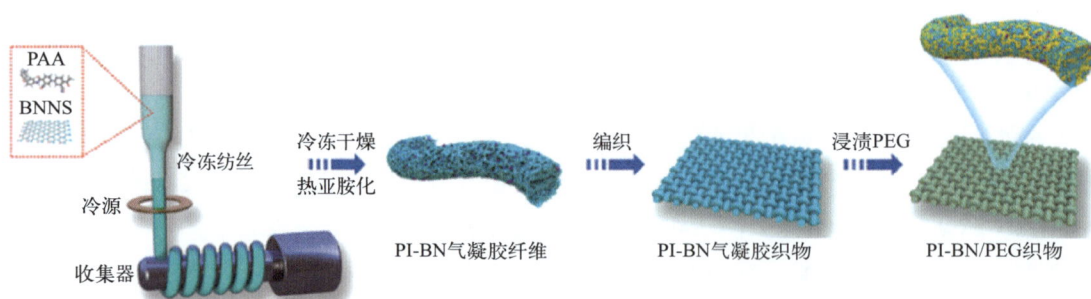

图 5-5　聚酰亚胺 - 氮化硼/聚乙二醇(PI-BN/PEG)相变复合织物的制备流程

(3)电化学储能应用

在电化学储能系统中,例如锂离子电池,气凝胶可用作阳极/阴极材料或电解质的载体,其多孔结构有利于锂离子的快速嵌入和脱出,从而提升电池的能量密度和循环寿命。此外,气凝胶还可作为催化剂载体,增强电池内电化学反应的速率和效率。例如,Yin 等[66]制备了一种三维碳纳米管/二维过渡金属碳化物(CNT/$Ti_3C_2T_x$)气凝胶,用于改性商用锂硫电池隔膜。这种高孔隙率的气凝胶结构能够防止 $Ti_3C_2T_x$ 纳米片的堆叠,从而暴露出更多的活性位点，增强对多硫化锂的吸附和催化转化。使用 CNT/Ti$_3$C$_2$T$_x$ 气凝胶改性隔膜的锂硫电池在 2C 倍率下展现出 1043.2mA·h/g 的高容量，并在 0.5C 下具有超过 800 次循环的优异循环寿命。江南大学刘天西团队[67]通过在聚烯烃隔膜上涂覆单原子锆配位聚酰亚胺气凝胶层（Zr-PIA@PP），以提高锂离子传输（图 5-6）。实验证明，具有纳米多孔结构和阴离子捕获锆位点的 Zr-PIA 层可以增加锂离子的转移数量，并且不牺牲整体离子传导性。涂覆了 Zr-PIA 层的隔膜在 20℃下可稳定运行 2700 个循环，并保持 94.6% 的容量保持率。这种气凝胶改性隔膜能够促进锂的均匀沉积，并减少锂枝晶的生长，提高了电池的耐用性和安全性。

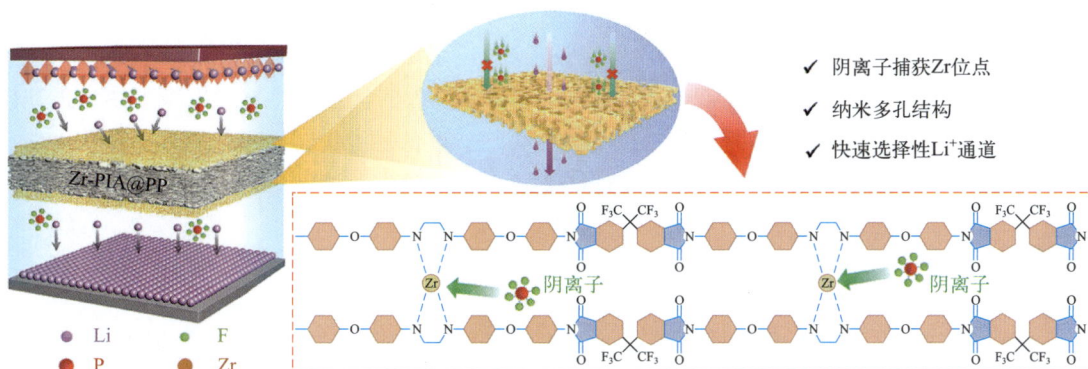

(a) Zr-PIA@PP隔膜的结构示意图(其具有捕获阴离子的Zr位点和纳米多孔结构，可构建快速和选择性的锂离子通道)

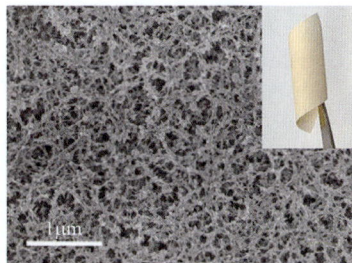

(b) Zr-PIA@PP隔膜的扫描电镜图像

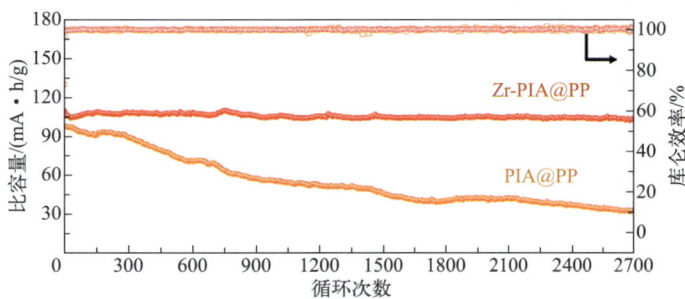

(c) 以聚酰亚胺气凝胶涂敷聚丙烯(PIA@PP)隔膜和Zr-PIA@PP隔膜组装的对称电池的循环性能

图 5-6　刘天西团队的 Zr-PIA@PP 隔膜

　　由于其独特的物理和化学特性，气凝胶在电池和电容器领域展现出巨大的应用潜力。它们的高孔隙率、低质量密度和巨大的比表面积，为提高储能系统的性能提供了新的可能性。然而，要在这些系统中实现广泛应用，还需克服若干重大挑战。首先，气凝胶的导电性和电化学稳定性不足，这限制了其作为电极材料的直接应用。此外，气凝胶在电解质中的结构稳定性问题可能导致电池性能下降或寿命缩短。成本和可扩展性同样是关键挑战，因为高质量气凝胶的生产成本较高，且目前的生产规模有限，这限制了它们在大规模应用中的适用性。最后，对环境影响的考量也不容忽视，要求气凝胶的生产和使用过程中尽量减少对环境的影响。综上所述，尽管气凝胶在储能领域具有巨大的应用潜力，但在实现广泛应用之前，需要解决上述挑战，以确保其性能、成本效益和环境可持续性。

5.4 / 气凝胶材料的战略新需求

5.4.1 / 能源转型与高效利用

① 新能源汽车热管理。随着全球汽车产业向新能源方向转型加速，气凝胶在新能源汽车电池热管理系统中的战略需求愈发凸显。高性能的气凝胶材料能够有效隔离电池在工作过程中产生的热量，防止热失控，确保电池安全和延长寿命，同时减少热量损失，维持电池最佳工作温度，提升车辆续航能力和整体性能。

② 太阳能光热与光电应用。在太阳能利用领域，无论是光热转换系统（如太阳能热水器）还是光电转换系统（如太阳能光伏电池），都需要高效的保温隔热材料来减少热量损失。气凝胶材料凭借其极低的热导率，可以显著提高太阳能设备的能量转换效率，减少热量损失，对于推动可再生能源的有效利用和实现全球能源转型目标具有关键作用。

5.4.2 / 绿色建筑与低碳发展战略

① 建筑节能与保温。在全球建筑行业追求低碳、绿色发展的大背景下，建筑节能成为关键战略目标。气凝胶材料作为一种超级绝热材料，能够有效降低建筑物在冬季的热量散失和夏季的热量吸收。将气凝胶应用于建筑外墙保温系统、屋顶隔热层以及门窗密封材料等，可以显著提高建筑物的能源效率，减少对传统能源的依赖，助力建筑行业实现碳减排目标。

② 建筑防火与安全。除了保温性能，气凝胶材料的防火性能也使其在建筑领域具有重要的战略价值。一些气凝胶产品能够达到 A 级不燃标准，在高层建筑、人员密集场所等对防火要求较高的建筑中，使用气凝胶保温材料可以有效阻止火势蔓延，为人员疏散和消防救援争取时间，提高建筑的整体安全性，符合建筑安全战略需求。

5.4.3 / 航空航天高端装备制造

① 飞行器热防护与轻量化。在航空航天领域，飞行器在高速飞行过程中会面临极端的热环境。气凝胶材料具有轻质、高效的热防护性能，能够为飞行器的机身、机翼、发动机等关键部位提供有效的隔热保护，同时减轻结构重量。这对于提高飞行器的性能、增加有效载荷、降低能耗等方面具有不可替代的战略意义，是航空航天高端装备制造技术发展的关键材料之一。

② 太空探索与外星基地建设。随着太空探索活动的日益频繁，如月球基地、火星探测等任务，气凝胶材料可以发挥多种重要功能。它可以用于太空飞行器的保温、隔热和防辐射，为宇航员和太空设备创造适宜的生存和工作环境。此外，在未来外星基地的建设中，气凝胶还可作为建筑保温材料和能量存储介质，满足太空探索长期发展的战略需求。

5.4.4 / 电子信息产业升级

电子元件绝缘与防护：气凝胶材料还具有低介电常数、高介电强度等特性，使其成为电子元件绝缘和热防护的理想材料。在电子电路中，气凝胶可以用于隔离不同的电子元件，防止电磁干扰和短路现象的发生。同时，它还可以保护电子元件免受潮湿、灰尘和化学腐蚀等环境因素的影响，确保电子信息系统的安全性和稳定性，满足电子信息产业严格的质量和性能要求。

5.4.5 / 环境保护与可持续发展

① 空气净化与污染治理。气凝胶材料的高比表面积和丰富的孔隙结构使其能够有效地吸附空气中的细颗粒物、有害气体（如二氧化硫、氮氧化物、挥发性有机化合物等）和异味，可作为吸附剂用于空气净化领域。在城市环境治理、工业废气处理以及室内空气净化等方面，气凝胶材料都具有广阔的应用前景，是改善空气质量、应对环境污染问题的战略新材料。

② 污水处理与水资源修复。在水资源保护方面，气凝胶材料可以通过吸附水中的重金属离子、有机污染物和微生物等，实现污水的净化和水资源的修复。这对于解决水资源短缺和水污染问题具有重要的战略意义，为环境保护和可持续发展提供了新的技术手段。

5.4.6 / 工业升级与智能制造

① 工业高温隔热与节能。在传统工业领域，如钢铁、化工、冶金等行业，存在大量的高温设备和工艺过程。气凝胶材料的应用可以有效隔离高温设备产生的热量，减少热量损失，降低能源消耗。这不仅有助于企业降低生产成本，提高经济效益，还能推动工业领域的节能减排，实现工业升级和绿色制造的战略目标。

② 工业管道保温与防腐蚀。工业管道是工业生产中的重要基础设施，其保温和防腐蚀性能直接影响到生产的安全和稳定。气凝胶材料可以作为一种高性能的管道保温材料，提供优异的保温效果，同时其化学稳定性还可以防止管道受到腐蚀。这对于保障工业管道的长期运行、减少维修成本、提高工业生产的可靠性具有重要的战略价值。

5.5 / 当前存在的问题与挑战

气凝胶作为一种高性能材料，展现出广阔的应用前景，但在实际应用中仍面临若干挑战。

（1）结构性能的理论解释不足

不同制备方法得到的气凝胶在结构和性能上存在差异，但目前缺乏微观层面的理论支持，无法从分子、原子层面对气凝胶的形成机制进行合理解释和模拟计算，限制了对气凝胶性能的进一步优化调控。

（2）功能化研究的深化需求

气凝胶在电学、磁学和光学等方面的应用尚不完善，未能充分揭示宏观性能与微观结构之间的关联。随着科技生活的进一步发展，对气凝胶材料的需求趋向于高性能和多功能化，亟需开发能够满足这些需求的先进材料。

（3）大规模生产的难题

气凝胶的工业化进程受到生产工艺中高成本干燥方法和长成型周期的影响。为了推动气凝胶的大规模生产，未来需要开发新型干燥工艺和设备，并寻找成本低廉且易于干燥的前驱体材料，以期使气凝胶成为推动时代发展的先进材料。

综上所述，气凝胶的发展需要在理论基础、功能化应用和工业化生产等方面取得突破，以实现其在多个领域的广泛应用。

5.6 未来发展趋势

气凝胶作为一种具有独特性能的新型材料，其未来发展前景广阔，主要趋势如下。

（1）性能提升

力学性能增强：在需要承受压力或拉力的应用场景中，如航空航天领域的承力部件，力学性能的提升是关键。因此，研发具有更高力学性能的复合气凝胶材料是未来发展的重点。

多功能集成：复合气凝胶的优势在于集成多种功能，如吸附、隔热、导电等。未来的研究将致力于开发能够协同优化多种功能的气凝胶材料，如同时具备隔热、隔音、防火、吸附、催化等功能，以满足不同复杂应用场景的需求，例如开发同时具备隔热和吸附有害气体的多功能气凝胶，可用于室内环境控制和节能领域。

（2）成本降低

原材料优化：寻找更经济、易获取的原材料，降低原材料成本在气凝胶生产中的占比，并提高原材料的利用率，减少浪费。

环保制备方法：开发环保、低能耗的制备方法，减少制备过程中的环境影响和资源消耗。

可降解材料研发：研究和开发可降解的气凝胶材料，以满足环保和可持续发展的需求，如基于天然高分子材料、生物基聚合物等制备的可降解气凝胶。

（3）市场增长与产业发展

市场预测：预计2024—2030年全球气凝胶市场年复合增长率将达到14.4%，市场规模不断扩大，亚洲地区尤其是中国的气凝胶市场增长迅速，将成为全球气凝胶市场的重要增长。

产业链完善：随着气凝胶市场的发展，需要不断完善相关产业链，包括原材料供应、生产制造、产品销售、应用开发、售后服务等环节，形成上下游协同发展的产业格局，促进气凝胶产业的健康发展。

综上所述，气凝胶的未来发展将在性能提升、成本降低和市场增长与产业发展等方面取得突破，以实现其在多个领域的广泛应用。

参考文献

作者简介

薛甜甜，博士，2023 年毕业于东华大学，2024 年加入江南大学。入选国家资助博士后研究人员计划、江苏省卓越博士后计划。研究方向为聚酰亚胺气凝胶复合材料及智能热管理纺织品。迄今已发表 SCI 学术论文 20 余篇，其中以第一作者在 *Nat. Commun.*、*Nano-Micro Lett.*、*Compos. Sci. Technol.* 等学术期刊发表 SCI 论文 9 篇，其中 2 篇入选 ESI 高被引论文；申请专利 14 项，其中已获授权 9 项。

樊玮，江南大学教授、博士生导师。入选江苏省优秀青年基金（2024 年）、中国科协青年人才托举工程（2021 年）、上海市青年科技启明星计划（2021 年）、上海市青年科技英才扬帆计划（2017 年）和上海市晨光计划（2017 年）。主要研究领域为气凝胶复合材料、高分子纳米复合材料、功能气凝胶纤维及织物。在 *Advanced Materials*、*Nature Communications* 等期刊发表 SCI 学术论文 90 余篇，H 指数为 46。出版中英文专著各 1 部，授权中国发明专利 30 余项，获 2020 年上海市自然科学奖二等奖（排名第二）。担任 *Composites Science and Technology* 和 *Composites Communications* 等杂志编委。

刘天西，江南大学"至善特聘教授"、博士生导师，英国皇家化学会会士，国家杰出青年科学基金获得者，上海市领军人才、上海市优秀学术带头人、上海市曙光学者。主要研究领域为高分子纳米复合材料、气凝胶功能复合材料、纳米纤维及其复合材料、纳米能源复合材料与器件。现任 *Composites Communications* 共同主编、*Advanced Fiber Materials* 副主编、*Functional Composites Materials* 副主编，以及教育部科技委交叉科学与未来技术专委会委员、中国复合材料学会纳米复合材料分会主任。

第6章

软体机器人先进柔性传感技术与材料

曲钧天　崔光明　任飞宇　何忻咏　陈奕涵

6.1 柔性传感领域发展与技术概述

软体机器人是一个新兴领域，由于其适应非结构化环境的能力和与人类互动的安全性，最近受到了广泛的研究[1]。其中大部分软体机器人的设计灵感来源于生物[2-4]，通常由弹性模量低的软材料制成[5-8]，如介电弹性体、离子聚合物金属复合材料和形状记忆合金，这使得它们能够在不确定的环境中执行各种复杂任务，同时降低与周围环境相互作用时的潜在风险。因此，这些软体机器已经在工业自动化[9]、医疗保健[10]、海洋勘探等方面发挥了重要作用[11, 12]。

早期对软体机器人的研究主要关注仿生结构设计和柔性驱动技术，目的是实现有效运动和环境适应[13]。例如，提出了一种受植物启发的可逆渗透驱动策略来调节刚度并实现宏观运动[14]。实验证明，使用低输入电压，可以驱动卷须状软体机器人并实现其刚度可逆变化。受蚯蚓的启发，开发了一种新的气动软体机器人原型，通过模仿蚯蚓的蠕动机制实现了机器人在管道中的运动[15]。尽管软体机器人具有良好的适应性和灵活性，但软材料的动力学模型比刚性关节复杂得多，这给软体机器人不同部位的形状和位置控制带来了很大的挑战。为了解决这一问题，有必要将传感器集成到软体机器人中。通过在软体机器人中部署传感器不仅可以为软体机器人提供本体感知，还可以增强软体机器人对温度、pH、压力、光线等外部刺激的感知能力[16]，极大地拓展了软体机器人的应用范围。

最近的研究提出了一些先进的柔性传感器，利用新的智能材料和先进的人工智能技术。例如，在手指表面加入了反射油墨涂层，以提供全面的触觉感知，并利用神经网络成功实现了对不同形状物体的分类[17]。尽管柔性传感技术已经取得了显著进展，但该领域仍处于发展阶段，面临着诸多挑战。柔性传感器在实际应用中表现出一定的局限性，尤其是在不同温度、湿度和化学环境下，其性能可能会受到显著影响[18]。因此，许多研究人员正在努力开发具有更高稳定性的多模态柔性传感器[19, 20]。此外，柔性传感器需要能够和机械结构一起拉伸、弯曲和变形，而不影响其自由运动，同时在传感过程中保持柔软性。这导致传感器获得的信号通常是非线性的、高维的，并且可能包含不相关的信息。为了解决这些问题，需要对传感器数据进行复杂的建模和分析，并不断探索有效的信号处理方法，以准确地将环境刺激映射到传感器数据。本章简要介绍了柔性传感器在软体机器人中的发展和基本概况（图6-1）。

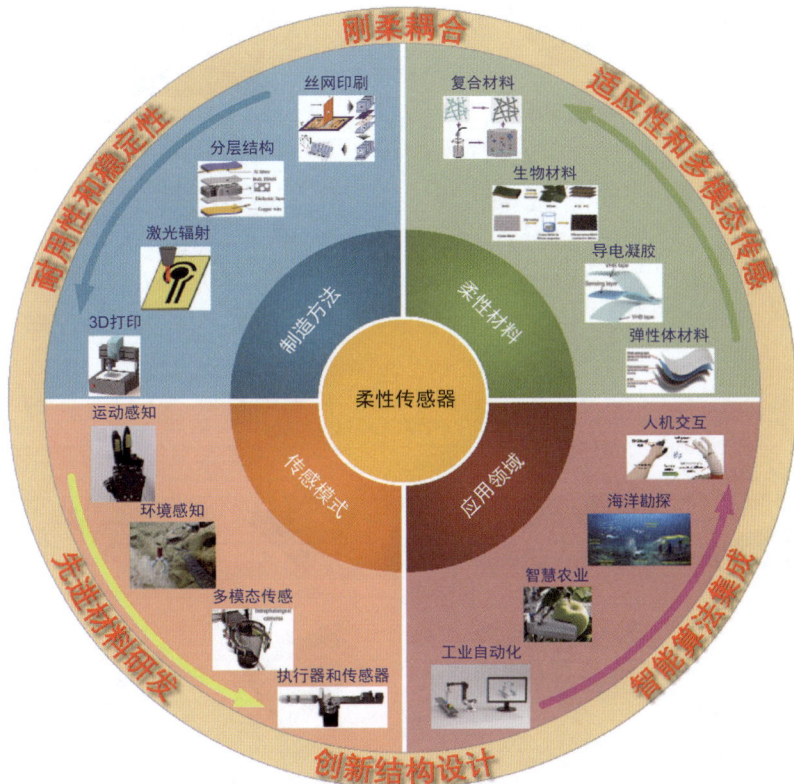

图6-1 软体机器人柔性传感技术（包括柔性材料制备、先进制造方法、多模态传感模式和应用领域）[17-35]

6.1.1 柔性传感器的材料组成

6.1.1.1 电阻式柔性传感器

为了提升柔性电阻式传感器的性能，如拉伸性、灵敏度和耐久性，科研人员做出了许多努力。软材料制成的各种类型的电阻式柔性传感器如图6-2所示。例如，在聚二甲基硅氧烷（PDMS）表面嵌入碳基敏感材料导电层，加热固化后形成弹性好、灵敏度好、耐久性高的柔性传感器[36]。然而，大多数基于复合材料的柔性传感器具有有限的拉伸性并且涉及复杂的制造技术，难以大规模生产。在最近的研究中，新型智能材料液态金属表现出了良好的延展性和导电性。通过将液态金属封装到硅橡胶中，开发的传感器呈现出超拉伸性和可重复性[37]。值得注意的是，Kaneko等使用双层液态金属结构制造了具有优异机电性能的柔性传感器[38]。

它的应变范围超过了 400%，应变系数超过 2。

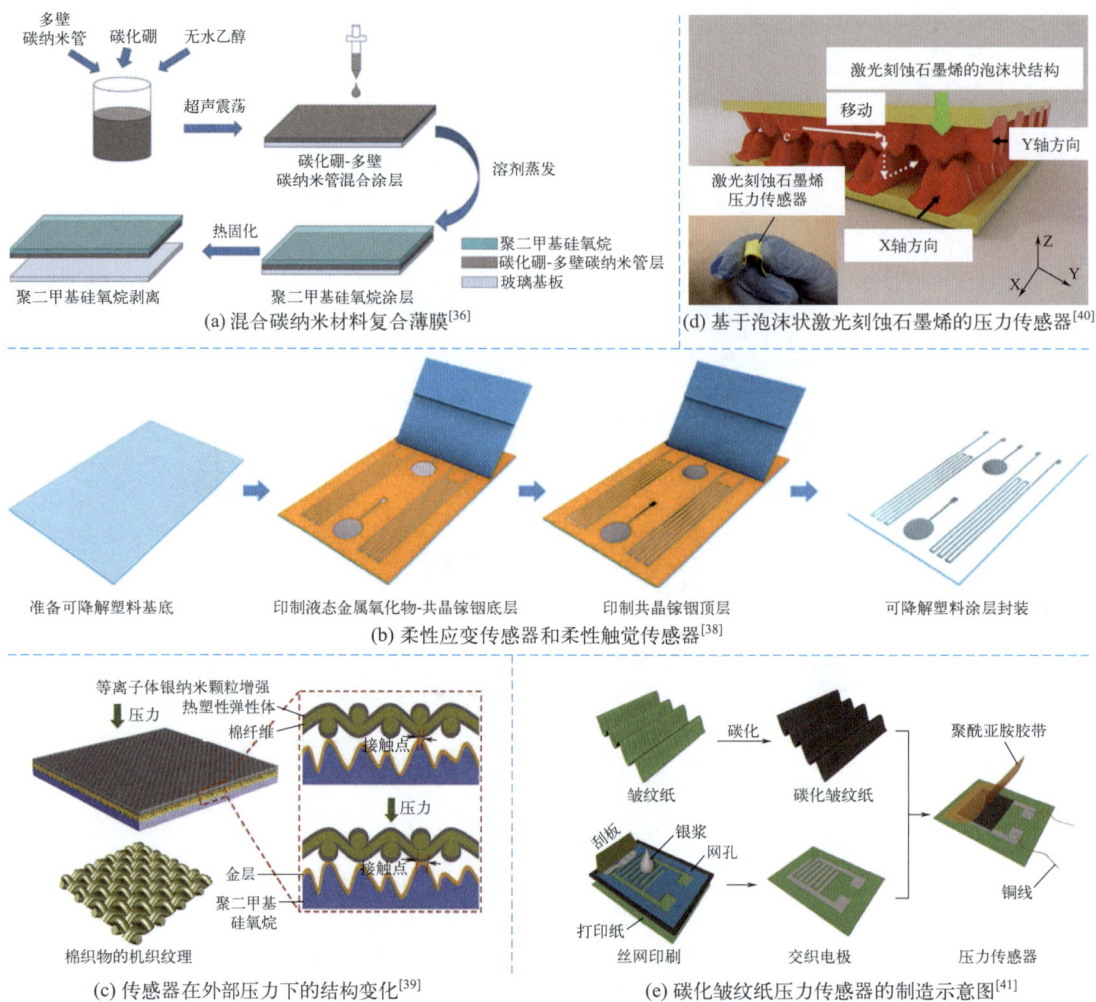

(a) 混合碳纳米材料复合薄膜[36]

(d) 基于泡沫状激光刻蚀石墨烯的压力传感器[40]

(b) 柔性应变传感器和柔性触觉传感器[38]

(c) 传感器在外部压力下的结构变化[39]

(e) 碳化皱纹纸压力传感器的制造示意图[41]

图 6-2　软材料制成的电阻式柔性传感器

另一方面，灵敏度和可重复性差是限制柔性传感器应用的重要因素[39-45]。对于压阻转导机制，可以通过使用微金字塔、微毛、多孔材料等微结构作为有源层来提高器件的灵敏度[42]。例如，通过减少电极上表面织物与导电微结构之间的接触面积[39]，可以实现较小压力下的高灵敏度测量。此外，利用打印工艺制备了具有微孔结构的高性能传感器[43]。虽然已经取得了很大的进展，但是具有宽压力范围和高灵敏度的柔性传感器仍需要进一步的研究。Tian 等使用泡沫状结构来增加传感器的 V 形石墨烯层之间的间距，能够在宽压力范围（0 ~ 50kPa）内保持高灵敏度（0.96kPa^{-1}）[40]。沉积技术已被用于控制金属纳米颗粒的表面密度和氧化铝膜的厚度[44]，这使得传感器能够在宽应变范围内实现高灵敏度。有趣的是，研究发现，三维褶皱结构可以进一步提升传感器的性能[45]。这是因为大大增加的表面积，从而产生更大的吸附面。纤维素纸被设计成多孔和波纹结构，炭化后具有良好导电性[41]。作为一种集成在柔性传感器中的活性材料，它具有经济、环保和可扩展的优势。

柔性电阻式传感器可以用于制作应变传感器和压力传感器，通常用于测量物体的变形和施加在其上的力。对于应变传感器，拉伸性、灵敏度系数、线性度和耐久性是衡量应变传感器性能的关键指标。

对于柔性应变传感器而言，这些特性尤其重要，因为它们需要在大变形、频繁地加减载以及高灵敏度的条件下保持稳定可靠。研究表明，石墨烯/PDMS 复合应变传感器因缺乏稳健的渗透网络而表现出较低的拉伸性，其测量结构的应变范围一般为 0 ～ 10%[46-48]。然而，通过多层石墨烯配置，接触的石墨烯薄片能够形成三维电子网络，从而实现高达 79 的灵敏度系数，具有良好的耐久性和稳定性（6000 次拉伸/释放测试）以及快速响应时间[21]。此外，使用嵌入柔性基板中的银纳米线网络、炭黑纳米颗粒和共晶镓铟合金作为柔性应变传感器的传感材料，可将拉伸性显著提升至 60% ～ 120%[49]。它表现出优异的灵敏度（在 100% 拉伸应变时灵敏度系数可达 21.12）和动静态稳定性。另一项研究中，离子导电水凝胶实现了近 2000% 的超拉伸性和 8.36 的高灵敏度[50]。

柔性压力传感器的关键性能参数主要包括灵敏度、响应时间、检测限和耐用性等[51]。通常情况下，基于碳纳米管的柔性电阻传感器表现出较高的压力灵敏度，灵敏度系数为 0.096 ～ 0.7kPa^{-1}，检测范围可达 175kPa，响应时间较快，为 48 ～ 162ms，并且在 10000 次压力加载/减载循环中具有良好的再现性[52-54]。得益于层状石墨烯气凝胶的独特结构，灵敏度提升至 3.69kPa^{-1}，检测限低至 0.15Pa[55]。此外，基于 MXene 和聚乙烯醇的柔性压力传感器实现了 2320.9kPa^{-1} 的超高灵敏度、70ms 的快速响应时间以及超过 10000 次循环的耐久性[56]。这些成果表明，柔性压力传感器的性能正在不断提升，为实际应用提供了更广阔的可能性。

6.1.1.2　电容式柔性传感器

电容式柔性传感器因其结构简单、功耗低、响应速度快以及信号可重复性好等优点，在机器人、电子皮肤等领域受到广泛关注。其工作原理基于两极板之间电容的变化来反映外部输入，电容公式为

$$C = \frac{\varepsilon_0 \varepsilon_r A}{d} \tag{6-1}$$

式中，ε_0 为自由空间的介电常数；ε_r 为相对介电常数；A 为上下两极板重叠部分的有效面积，m^2；d 为两极板之间的距离，m。

当这三个参数中的任何一个发生变化时，电容值也会相应改变，从而引起电容的波动。

早期研究中，低弹性模量的高分子材料被广泛用于柔性电容传感器的基底或介电层（图 6-3），以实现高拉伸性和大变形[57-59]。柔性电容传感器的电极通常由石墨烯[60]、金属纳米线[61]和碳纳米管等软导电材料制成[62]。例如，将纳米纤维层夹在导电纤维之间，形成三层传感结构。在外力的作用下，由于变形，层之间的接触面积增加，从而导致电容变化[63]。Park 等使用硅橡胶（Ecoflex）作为介电层，基于 PDMS 的银纳米线（AgNWs）和碳纤维薄膜作为电极，制造了具有宽工作压力范围的柔性电容式传感器[58]。

第 6 章

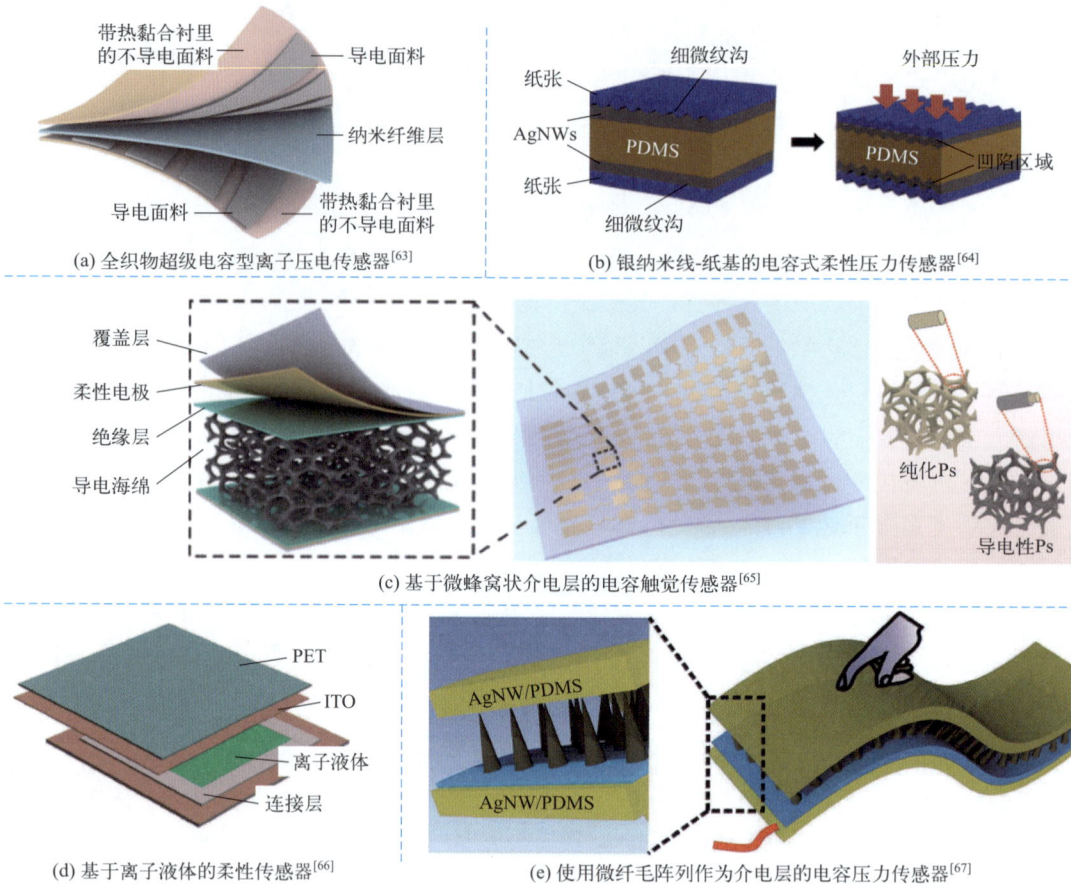

(a) 全织物超级电容型离子压电传感器[63]

(b) 银纳米线-纸基的电容式柔性压力传感器[64]

(c) 基于微蜂窝状介电层的电容触觉传感器[65]

(d) 基于离子液体的柔性传感器[66]

(e) 使用微纤毛阵列作为介电层的电容压力传感器[67]

图 6-3　软材料制成的电容式柔性传感器

　　然而，由于聚合物的固有黏弹性和不可压缩性，这些传感器的响应速度较慢，严重限制了其灵敏度。因此，研究人员设计了多种微结构（如金字塔状[68]、皱状[69]、柱状[70]和微孔状[65]）以提高传感性能。受荷叶微观结构的启发，将聚苯乙烯微球作为介电层，设计出了具有优异动态和稳态性能的传感器。受人类头发皮肤的启发，Zhou 等设计了一种具有微纤毛阵列的介电层[67]。这种设计通过模仿生物结构，利用微纤毛阵列的高比表面积和微观结构，显著增强了传感器对微小形变的响应能力。此外，该介电层的形态可以通过外部磁场轻松调整，从而实现对传感器性能的动态调控。

　　为了进一步提升柔性电容式传感器的性能，科研人员不断探索和尝试新的智能材料，以解决传统材料在灵敏度、响应速度和耐久性等方面的局限性。基于纳米复合材料和三维网状电极的柔性传感器因其高介电常数和分层变形的能力，在低压和宽压力范围内都能保持良好的高灵敏度性能[71]。纸基材料因其低成本优势，在提高传感器灵敏度方面也具有竞争力[72]。例如，银纳米材料作为电极沉积在纸衬底上，在两个电极的中间填充 PDMS 作为介电层，制备的传感器在 1 ～ 2kPa 的测量范围内具有 1.05kPa^{-1} 的灵敏度。离子液体因其低挥发性、良好的离子电导率和化学 / 热稳定性，被广泛用于柔性传感器中。基于离子液体的柔性传感器能够测量复杂结构的表面压力，显著提高了传感器的灵敏度。此外，通过构建多孔 PDMS 泡沫作为电介质，激光诱导石墨烯作为活性材料制造的柔性传感器表现出高灵敏度和低滞后特性。

与柔性电阻式传感器相比，电容式传感器具有更高的稳定性和抗干扰能力，不易受外部环境（如温度和湿度）变化的影响，它们在人体运动监测、健康监测和可穿戴设备等领域具有广泛的应用前景。

对于应变传感，检测人体姿势或运动需要测量高水平的应变[73]。研究表明，采用褶皱结构的电极可以吸收柔性基板释放时的主要拉伸应变，并可以连续将拉伸应变转化为弯曲，从而适应外部变形，显著提高传感器的可拉伸性能[74]。此外，具有垂直排列3D结构的碳纳米管电极能够增强传感器的稳定性[75]。通过调节导电炭黑纳米颗粒在弹性体中的分布，可以主动改变传感器的灵敏度，在纳米颗粒含量为3%（质量分数）时，传感器的灵敏度超过3.5，能够测量高达30%的压缩应变[76]。

对于压力传感，灵敏度是柔性传感器的关键参数。提高软材料的介电常数有助于提升传感器的灵敏度。Chemtry等在聚氨酯中制备了一种由钛酸钙铜制成的杂化海绵，该材料具有非常大的介电常数，在低压（<1.6kPa）下展现出超低压缩模量（27.83kPa）和高灵敏度（0.73kPa^{-1}），有效提高了器件的机电性能。在另一项研究中，通过采用微柱电极和软离子凝胶，传感器在12～176kPa的宽压力范围内实现了33.16kPa^{-1}的高灵敏度。该传感器在80kPa的峰值压力下执行了6000多次压缩/释放循环实验，低检测极限为0.9Pa，快速响应时间为9ms[77]。此外，微结构的引入不仅可以增加传感器的信号强度（增加33倍），还提高了其耐用性（超过10000次循环的高稳定性）。

柔性电容式传感器因其高灵敏度、快速响应和良好的稳定性，在应变和压力传感领域展现出巨大的应用潜力。通过材料创新和结构设计，传感器的性能得到了显著提升。这些技术进步为可穿戴设备、电子皮肤和健康监测等领域的发展提供了有力支持。

6.1.1.3　压电式柔性传感器

柔性压电传感器的原理是基于压电效应。当压电材料受到压力或应变时，其晶格结构会发生变化，导致电荷的积累和释放。这些电荷可以转换成电信号并进行测量，从而实现对外部刺激的检测。压电材料在受到机械应力时，会在材料两端产生极化电荷，形成电位差。例如，聚偏氟乙烯（PVDF）等压电聚合物在受到挤压或拉伸时，分子偶极矩发生变化，从而产生压电响应。

常用的压电材料主要包括无机压电材料和有机压电材料两大类。无机压电材料如氧化锌[78]、氮化铝[79]和锆钛酸铅（PZT）[80]等，具有优异的压电性能，但通常硬度较高，限制了其在柔性传感器中的应用。通过共聚、混合、掺杂等方法将其以纳米颗粒的形式填充到柔性器件中，在保持柔软性的同时，可以提高压电性能[81]。相比之下，有机压电材料如PVDF及其共聚物，不仅具有良好的压电性能，还具备优异的柔韧性和可加工性，使其成为柔性压电传感器的理想选择。许多基于PVDF的柔性压电传感器已被开发用于软体机器人。Cha等将基于PVDF的压电传感器集成到织物手套中，实现了多种手势动作的人机交互[82]。研究表明，无需额外的极化处理，可以通过PVDF的β相变来实现自极化[83]。然而，材料的低压电系数导致传感器的性能较差，这限制了它们的实际应用。

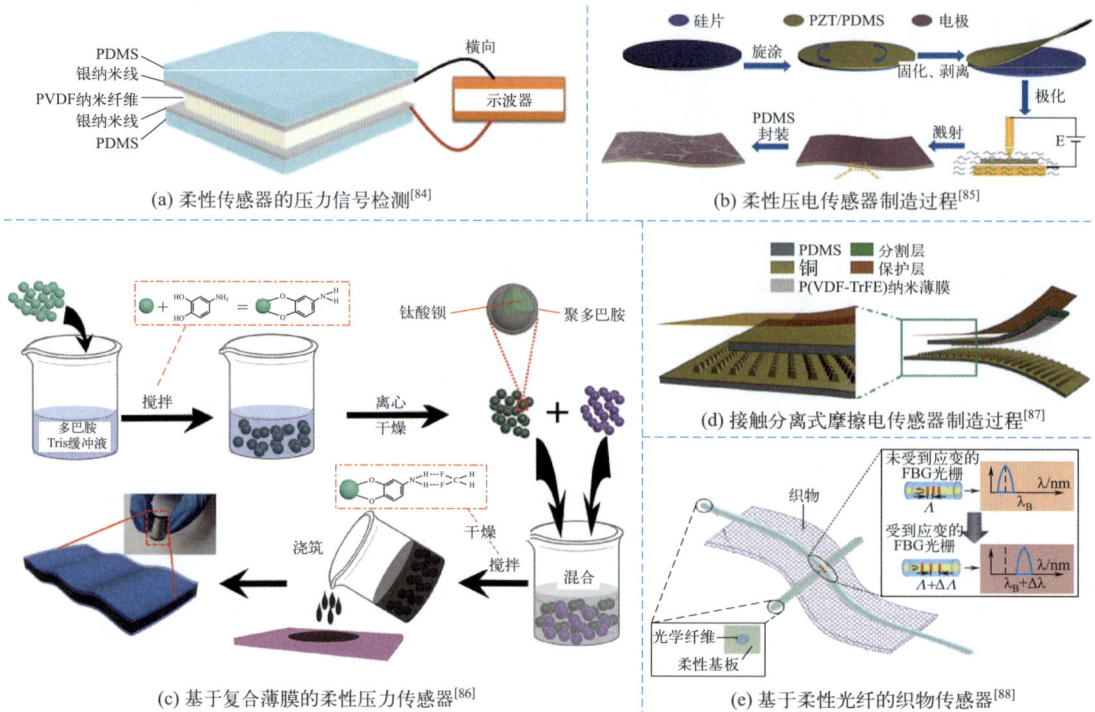

(a) 柔性传感器的压力信号检测[84]

(b) 柔性压电传感器制造过程[85]

(c) 基于复合薄膜的柔性压力传感器[86]

(d) 接触分离式摩擦电传感器制造过程[87]

(e) 基于柔性光纤的织物传感器[88]

图 6-4 软材料制成的柔性压电、摩擦电和光学传感器

科学家通过使用新的介电材料来提高柔性压电传感器的性能［图 6-4（a）～（c）］。由聚合物和 PZT 制成的压电复合材料在能够承受高温的同时表现出良好的弯曲和机电性能[89]。Hou 等将 PZT 纳米纤维填充到 PDMS 中制备压电复合薄膜，线性范围宽，重现性好[90]。结果表明，增加 PDMS 中 PZT 的密度可以改善柔性传感器的性能，但密度过高会降低其柔韧性，同时还可能存在裂纹、分散不均匀等问题，严重阻碍柔性传感器的性能发挥。为了解决这一问题，Yang 等将聚多巴胺和 PVDF 按不同比例混合改性钛酸钡，以减少不同组分之间的空隙，响应速度和压电性能显著提高[91]。

同时，工艺和结构上的创新也有助于提高柔性压电传感器的性能。通过优化图案设计，基于折纸结构的柔性应变传感器实现了 320.8% 的拉伸比和 $9.86V/cm^2$ 的高灵敏度[91]。通过对压电材料表面进行修饰，传感器的响应时间和压电输出性能得到显著改善，灵敏度也有所提高（$4.3V/N^{-1}$）[92, 93]。Tian 等使用化学和机械抛光工艺将 PZT 厚膜转移到柔性衬底上，从而实现了 $1.88mV/\mu\varepsilon$ 的最大灵敏度[94]。

受到松枝微结构的启发，研究人员设计了一种具有超灵敏度、低检测限和快速响应时间的柔性传感器。这种传感器的灵敏度高达 46.2V/N 和 $6.64\mu A/N$，能够检测到低至 10mg 的微小物体，且响应时间仅为 1ms。这种高性能的传感器可以用于检测掉落的微小物体，例如在生物医学环境中捕捉微生物生长过程中产生的微小形变[95]。压电传感器除在传统的压力检测、应变检测、人体运动监测应用外，压电材料还可以将机械能转化为电能进行能量收集[96]，从而实现自给自足的能源供应，促进可持续能源的发展。

6.1.1.4　摩擦电柔性传感器

摩擦电效应是指两种材料在相对运动时因摩擦而产生的电荷分离和积累现象。利用这种效应，可以开发出自供电的柔性传感器，用于测量接触、压力、变形等。早在 2012 年，Wang 等首次提出了摩擦电纳米发电机（TENG）的概念[97]。柔性 TENG 通常由摩擦电层和电极层组成，具有柔性和可拉伸性，因此在软机器人和可穿戴设备中具有巨大的应用潜力[98-100]。在过去的几年里，研究人员对 TENG 进行了广泛的研究，特别是由于其高能量转换效率和多样化的应用场景。

柔性聚合物如 PDMS 和水凝胶因其优异的拉伸性和导电性而被广泛研究和应用于 TENG［图 6-4（d）］。然而，随着对高性能需求的增加，单纯的 PDMS 或水凝胶已不再适用。通过将各种导电填料（如碳纳米颗粒、石墨烯、金属纳米线）与柔性聚合物混合，可以显著提高 TENG 传感器的输出性能[101]。例如，研究人员使用 Ecoflex 作为摩擦电层，MXene 与聚乙烯醇水凝胶混合作为电极，开发了一种柔性多功能的 TENG，可用于应变传感，实现了超高拉伸性（200%）[102]。此外，采用基于 AgNWs 和热塑性聚氨酯（TPU）的交织结构制造了一种高度可拉伸的电极[103]，然后将其与 PDMS 和 VHB tape 集成，开发出一种超薄（约 89μm）、超轻（约 0.23g）、高灵敏度（9.973mV/Pa）的皮肤启发 TENG 柔性传感器。

另一方面，研究人员通过引入微结构来增加不同层之间的有效接触面积，可以增强电荷的分离效果，从而进一步提高传感器的性能。例如，Xu 等利用材料杨氏模量的差异和双夹层结构，设计了一种宽量程（0～450kPa）柔性摩擦电传感器[104]，该传感器具有高灵敏度和快速响应时间，既可用于检测微弱的生理信号，也可用于检测大压力。此外，纤维素作为地球上最丰富的资源，具有可再生、可降解和生物相容性等优点，特别适合用于 TENG 材料。然而，由于其低摩擦性，需要进行化学改性，以提高其输出性能[105]。基于静电纺丝技术，制备了纤维素纳米晶（CNCs）增强 PVDF 复合纸，由于交联网络的存在，传感器具有较高的表面粗糙度，同时 CNC 提高了材料的介电常数，改善了传感器的输出性能[106]。值得注意的是，基于摩擦电和压电复合效应的混合纳米发电机也可以通过调节 PDMS 和 Ecoflex 比例来实现自拱结构，从而显著提高信噪比和输出稳定性。此外，不同传感效果的组合也可用于多模态传感[107]。例如，通过结合摩擦电和压阻效应制造的双模传感器可以实现接触式和非接触式压力传感[108]，极大地扩展了应用范围。

基于 TENG 的柔性传感器为自供电传感提供了一个的解决方案[98-100]。并且，重量轻、通用性强的摩擦电装置是可穿戴电子设备的理想选择。在应变传感方面，基于 PDMS 的柔性摩擦电传感器可以测量高达 140% 或更高的应变[109]。此外，通过将 PDMS 与离子凝胶相结合，该传感器具有高透明度（83%）和良好的拉伸性（121%）[110]。在压力传感方面，如何进一步提高基于 TENG 的柔性压力传感器的输出性能，包括灵敏度、压力范围、响应时间、检出限和再现性，一直备受关注[111]。通过在摩擦电层上制造微结构或在摩擦电层和电极之间引入阻塞中间层[112, 113]，可以有效地提高传感器的灵敏度。同样，基于水凝胶的摩擦电传感器在压力传感方面也表现出了优异的性能。不仅具有较高的灵敏度（45.97mV/Pa）、快速响应（20ms）和良好的稳定性（36000 次循环），而且还具有出色的长期防冻和抗脱水性能以及环境耐受性（−20～60℃）[114]。

6.1.1.5　光学式柔性传感器

光学柔性传感器的原理通常是基于光的折射、散射和反射现象，最常见的是光纤传感技术。通常将光纤集成到柔性衬底中，形成软传感结构［图 6-4（e）］。当施加外力时，传感器的形状或长度会发生变化，从而改变光纤中传输的光信号。与基于其他原理的传感器相比，光学传感器具有抗电磁干扰、灵敏度高、响应速度快等优点，越来越受到人们的重视。

超细光纤具有优异的柔韧性和应变效应，通过在 PDMS 薄膜中嵌入布拉格光栅制成的光学传感器可以测量压力、弯曲角和温度等多种物理量[115]。受手指皮肤感知能力的启发，引入了类似指纹的表面和具有不同刚度的多层树脂/PDMS 结构，提高了传感器的耐用性和灵敏度，可以同时实现力感知和滑移检测[116]。研究表明，螺旋结构可以减少温度引起的干扰。Wei 等设计了一种单光纤与多光纤布拉格光栅传感器相结合的螺旋结构，实现了形状感知[117]。在另一项工作中，他们将布拉格光栅传感器的值与不同曲率的聚酰亚胺薄膜相匹配，实现了三维形状重建[118]。

除此之外，光纤传感器还可以用于湿度测量。Bao 等设计了一种基于偏心光纤布拉格光栅的柔性传感器，其包层采用单模二氧化硅光纤，即使长时间暴露在潮湿环境中，也能保持稳定的物理和化学性质，而不会影响传感器的性能。为了实现传感器光学性能的可调和结构的可重构，Pan 等使用了一根充液软管和两根二氧化硅光纤，使得传感器在提供优异的传感性能的同时，还具有机械柔韧性和坚固性。Li 等提出了一种基于柔性光纤的智能纺织品（FOFT）传感器，用于智能人机交互（HNI）和医疗保健的应用[119]。

但是，由于光纤本身是刚性的，不可避免地会损坏或断裂，因此提出了自愈的概念。基于紫外线诱导的聚合，在丙烯酰胺/氯化胆碱中加入甘油大大增加了氢键密度，这进一步促进了流体运动引起的碎片迁移，从而使受损区域能够自愈[120]。另一方面，由软硅胶和聚氨酯材料制成的柔性光波导传感器对各种变形都很敏感，在柔性传感方面得到了广泛的研究。透明树脂具有良好的力学性能，能够传输光信号，因此已被用于制造柔性光学传感器。此外，通过设计由不同材料制成的多层结构来调节用作光波导薄膜的柔性衬底的杨氏模量和厚度，有望实现位移、化学、生物量等多种测量需求[121]。Mo 等开发了一种基于两个柔性光波导传感器的软夹持器[122]，结合机器学习模型，可用于复杂的水下场景。同时，磷光剂表现出了优异的温度测量效果。将其与有机高分子材料聚酰亚胺结合，可以实现极端条件下的温度感知[123]。Lin 等受到乌贼通过运动调节皮肤颜色变化的启发，采用红色荧光水凝胶、PDMS 和碳纳米管组成传感层压膜[124]。荧光颜色可与电阻同步变化，可用作双通道传感器。

基于光学的应变传感器具有独特的优势，它们体积更小，性能更稳定，并且允许非接触检测[125]。因此，它们不仅可以用作贴合皮肤的生物传感器，监测心率和血氧饱和度等生理参数，还可以用作机器人皮肤，用于触觉反馈和环境感知。基于 PDMS 波导[126]、石墨烯/PDMS 纤维[127]、热塑性弹性体[128]的光学应变传感器的拉伸性能分别达到 100%、150% 和 300%。最近，Guo 等提出了一种低成本的策略，将等离子体金纳米颗粒集成到基于可拉伸弹性体的光纤中，制备的传感器具有快速响应（12ms）、低检测限（±0.09%）和高再现性（超过 6000 次循环）[129]。通过在 PDMS 薄膜中嵌入两种短暂耦合的光学纳米纤维，大大增强了器件的机械稳定性和鲁棒性，应变传感器的灵敏度系数高达 64.5，应变分辨率为 0.0012%[130]。此外，由充液管和两根二氧化硅光纤组成的光学传感器实现了高角分辨率（0.18°），液芯为传感器提供了可重构的光学性能[131]。另一方面，通过专门设计的光学系统测量光信号在载荷作用下的变化来实现光学压力传感[132]。基于 PDMS 薄膜[133]、塑料光纤[134]和超弹性体[135]

的柔性光学压力传感器的测量范围分别达到35kPa、110kPa和350kPa。为了提高压力传感性能，通常采用由软聚合物纤维制成的光学传感器。通过在柔性衬底中嵌入光纤布拉格光栅，传感器的压力灵敏度达到0.8pm/Pa[136]，检测限为0.1N[137]，压力分辨率为1.75Pa[138]。据报道，Zi等使用锥形光纤结构将传感器的灵敏度提高到1.52kPa^{-1}[139]。Bernabei等提出了一种新型光学柔性传感器，可以在刚度检测和力检测模式之间自由切换，峰值力为5.43N，灵敏度高达331mV/N，并且分类准确率达到97%[140]。

6.1.2 柔性传感器的感知方法

6.1.2.1 软体机器人本体感知

为了可靠地执行预定任务，软体机器人需要精准识别自身各部位的形状和位置，从而更好地感知自身并与环境交互。本体感觉是软体机器人运动控制的核心，涉及对自身运动状态的感知和理解。

为了实现软体机器人的本体感知，研究人员广泛采用嵌入式应变传感器，将机器人的形态变化转化为可测量的信号，如图6-5所示。这些传感器通常被集成在机器人的腔体中，能够实时监测其形状和运动状态［图6-5（a）～（c）］。此外，智能材料也被用于开发高性能的传感器，包括基于液态金属的电阻式传感器[141]、纳米复合材料的压阻传感器[142]、光纤传感器[143]、基于磁场的传感器[144]以及光波导[145]。例如，Walker等开发了一种基于介电弹性体的应变传感器，能够在海洋环境中可靠地工作，当鱼体弯曲时，集成在皮肤中的传感器被拉伸，从而产生可测量的变形[146]。类似地，液态金属也被嵌入到柔性传感器的微通道中，通过电阻变化感知弯曲[118, 147]。Mousavi等则利用3D打印技术设计了一种碳纳米管增强电阻应变传感器，能够检测多个方向的弯曲变形和角度变化[148]。

除了传统的嵌入式应变传感器，研究人员还开发了基于颜色变化的创新传感结构。通过将空腔的膨胀转换为颜色变化，并结合前馈神经网络实现了全局形状重建[149-153]。这种设计不仅提高了传感器的灵敏度，还为软体机器人提供了更丰富的感知能力。为了更好地处理传感器数据并实现精准的运动控制，研究人员引入了机器学习和先进的控制算法。例如，Alatorre等开发了一种基于离子液体的电阻应变传感器，用于连续体机器人的闭环运动控制，显著提高了控制精度和可重复性[154]。受毛毛的启发，研究人员开发了一种软爬行机器人，利用身体变形检测基材上的摩擦变化，从而为机器人的运动提供反馈[155]。此外，基于液态金属的可拉伸应变传感器结合自适应反步滑模控制算法，能够精确控制肌肉模块的位置[156]，实验结果表明平均误差在0.15mm以内。为了实现约束环境下的操作，研究人员提出了一种不依赖外部运动捕捉系统的柔性机械臂行为预测方法[85]，通过将解析模型与弯曲传感器相结合，显著提高了估计精度。同样，基于塑料光纤传感器和简化模型的自适应扩展卡尔曼滤波（AEKF）方法[86]，能够更准确地估计软机器人的形状，均方根误差小于5°。

由于制造误差和柔性系统的高度非线性，将传感器数据映射到机器人系统是一个挑战。为此，研究人员广泛探索了机器学习方法。例如，Wang等利用软腔中的压力变化感知身体变形，并通过长短期记忆和门控循环单元构建运动学模型[157]。Ju等开发了一种由多个独立可

第6章

(a) 3层和5层传感器在干燥和潮湿环境中的仿真[146]

(b) 软体机器人驱动过程中信号变化[149]

(c) 变形泡沫和光纤组件状态的形状重建[150]

(d) 机器鱼运动过程中水下仿生须传感器相应的电压信号[151]

(e) 软体机器人感知水流速度变化的示意图[152]

(f) 装有触觉传感器的夹持器[84]

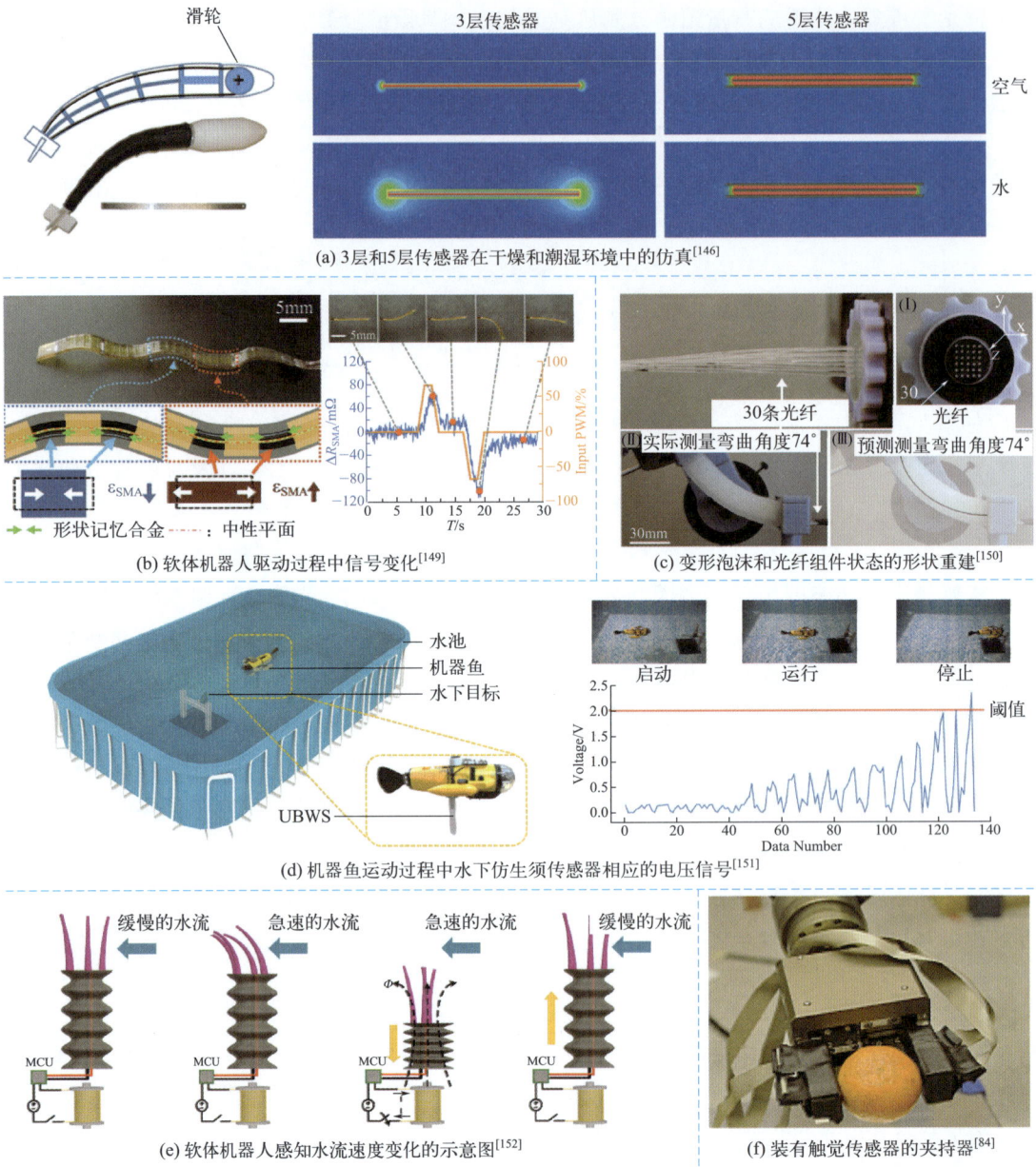

图6-5　软体机器人的本体感知和外部环境感知

控片段组成的软体机器人，利用强化学习控制框架和局部本体感知协调全局运动，并通过前馈神经网络精确重建形状[149]。此外，为了检测软体机器人的任意形状，研究人员开发了一种通过嵌入式光波导感知宏观变形的弹性体泡沫，结合 k 近邻分类器和高斯回归模型，实现了高精度的变形预测，平均绝对误差为 0.06°，预测精度达到 100%[150]。

6.1.2.2　软体机器人外部环境感知

对于软体机器人系统而言，感知外部刺激、有效探索未知世界以及安全地与人类和环境交互是至关重要的。这不仅是适应各种复杂任务的第一步，也是提升其智能和自主性的关键。

通过集成传感器，软体机器人能够获得类似人类的感知能力，从而更好地完成任务［图6-5（d）～（f）］。

力感知是软体机器人实现安全交互的基础，主要包括应变/应力、压力等的检测。Liu等开发了一种全柔性压力传感器，灵敏度高达$2.87kPa^{-1}$，线性压力范围从5Pa到100kPa。这种高灵敏度和灵活性使传感器能够紧贴皮肤，监测微小和较大的皮肤运动[87]。Cheng等受植物卷须卷绕的启发，提出了一种螺旋结构的超伸缩应变传感器，应变范围可扩展至760%。这种传感器不仅可用于睡眠质量检测，还可集成到电子手套中进行手势识别[88]。Hosseini等开发的水下柔性压力传感器可测量0～230kPa范围的压力，具有快速响应和恢复时间[158]。

随着对海洋探索的增长，水下软体机器人对流场感知的需求也日益增加。受海豹利用胡须感受环境的启发，研究人员开发了多种须状传感器。基于摩擦纳米发电机的自供电水下仿生须传感器，能够感知运动引起的涡流并进行水下目标跟踪[151]。Eberhardt等设计的须状传感器阵列可检测水下运动物体引起的流体变化。此外，受海葵启发的仿生软体机器人能够感知水流变化并主动变形以适应环境[159]。

温度感知是软体机器人模仿人类触觉的重要功能之一。Konishi等开发的基于热电偶的温度传感器集成到微型手指中，能够主动接近动态目标并进行接触检测[160]。Yu等则利用热致变色液晶墨水层作为传感器，通过图像信息的色相值来测量温度[161]。

软体机器人还可以通过感知外部环境信息来获取物体的属性，如尺寸、曲率、刚度和纹理等。Drimus等通过挤压物体获得压力信息，并使用k近邻分类器对目标进行分类[84]。Kerr等利用仿生指尖与多种材料接触，获取材料的热性能和表面纹理数据，并进行分类训练。这些方法不仅提高了机器人的感知能力，还使其在某些方面达到了超越人类的感知水平[162]。

软体机器人通过集成多种传感器，实现了对外部环境的多维度感知，包括力学（应变/应力、压力）、流场、温度和物体属性等。这些传感器不仅提高了软体机器人的智能和自主性，还使其能够在复杂环境中安全地与人类和环境互动。这些技术的发展为软体机器人在复杂任务中的应用奠定了坚实的基础。

6.2 柔性传感领域对新材料的战略需求

软体机器人作为一类高度灵活、适应性强的智能机器，近年来在工业自动化、医疗康复和仿生研究等领域显示出巨大的应用潜力。柔性传感技术是软体机器人实现高精度感知与控制的核心。通过柔性传感器，软体机器人可以精准感知外界环境与自身状态，实现与复杂动态环境的高效交互。柔性传感器的性能提升直接依赖于新材料的突破，这使得研究柔性传感领域对新材料的需求具有重要的战略意义。

柔性传感器的发展离不开高性能材料的支持。从提升灵敏度的高导电材料到适应复杂变形的机械柔性材料，再到满足特殊环境需求的耐候性材料，每一项技术进步的背后都包含着新材料研发的深刻贡献。尤其是近年来，二维材料、智能响应材料和复合多功能材料的快速发展，为柔性传感器性能的全面提升提供了全新的技术路径。

然而，仅依靠材料性能的单一提升还不足以满足实际应用需求。柔性传感技术还需依赖先进制造工艺的支撑，包括 3D 打印、微纳加工和 4D 打印等技术，以实现材料的可控性、制备的一致性以及复杂结构的设计。同时，柔性传感器的可持续性也越来越受到关注。开发环保型、可再生材料，降低传感器制造与废弃对环境的影响，已成为行业未来发展的重要方向。

本章将围绕柔性传感领域对新材料的战略需求展开详细论述，重点聚焦于高性能材料的选择与优化、制造工艺对材料需求的引导以及材料的环境适应性与可持续性发展策略。这些内容将通过多个实际案例与技术分析展示新材料在柔性传感器研发中的关键作用与前沿动态。

6.2.1 　柔性传感器对高性能材料的需求

6.2.1.1　导电性与灵敏度

导电性是柔性传感器性能的核心指标之一，它直接决定了传感器的信号传输效率和感知灵敏度。随着柔性电子设备的快速发展，高导电性材料在柔性传感器中的应用变得至关重要。近年来，二维材料、液态金属以及导电高分子等材料以其优异的导电性能和独特的力学特性，成为提升传感器灵敏度的重要研究方向。

石墨烯作为最早引起广泛关注的二维材料，以其极高的载流子迁移率和低电阻特性，在柔性传感器中具有显著优势。其单原子厚度结构使其能够在薄膜传感器中提供高导电性，同时保持柔韧性。研究表明，石墨烯可以通过卷曲或微图案化技术嵌入柔性基底，从而形成高灵敏度的电阻型柔性传感器[21]。这些传感器能够快速响应外界应变或压力的变化，灵敏度与响应时间均大幅提升。

相比石墨烯，MXene 因其表面官能团的可调控性和更高的比表面积，在柔性传感器领域表现出巨大的潜力[72, 163]。MXene 材料的导电性可以通过调整表面化学组分来优化，例如通过选择性功能化提高其电荷传输效率。此外，MXene 与柔性聚合物的复合结构能够在大应变范围内维持稳定的电阻变化特性，使其特别适合应用于高灵敏度、宽动态范围的柔性传感器中。

液态金属是一类兼具优异导电性和高延展性的创新材料，近年来逐渐成为柔性传感器领域的研究热点[37]。液态金属（如镓合金）在外力作用下能够保持连续性并形成稳定的导电通路，从而提高传感器对形变和应力的响应能力。由于液态金属具有流动性，其导电性不受基底形变的限制，能够实现复杂力学环境中的高灵敏度感知。基于液态金属的柔性触觉传感器通过将金属微液滴嵌入弹性聚合物中，不仅提高了导电性能，还增强了传感器的抗疲劳能力。这种传感器能够感知极小的外力变化，例如微小振动或压力波动，同时输出信号具有良好的线性度和重复性。

纳米复合材料通过将导电填料嵌入柔性基底中，可以显著提升柔性传感器的导电性和灵敏度。例如，碳纳米管和石墨烯的复合材料因其具有较大的导电路径密度，能够在电阻型传感器中实现高灵敏度感知[164, 165]。这些复合材料通过改变填料的分布和浓度，可以进一步优化传感器的响应范围和精度。

此外，采用金属纳米颗粒与导电聚合物的混合技术，可以有效地降低传感器的起始电阻，同时提升信号输出的稳定性[166]。例如，将银纳米线嵌入到弹性体中，可在大应变范围内实现稳定的电导率，适用于可穿戴设备和复杂柔性电子系统。

除材料本身的导电性特性外，通过优化传感器结构设计也可以显著提高其灵敏度。例如，利用微纳米图案化技术在柔性基底上制备周期性结构，可以增强外力作用下的电信号响应[36]。微米级凸起和多孔结构的引入能够显著增加材料的表面积，从而提升导电路径密度和传感器的灵敏度[39, 41, 43]。

另一种有效的方法是通过分层结构设计提高传感器的导电性能。在层间填充导电液态金属或纳米颗粒，可以增强电信号传输效率，降低信号噪声[42, 44]。例如，一种层叠式MXene-石墨烯柔性传感器，通过优化层间间距和导电界面，大幅提高了信号灵敏度，并实现了多模态感知功能[163]。

综上所述，导电性和灵敏度的提升离不开新材料的创新与优化。无论是二维材料、液态金属还是纳米复合材料，它们在柔性传感器中的成功应用都展示了未来柔性电子技术的广阔前景。通过进一步探索材料性能与结构设计的协同优化，可以预见柔性传感器将在高精度、高灵敏度领域迎来更大突破。

6.2.1.2　机械柔性与稳定性

机械柔性和延展性是柔性传感器实现复杂环境适应能力的重要性能指标。作为软体机器人核心部件，柔性传感器需要在多种形变条件下保持稳定的性能输出，包括弯曲、拉伸、压缩等。材料在力学性能上的突破不仅提升了传感器的可靠性，也为其在工业、医疗、仿生等领域的广泛应用奠定了基础。

聚合物基底材料是柔性传感器实现机械柔性的核心基础，其中PDMS和TPU因其优异的柔性和生物兼容性，广泛应用于柔性电子设备[36, 59, 124]。然而，这些传统材料在高应变条件下容易发生永久变形或开裂，限制了其在极端形变场景中的应用。

为了克服这些不足，复合材料成为研究的重点方向。通过将二维材料（如石墨烯、MXene）与聚合物基底结合，可以显著提升材料的机械强度和延展性[56, 163, 167]。例如，将石墨烯片层均匀分散到PDMS中，不仅增强了基底材料的拉伸强度，还保持了其良好的柔性和轻量化特性。此外，液态金属与聚合物的结合能够实现复杂形变环境中的高柔韧性，其延展性可达500%以上，同时具备优异的抗疲劳能力。

多层复合结构的设计在提升机械柔性方面表现出显著优势。通过将高刚度层与高柔性层结合，可以在满足结构稳定性的同时实现较大的变形能力[102, 168]。例如，在柔性传感器中使用多层石墨烯和MXene复合材料作为敏感层，通过优化层间界面黏附性能，使材料能够承受多次重复拉伸和压缩，而不会发生性能退化[163]。此外，微纳结构设计也是提升机械柔性的有效手段。研究表明，周期性微图案（如波纹、蜂窝）可以显著缓解外力作用下的应力集中，从而提升材料的整体柔性[39-41]。这种微结构设计的柔性基底在多次循环形变测试中表现出卓越的可靠性和耐久性，特别适用于需要频繁动态交互的传感场景。

液态金属因其流动性和高延展性，在柔性传感器的应变和压力检测中具有独特的应用潜力。研究表明，将液态金属注入可拉伸的微通道中，能够在拉伸至500%时保持导电性能不变。这种设计已被成功应用于软体机器人皮肤，能够精确感知复杂表面上的微小形变[37]。

离子凝胶也是一种备受关注的高延展性材料。其柔韧性来源于其分子网络的动态重构能力，可在高应变条件下保持优异的传感性能[50]。例如，一种基于离子凝胶的柔性传感器可实现超过1000%的拉伸率，同时对形变具有高度灵敏的电信号响应，展现出在可穿戴设备和医疗监测中的巨大潜力。

柔性传感器在极端环境中的应用要求材料具备卓越的机械稳定性和环境适应性。例如，在高温、高湿或腐蚀性环境中，传统聚合物材料的性能往往会显著下降。通过将高性能填料（如碳纳米管、氧化石墨烯）引入基底材料，可以大幅提升其耐候性和抗老化性能[164, 165]。

此外，研究显示，加入液态金属或MXene纳米片的柔性基底能够在高温（超过200℃）和高湿环境下保持稳定的形变能力[37]。特别是对于海洋环境下的软体机器人，基于耐腐蚀复合材料的柔性传感器能够提供可靠的数据采集支持，为深海探索和环境监测提供技术保障。

总之，机械柔性与延展性的提升依赖于材料创新与结构优化的双重推动。通过探索新型复合材料和优化设计结构，可以进一步满足柔性传感器在复杂动态环境中的使用需求，为软体机器人和柔性电子技术的发展提供坚实基础。

6.2.1.3 复合功能性

柔性传感器在实际应用中往往需要同时感知多种环境参数，如压力、温度、湿度、光强等。为实现这一目标，开发具有复合功能性的材料成为柔性传感技术的重要研究方向。通过材料设计与结构优化，将多种传感功能集成于单一传感器中，不仅能大幅提高设备的适用性，还能显著简化传感系统的设计和制造工艺。

复合功能材料的核心在于其能够响应多种外界刺激，并将不同的物理或化学信号转化为可测的电信号。MXene材料因其优异的导电性能和表面功能化特性，是实现多模态感知的理想选择[102, 163]。研究表明，将MXene与柔性基底（如聚合物或水凝胶）结合，可制备出同时具有压力、湿度和温度感知功能的复合传感器。MXene的二维层状结构使其具有超高的比表面积，有助于增强与外界刺激的相互作用，从而提升多模态响应的灵敏度和精度。

复合功能性材料的实现方式通常包括两种：一是通过材料本身的多功能特性；二是通过复合结构的优化设计。以电容型柔性传感器为例，采用不同电极材料和介电层的组合可以实现对压力和湿度的同时感知。例如，利用碳纳米管涂层作为电极，并结合具有吸湿能力的聚合物介电层，可构建一类响应湿度变化的电容型传感器，同时通过电极间距的变化实现压力感知[50]。

此外，多层复合结构设计是实现多功能集成的重要方法。通过将不同功能材料分层堆叠，可使每一层分别针对某种特定刺激发挥作用。例如，一种基于PDMS与石墨烯的复合传感器，通过在石墨烯层表面引入液态金属网络，可同时实现压力、温度和光强感知[36]。这种分层设计还能有效减少各功能模块间的信号干扰，从而提高设备整体的性能稳定性。

6.2.1.4 智能响应能力

智能响应材料因其对外界刺激（如光、电、热、力等）的动态感知和自适应调节能力，成为柔性传感器研究的重要方向。通过这些材料，柔性传感器不仅能实时感知外部环境变化，还能根据需求调整其性能和形态，从而实现更复杂的感知任务和功能集成。

光响应材料在柔性传感器中具有广泛的应用前景。液晶弹性体是一种典型的光响应材料，能够在光照下产生可逆的形态变化[169-171]。这一特性在微型柔性传感器中极具吸引力，可用于精准调控柔性电子设备的工作状态。例如，通过将液晶弹性体与导电材料复合，可实现形变传感器在不同光照条件下的智能化调节。

热响应材料（如形状记忆聚合物和热致变色材料）能够通过感知温度变化实现形态或颜色的改变[170]。例如，形状记忆聚合物在设定的温度范围内能够快速恢复至原始形态，这使得它们在可编程柔性传感器和动态调节装置中表现出色[149]。热致变色材料可用于温度监测设备，通过颜色变化提供直观的温度反馈[161]。

电响应材料通过电场的作用调控其物理或化学特性。例如，电致变色材料在柔性显示屏和电子皮肤中的应用已经取得了显著进展[45, 172]。此外，压电材料因其机械能与电能间的转换能力，广泛应用于柔性传感器中的自供电装置。通过压电响应，这些材料可以实现高效能量收集与实时感知外部机械刺激。

形状记忆材料是智能响应材料的重要分支，具有记忆并恢复特定形态的能力。在柔性传感器中，形状记忆聚合物（SMPs）因其轻质、高柔性和可编程性，成为设计复杂功能设备的理想选择[149]。例如，利用形状记忆聚合物开发的传感器能够在外力解除或温度变化后自动恢复形态，从而延长设备的使用寿命和可靠性。

多模态智能响应的实现通常依赖于复合材料的设计。例如，将液态金属和 MXene 集成到柔性基底中，可以同时实现压力、温度和电信号的多模态感知[37]。这种材料不仅可以感知复杂环境的多种刺激，还能通过智能反馈调节其性能。例如，在机器人触觉皮肤中，多模态智能响应材料可以模拟人类皮肤的多重感知能力，同时具备良好的柔性和可恢复性。

智能响应材料已在多领域展现出显著的应用潜力（图 6-6）[174]。例如，在医疗康复领域，基于压电材料的柔性传感器可用于实时监测人体运动状态和生理信号[175]；在工业自动化中，光响应和形状记忆材料为柔性机器人提供了更智能的操作能力[32]；在复杂环境探测和动态信号调控中，智能响应材料的加入显著提升了设备的适应性和可靠性[174]。

未来，随着人工智能和数据驱动技术的发展，智能响应材料将进一步实现自学习和自优化。通过与柔性传感器的深度融合，这些材料有望推动新一代智能设备的发展，为柔性电子、软体机器人和生物医学领域带来更多创新应用。

第 6 章

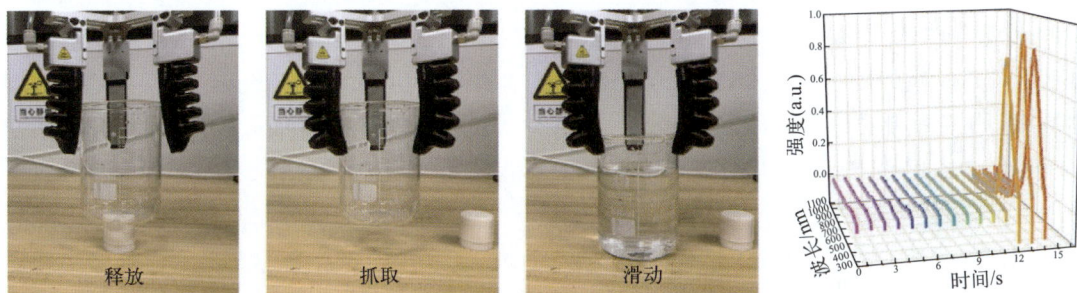

(a) 带有附加传感器的软夹持器抓取、释放和移动烧杯以及抓取过程中发光强度的变化[173]

图6-6

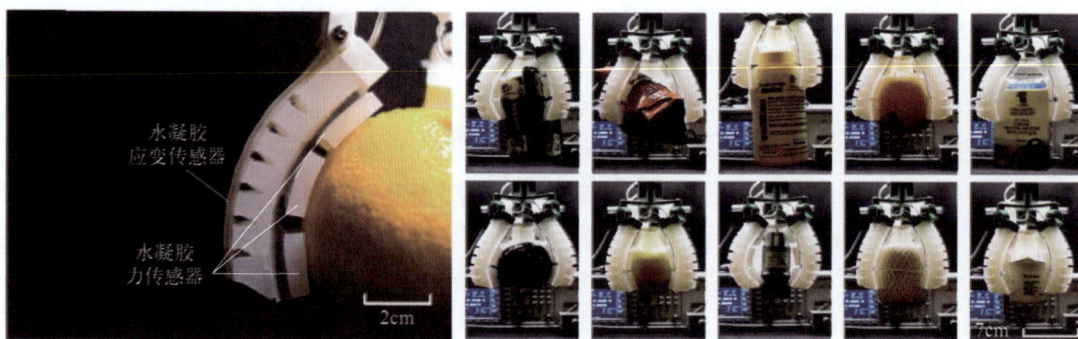

(b) 通过传感器信号变化来识别抓取的物体[174]

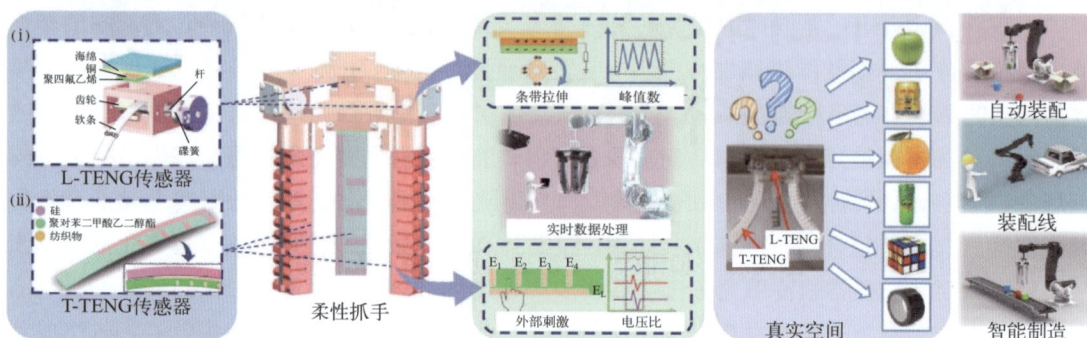

(c) 用于软夹持器的低成本 TENG传感器及其数字孪生应用[32]

图6-6　工业自动化应用中的柔性传感器

6.2.2 制造工艺对柔性传感新材料的需求

6.2.2.1 先进制造技术

先进制造技术在柔性传感器的发展中起着至关重要的作用，它不仅决定了材料的加工精度、性能稳定性，还直接影响传感器的功能集成与产业化进程。随着柔性电子技术的不断发展，微纳加工、3D打印和4D打印等先进制造技术正在推动柔性传感器向更高性能、更低成本、更复杂结构的方向演进[176]。

微纳加工技术主要用于制造高分辨率的柔性传感结构，如超薄导电层、微尺度感知单元和纳米级传感网络。这些技术包括光刻[77]、激光诱导[177, 178]、纳米压印[129]等，能够在柔性基底上构建精确的传感模式。例如，激光诱导技术能够在石墨烯或MXene涂层上快速形成导电图案，从而提高传感器的灵敏度和响应速度[178]。此外，纳米压印技术可用于制造具有周期性微纳结构的柔性传感器，从而提高其力学性能和感知能力。

3D打印技术能够在复杂形貌的柔性基底上直接沉积功能材料，实现传感器的个性化制造。相比传统加工方法，3D打印不仅能够减少材料浪费，还能在一个制造过程中完成传感器的多层结构集成[52, 176, 179]。例如，采用3D打印技术制造的柔性压力传感器，可以直接在可穿戴电子设备上打印传感层，使其具有更高的贴合性和耐久性[180, 181]。近年来，导电油墨喷涂技术的结合进一步提升了3D打印在柔性传感器中的应用，使其能够在低温条件下高效打印高性能传感材料[180, 182]。

4D 打印技术是在 3D 打印的基础上引入时间维度，使得打印出的材料能够在特定环境下发生自适应形变。这一技术为柔性传感器提供了全新的动态调节能力，特别适用于需要自修复、形态变化或智能适应性的传感器。例如，基于 4D 打印制造的形状记忆聚合物传感器，能够在温度变化时自动恢复形态，提高设备的稳定性和使用寿命[176, 183]。

随着制造技术的不断进步，未来柔性传感器的生产将更加精准、智能和高效。通过微纳加工、3D 打印和 4D 打印等技术的融合，柔性传感器的设计自由度将进一步提升，为智能机器人、可穿戴设备和生物医学应用提供更加广阔的发展空间。

6.2.2.2　材料制备稳定性

材料制备的稳定性是影响柔性传感器性能和可靠性的重要因素，直接决定了传感器的信号一致性、寿命和可重复性。在柔性传感器的制造过程中，材料的均匀性、界面结合强度以及制备工艺的可控性对于最终产品的稳定性至关重要。近年来，随着先进制造技术的发展，优化材料的分散性、改善复合材料的界面结合以及提升大规模生产的一致性，成为提升柔性传感器性能的关键。

柔性传感器通常采用石墨烯、MXene、碳纳米管等纳米材料作为导电填料，以增强其感知能力。然而，纳米材料在聚合物基底中的均匀分散性是影响传感器稳定性的核心问题。研究表明，传统的溶液混合法在材料分散过程中容易产生团聚，导致传感器不同区域的导电性和机械性能不均一[91]。为解决这一问题，可采用超声分散、电场辅助排列、表面功能化处理等技术，以提高导电填料在基底中的分散性。例如，在 MXene 与弹性体的复合材料制备中，超声波处理结合界面偶联剂的应用可显著提高 MXene 片层的均匀分布，使得传感器在长时间工作下仍能保持稳定的信号输出[163]。

在柔性传感器的多层结构中，不同材料之间的界面结合强度对整体稳定性至关重要。若界面结合力不足，传感器在长期使用过程中容易出现材料剥离、机械疲劳或信号衰减。例如，在液态金属与柔性聚合物基底的复合过程中，液态金属的黏附性较低，容易在形变时从基底上剥离[184]。针对这一问题，研究者采用表面刻蚀、等离子体处理和化学修饰等方法来增强界面结合力。例如，在液态金属 - 弹性体复合传感器的制造中，通过引入微纳结构的多孔表面处理，可以显著提高液态金属的附着能力，使传感器在长时间拉伸和弯曲后仍能保持稳定的电信号响应。

在柔性传感器的产业化过程中，材料的制备稳定性不仅影响单个设备的性能，还决定了批量生产的可行性和一致性。传统的实验室制备方法难以保证大规模生产时的均匀性，因此需要开发低成本、高精度的制造工艺。例如，喷涂印刷和卷对卷工艺已被广泛应用于柔性电子器件的生产，以确保传感器的导电层和功能层能够均匀沉积在柔性基底上[167]。此外，在基于 MXene 或碳纳米管的导电薄膜制备中，优化沉积工艺，如静电喷涂或溶剂蒸发诱导排列技术，可显著提高材料的均匀性，从而提升传感器的稳定性和生产良率[163]。

通过优化材料分散性、增强界面结合强度以及改进大规模生产工艺，柔性传感器的制备稳定性得到显著提升。这些优化措施不仅提高了传感器的可靠性和使用寿命，还为柔性电子产业的发展提供了更加稳定和可控的材料基础。未来，随着新材料和制造技术的不断突破，柔性传感器的制备工艺将进一步向高效、低成本和高一致性的方向发展。

第
6
章

6.2.2.3 智能化制造工艺

智能化制造工艺是推动柔性传感器从实验室研发到实际应用的重要环节。随着智能制造、人工智能以及大数据技术的不断发展，传统的柔性传感器制造工艺逐渐向自适应、自动化和精密化方向发展。智能化工艺不仅能提高制造效率，还能够在复杂环境下实现材料和结构的自适应调节，从而提升柔性传感器的功能和可靠性。

智能化制造工艺的核心特点之一是材料和结构的自适应调控。在柔性传感器的制造过程中，材料常常需要在不同的工作环境中实现形态和性能的自动调节。例如，形状记忆聚合物（SMP）由于其在温度或电场刺激下能够改变形状，成为智能化传感器中的重要材料[183]。通过智能化制造工艺，形状记忆材料在传感器的工作过程中能够根据外部环境的变化（如温度、湿度或压力）自动恢复或改变形状，从而提供更为精确的感知与反馈。

此外，利用机器学习和算法优化控制，可以实现自适应传感器的制造过程。在传感器生产过程中，机器学习算法能够实时分析数据，自动调整材料分配和工艺参数，优化传感器性能[185, 186]。例如，基于液态金属的柔性传感器在生产时，可以通过智能化工艺实时调整液态金属的流动路径，以确保在大应变情况下仍能保持高导电性和响应速度[156]。

智能化制造还体现在柔性传感器的集成化与模块化设计上（图6-7）。传统制造方式往往需要将多个传感模块和部件分别生产，然后进行组装。智能化制造通过模块化设计使得不同功能的传感元件能够在同一工艺流程中同时完成。例如，利用3D打印技术，传感器的敏感层、导电层和支撑结构可以在一次打印过程中同时完成。通过智能化控制系统，打印过程中的每个阶

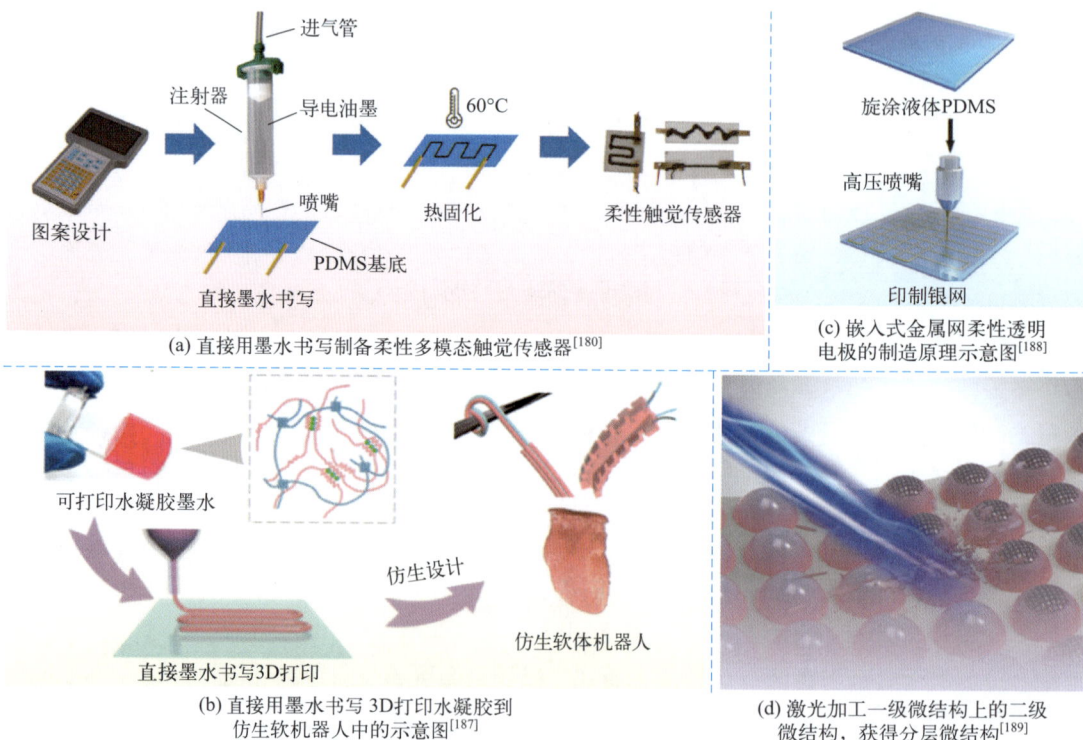

(a) 直接用墨水书写制备柔性多模态触觉传感器[180]

(c) 嵌入式金属网柔性透明电极的制造原理示意图[188]

(b) 直接用墨水书写3D打印水凝胶到仿生软机器人中的示意图[187]

(d) 激光加工一级微结构上的二级微结构，获得分层微结构[189]

图6-7　柔性传感器的先进制造技术

段都可以自动监控和调整，确保各层材料的精确沉积和结构的稳定性。这样一来，制造的柔性传感器不仅具备高度的功能集成性，还能够根据实际应用需求进行定制化调整[180, 181]。

智能化质量检测制造工艺的另一个重要方面是质量控制与优化。在传统制造过程中，质量检测通常依赖人工或简单的自动化检测设备，难以实时监控和调节生产过程中的微小偏差。而通过引入智能化质量系统，柔性传感器的生产可以实现实时监控，确保每一批次的材料性能和传感器稳定性。结合计算机视觉、机器学习和大数据分析，智能检测系统能够对传感器的电学性能、力学性能等关键指标进行全面检测，并在发现异常时自动调整生产工艺[180]。例如，在基于石墨烯的柔性传感器生产过程中，智能化制造系统能够实时监测石墨烯的分布情况，确保其在基底上的均匀性。如果出现分布不均或图案偏差，系统会自动调整打印路径或喷涂压力，从而避免生产过程中出现质量问题。通过这种智能化的质量控制，不仅提高了传感器的生产一致性，还能大幅减少生产过程中可能出现的缺陷和损耗。

总的来说，智能化制造工艺通过自适应控制、模块化手段，为柔性传感器的高效、低成本、高性能生产提供了强有力的支持。随着智能制造技术的不断进步，未来的柔性传感器将更加精确、灵活和智能，满足各种复杂应用场景的需求。

6.2.2.4　环境友好型制造

随着环保法规的日益严格和可持续发展需求的不断增加，环境友好型制造已成为柔性传感器生产中的重要发展方向。柔性传感器在材料选择、制造过程和产品生命周期管理等方面需要考虑其对环境的影响，特别是在减少能源消耗、降低废物产生以及实现材料回收和再利用方面。

环境友好型制造首先要求选择绿色、可再生或生物基材料。当前，许多柔性传感器的基底材料仍然依赖石油基聚合物，这些材料在生产和废弃过程中可能对环境造成污染。因此，采用生物基聚合物（如聚乳酸PLA）和天然纤维（如纤维素）作为柔性传感器的基底材料已成为研究热点[105, 190]。这些材料不仅具备良好的机械柔性和导电性能，还能在使用结束后通过生物降解减轻对环境的负担。

同时，环保型导电填料（如基于植物来源的碳纳米材料）也在柔性传感器中得到应用。与传统的炭黑或金属基导电填料相比，植物基导电材料具有较低的碳足迹，并且在生产过程中能有效减少对自然资源的消耗[164]。利用植物碳作为导电填料，能够同时实现高导电性和良好的环境友好性，为柔性传感器的绿色制造提供了新的思路。

在柔性传感器的制造过程中，降低能源消耗是实现环境友好型制造的关键。传统的制造工艺，如高温烧结、溶剂挥发等，通常需要消耗大量的能源，并产生废气或废液。相较之下，低温制造工艺和水性涂料技术正在成为柔性传感器生产的新趋势[188, 191]。例如，采用水性涂料代替有机溶剂进行导电薄膜的制备，不仅能减少有害挥发物的排放，还能降低能源消耗和生产成本。水性涂料具有良好的加工性，可以在较低温度下固化，并且不需要高温或有毒溶剂，符合绿色制造的理念。此外，低能耗的3D打印技术也被越来越多地应用于柔性传感器的制造中。通过精确控制打印过程中的温度和材料用量，3D打印可以有效减少材料浪费和能源消耗。

柔性传感器的环境友好型制造还应关注废物的减少和资源的回收。传统的制造过程中，废料和不合格产品往往会被丢弃，增加了生产成本和环境负担。因此，开发循环经济模式，最大化材料的利用率和可回收性是未来制造工艺的重要方向。

第6章

随着环保要求的日益严格，环保认证逐渐成为柔性传感器生产的标准之一。许多生产商开始通过 ISO14001 等环境管理体系认证，以确保其生产过程符合环保标准。这不仅有助于减少环境污染，还能够提升企业的社会责任形象，并赢得消费者的信任。

未来，随着环保技术和绿色制造工艺的不断发展，柔性传感器的生产将更加注重环境的可持续性。通过采用绿色材料、低能耗制造工艺和资源回收技术，柔性传感器的生产将朝着更加环保、低碳的方向发展，为可持续发展的目标做出贡献。

6.2.3 环境适应性与可持续性材料的需求

6.2.3.1 极端环境适应性

柔性传感器在许多应用场景中需要在极端环境下保持稳定的性能，例如高温、高湿、深海、高辐射或强腐蚀环境。传统柔性材料在这些条件下往往会出现机械失效、信号衰减甚至降解，因此，开发能够适应极端环境的新型柔性传感材料成为研究重点。近年来，随着新材料技术的进步，耐高温、耐腐蚀、抗湿气和抗辐射的柔性材料在传感器领域得到广泛应用，为其在恶劣条件下的长期稳定运行提供了保障。

在高温环境（如工业制造、航空航天和高温作业场景）中，柔性传感器必须能够在高温下保持其导电性和结构完整性。传统聚合物基柔性材料在高温环境下容易软化或降解，因此，开发耐高温的柔性材料至关重要。例如，采用聚合物线性复合聚合物和锆钛酸铅（PZT）制成的压电复合材料，可以在 100℃ 以上的温度范围内维持良好的柔性和电学性能[89]。通过将磷光体与有机聚合物材料聚酰亚胺结合，也可实现极端条件下的温度传感[123]。

湿度和腐蚀性环境（如海洋工程、生物医疗和化学工业）对柔性传感材料的稳定性提出了更高的要求。在高湿度环境下，普通导电聚合物容易因水分吸附而导致电导率下降，从而影响传感器的性能。此外，在航天、核工业和深海探测等极端条件下，柔性传感器需要承受强辐射或高压环境，而普通聚合物材料在这些条件下容易发生降解或机械失效。

极端环境适应性材料的研究将继续向更广泛的应用场景拓展，未来的柔性传感器将能够在更苛刻的环境下运行，满足航空航天、深海探测、工业自动化和生物医疗等领域的需求。通过结合纳米复合材料、自修复涂层和智能响应技术，柔性传感器将在极端环境下展现更优异的耐久性和可靠性，为新一代高性能智能传感系统的开发提供重要支撑。

6.2.3.2 可再生与环保

随着电子产品的快速更新换代，柔性传感器在可穿戴设备、智能医疗、软体机器人等领域的应用日益广泛。然而，这一增长趋势伴随着电子废弃物的增加、制造过程中的污染排放以及高能耗问题，给环境可持续发展带来了巨大挑战。因此，在柔性传感技术的发展中，亟需开发可再生、可回收和环保型材料，以减少碳足迹、降低资源浪费，并推动绿色制造技术的应用。

当前，传统柔性传感器大多采用石油基高分子材料，如聚酰亚胺（PI）和聚二甲基硅氧烷（PDMS），这些材料虽然具备优异的机械和电学性能，但在自然环境中难以降解，导致大量电子废弃物积累，污染土壤和水源。因此，柔性传感器的可持续发展需要开发可降解材料，以减少废弃物对环境的长期影响。

为此，研究人员开发了一类基于天然纤维素的柔性传感材料，这种材料不仅可再生，还能在特定条件下自然降解。例如，碳化纤维素纳米晶（CNCs）可作为柔性导电材料，在保持良好电学性能的同时，实现可生物降解性，适用于短期医疗传感器和环境监测设备[105]。这种材料的应用将有助于降低短期使用电子器件对环境的影响。

柔性传感器的导电材料通常采用金属纳米颗粒（如银纳米线、铜纳米颗粒），然而这些金属资源有限，并且在开采和加工过程中会产生大量污染。因此，开发可回收和可持续导电材料成为必然需求。例如，碳纳米管（CNTs）和石墨烯基材料由于其高导电性、良好的机械稳定性和可回收性，被认为是柔性传感器的可持续替代方案[170]。与传统金属导电材料相比，碳基材料的可循环利用性更高，有助于减少贵金属的依赖，降低生产成本。

此外，研究人员提出了一种基于的水性导电涂层，该材料不仅具备良好的导电性，还能够通过溶剂溶解的方式进行回收和再利用，使得柔性传感器在生命周期结束后能够拆解并循环使用[102]。这种材料的应用将大幅减少电子垃圾的产生，提高资源的利用效率。

可再生与环保材料的应用不仅有助于减少电子废弃物，还将推动柔性传感器产业向更绿色、更可持续的方向发展。未来，随着可降解聚合物、可回收碳纳米材料和绿色制造工艺的不断优化，柔性传感技术将在医疗健康、智能电子和环境监测等领域发挥更大作用，为可持续科技发展提供重要支撑。

6.2.3.3　材料寿命与循环利用

随着柔性传感器技术在多个领域的应用日益广泛，如何延长材料的使用寿命并确保材料的循环利用已成为重要的需求。传统柔性传感器大多依赖于石油基聚合物和金属导电材料，这些材料在长时间的使用后往往会出现性能退化，增加废弃物的产生并对环境造成负担。因此，开发具有长寿命、高耐久性、可回收性和自修复能力的新型材料，对推动柔性传感器的可持续发展至关重要。

柔性传感器需要能够在长时间工作中保持稳定的电学和力学性能。材料的耐久性直接影响传感器的应用范围及其使用周期。特别是在复杂环境中（如高温、高湿或机械应力较大的环境），材料的性能往往会因为长期使用而出现衰减。因此，为了提升柔性传感器的使用寿命，研究者开发了一系列高耐久性材料，如聚偏氟乙烯（PVDF）和碳纳米管（CNTs）等。这类材料在反复机械形变下仍能保持稳定的电学性能，同时在极端环境（如高温、高湿）中具有良好的抗衰老能力[52-54, 192]。这些材料的应用使得柔性传感器能够适应更广泛的复杂环境，提高其耐用性。

此外，随着智能设备和可穿戴技术的不断发展，自修复材料的需求也愈加突出。自修复功能能够使材料在受到轻微损伤后自动恢复其原有功能，减少因小损伤引起的设备故障，从而延长材料和设备的使用寿命。

随着电子废弃物的不断增加，传统材料的不可降解性和不可回收性已成为严峻的环境问题。为了解决这一问题，柔性传感器的材料需要具备良好的循环利用性。尤其是在传感器生命周期结束后，材料的回收和再利用显得尤为重要。通过采用可回收导电材料和可降解基底材料，可以大大减少电子废弃物的产生，降低环境负担。未来的柔性传感器应当采用易回收和可重构的导电材料，使得废弃传感器可以通过简单的物理或化学方法进行分解并重新利用。此类材料不仅有助于减少资源浪费，还能推动电子产品的循环经济模式，降低对稀缺资源的依赖。

为应对日益严格的环保要求，柔性传感器的材料创新需要以可持续性为核心。开发具有高耐用性和环保特性的新型材料，不仅可以提高产品的长期使用性能，还能够降低材料生产和废弃过程中的环境影响。通过引入生物降解材料、绿色化学制程和低能耗制造工艺，柔性传感器的整体可持续性将得到显著提高。

随着技术的发展和环保法规的趋严，柔性传感器对高性能材料的寿命延长、回收利用和环保制造的需求将成为未来材料研发的核心方向。

6.2.3.4 低能耗材料研发

柔性传感器的低能耗特性对可持续发展和长寿命应用至关重要。随着智能电子设备需求的增长，如何降低传感器的功耗，同时保持高性能和稳定性，成为关键研究方向。低能耗材料的开发不仅有助于减少传感器的能源消耗，还能提升其在自供能系统、可穿戴设备和长期监测应用中的适用性。近年来，研究者通过优化导电材料、开发能量收集材料和改进传感器工作模式，推动了低能耗柔性传感器的发展。

传统柔性传感器依赖金属纳米材料（如银纳米线、铜纳米颗粒）或导电聚合物进行信号传输和感知。然而，这些材料的高导电性往往伴随着较高的功耗，尤其是在长时间工作模式下，容易导致能量损耗。低能耗材料研发的重要方向之一是能量收集与自供能材料的发展。近年来，研究者通过集成压电、摩擦纳米发电和光伏材料，使柔性传感器能够从环境中获取能量，实现自供能工作。例如，基于压电纳米材料（如钛酸钡、PVDF）的柔性传感器，可在受力形变时将机械能转化为电能，从而减少对外部电源的依赖[91]。此外，MXene 材料因其独特的电荷存储能力，可与自供能系统结合，提高传感器的续航能力[102]。

摩擦纳米发电机技术也是低能耗柔性传感器的一项突破性进展。通过利用材料表面的静电效应，TENG 能够在运动或接触时产生电荷，为传感器提供微量电能[97, 110, 168]。这项技术使得柔性传感器能够在无外部电源的情况下长时间工作，为远程监测和可穿戴设备提供了低功耗解决方案。

低能耗材料的研发将为柔性传感器提供更广阔的应用空间，特别是在远程监测、医疗健康和可穿戴设备等领域。随着能量收集技术与低功耗材料的进一步融合，未来的柔性传感器将能够实现更高效、更加环保的长时间工作模式。同时，通过结合智能化能量管理和新型自供能材料，柔性传感器将逐步摆脱传统电池的限制，为下一代低能耗电子设备的发展提供技术支撑。

6.3 / 当前存在的问题与面临的挑战

随着材料科学、人工智能和微/纳米制造技术的发展，基于柔性传感技术的软体机器人已广泛应用于各个领域。尽管柔性传感器已经取得了巨大进步，但在设计、集成、耐用性和稳定性方面仍然面临挑战。

6.3.1 / 耐用性和稳定性

为复杂任务而设计的软体机器人通常在动态和不可预测的环境中工作。其首要挑战是确保柔性传感器经久耐用，能够承受持续变形的同时保持传感精度。解决传感器鲁棒性难题所不可或缺的是先进材料研究的重大突破，所采用的材料对物理应力必须展现出恢复力，使传感器能够承受反复变形而不影响其传感性能[193]。在灵活性和鲁棒性之间取得适当的平衡是软体机器人能够有效运行的关键，这就需要材料科学、机器人工程和传感技术领域的通力合作。相关研究[194]强调采用创新材料势在必行，不仅要提高柔性传感器的耐用性，还要加强其在各种严苛的操作环境中的稳定性。

6.3.2 与柔性结构的集成

将传感器无缝集成到柔性结构中是另一项关键挑战。其主要难题之一是如何实现保持柔性材料的灵活性与确保集成传感器的稳定运行之间的平衡。软体机器人在动态和不可预测的环境中有效运行的必要性凸显了这一挑战。考虑到软体机器人在运行过程中会出现连续的变形，能够承受物理压力的材料对传感器的使用寿命至关重要[195]。此外，在不影响柔性结构可塑性的情况下实现内部集成仍然是一个技术障碍。Huang 等探索了将可伸缩传感器集成到生物启发的智能水母中的方法，同时保持其全方位的运动能力[196]。

6.3.3 适应性和多模态传感

从水下地形到恶劣的工业环境，在不同环境中运行的柔性传感器在适应各种条件方面面临着长期的挑战。这包括解决与温度变化、液体接触和其他环境因素有关的挑战。史密斯等强调实现环境适应性仍然是一个持续的挑战，需要开发能够在各种条件下可靠运行的柔性传感器[197]。软体机器人和动态环境的复杂本质要求自适应传感器能够承受现实世界场景的复杂性。此外，开发能够无缝集成多种传感模式的多模态柔性传感器也是一项难题[198]。这种高度集成提高了柔性传感器的多功能性并且允许其能够同时获取多种类型的数据，这对于扩展软体机器人从生物医疗到工业自动化等应用中的功能至关重要。

6.4 未来发展

尽管软体机器人展现出巨大的应用潜力，但集成柔性传感器将使它们变得更加智能、安全和高效。然而，柔性传感器的开发仍处于起步阶段。针对上述问题，在今后的研究中可以考虑从以下几个方面进行深入研究。

6.4.1 先进材料研发

探索具有更高耐用性和灵活性的先进材料是推动柔性传感器领域发展的重要途径。通过对具有更强韧性和延展性的新型材料的研究，可以极大地提升柔性传感器的鲁棒性[199, 200]。解决这一挑战对于柔性传感器的可持续性能至关重要，而关注能够反复变形，性能却不退化的智能材料对于确保传感器的使用寿命和可靠性也是十分关键的。

6.4.2 / 创新结构设计

传感器设计的进步，例如可伸展和可保形传感器，有助于更好地与软体机器人结构集成。其中一个关键点在于让定制传感器与主体材料的力学特性相协调。通过对传感器进行定制，使其与主体材料的独特性相匹配，可大大提高系统的整体性能。这种量身定制的方法可确保传感器设计与其连接的软体机器人结构之间实现无缝协同，从而优化其效率和功能。

6.4.3 / 智能算法集成

事实证明使用机器学习算法有助于减少环境的不确定性，提高软体机器人的适应性[201]。将学习能力整合到传感器数据处理中，可实现动态适应环境变化和实时响应环境反馈[202]。机器学习和传感器技术之间的协同作用使软体机器人能够克服不可预见的困难，并提高在各种动态场景中的适应能力。

6.4.4 / 展望

材料特性、结构设计和传感机制之间的关系可以显著提高传感器的灵敏度。快速成型制造技术为大规模、低成本制造柔性传感器提供了解决方案。集成式多模态传感平台、具有多种传感机制的单一传感单元可对不同的刺激输入做出响应，并应用于复杂环境。随着这一领域的发展，采用柔性传感技术的软体机器人必将在人类生活的各个方面发挥重要作用。如何将多学科领域的知识结合起来并加以利用，同时关注多模态感知功能的集成以及开发性能更好的新型柔性材料成为未来继续努力的方向。

参考文献

作者简介

曲钧天，清华大学深圳国际研究生院副教授、特别研究员、博士生导师。目前为深圳市海洋生态前沿技术重点实验室副主任、清华大学深圳国际研究生院教职工工作办公室副主任、广东省空间机器人及在轨服务技术重点实验室核心骨干、清华大学海洋软体机器人与智能传感实验室负责人。已在机器人、机械、材料多学科交叉领域国际期刊发表高水平 SCI/EI 论文 70 余篇，以第一完成人授权发明专利 40 余项，出版中英文专著 / 章节 4 部，并作为主要起草人（第三顺位）发布软体机器人领域首个团体标准《软体机器人技术要求》。

第7章

人工感知神经元

钟　帅　张亦舒

7.1 / 人工感知神经元产业发展的背景需求及战略意义

7.1.1 / 人工感知神经元产业发展的背景需求

当前，全球正经历以人工智能技术（AI）为代表的第四次科技革命和产业变革，大语言模型、多模态模型及具身智能的突破性进展，推动 AI 技术向通用人工智能（AGI）初级阶段演进，在更深层次上赋能政务、医疗、金融、娱乐、教育、制造等诸多垂直行业领域[1-5]。AGI 的实现依赖高精度、多模态融合、实时自适应的智能感知技术和更深层次、跨领域、持续学习的智能认知技术及两者的协同融合，这对硬件性能提出了更高要求。

然而，当前 AI 的实现仍高度依赖于传统冯·诺依曼架构的计算硬件[6,7]。这种架构由于计算单元和存储单元的分离，造成"存储墙"和"功耗墙"问题[8,9]，导致计算速度下降和能耗增加，特别是在对能效要求高的边缘计算和物联网（IoT）应用中，亟需新型计算架构来突破这一限制[10-12]。从生物神经网络（BNNs）结构和功能中汲取灵感的类脑计算利用人工神经元和突触进行高效并行的数据处理[13-17]，具有低功耗、低延迟的技术优势，特别适合于涉及模式识别、感官处理和实时数据分析的任务，是有望打破冯·诺依曼架构瓶颈，推动下一波计算机工程的计算架构。

其中，第三代人工神经网络——脉冲神经网络（SNNs）作为一种更接近生物神经元活动模式的神经网络，通过脉冲时序编码模拟生物神经元放电机制，具有高能效和时空处理能力[18,19]。因此，如何将连续的模拟信号转换为脉冲信号对于 SNNs 在边缘端和 IoT 的应用至关重要。传统方法如模数转换器（ADCs）[20]和环形振荡器[21-24]虽具备一定优势，但随着计算系统处理任务复杂度的提高，生成数据量的指数级增长，这些系统越来越面临高功耗等问题的挑战，限制了其在边缘端的应用。因此，人们开始广泛探索研究基于忆阻器、金属 - 绝缘体相变器件、相变存储器（PCM）、铁电场效应晶体管（FeFET）等的新型神经形态器件的人工感知神经元（artificial sensory neuron，ASNs）[25-28]及其与突触器协同集成的 SNN 硬件系统[29, 30]，这类器件及系统能执行高效、紧凑的实现信号转换，还可以融合和处理多模信息，具有高扩展性、低功耗和高响应速度等优点，提高与生物系统的兼容性和适应性，并有望克服传统 CMOS 技术的局限性，为下一代类脑智能❶系统的开发提供有力支撑[29, 30]。但高密度 ASNs 阵列的实现面临集成与信号完整性问题[31]以及尖峰神经网络的算法缺陷[32]亟需找到最优解决方案。

7.1.2 人工感知神经元的分类、主要新型器件及关键性能指标

7.1.2.1 人工感知神经元的分类

人体对外部刺激的编码是通过生物感受器实现的。生物感受器是感觉器官内的特殊细胞或结构，可以检测特定类型的刺激激励并将其转换为中枢神经系统可识别的电脉冲信号，不同生物信号转导的特异性和复杂性为 ASNs 的开发提供了丰富的生物学基础[33]。ASNs 根据其模拟的生物感知功能，分为人工触觉神经元（artificial tactile neuron，ATTN）、人工热觉神经元（artificial thermal neuron，ATMN）、人工听觉神经元（artificial acoustic neuron，AAN）、人工味觉神经元（artificial gustatory neuron，AGN）、人工嗅觉神经元（artificial olfactory neuron，AON）、人工生物化学神经元（artificial biochemical neuron，ABCN）、人工视觉神经元（artificial visual neuron，AVN）和人工多模态神经元（artificial multimodal neuron，AMN）八大类。

不同的人工感知神经元由于其模拟的感知功能不同，具有不同的编码方式、特性等，应用场景也有所区别，表 7-1 对上述人工感知神经元的相关特征进行了总结对比。

表 7-1 不同人工感知神经元的特征情况汇总

类型	模拟感知功能	编码方式	核心特征	优势	挑战	应用场景
人工触觉神经元（ATTN）	触觉感知	基于压力的脉冲频率编码[34-37]	高灵敏度、快速响应	高分辨率触觉感知、低功耗	非线性响应、材料和架构的生物兼容性[38-41]	机器人触觉、假肢、智能穿戴[42-45]
人工热觉神经元（ATMN）	温度感知	基于温度变化的脉冲频率编码[46]	高温度灵敏度、稳定性	快速响应、高精度	长期稳定性、温度范围限制	环境监测、智能设备
人工听觉神经元（AAN）	听觉感知	基于声音强度和频率的编码[47-49]	高频率分辨率、语义识别	高效语义识别、低功耗	复杂环境下的噪声干扰	人工耳蜗、机器人导航、人机交互等[50,51]

❶ 类脑智能：类脑智能是人工智能的前沿领域之一，以模拟大脑的神经结构和认知原理为核心，旨在使计算系统能够具备类似人类的感知、推理和学习能力，其与信息智能、博弈智能并称为三条通往通用人工智能（AGI）的不同技术路线。

类型	模拟感知功能	编码方式	核心特征	优势	挑战	应用场景
人工味觉神经元（AGN）	味觉感知	基于 pH 值或离子浓度的脉冲频率编码[52-54]	化学物质检测、离子敏感	高灵敏度、低功耗	多味觉编码复杂、选择性有限	食品检测、水质监测[55-57]
人工嗅觉神经元（AON）	嗅觉感知	基于化学浓度的脉冲编码[58]	化学物质检测、记忆功能	高灵敏度、数据效率高	系统结构稳定性、能效优化、复杂气体识别	气体检测、环境监测、医疗诊断[59-61]
人工生物化学神经元（ABCN）	生物化学信号感知	基于化学刺激的脉冲编码[62]	长期记忆、动态调节	高效的信息处理和记忆	设备的可重复性和稳定性、热效应问题	生物医学检测、环境监测
人工视觉神经元（AVN）	视觉感知	基于光强的频率编码和首次脉冲时间编码[63, 64]	高效信息处理、时空编码	高效处理动态视觉信息	编码融合技术的实现	图像处理、视觉传感器、自动驾驶等
人工多模态神经元（AMN）	多模态感知（触觉、视觉、听觉等）	基于多模态信息的脉冲融合编码[65, 66]	交叉模态感知、融合处理	提高感知精度、鲁棒性强	多模态数据融合的复杂性、系统集成	智能机器人、自动驾驶、复杂环境感知

7.1.2.2　构建人工感知神经元的主要新型器件

ASNs 由多种传感器和人工神经元器件构成[67-75]。传感器用于检测外部刺激信息，人工神经元器件用于产生尖峰信号和编码感知信息，是构建人工感知神经元的核心器件。目前，克服传统 CMOS 人工神经元器件的面积和能耗劣势用于实现 ASNs 的新型器件主要包括忆阻器（memristor）、单晶体管锁存器场效应晶体管（STLFET）以及二维忆阻晶体管（2D memtransistor）。

① 忆阻器（memristor）。忆阻器是一种具有记忆效应的新型电路器件，由于其电学特性与脑内神经突触的工作原理相似，已被广泛应用于神经形态计算[17, 76, 77]。目前常用于作为人工感知神经元器件的忆阻器包括扩散型忆阻器（diffusive memristor）和莫特忆阻器（Mott memristor）两类，两者在 ASNs 中通过串联电阻、传感器和并联电容实现振荡或者积分发放特性，用于脉冲生成［图 7-1（a）］。

扩散型忆阻器的工作原理是通过电场作用，使得内部的离子或空位发生迁移，从而实现其电阻值的可逆性改变，这种方式使得忆阻器能够在不同的电阻状态之间切换[78, 79]。扩散型忆阻器典型的活性层材料包括金属氧化物、导电聚合物和固体电解质，电极通常为活性金属，它具有超低功耗（电流小）的特性，但存在着一致性较差的问题[80-82]。

莫特忆阻器是一种基于莫特相变（Mott transition）的忆阻器，采用 VO_2、NbO_x 等过渡金属氧化物[83-86]。其在电场或温度下可以实现从半导体态（高电阻）到金属态（低电阻）的可逆转变，这种转变依赖电子从局域态到非局域态的量子力学效应，表现出快速、可逆的开关特性[87-89]。莫特忆阻器在优化后具有高均匀性，但是存在电流大（毫安级）、能耗较高的问题。

在生物机理上，扩散型忆阻器通常采用漏积分触发（LIF）策略，适合低频脉冲

150

（1～1000Hz）[90,91]，能耗低。莫特忆阻器采用振荡方法，频率可达千赫兹或兆赫兹[92-94]，适合快速编码和处理，但能耗相对较高。

②　单晶体管锁存器场效应晶体管（STLFET）。单晶体管锁存器的场效应晶体管作为一种基于单晶体管锁存（STL）现象的新型器件，其结构为平面或垂直 n-p-n 型，其中包含一个浮置的 p 区。STL 效应是硅绝缘体金属氧化物半导体场效应晶体管（silicon-on-insulator metal-oxide-semiconductor field-effect transistors，SOI MOSFET）在较高漏极偏压下的一种极端浮体效应[95,96]。当漏极偏压较高时，漏极附近的冲击电离电流会使体区 - 源极二极管正偏，从而提升体区电势。这种增强的体偏压降低了 SOI MOSFET 的阈值电压，增加漏—源电流，并进一步增强冲击电离电流，形成正反馈效应。当冲击电离电流超过体区—漏极二极管的泄漏电流时，阈值电流和体区电势骤增。

STL 现象可以通过电路设计用于脉冲信号的产生[97-99]［图 7-1（b）］。当恒定输入电流（I_{in}）施加到集电极时，STLFET 在低电压下处于高电阻状态（HRS），寄生电容中的正电荷逐渐累积，导致集电极输出电压（V_{out}）增加。当 V_{out} 超过锁存电压（V_{latch}）时，累积电荷流向发射极以降低 V_{out}，这一过程即为"发放"过程，STLFET 切换至低电阻状态（LRS）。发放后，器件自动恢复至 HRS，实现重复积分。

基于 STL 的 ASNs 具有多项优点：与 CMOS 工艺兼容，可与其他电路元件集成，且具有高均匀性和稳定性，适合大规模制造；驱动电流极低（约纳安培级），适合低功耗应用；但其充放电时间约为毫秒级，因此产生的脉冲频率小于 1kHz。

③　二维忆阻晶体管（2D memtransistor）。二维忆阻晶体管也称存储晶体管，是一种将晶体管和存储功能相结合的前沿器件[100-102]，结合了晶体管和忆阻器的功能，具有源极、漏极和栅极三个端口。二维忆阻晶体管通常依赖肖特基势垒调节，例如通过金属 - 半导体界面处的空位 / 离子传输、电荷俘获或铁电畴切换来实现。其工作原理是利用外部栅极电压调节二维材料的载流子密度，从而控制晶体管的通道电导。此外，通过在源极和漏极电极之间施加合适的偏压，可以诱导二维材料的电阻态发生非易失性变化，类似于忆阻器的行为，这种变化是通过缺陷、离子的移动或改变材料的晶格结构实现的。这种动态电阻即使在移除电压后仍能被"记住"，从而提供非易失性存储功能[103-106]。晶体管的特性使得器件能够在源极和漏极之间调节电流，使其在高级神经形态计算中具有可重构性。

制造二维忆阻晶体管的二维半导体材料需要具有原子级厚度和高电子迁移率。此外，二维材料的带隙最好是可以调节的，以便控制忆阻晶体管的电阻。与 STLFET 类似，电极需要与二维材料形成低电阻的欧姆接触。二维忆阻晶体管的电流 - 电压特性表明，随着栅极电压的增加，电流水平显著增加。当电流超过预设的电流阈值时，可以检测到电流脉冲。利用这一特性，二维忆阻晶体管可以单独作为人工感知神经元（ASNs）使用，也可以与其他传感器连接以实现 ASNs[107]［图 7-1（c）］。外部刺激可以直接改变电流行为，也可以通过调节栅极电压间接影响它，从而控制脉冲发放行为。基于二维忆阻晶体管的 ASNs 的脉冲频率通常在千赫兹左右，高于基于扩散型忆阻器和 STLFET 的 ASNs。同时，利用二维材料（如二硫化钼和二硒化铟）的独特性（如高比表面积与体积比）[103,108-112]，二维忆阻晶体管展现出卓越的传感能力，这有助于提高其灵敏度。

中国新材料产业
发展报告 2024

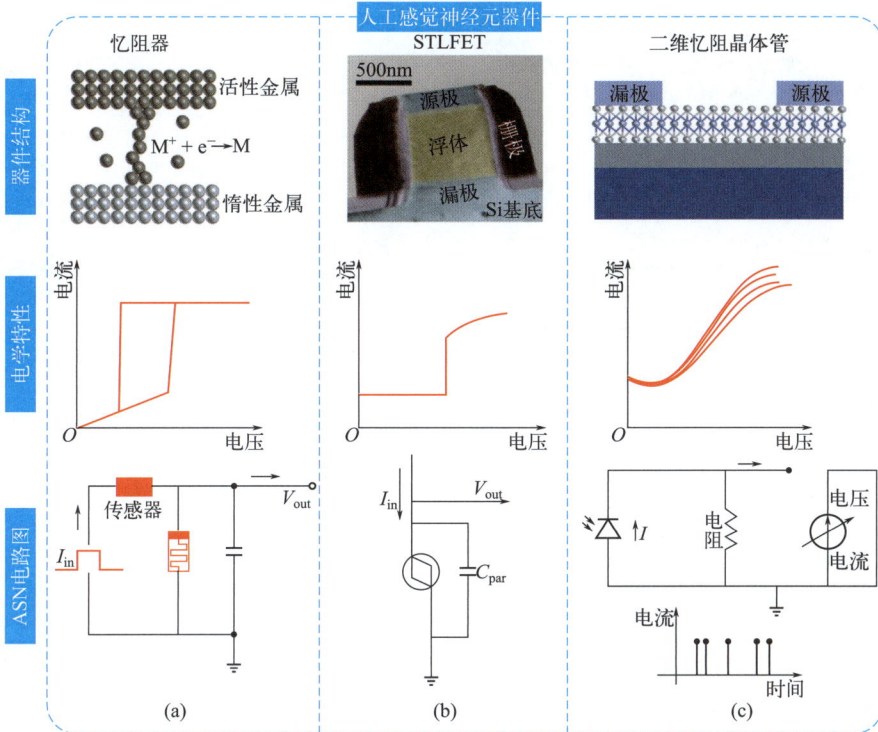

图 7-1　不同类型新型器件的结构、电气特性及 ASN 实现电路

不同类型新型器件的性能有所区别，图 7-2 直观展示了扩散型忆阻器、Mott 忆阻器、STLFET 和二维忆阻晶体管的性能对比，表 7-2 列出了上述新型器件的详细特性。

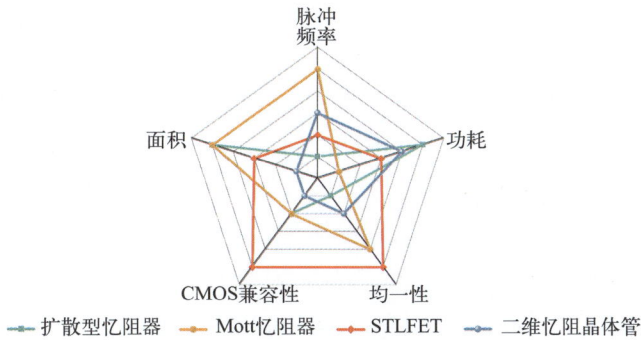

图 7-2　不同人工感知神经元器件的特性对比

表 7-2　不同人工感知神经元器件的特性汇总

器件类型	扩散型忆阻器 （Diffusive memristor）	莫特忆阻器 （Mott memristor）	单晶体管锁存器场效应 晶体管（STLFET）	二维忆阻晶体管 （2D memtransistor）
工作机制	氧化还原反应	相变	雪崩倍增电流调制	载流子调制
优势	结构紧凑，低功耗	结构紧凑，高均匀性	CMOS 兼容性，低功耗，高均匀性	高可调性
限制	器件间和循环间变化较大	功耗较高，面积较大	面积较大	面积较大，变化较大

第7章

续表

器件类型	扩散型忆阻器 （Diffusive memristor）	莫特忆阻器 （Mott memristor）	单晶体管锁存器场效应 晶体管（STLFET）	二维忆阻晶体管 （2D memtransistor）
材料特性	活泼电极（如 Ag、Cu）和化学稳定的介电层	可因相变在绝缘态和导电态之间切换的莫特材料	高载流子迁移率的半导体通道和高介电常数的栅极	原子级厚度、高迁移率、电子性质可调的二维半导体材料（如 MoS_2、石墨烯）
功能	易失性存储	易失性存储	易失性存储	非易失性存储

7.1.2.3　人工感知神经元的关键性能指标

ASNs 模仿生物受体的行为，作为传感器检测外部刺激，它们的脉冲特性严重依赖于人工神经元器件和传感器之间的匹配。因此，ASNs 的性能评估不仅限于人工神经元器件的尖峰频率、均匀性、稳定性和功耗，还包括与传感器相关的特性，如灵敏度、动态范围、线性度、分辨率、响应时间等。目前，人工感知神经元器件的性能评价指标包括功耗、灵敏度和动态范围、线性度、响应时间、分辨率以及稳定性六大类。

① 功耗。功耗是电子设备中的主要关注点，降低功耗对提升能效、减少热效应及延长器件寿命具有关键意义。功耗可以通过公式 $V \times I \times t/N$ 来进行粗略评估[113, 114]。式中，V 为输入电压；I 为输出电流；t 为刺激时间；N 为尖峰数。现有优化策略主要包括纳米点引入、掺杂、多层氧化物设计及扩散层引入等方法[115-117]。另外，将传感与编码功能集成到单一器件（如"传感 - 编码一体化"）也是提高能效的有效手段[118-120]。

② 灵敏度和动态范围。灵敏度是衡量器件对输入刺激变化的响应能力通过输出脉冲频率变化量与输入刺激变化量的比值（$\Delta f/\Delta x$）量比[121-123]；动态范围则反映器件可检测输入值的范围。如今的挑战是高灵敏度通常会缩小动态范围，而宽动态范围会降低灵敏度[124]。通过新材料（如铁电材料和多孔复合材料）[125, 126]的开发有助于实现高灵敏度和宽动态范围的结合，并可以根据具体应用需求优化性能。

③ 线性度。线性度是指输出尖峰频率与输入变化的比例关系，是精确测量和数据一致性的重要指标，可通过公式：线性度误差 =Dout（max）/Outf.s×100% 来量化评估[127]。传感器线性度可通过微结构和材料设计进行优化[125, 128-130]，但 ASNs 响应的线性度仍需突破。

④ 响应时间。响应时间是指从刺激检测时间到准确输出脉冲的时间间隔，对实时应用至关重要。振荡型 ASNs 响应时间为微秒级，积分发放型（LIF）ASNs 因积分过程耗时，响应时间为毫秒级。改进传感器的特性（如材料的可压缩性和弹性）可进一步缩短响应时间[131]。

⑤ 分辨率。分辨率是指 ASNs 可检测和编码的最小输入变化，是高精度测量的关键指标。需要注意的是，高分辨率会增加数据量并提高处理需求，而低分辨率适用于趋势分析或非精确应用。通过传感器制造工艺改进和微结构设计可显著提升 ASNs 的分辨率[132, 133]。

⑥ 稳定性。稳定性是指 ASNs 在运行寿命周期内对环境变化（如温度、湿度）保持一致输出的能力。高稳定性确保器件输出可靠，减少维护和校准频率；对于短寿命设备（如可降解植入式电子器件），则要求具备特定环境的适应性。采用热稳定的设计和针对应用优化的寿命策略（如可溶解设备）是当前研究重点。

表 7-3 总结了各类人工感知神经元的性能指标情况。

表 7-3 不同类型人工感知神经元的关键性能指标对比汇总

感知类型	器件构成	功耗	灵敏度	动态范围	线性度 /%	响应时间	年份	参考文献
触觉	莫特忆阻器+压力传感器	0.14mJ	3kHz/kPa	$3.8\sim10.8$kPa	13.8	0.0321ms	2022	[134]
	莫特忆阻器+压力传感器	0.6nJ	23.3MHz/kPa	$0.3889\sim0.700$kPa	25.17	1.4μs	2021	[135]
	莫特忆阻器+TENG	4nJ	—	—	—	21ms	2020	[136]
	OTS忆阻器+压力传感器	3.54nJ	70.6kHz/kPa	$6\sim20$kPa	20.8	<1μs	2022	[137]
	莫特忆阻器+压力传感器	28.5nJ	60.8kHz/kPa	$4.8\sim6.4$kPa	17.3	4.71μs	2022	[138]
	莫特忆阻器+压力传感器	2.1nJ	3kHz/N	$1.37\sim2.85$N	12.5	1.5μs	2024	[139]
	扩散型忆阻器+压力传感器	30mJ	—	—	—	—	2020	[137]
	莫特忆阻器+压力传感器	40nJ	26.6kHz/mN	$0.25\sim1.02$mN	12.5	—	2022	[140]
	STL MOSFET+TENG	0.98nJ	1.6kHz/kPa	$3.2\sim5.09$kPa	25.41	0.107s	2022	[141]
	扩散型忆阻器+TENG	0.84mJ	—	$10\sim40$kPa	—	3.72s	2022	[142]
听觉	STL MOSFET+TENG	67.5nJ	680Hz/dB	$70\sim110$dB	27.22	0.037s	2023	[143]
味觉	STL 晶体管+生物传感器	40pJ	133Hz/pH 100Hz/log $[Na^+]$	pH:$3\sim9$ Na^+:$10^{-4}\sim10^{-1}$Mol	pH:63.29 Na^+:22	pH:0.001s Na^+:0.001s	2022	[144]
生物化学	有机电化学晶体管	750nJ	0.38Hz/mM NaCl	$80\sim160$mM NaCl	29.6	2s	2022	[62]
嗅觉	扩散性忆阻器+气体传感器	0.6nJ	—	$0\sim2\times10^{-6}$@NH_3 $0\sim20\times10^{-6}$@Co $0\sim3\times10^{-6}$@Acetone $0\sim2\times10^{-6}$@NO_2	10@NH_3 20@CO 6@Acetone 21@NO_2	200s	2022	[145]
	STL MOSFET+ 气体传感器	6uJ	31.25Hz/$\times10^{-6}$@NH_3 7.5Hz/$\times10^{-6}$@CO 583Hz/$\times10^{-6}$@Acetone 50Hz/$\times10^{-6}$@NO_2			0.007s	2022	[146]

续表

感知类型	器件构成	功耗	灵敏度	动态范围	线性度/%	响应时间	年份	参考文献
热觉	莫特忆阻器	40nJ	—	313～393K	—	13.5ms	2023	[147]
	STL MOSFET	5nJ	17.21Hz/℃	30～110℃	18.3	0.1ms	2021	[148]
	扩散型忆阻器	90pJ	1.73Hz/℃	20～80℃	24	3.2ms	2022	[149]
	莫特忆阻器	3nJ	0.23kHz/℃	5～40℃	3.6	0.001ms	2022	[150]
	扩散型忆阻器	—	—	35～65℃	—	0.5s	2022	[151]
视觉	STL MOSFET	0.27nJ	1.6Hz/μW@1550nm	397～1550nm 0.5～20mW@1550	—	0.005s	2021	[152]
	扩散型忆阻器	1.7nJ	10.83Hz/cm	0～30cm	19.38	0.1s	2022	[64]
	二维忆阻晶体管	100nJ	—	0～25W/m²	—	0.8s	2022	[153]
	二维忆阻晶体管	—	1.12kHz/（W/cm²）	0～80W/cm²	10.8	10us	2023	[154]
	STL MOSFET	10nJ	18.4Hz/mW	0～1.24mW	10.6	0.019s	2020	[107]
	扩散型忆阻器	1mJ	15Hz/mW	0～2.5mW	23.07	0.11s	2021	[155]
	莫特忆阻器	130nJ	—	0～100mW	—	0.044s	2023	[156]
	扩散型忆阻器	10nJ	—	—	—	—	2022	[157]
	扩散型忆阻器	0.6pJ	2kHz/（nW/μm²）@360nm 22.2Hz/（nW/cm²）@405nm 0.22Hz/（nW/μm²）@532nm	360～532nm 0.03～0.5nW/μm²	22.05@360nm 17@405nm 40@532nm	0.25ms	2023	[158]

/ 人工感知神经元产业发展的战略意义

人工感知神经元产业的发展具有深远的战略意义，不仅能够推动科技进步和产业升级，还能提升国家竞争力，助力我国在全球科技竞争中占据有利地位。

7.1.3.1 推动新一代人工智能与经济社会深度融合

人工感知神经元作为下一代非冯·诺依曼计算系统的基础核心器件，有望为传感技术带来革命性变革，促进下一代人工智能战略的深入推进。一方面，人工感知神经元器件有利于提升传感系统的性能，其通过高速、高能效的将环境连续信息转换为电脉冲信号，为 SNNs 第三代人工神经网络提供更接近生物神经元的信号输入。另一方面，人工感知神经元器件将极大地拓展类脑智能技术在经济社会发展中的应用，在人工智能与机器学习、机器人、医疗健康、物联网、自动驾驶、消费电子、工业自动化、游戏娱乐等多个行业领域表现出广阔的应用潜力，有望推动传统产业的智能化升级，促进经济结构转型，进一步改善民生，提升社会福祉。

7.1.3.2 助力培育新质生产力推动产业高质量发展

根据 IDC 数据，2024 年全球人工智能工厂总投资规模为 3158 亿美元，预计到 2028 年将激增至 8159 亿美元。而中国作为亚太地区人工智能市场发展的领头羊，占亚太地区人工智能工厂总投资超五成，预计到 2028 年中国人工智能工厂总投资规模将突破 1000 亿美元。根据国际市场研究机构 Verified Market Research 发布的报告，2020 年全球类脑智能市场规模为15.14 亿美元，预计在 2030 年达到 140.48 亿美元。人工感知神经元产业作为人工智能产业链基础层的重要细分产业之一，也是类脑智能产业的基础产业，是新质生产力的重要组成部分，其具有巨大的市场潜力和发展空间。一方面，其发展能带动上下游相关产业的协同发展，如材料研发、器件制造、系统集成、应用开发等，形成完整的产业链条，培育新的经济增长点，提升国家在全球新兴产业领域竞争力。另一方面，在传统芯片和器件等领域，美国、日本、韩国等发达国家长期占据领先地位，我国面临一定的技术差距，而人工感知神经元产业尚处于发展初期，各国处于同一起跑线。我国若能抓住机遇，加大在该领域的研发投入和产业化布局，有望在这一新兴领域实现弯道超车，打破国外技术垄断，提升我国在全球电子信息产业中的地位。

7.2 / 全球人工感知神经元产业发展现状及趋势

7.2.1 / 全球人工感知神经元产业发展历程

20 世纪 40 年代，McCulloch-Pitts 神经元模型提出奠定了人工感知神经元器件理论研究的基础，此后，人工感知神经元器件发展经历了"神经科学启蒙及早期理论奠基阶段—人工感知神经元材料及器件突破创新发展阶段—多模态融合及系统集成发展阶段"三大阶段，如

图 7-3 所示。目前，基于传统 COMS 工艺的人工感知神经元器件已有部分应用落地（如 DVS 等类脑传感器、类脑感知芯片等），但基于新型器件的技术研发仍有待突破，尚未实现大规模产业化。

7.2.2 全球主要经济体人工感知神经元产业发展现状

人工感知神经元产业是链接物理世界和数字世界的关键桥梁，作为新兴产业，包括美国、欧盟、日本、韩国在内的主要经济体目前均处于发展初期，各国政府敏锐捕捉到人工感知神经元产业对于未来科技竞争的战略意义，纷纷出台一系列政策支持该领域的研究与应用，吸引包括高校和科研机构、半导体企业以及科技巨头参与相关产业发展。

神经科学启蒙及早期理论奠基阶段 1940-1990年

McCulloch-Pitts模型
由美国心理学家Warren S. McCulloch和数学家Walter Pitts提出的神经元网络模型，该模型是神经网络研究的开端，首次用二进制逻辑模拟神经元激活机制，旨在通过数学方法描述神经元的状态和信息处理功能，但缺乏动态学习能力。

感知机模型
美国心理学家Frank Rosenblatt提出一种具有单层计算单元的神经网络，称为感知机（perceptron）。
这是第一次M-P模型脱离于生物学概念正式进入了人工智能领域，但受限于硬件条件难以扩展。

忆阻器理论提出
蔡少棠教授在理论上预测了能够连接磁能量和电荷的第四种无源电路元件——忆阻器的存在。

神经形态工程概念
加州理工Carver Mead教授团队开发硅视网膜（sillcon retina）和硅耳蜗（cochlea），首次用CMOS电路模拟神经元和突触功能实现生物感知预处理功能。

脉冲神经网络理论发展（SNN）
1997年计算机科学家Wolfgang Maass提出，由脉冲神经元构成的网络（SNN）将成为继人工神经网络后的"第三代神经网络模型"，强调时间编码和事件驱动计算，模仿生物神经网络。

1943年　　1957年　　1971年　　1980S　　1990S

人工感知神经元材料及器件突破创新发展阶段 2000-2020年

第一台动态视觉传感器DVS研发
Delbruck团队和iniVation公司推出了第一台实用的事件相机，即一款128×128像素的动态视觉传感器。DVS像素电路的结构包括光传感器、放大器和比较器。

纳米级硅基忆阻器研发
美国密歇根大学JO SH，CHANG T研究团队通过实验展示了纳米级硅基忆阻器器件，并表明由互补金属氧化物半导体神经元和忆阻突触组成的混合系统可以支持重要的突触功能，例如脉冲时序依赖可塑性。

2014年IBM发布TrueNorth芯片
4096个神经突触核心、100万个神经元，功耗仅70mW，首次在硬件层面实现脉冲神经网络（SNN），功耗仅为传统芯片的万分之一。

2016年人工感知神经元器件突破（扩散型忆阻器）
马萨诸塞州阿姆赫斯特大学电气和计算机工程教授Joshua Yang团队研发扩散型忆阻器，其原子扩散的方式和所需的时间与生物突触传导神经递质的过程更为相似，研究实现了对生物突触的忠实模拟，创造出了真正的突触模拟器。

2017年二维忆阻晶体管（2D memtransistor）神经元器件研发
武汉大学肖湘衡教授团队以及清华大学田禾课题组开始探索基于二维材料的忆阻晶体管以及基于二维材料的神经形态器件研究，这种器件结合了晶体管和忆阻器的功能，推动了二维材料在类脑计算中的发展。

清华大学天机芯
清华大学精密仪器系施路平教授团队开发世界首款异构融合类脑芯片，该芯片由156个FCores组成，包含约40000个神经元和1000万个突触。相较于IBMTrueNorth芯片，其密度提升20%，速度提高至少10倍，带宽提高至少100倍，可用于自动驾驶汽车和智能机器人。

2005年　2008年　2010年　2013年　2014年　2014年　2016年　2016年　2017年　2017年　2019年

首款DVS芯片发布
Lichtsteiner等在IEEE JSSC上发表首款DVS芯片，基于异步地址事件表示的像素电路，每个像素独立触发脉冲信号，实现微秒级时间分辨率，仅响应光强变化事件（如运动目标），数据量比传统摄像头减少90%以上。

忆阻器研发成功
惠普实验室证实蔡少棠1971年理论，实现TiO₂忆阻器，其非易失性电阻特性模拟突触权重调节。开启神经形态硬件的物理实现时代。

人工神经元器件突破（莫特忆阻器）
惠普实验室利用NbO₂材料制作的莫特忆阻器，模拟了Hodgkin-Huxley（H-H）模型的神经元电路，实现了"全有或全无"、不应期等神经元特性。

2014年STLFET神经元器件的提出
浙江大学的研究团队开始探索基于单晶体管的神经元器件，提出了利用单晶体管锁存器场效应晶体管（STLFET）来模拟生物神经元的功能。

2016年纳米随机相变神经元
IBM苏黎世研究中心制成了世界首例纳米随机相变神经元。相变神经元信号传输速度很快、功耗很低，而且在相同变输入信号下，多个相变神经元的输出会有轻微的不同，很好地模拟了生物神经元的特性。

2017年英特尔发布Loihi芯片
采用14nm工艺，引入异步脉冲神经网络（SNN），是首个支持片上学习的神经形态芯片，能效比GPU高1000倍，推动神经形态计算实用化。

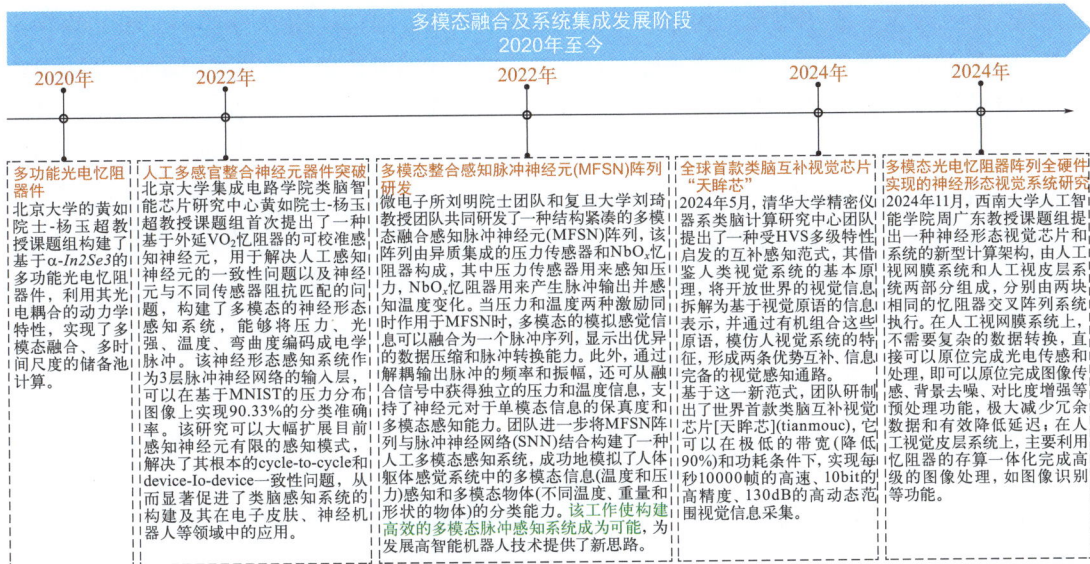

图 7-3　全球人工感知神经元器件及相关产业发展历程

7.2.2.1　美国人工感知神经元相关产业发展现状

美国类脑智能产业发展处于全球领先，政策方面，其在 2013 年启动了"BRAIN 计划"开启神经科学的深入探索，为类脑智能产业的发展奠定了理论的基础，同时，国防高级研究计划局（DARPA）资助了多个针对神经形态材料和硬件的研究项目，推动了类脑智能硬件的研发。在人工感知神经元器件领域，美国政府通过出台《国家人工智能研究与发展战略计划》（2016 年发布，2019 年和 2023 年进行两轮更新），将感知相关人工智能技术列为重点研究投资方向，支持相关技术研发及产业发展。产业基础方面，美国的英特尔、IBM 等类脑智能硬件科技巨头以及斯坦福大学、麻省理工学院等顶尖高校通过深度合作，形成了成熟的产学研高度协同的创新模式，开发高性能神经形态材料和器件，为人工感知神经元器件产业的发展提供了较好的产业基础。同时，IBM、Intel 等科技巨头也积极支持人工感知神经元领域相关初创公司的产品应用，例如，IBM 采用 Delbruck 团队和 IniVation 公司（现已被时识科技收购）开发的第一款商用的 DVS128 作为类脑芯片 TrueNorth 的视觉感知系统来进行快速手势识别；Intel 为 Prophessee 公司提供 1500 万美元的项目资助，支持其与 Posch 团队研制的商用 ATIS 应用于自动驾驶汽车的视觉处理系统。巨头的应用支持也为人工感知神经元产业的应用落地提供有力支撑。

7.2.2.2　欧洲人工感知神经元相关产业发展现状

欧洲在推进人工感知神经元产业发展上，采取了联合欧洲各国科研力量的策略。欧盟"人类大脑计划（HBP）"作为全球最大的脑科学研究项目之一，将神经形态计算和感知列为"关键数字技术"（key digital technologies，KDT）的重要组成部分，整合欧洲众多顶尖科研机构和高校，为人工感知神经元的基础研究提供了充足的资金支持和科研平台，加快了技术创新的速度。欧盟通过"地平线 2020"计划（2014—2020 年）和"地平线欧洲"计划（2021—2027 年）资助人工感知神经元的研究，旨在推动人工智能和感知技术的发展。同时，瑞士苏黎世联邦理工学院、德国海德堡大学、英国曼彻斯特大学、英国剑桥大学等科研机构均在人工感知神经元器件研发方面取得了显著的成果。其中，德国海德堡大学、英国曼彻斯特大学、英国剑桥大学等主要聚焦研发基础的神经形态器件和突触，并构造了具有代表性的神经形态芯片或系统；瑞士苏黎世联邦理工学院孵化了人工感知神经元器件领域的初创公司 iniVation（已被 SynSense 收购），是基于事件的动态视觉传感器（DVS）技术的市场引领者之一，产品主要应用于机器人、无人机和物联网设备。除 iniVation 之外，欧洲人工感知神经元产业领域也涌现了一批优质的初创公司，包括法国 Nectone 公司（开发了基于神经形态计算的视觉传感器，用于工业自动化和机器人）、德国 Brainy Vision 公司（专注于开发神经形态视觉传感器和相关算法，应用于医疗、工业和消费电子领域）等。

7.2.2.3　日本人工感知神经元相关产业发展现状

日本政府将类脑计算作为国家重点发展的科技领域之一，通过"脑科学与人工智能融合研究推进战略"等政策，引导科研资源向类脑计算及机器人研究方向倾斜。日本企业和科研机构在政策引导下紧密合作，在材料科学、半导体制造工艺等方面的优势，为人工感知神经元的研发提供了坚实支撑，包括索尼等传统传感器企业、东京大学等高校科研机构均在神经感知器件领域开展了相关的研究和布局，其中，索尼公司主要布局 DVS 研究，2020年 Prophesee 公司和 Sony 合作推出较高分辨率的基于时间的异步图像传感器（asynchronous time-based image sensor，ATIS）芯片 GEN4-CD，分辨率达到 1280×720，对比灵敏度降为11%，像素面积降为 4.86μm×4.86μm，性能指标得到明显提升；东京大学主要聚焦神经形态计算和系统的研究，包括人工视觉感知系统及神经形态图像传感。

7.2.2.4　韩国人工感知神经元相关产业发展现状

韩国政府通过《人工智能国家战略》和"数字新政"等政策，将人工智能列为重点发展领域，并设立专项科研基金，鼓励企业和高校开展类脑计算相关研究。韩国三星、LG 等科技企业凭借自身在半导体领域的强大实力，积极响应政策号召，投入大量资源进行新型神经形态器件的研发。三星在存储技术和芯片制造工艺上的优势，使其在开发基于忆阻器等新型器件的人工感知神经元方面取得显著进展，同时，三星凭借其在传感领域的产业基础，积极布局 DVS 领域，其在 2014 年推出 DVS-GEN1，使用三星 90nm 背照式 CIS 工艺制造，设计实现了 640×480 的空间分辨率、66dB 的动态范围，随后推出了多款迭代的产品。三星在神经形态器件及动态传感器芯片领域的研究不仅提升了韩国在该领域的国际竞争力，也推动了韩国相关产业的发展。

7.2.3　人工感知神经元潜在应用领域

人工感知神经元（ASNs）具有将外部模拟信号转换为脉冲信号的能力，在多个技术领域展现出重要的应用价值。

① 机器学习领域。一方面，由于 ASNs 可以将外部数据转换为脉冲，因此非常适合与SNN 集成，实现机器学习与传感器结合，更好地用于解析传感数据，如图 7-4 所示[159-163]。以手势识别为例，北京大学集成电路学院杨玉超教授团队（2022 年）开发可校准 ASNs，通

过检测手指曲率生成脉冲信号［图7-4（a）］[164]。该系统通过分析不同手势的脉冲模式，验证了脉冲神经形态感知的有效性，并可将信号输入SNN进行分类训练［图7-4（b）］。另一方面，储备池计算作为新兴技术，利用循环神经网络（RNN）中的"储备池"结构处理时序数据。其非线性动态特性支持复杂计算，且可通过脉冲输入进行训练[165,166]。韩国延世大学团队（2022年）开发的ATTN系统将生物组织刚度分布转换为脉冲信号［图7-4（c）］，通过数据增强和时间序列处理后，由水库网络实现肿瘤分类［图7-4（d）］[137]，展现了其在医学诊断中的应用潜力。此外，在脉冲耦合神经网络领域（PCNNs），PCNNs通过神经元同步机制融合时空信息，擅长复杂模式识别[167, 168]。西安电子科技大学郝跃院士团队（2020年）基于Mott忆阻器和IGZO4光传感器构建的AVN系统［图7-4（e）］，可将不同紫外线波长组合（254/365nm）转换为特定脉冲频率，成功实现高噪声环境下600×600像素蝴蝶图像的精准分割［图7-4（f）］[169]，验证了ASNs与PCNNs在图像处理中的协同优势。

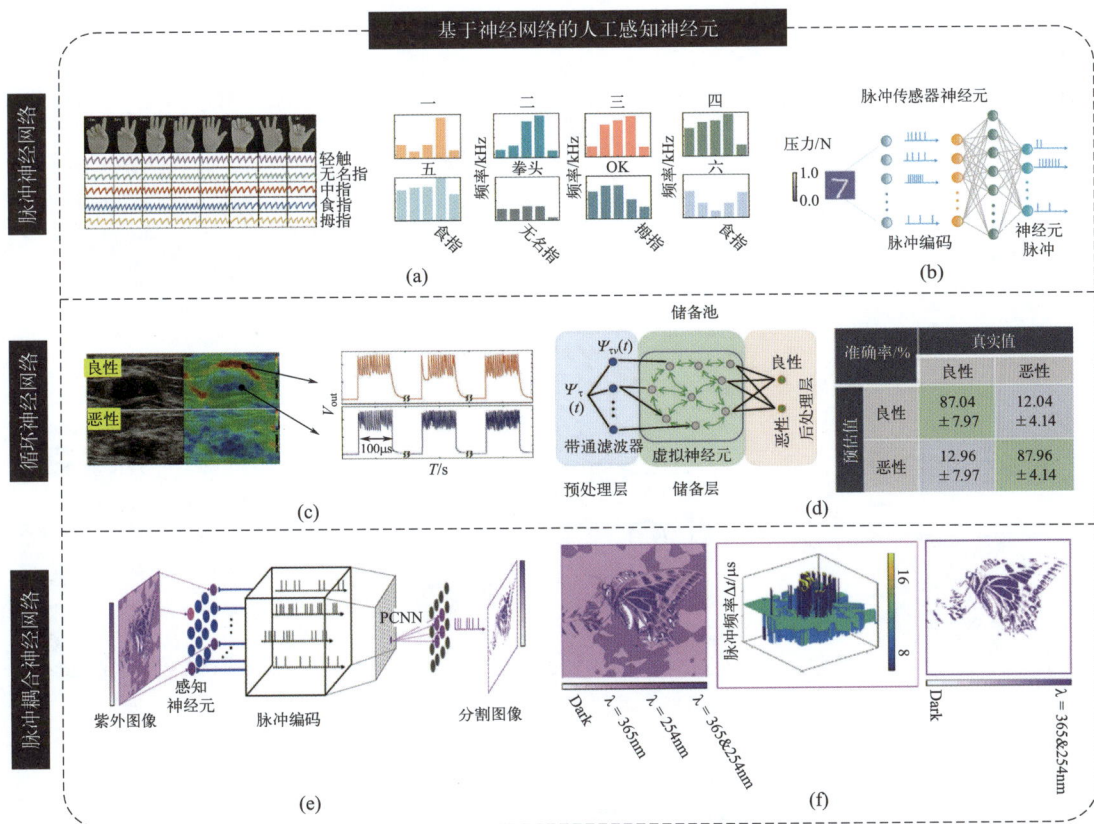

图7-4　ASNs在机器学习领域的应用

②疼痛感知领域。ASNs可以用于模拟伤害感受器特性，如图7-5所示。中国科学院大学集成电路学院刘琦教授团队（2022年）通过压力传感器和莫特忆阻器构建人工伤害感受器，能模拟生物伤害感受器的"阈值"［图7-5（a）］"松弛""无适应""感觉"等特征，还可体现"痛觉过敏"和"触诱发痛"现象［图7-5（b）］[140]。北京大学张锦院士团队（2022年）开发一种基于ATMN的热伤害系统，其中使用了CsPbBr3@graphdiyne纳米晶体［图7-5（c）］集成

的热电模块用于检测外部热刺激并将其转换为电压信号，这些信号可以激活 ATMN［图 7-5（d）］，产生的尖峰信号随后被传输到电机控制器，指挥机械臂从热源逃离［图 7-5（e）］[170]，这款尖峰伤害感受系统能根据温度刺激使机器人手臂做出相应反应，有助于开发智能传感系统，并促进仿人机器人、神经假肢和神经接口的构建。

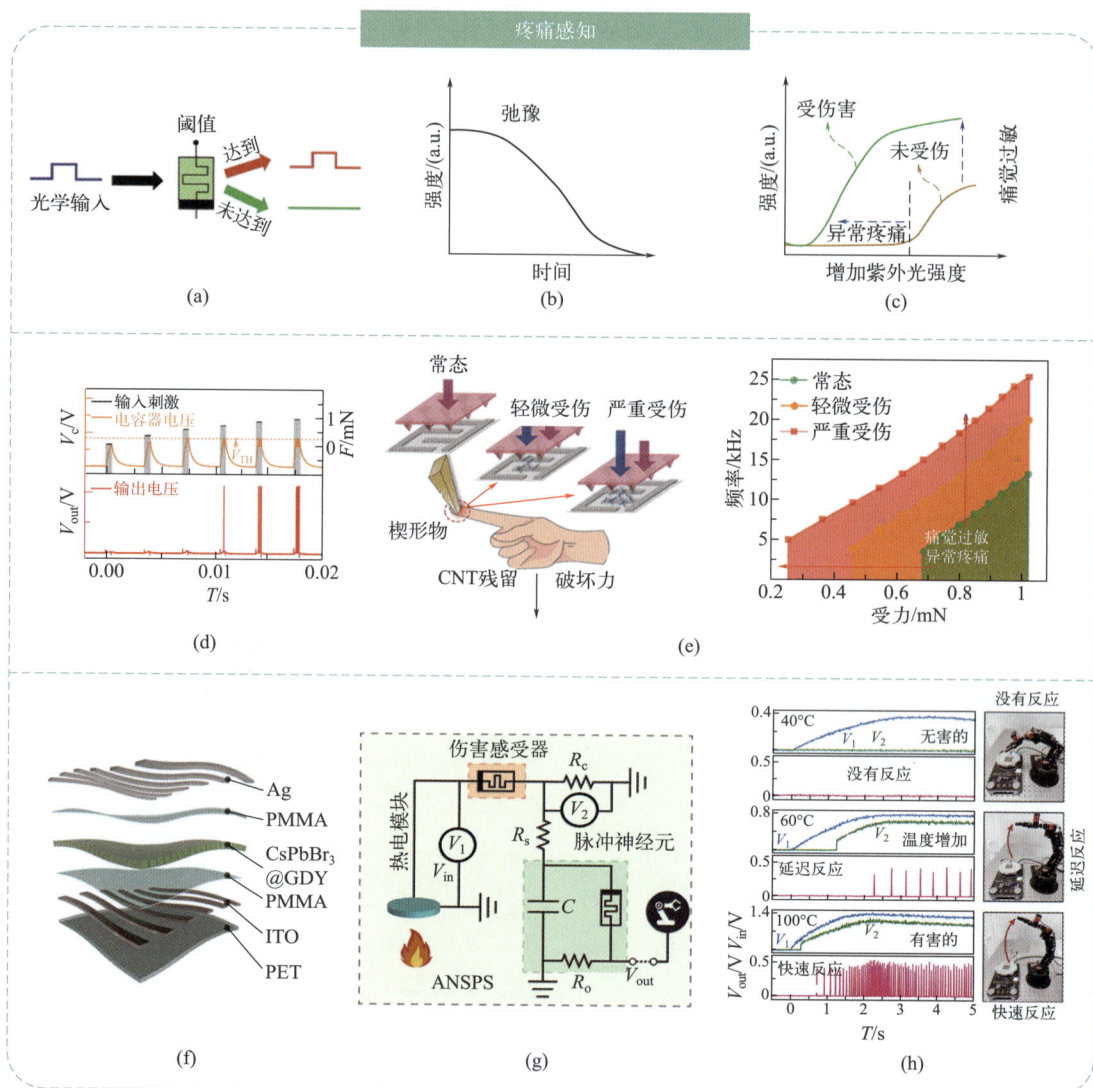

图 7-5　ASNs 在疼痛感知领域的应用

③ 避障领域。避障是生物体通过感知、神经处理和运动调控防止与环境危险物体接触的机制，如图 7-6 所示[171, 172]。例如蝗虫依赖运动检测神经元避开同类——这类神经元通过分析物体角速度和尺寸激活抑制信号：当物体接近时，神经元放电率先升高后骤降，形成预警信号［图 7-6（a）］[173]。传统视觉芯片（如 VLSI 系统）虽能实现碰撞检测，但存在功耗高和体积大的限制[174, 175]。人工视觉神经元（AVN）为此提供了新思路，河北大学闫小兵教授团队（2021 年）开发的 AVN 能根据光强变化调节尖峰频率：自动驾驶车辆会车时，AVN 感知

对方车灯光强变化并输出对应脉冲信号，通过实时频率差控制车速，最终实现安全减速［图7-6（b）、（c）］[176]。深圳大学团队韩素婷教授团队（2021年）则构建了仿生复眼系统：由20×20个AVN组成的阵列可模拟运动检测神经元动态，其核心采用银／黑磷纳米片与钙钛矿量子点异质结构，通过光生载流子分离实现光强-尖峰频率的精准调控［图7-6（d）］，集成该系统的机器人汽车能在尖峰频率超过阈值时自动转向避障［图7-6（e）］[155]。

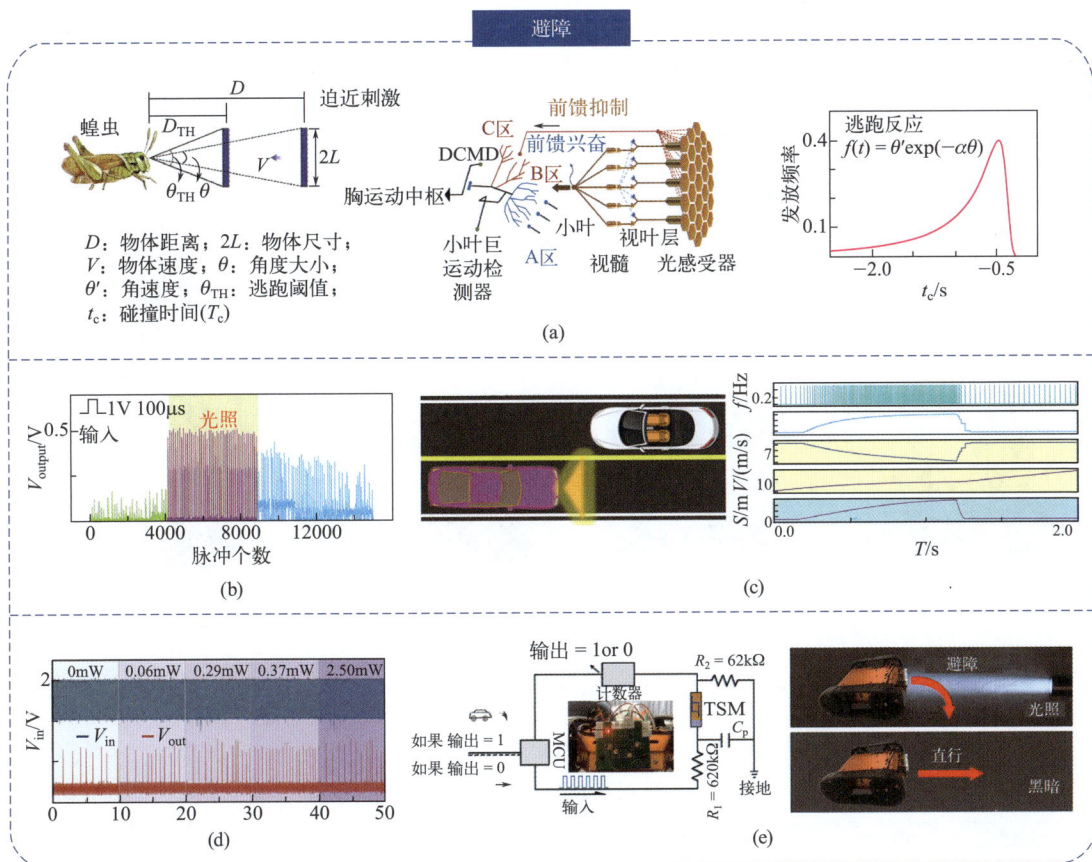

图7-6　ASNs在避障领域的应用

④ 人工神经接口领域。人工神经接口通过仿生神经通路连接生物神经系统与电子设备，可帮助截肢者操控假肢或瘫痪患者实现脑机交互，如图7-7所示。华中科技大学缪向水教授团队（2024年）基于VO$_2$忆阻器开发柔性跨模人工感知神经元（ASNs）[177]，能同步编码热和压力刺激：当外界刺激增强时，尖峰频率成比例上升［图7-7（a）～（c）］。该ASNs集成传感与反馈系统，使机器人手臂能智能响应环境——微弱压力下保持静止，遇强压或高温时精准执行抓取／松手动作，模拟人类反射行为［图7-7（d）、（e）］，在人机交互中具有广阔应用前景。

随着人工感知神经元在上述技术领域应用的不断成熟，相关技术也将更好地赋能包括人工智能与机器学习、机器人、医疗健康、物联网、自动驾驶、消费电子、工业自动化、游戏娱乐等多个行业（表7-4）。

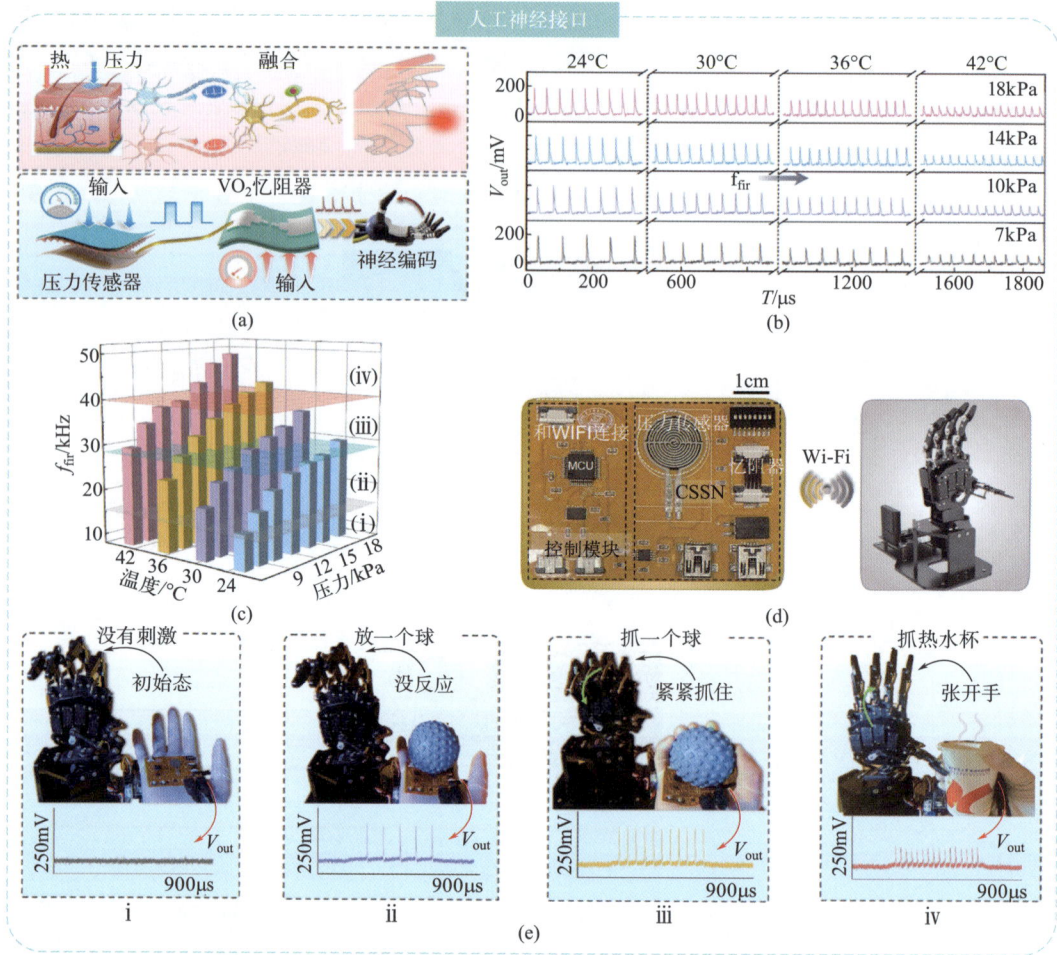

图 7-7 ASNs 在人工神经接口领域的应用

表 7-4 人工感知神经元器件潜在行业主要应用领域汇总

行业领域	主要应用	关键应用点	行业领域	主要应用	关键应用点
人工智能与机器学习	√应用涵盖了从硬件加速到算法优化的多个方面。 √感知神经元器件能够显著提升 AI 系统的效率、适应性和可解释性。	·神经网络加速器 ·边缘计算 ·类脑计算与神经形态计算 ·强化学习与自主决策 ·数据压缩与高效存储 ·自监督学习与无监督学习 ·可解释 AI 与透明决策	自动驾驶	√应用涵盖了从环境感知、路径规划到车辆控制和用户体验的各个环节。 √感知神经元器件能够显著提升自动驾驶系统的智能性、安全性和效率。	·环境感知与多传感器融合 ·实时路径规划与决策 ·仿真与测试 ·车联网与协同驾驶 ·用户体验与交互
机器人	√应用涵盖了从感知、决策到执行的各个环节。 √感知神经元器件能够显著提升机器人的智能性、适应性和安全性。	·自主导航与环境感知 ·触觉与力觉反馈 ·视觉与图像处理 ·学习与自适应能力 ·多机器人协同 ·安全与故障预测	消费电子	√应用涵盖了从智能家居、可穿戴设备到智能手机和游戏设备的各个环节。 √感知神经元器件能够显著提升消费电子设备的智能性、交互性和效率。	·智能家居 ·可穿戴设备 ·智能手机 ·游戏设备

行业领域	主要应用	关键应用点	行业领域	主要应用	关键应用点
医疗健康	√应用涵盖了从诊断、治疗到健康管理的各个环节。 √感知神经元器件能够显著提升医疗设备的智能性、精准性和效率。	·神经假肢与康复设备 ·健康监测与诊断 ·手术辅助与机器人手术 ·脑机接口与神经调控 ·医学影像处理与分析 ·智能健康管理系统	工业自动化	√应用涵盖了从智能制造、预测性维护到自动化物流和工业视觉的各个环节。 √感知神经元器件能够显著提升工业自动化系统的智能性、效率和可靠性。	·智能制造与柔性生产 ·预测性维护与故障诊断 ·工业视觉与检测 ·自动化物流与仓储管理 ·人机协作与安全监控
物联网	√应用涵盖了从数据采集、边缘计算到设备管理和智能控制的各个环节。 √感知神经元器件能够显著提升物联网系统的智能性、效率和可靠性。	·智能传感器与数据采集 ·边缘计算与本地决策 ·设备管理与预测性维护 ·智能家居与楼宇自动化 ·智能交通与车联网 ·农业物联网与精准农业 ·能源管理与智能电网 ·物流与供应链管理	游戏娱乐	√应用涵盖沉浸式体验、智能交互、游戏AI和云游戏等领域。 √感知神经元器件可以显著提升游戏的沉浸感、交互性和智能化水平，为玩家带来全新的娱乐体验。	·沉浸式体验 ·智能交互 ·游戏AI ·云游戏与边缘计算

7.2.4 全球人工感知神经元产业发展趋势

ASNs 可以快速高效地检测和转换外部连续信号为脉冲信号，显示出在人工智能、智能传感、人工假肢和人形机器人等技术中的巨大应用潜力。当前，人工感知神经元产业正从单点器件突破向系统级应用迈进，核心驱动力在于仿生性能提升、能效比优化及多模态融合。未来需突破热稳定性、响应速度、制造兼容性等瓶颈，同时构建软硬件协同生态，最终在智能硬件、医疗、机器人等领域实现规模化落地。

7.2.4.1 材料与器件创新：追求高性能与兼容性

CMOS 兼容性优先：推动忆阻器、STLFET 等器件与现有半导体工艺兼容，例如通过 3D 集成或环绕栅极结构提升密度，解决大规模制造难题[178, 179]。

低功耗设计：优化莫特忆阻器电极材料（如插入缓冲层），探索铟镓砷等窄带隙材料，降低操作电压至毫伏级，缩小与生物系统能耗差距[152]。

热稳定性提升：通过元素掺杂、界面工程抑制热波动对离子/电子传输的干扰，尤其针对扩散型忆阻器和二维材料器件[102]。

7.2.4.2 集成化与微型化：从单器件到多功能系统

传感-编码一体化：发展"2 合 1"器件（如视觉编码芯片），整合传感与脉冲生成功能，减少毫米级传感器面积依赖。

微纳制造突破：利用先进光刻和 CVD/MBE 技术实现纳米级传感器制造，降低串扰与热效应，推动高密度 ASNs 阵列落地。

柔性基底拓展：开发可穿戴 ASNs 阵列，适配医疗假肢、机器人皮肤等场景，需解决柔性电路的稳定性和多模态集成问题。

7.2.4.3 多模态融合：仿生感知能力升级

动态范围扩展：优化传感器与神经形态器件匹配（如提升 ATTNs 微压检测、AVNs 高低光适应），逼近人类感知极限（如 0 分贝听觉）。

跨模态协同：探索单传感器多刺激响应（如离子 / 化学信号同步检测），或通过异构传感器阵列实现环境全息感知。

7.2.4.4 系统协同与算法优化：构建闭环智能

硬件 - 软件协同设计：开发 SNN 专用算法（替代传统反向传播），匹配 ASN 输出特性（如电压幅度适配），减少接口电路负担。

神经形态系统整合：推动 ASNs 与 Loihi、天机芯等神经芯片深度耦合，结合执行器形成"感知 - 决策 - 行动"闭环，支撑自动驾驶、机器人等实时场景。

7.2.4.5 应用场景扩展：从实验室到产业化

ASNs 应用有望率先在智能自主系统[180]、医疗康复领域及环境监测与物联网领域实现（图 7-8）。

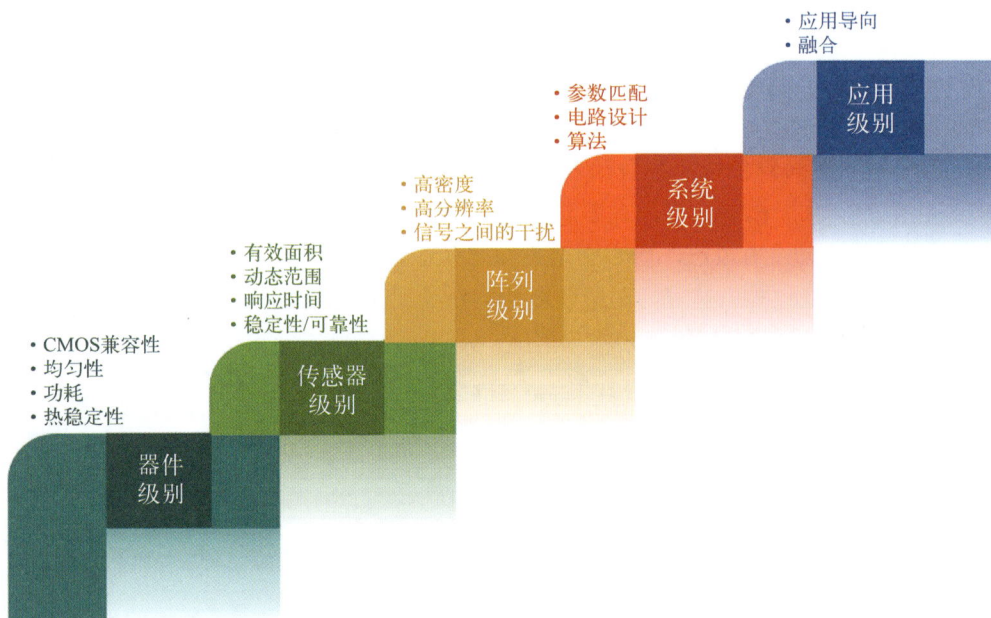

图 7-8 ASNs 从器件层面到应用层面的发展路线

智能自主系统：嵌入自动驾驶、无人机、工业机器人，满足低功耗、实时性需求，例如通过光强 - 尖峰映射实现车辆夜间避障。

医疗与康复突破：发展高灵敏度触觉 ASNs 阵列，助力精准假肢控制；结合脑机接口，为瘫痪患者提供多模态交互方案。

环境监测与物联网：利用 ASNs 能效优势，部署于分布式传感器网络，实时监测温湿度、气体浓度等环境参数。

7.2.4.6 跨学科协作：产学研深度融合

神经科学启发：联合神经科学家解析生物信号传递机制（如分子级电化学动态）指导仿生器件设计。

产业链协同：整合材料学家（新型材料）、工程师（微纳制造）、算法团队（脉冲算法），加速 ASN 从实验室原型到商业化产品转化。

7.3 中国人工感知神经元相关产业发展现状

中国政府积极布局人工智能产业、加快发展脑科学与类脑智能前沿技术，抢抓未来产业发展先机。2016 年，国务院发布的《"十三五"国家科技创新规划》将脑科学与类脑研究列入"科技创新 2030—重大项目"，提出加快发展人工智能技术为导向的类脑研究，支持人工感知神经元器件相关基础理论与前沿技术研究；2017 年，国务院印发《新一代人工智能发展规划》，提出建立新一代人工智能关键共性技术体系，混合增强智能新架构与新技术，重点突破人机协同的感知与执行一体化模型、智能计算前移的新型传感器件等；加快发展智能机器人（攻克智能机器人核心零部件、专用传感器等）、物联网基础器件等新兴产业（支撑新一代物联网的高灵敏度、高可靠性智能传感器件和芯片等），为人工感知神经元器件产业发展及应用指明了方向；2021 年，科技部发布"科技创新 2030"——"脑科学与类脑研究"重大项目申报指南，标志着酝酿 6 年多的"中国脑计划项目"正式启动，该指南共涉及 59 个研究领域和方向，首批科研支持经费达 31.48 亿元，预计整个脑计划整体支持经费规模有望达到百亿甚至千亿级，其中研究基于新型神经形态元器件（包括忆阻器等）的存算一体神经形态芯片以及面向类脑智能实现的脑感知认知神经网络解析是重点支持方向。清华大学（钱鹤、吴华强教授团队）、北京大学（杨玉超教授团队）、复旦大学（刘琦教授团队）、中国科学院微电子研究所（刘明院士团队）等一批国内领先的高校科研院所团队在人工感知神经元器件及系统研发方面取得重要的突破。

从专利申请来看，根据 incopat 数据，截至 2024 年年底，全球人工感知神经元领域共有有效专利（含审中）927 件，其中中国专利数量为 159 件，仅次于美国 373 件，专利数量位居全球第二（图 7-9）。从中国的专利申请人来看，排名有效专利数量前三的专利申请人分别为 SynSense 时识科技（12）、国际商业机器（中国）有限公司（10）、华为技术有限公司（10），此外，清华大学、山东大学、华中科技大学、电子科技大学、北京大学、中国科学院微电子研究所等高校和科研院所的有效专利数量进入前十（图 7-10）。

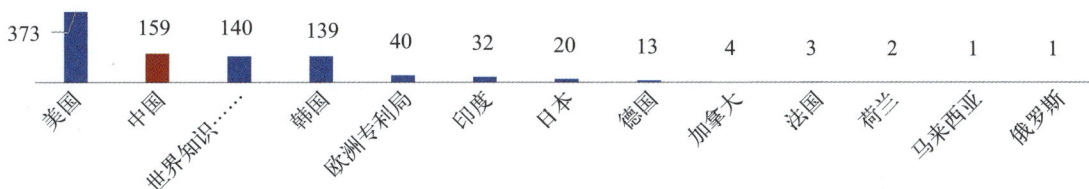

第 7 章

美国	中国	世界知识……	韩国	欧洲专利局	印度	日本	德国	加拿大	法国	荷兰	马来西亚	俄罗斯
373	159	140	139	40	32	20	13	4	3	2	1	1

图 7-9　incopat 统计的全球人工感知神经元领域的有效专利（含审中）

图 7-10　截至 2024 年中国人工感知神经元器件有效专利情况（单位：件）

除政策资金支持外，中国市场丰富的产业应用场景也为人工感知神经元产业发展提供助力。华为、寒武纪等科技巨头在相关领域，特别是忆阻器方面均有布局，同时，包括 SynSense 时识科技、他山科技等一些初创企业也在人工感知神经形态器件及类脑感知计算系统开发应用中取得较大的突破。其中，SynSense 时识科技成立于 2017 年，公司业务聚焦边缘计算应用场景，提供超低功耗、超低延时的全栈式解决方案与服务，是全球首个同时拥有类脑智能领域感知与计算技术，子公司 iniVation 是全球领先的神经形态视觉传感器技术的原创企业，总部位于瑞士苏黎世，与传统机器视觉系统相比，iniVation 神经形态视觉系统具有低延迟、低数据率、高动态范围和低功耗等显著优势。2024 年 8 月，时识科技完成数亿元战略投资，由宁波通商基金领投，华为等大厂成为新进股东。他山科技成立于 2017 年，是一家专注于人工智能触觉传感芯片的创新型企业，公司在触觉感知算法上解决了触觉多维感知信号同时解析的全球技术难题，同时研发出了全球首款数模混合 AI 触感专用芯片，打破了触觉感知在行业发展的瓶颈，形成了在 AI 触觉领域软硬一体的解决方案。其自主研发的触觉传感器，采用先进的 R-SpiNNaker 分布式类脑芯片架构，集成三维空间电容层析算法模型与逻辑四核脉冲神经网络，实现了高精度的三维力感知、材质识别和接近觉感知，公司已与多家机器人产业链合作伙伴，包括人形机器人、灵巧手和机械臂等，建立了紧密合作。

7.4 发展我国人工感知神经元产业存在的主要问题

发展人工感知神经元产业是推动人工智能、类脑计算和智能感知技术自主创新的重要方向，该领域涉及材料、微电子、神经科学、算法等多个学科的交叉融合，是全球技术竞争的前沿。目前我国人工感知神经元产业发展的存在的主要问题有以下六点。

① 核心技术存在瓶颈。器件工艺兼容性、能效与热稳定性不足制约底层性能；ASN 传感器集成度低、动态范围有限影响功能完备性；阵列密度、串扰与多模态感知挑战规模化应用；系统接口冗余、算法与生态缺失阻碍闭环落地。具体来看，有以下几点：

a. 在器件层面，当前神经形态器件的研发面临多维挑战：在工艺兼容性方面，扩散型忆阻器因材料与 CMOS 工艺不兼容而难以规模化，莫特忆阻器虽通过结构优化提升了均匀性，但缺乏大规模集成验证；二维材料的大面积高质量生长技术尚未成熟，成本与性能难以平衡。在能效方面，莫特忆阻器操作电流过高（毫安级），STLFET 驱动电压（约 4V）阻碍低功耗应用，而扩散型忆阻器虽在超低电流下工作，却因循环 / 器件间均匀性差导致可靠性不足。此外，热不稳定性普遍存在，热波动影响忆阻器的离子迁移、STLFET 的载流子行为及二维材料的导电性，尤其是扩散型和二维器件的热管理方案亟待探索。材料与结构创新成为关键，例如通过界面工程限制导电丝随机性，或采用铟镓砷等窄带隙材料降低 STLFET 电压，但实际效果仍需验证。

b. 在 ASN 层面，ASNs 的实用化受限于传感与编码的协同设计：传感器面积（毫米级）远大于神经形态器件（纳米级），导致系统效率低下，亟需开发"传感 - 编码一体化"器件或微纳制造工艺。在性能方面，ASNs 的动态范围显著窄于生物系统（如 AANs 听觉范围 60 ~ 100 分贝，远低于人类的 0 分贝），且响应速度受传感器延迟（毫秒级）主导，需通过材料与器件协同设计扩展感知极限。长期可靠性依赖于神经形态器件的热稳定性，但相关研究不足；研究覆盖度不均衡，触觉（ATTNs）和视觉（AVNs）进展较快，而嗅觉（AONs）、味觉（AGNs）等多模态感知技术滞后，限制了 ASNs 的应用场景拓展。

c. 在阵列层面，高密度 ASNs 阵列的实现面临集成与信号完整性问题：现有传感器单元面积大（平方毫米级），导致阵列成本高、分辨率低，需通过 3D 堆叠或 GAA 结构提升密度[31]。相邻单元的串扰易引发信号错误，复杂抑制电路虽可缓解，但会牺牲读取速度与能效；电阻 / 电容元件产生的热效应（如 IR 压降）进一步干扰编码精度，需优化电路布局减少热耗散。多模态感知仍处探索阶段，多传感器集成面临结构复杂性挑战，而单一传感器解耦多刺激易引发串扰，缺乏通用解决方案。此外，柔性基底上的 ASNs 阵列研究稀缺，限制了其在可穿戴设备、神经假肢等场景的应用潜力。

d. 在系统层面，ASNs 的系统级集成存在软硬件协同瓶颈：ASNs 仅完成感知与编码，需与神经网络、执行器耦合形成闭环，但接口电路（如电压放大器 / 衰减器）增加了硬件复杂性与功耗。突触器件与 ASNs 的输出特性（如电压幅值）不匹配，需要定制化设计以保障信号传递效率。

e. 在算法层面，尖峰神经网络缺乏高效训练方法，传统反向传播算法不适用，制约时空计算能力[32]；软件生态尚未成熟，神经形态计算缺乏统一的系统架构标准，难以像传统计算系统般形成明确的技术堆栈。最终，ASN 的优势发挥依赖于跨层级的协同优化，从器件性能提升到算法创新，再到系统架构标准化，均需突破性进展。

② 产业链基础薄弱。一方面国内半导体产业链整体水平与发达国家差距较大，中小企业在关键环节（如先进封装）缺乏竞争力；另一方面国内产学研合作松散，科研成果转化效率低，企业主导的研发投入不足。

③ 标准化与生态滞后。一方面目前器件层面技术路线多样（如基于忆阻器、二维材料等），缺乏统一标准，导致市场推广困难；另一方面现有国产硬件与主流 AI 框架（如TensorFlow、PyTorch）的适配性不足，开发者生态尚未成熟。

④ 市场需求不明确。一方面人工感知神经元的应用场景尚未大规模落地，与传统传感器相比成本较高、器件稳定性较差，商业化路径不清晰；另一方面下游企业对新兴技术的接受度低，缺乏典型示范案例引导。

⑤ 人才结构性短缺。一方面跨学科复合型人才稀缺，尤其是同时精通神经科学和芯片设计的高端人才；另一方面国内高校相关学科设置滞后，人才培养周期长。

⑥ 政策与资金支持不足。一方面专项扶持政策尚未形成体系，资金分配偏向短期项目，对长期基础研究支持不足；另一方面知识产权保护机制需完善，企业创新动力受仿制风险影响。

7.5 推动我国人工感知神经元器件产业发展的对策和建议

为推动我国人工感知神经元产业发展，需要在技术、产业链、生态和政策层面协同发力，加快产学研协同发展，加速相关技术多元应用场景落地，特提出以下六点建议。

① 要加快核心技术攻关和转化。突破新型材料（如忆阻器、二维材料、有机半导体等）的研发，实现低功耗、高灵敏度的神经元器件；开发仿生感知与计算融合的硬件架构，解决传统冯·诺依曼架构的能效瓶颈；优化器件制造工艺（如纳米级加工、3D 集成技术），提升器件的稳定性和规模化生产能力。支持"感存算一体与多模态器件及系统"研发，针对忆阻器、STLFET 等器件，建立国家级中试平台，加速实验室成果向产线转化；搭建神经形态系统验证平台，建设国家级"感知-决策-执行"闭环测试中心，集成 ASN、类脑感知芯片与类脑传感器，验证自动驾驶、手术机器人等场景性能，加速相关技术应用落地。

② 要促进产业链协同发展。建立"材料-器件-阵列-系统-应用"的全产业链布局，推动产学研协同创新。加强上下游企业合作，包括半导体设备、封装测试等环节的本土化能力。

③ 要标准化与生态构建。制定人工感知神经元的性能评测标准、接口协议和行业规范，解决技术碎片化问题。推动开源硬件平台和算法生态建设，吸引更多开发者和企业参与应用创新。

④ 要推动应用场景落地。推动技术率先在智能机器人、自动驾驶、医疗诊断（如仿生假肢）、物联网边缘计算等领域的示范应用。探索新型感知场景（如触觉、嗅觉模拟），突破传统传感器的功能局限。加快建设示范应用场景，以智慧城市、智能制造等国家战略需求为牵引，加速技术落地验证。

⑤ 要加快人才培养。加强神经科学、材料学、电子工程、人工智能等领域的跨学科人才培养。设立专项科研基金，支持高校、科研院所与企业的联合实验室建设。完善人才政策，设立交叉学科基金，吸引海外高端人才，推动校企联合培养机制。

⑥ 要加强国际合作与知识产权保护。参与全球类脑计算技术标准制定，加强与国际领先机构的合作。规避技术封锁风险，注重核心专利布局和知识产权保护。

参考文献

作者简介

钟帅，广东省智能科学与技术研究院青年研究员，主要研究方向为神经形态器件，类脑计算。先后在西北工业大学、北京航空航天大学、新加坡科技设计大学获得学士、硕士和博士学位。目前发表学术论文 30 余篇，包括 *Nano-micro Letters*、*International Journal of Extreme Manufacturing*、*ACS Applied Materials&Interfaces*、*Advanced Intelligent Systems*、*Applied Physics Letter* 等，担任 *Frontier in neuroscience* 客座编辑，*Brain-X* 青年编委。Email:zhongshuai@gdiist.cn。

张亦舒，浙江大学杭州国际科创中心"求是科创学者"，浙江省海外高层次人才，集成电路学院兼聘教授，浙江省集成电路创新平台兼聘研究员。本科毕业于吉林大学，博士毕业于新加坡科技设计大学。长期从事基于新型存储器实现的存算一体架构和神经形态计算研究，在相关领域发表学术论文 50 余篇，其中以第一作者和通讯作者（含共同）在 *Nature Communications*、*Advanced Materials*、*Advanced Fucntional Materials*、*ACS Nano*、*Nano Letters*、*InfoMat*、*Nano-Micro Letters* 等顶级期刊发表论文 30 余篇，受邀担任 *Frontiers in Neuroscience*、*Applied Sciences* 国际学术期刊客座主编，*International Journal of Extreme Manufacturing*、*Brain-X*、*Progress in Natural Science-Materials International*、*CMC-Computers Materials & Continua* 等国际学术期刊青年编委。Email: zhangyishu@zju.edu.cn。

第8章

微波介质陶瓷（含 LTCC 材料）及其元器件

石 锋　周焕福　雷 文　宋开新　马名生

8.1 微波介质陶瓷及其元器件

8.1.1 微波介质陶瓷的基础理论

微波技术的发展研究起初主要面向军事雷达领域，随着科学技术日新月异的发展，通信信息量的迅猛增加，人们对于便捷式无线通信的需求逐步上升，这就使得微波技术开始向民用化普及。近年来，现代通信业得到了飞速发展，这种飞速发展极大地带动了现代通信相关元器件的需求。在新一代通信技术向 5G/6G 逐渐演进的过程中，通信电子设备和便携式终端正向小型化、多功能化、高频化、高集成化等方向迅猛发展，对电子元器件的集成和封装提出了更为严格的要求。

随着 5G 甚至 6G 技术的迅猛发展，基站建设加速。5G 基站将引入大规模阵列天线技术和集成化的有源天线架构，促使小型化和轻量化成为通信基站基本设计要求。这对微波通信设备及相应的新材料和新器件都提出了越来越高的标准和要求；电子元器件因此将迎来重大变革机遇，其中天线和滤波器等基站核心元器件将率先迎来爆发期。流行于 3G/4G 时代的传统金属腔体元器件不能实现无线频段高抑制的系统兼容，而陶瓷介质腔体则可解决此类问题，且体积更小、重量更轻。微波介质陶瓷元器件是通信基站射频单元的关键组件，是 5G 技术的主流方案，其作用难以替代。

微波介质陶瓷简称微波陶瓷，指应用于微波频率（300MHz ～ 300GHz，波长为 1m ～ 1mm）电路中作为介质材料并完成介质隔离、介质波导及介质谐振等一种或多种功能的陶瓷，是应用于微波频段的多晶无机非金属绝缘体材料。

微波陶瓷是制造介质谐振器、介质滤波器、介质双工器、介质耦合器、介质基板、介质天线、介质多工器等多种元器件的关键基础材料，能满足微波电路小型化、集成化、轻量化的要求，而被广泛应用于移动通信、卫星通信、军事雷达、GPS 导航与定位、航空航天、电子对抗、汽车工业、万物互联、远程医疗、无人驾驶、蓝牙技术以及无线局域网（WLAN）等现代通信领域。微波陶瓷已经成为高技术陶瓷研究的重点领域之一。

微波陶瓷的介电性能主要有相对介电常数 K、品质因数 $Q \times f$ 及谐振频率温度系数 τ_f 等三个关键指标，在很大程度上决定了微波器件的尺寸及性能极限，而介电性能与组分、结构和工艺密切相关；对于一定组成的材料，工艺是至关重要的。根据介电常数不同，微波陶瓷可分为低介电常数、中介电常数和高介电常数三类微波材料。

现代通信技术对微波陶瓷产品需求量巨大，在现代通信系统的微型化、片式化、集成化中起着举足轻重的作用。2023 年，中国微波介质陶瓷市场规模达到 80 亿元，随着 5G 商用进程加快，微波陶瓷以其良好的功能适用性将作为 5G 通信设备的重要组件代替原有金属材料组件，促进了谐振器、滤波器、天线、基板、双工器与微带线等电子元器件模块及相应的微波材料的快速发展，蕴藏了广阔的可成长性的市场空间。预计未来 5 年内中国微波陶瓷行业市场规模会出现爆发式增长。正是这种强大的市场驱动，微波陶瓷得到了广泛而深入的研究。

8.1.2 / 5G 通信技术

具有高数据传输速率和低网络延迟的 5G 技术是下一代移动毫米波通信、雷达、导航、Wi-Fi、蓝牙和电子对抗等通信技术的主要发展方向，是社会向数字化、网络化、智能化转型的基石，在军事领域和民用领域都具有重要的战略意义。5G 基站建设是 5G 技术发展的关键环节，为满足其小型化和轻量化的发展要求，需引入大规模阵列天线技术和集成化的有源天线架构，这对微波通信设备及相应的新材料和新器件提出了越来越高的标准和要求。基于微波陶瓷的元器件是通信基站射频单元的关键组件，是 5G 技术的主流方案，其作用难以替代。

随着 5G 通信的快速发展以及 6G 通信技术开发工作的启动，无线移动通信领域成为微波介质陶瓷的重要应用方向，这给微波介质陶瓷产业的发展带来新的机遇的同时，也对微波介质陶瓷的性能要求越来越高。例如主要应用于谐振器的介电常数在 80 以上的高介微波介质陶瓷需要具有更高的品质因数；能满足集成电路天线、基板以及高频微波元器件高频要求的，介电常数低于 20 的低介微波介质陶瓷需要近零的谐振频率温度系数，以抑制环境温度变化导致的频率漂移。

5G 技术可用于物联网、远程医疗及军事武器装备，具有巨大的经济价值。全球移动通信系统协会（GSMA）于 2020 年 3 月发布的《5G 毫米波在中国的机遇》白皮书提到，预计到 2034 年，在中国使用毫米波频段将产生约 1040 亿美元的经济效益。不同于工作在分米波频段的 2G/3G/4G-LTE 通信模式，5G 通信向着毫米波的微波高频段发展——毫米波通信具有更高的分辨率和更强的天线指向性。2019 年，国际电信联盟提出，5G 最有可能实现频谱范围是 24.25GHz 至 27.5GHz、37GHz 至 43.5GHz、66GHz 至 71GHz 三个波段；随着 5G 规模化商用步入快车道，针对 6G 通信的研发布局已全面拉开帷幕，而国际电信联盟宣布的上述部分毫米波频段或可用于 6G 通信，如图 8-1 所示。

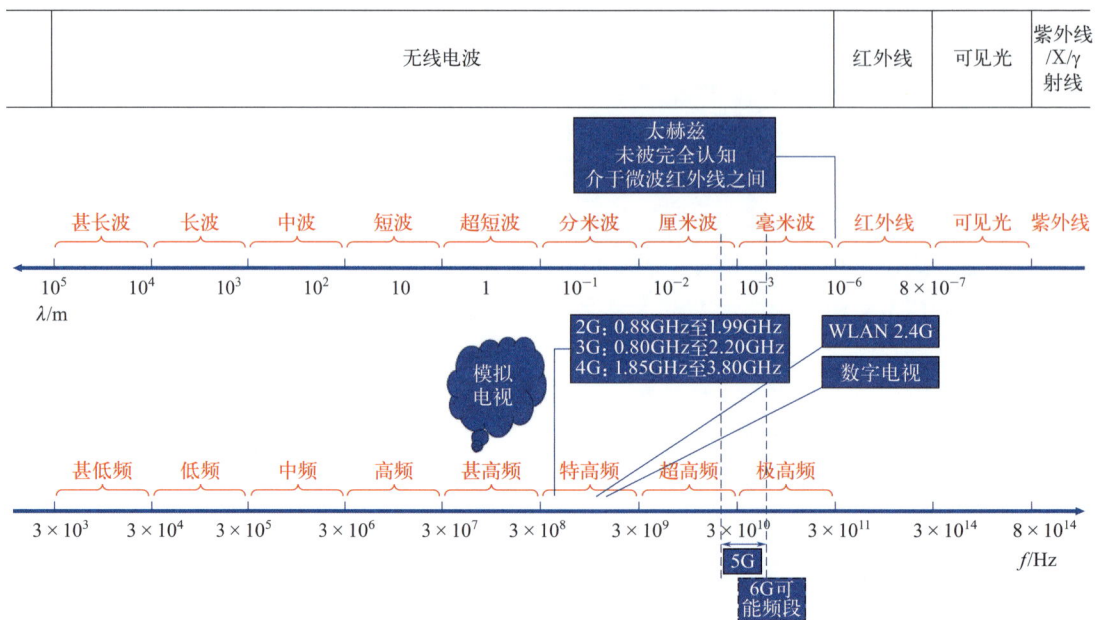

图 8-1 通信频率示意图

8.1.3 国内外研究现状

欧洲、美国、日本等发达地区和国家高度重视微波陶瓷的研发和生产，日本村田（Murata）、京瓷、松下、太阳诱电、NEC、TDK 和美国杜邦（DuPont）、福禄（Ferro）、CTS、Trans-Tech 及德国 Epcos 和英国 Morgan Electro Ceramics 等都是本领域国际龙头企业，它们研发出了各具特色的微波材料体系（表 8-1），市场占有率极高。为保持 5G 技术的领先，美国、澳大利亚、日本等国不断加大对我国的技术封锁，禁用我国生产的通信设备，美国贸易黑名单上涉及我国的企业就有 143 家，大多与电子元器件、设备及关键材料等新兴高科技领域有关。

表 8-1 国际知名公司微波陶瓷材料的性能指标

项目	DuPont	DuPont	Ferro	Murata	Motorola
产品型号	951	9k7	A6M	AWG	T2000
介电常数	7.8	7.1	5.9	8.8	9.1
介电损耗	0.0015	0.0009	0.002	0.005	0.003

我国对微波陶瓷的研制始于 20 世纪 70 ~ 80 年代；经过 40 余年的快速发展，取得了长足的进步，成为世界上微波陶瓷研究最主要的国家之一。为摆脱美国等发达国家的技术

封锁，我国先后出台了若干与微波陶瓷研发和生产有关的文件。2015 年 5 月，国务院发布了我国实施制造强国战略第一个十年的行动纲领《中国制造 2025》，明确指出"加快微波功能模块和微波介质材料的发展"，为我国发展微波陶瓷产业提供了政策支持。2017 年 4 月，科技部发布《"十三五"材料领域科技创新专项规划》，侧重引导突破微波陶瓷制备关键技术，争取实现微波陶瓷供给侧改革；这在我国"十四五"规划中也有体现。总之，目前 5G 甚至 6G 的技术需求为我国微波陶瓷材料和器件的发展提供了重大机遇和挑战。我国亟需自主研发具有优良介电性能的新型微波陶瓷及元器件，实现对日本村田和美国杜邦等国际龙头企业微波陶瓷产品的国产化替代，打破发达国家的技术壁垒。这对国家信息安全具有重要意义。

现阶段，移动通信领域是微波陶瓷的重要应用方向，近几年全球 5G 基站建设的快速推进给微波陶瓷产业发展带来了机遇。万物互联、航空航天等领域的应用给微波陶瓷带来了新的市场增长点，微波陶瓷的应用领域将会不断被拓展。在 5G 向 6G 移动通信逐渐演进的过程中，通信电子设备和便携式终端正向小型化、多功能化、高频化、高集成化等方向迅猛发展，对电子元器件的集成和封装提出了更为严格的要求。

虽然微波陶瓷各个体系的发展已趋于成熟，但仍然存在一些问题：微波陶瓷种类繁多、显微结构复杂多变、外部非本征因素众多，导致新型微波陶瓷基础数据不全、介电响应机制不明晰、内禀性质未得到诠释、构效关系无法定量，没有建立结构性能调控的理论框架，难以实现介电常数、品质因数和谐振频率温度系数三个彼此制约参数之间的协同优化，这严重阻碍了对微波陶瓷新材料的设计和研发。从基础理论—材料—器件—模块设计—系统集成，5G/6G 通信用微波陶瓷含有大量的科学研究内容和技术问题亟待解决。

5G 工作频率主要在毫米波段，要求延迟时间不大于 1ms，这就要求对 5G 电子器件进行新的设计与研究。世界上一些高科技公司，包括华为、高通、英特尔、思科与三星等，发布的 5G 模块正处在设计、研究与试验阶段，产品主要集中在 3GHz 至 10GHz 厘米波频段，在毫米波频段的低介陶瓷器件目前还没有成熟产品推出，实现真正的 5G 毫米波通信为时尚早。三星、高通等公司尝试用美国的福禄 A6M 和杜邦 9K7 等低介陶瓷研制 5G 天线和基板。例如，三星使用 Ferro 的 A6M 陶瓷制备 5G 天线器件，其工作频率为 28GHz，3db 带宽为 6GHz，但损耗却达 10^{-2} 数量级，器件性能还有待进一步提高。

国内也在大力推进针对 5G 微波陶瓷器件的研发和生产，主要有艾福电子、大富科技、灿勤科技、国华新材、顺络电子、麦捷科技、武汉凡谷、嘉兴佳利、浙江嘉康、陕西华星、厦门松元、苏州子波、春兴精工、博恩希普等企业。它们在技术和产能上不断崛起，陆续推出了微波介质谐振器、介质滤波器、小型化微波天线等系列微波产品，整体竞争力逐渐增强，有望在部分产品上实现进口替代。但就整体而言，在技术水平、产品品种和生产规模上与国外相比还有不小差距，许多关键性材料和元器件特别是高端产品，仍然依赖进口。实现产品结构和技术的升级换代仍然是我国企业当前的发展重心。

此外，我国学界也在大力研发微波陶瓷及其元器件，在滤波器、微带谐振天线以及 Wi-Fi-6/E 模组上取得了优异的成绩，部分性能甚至超过了国外同类产品。总之，5G 通信用微波陶瓷器件的研发在国际上尚处于起步阶段，发展前景巨大。

8.1.4 / 微波介质陶瓷材料的发展趋势

8.1.4.1 结构功能一体化

突破微波介质材料功能特性与力学特性相互割裂的现象，探索新型高抗弯强度甚至超高抗弯强度微波介质材料。在陶瓷材料中，压缩时的弹性模量远高于拉伸时（$E_{压} \gg E_{拉}$）。在制备微波介质陶瓷时，由于陶瓷样品形状特征，压缩和拉伸的影响并不显著，因此提高陶瓷的抗弯强度可有效避免陶瓷切割、断裂过程中所造成的损耗。因此，对于微波陶瓷材料，除需要高的微波介电性能外，研究增强其功能特性和力学性能是未来介质元器件发展中的重要一环。

8.1.4.2 材料与器件集成化

从器件角度出发反推微波介质材料的性能，将器件的性能转化为材料的性能，极大缩短了材料配方研发到最后器件应用的周期。

（1）超低的 K 值

微波陶瓷元器件的工作频率提高到毫米波频段，以移动通信终端、Wi-Fi、蓝牙等为主要应用领域。随着 Sub-6GHz 的商用化和 5G 通信第一阶段终端的普及，毫米波和 5G 通信规划应用的 6G 通信频率在 27GHz 及以上。各应用领域选择的工作频段会越来越高，微波陶瓷元器件的频率也会越来越高，毫米波段及以上是主要发展趋势。为符合元器件工作频率朝着更高频的方向发展，微波介质材料的研究重点应该倾向于超低 K 值体系。

（2）更低的介质损耗

从设计微波元器件的角度来看，一个具备较高品质因数的微波介质材料可以保证器件良好的选频特性和较低的损耗。目前对微波陶瓷的研究大部分是通过大量实验而得出的经验总结，却没有完整的理论来阐述微观结构与介电性能的关系。探索和总结各个体系的晶体结构、缺陷、化学键、晶界等对其介电性能的具体影响，以完整的理论模型展示出来，才能在这个领域有所突破。另外，采用新的成形方式、制备方法和烧结技术来继续提高已有体系的介电性能，仍会是研究的重点。因此研究、探索能够实现更高 Q 值和更低损耗的微波陶瓷材料，将引领未来高品质微波介质元器件的技术发展趋势。

（3）近零的谐振频率温度系数

谐振频率温度系数主要由微波陶瓷的相组成和晶体结构确定，实际上，单相陶瓷很难满足谐振频率温度系数近零的要求，因此，一般是选择采用不同频率温度系数的两相或多相材料的复合，来实现正负温度系数数值的抵消以达到最终近零的目标。滤波器陶瓷的晶相影响温漂，也是调整配方的重要指标，可通过元素取代来调节微波介质陶瓷介电响应中离子位移极化的比例，以获得具有近零谐振频率温度系数的微波陶瓷，保证元器件在实际应用中的温度稳定性。

8.1.4.3 制备与使用过程绿色化

（1）更低的烧结温度

烧结温度会直接影响陶瓷的烧结特性，进而影响微波陶瓷材料的性能。目前 LTCC（低温共烧陶瓷）技术已广泛应用于无线通信、消费电子、医疗器械、汽车电子、航空航天及国防军工等领域。利用 LTCC 技术，既可制造单一功能元件，还可以整合前端元件，可有效地降低产品重量及体积，达到产品轻、薄、短、小、低功耗的要求。考虑到低介电常数陶瓷高性能与低烧结温度之间存在的矛盾，因此如何选择合适的低温烧结助剂和开发固有烧结温度低、介电性能优良的新材料体系仍是当前研究的重点方向。

（2）制备材料无毒无害

首先在选料的选择方面避免使用有毒有害化学原料，在材料制备过程中避免有毒有害有机物。推进材料制备工艺向绿色、环保的方向发展，在制备过程的各个阶段进行研究和改进，践行材料新发展理念。

8.1.5 ╱ 微波陶瓷材料的发展建议

在面对 5G 应用与 6G 技术研发的时代背景下，介质谐振器、介质滤波器、双工器和多工器均是通信基站射频单元的关键组件。大规模建立 5G 基站对微波陶瓷材料提出了高速、高频、高度集成化和超低损耗等性能要求，开发出具有低损耗、高稳定性等优异性能的微波陶瓷材料也是近年功能陶瓷方向研究的重点之一。目前主要对如下重点微波陶瓷材料进行攻关。

8.1.5.1 超低介、超低损耗、超低温微波陶瓷的开发

介电常数是决定微波陶瓷应用领域的关键因素。介电常数较小，则有利于降低信号延迟、提高通信速率；介电常数较高，则有利于器件小型化、模块化以及集成化。由于低介电常数陶瓷（简称低介陶瓷）在毫米波高频下具有低介电损耗、电容耦合性好、化学和热稳定性良好、机械可靠性高以及易于过孔和装配外部电路等优点，是介质谐振天线、贴片天线、谐振器、滤波器、基板、双工器、振荡器、微带线等毫米波器件的优选材料；图 8-2 表明低介陶瓷可用于毫米波通信领域。例如，5G 通信中广泛应用的微波基板要求介电常数小于 15 的低介陶瓷，因为低介电常数能减小基板与电极之间的交互耦合损耗，有利于降低传输衰减和发热量，也有利于提高电信号的传输速率。因此，低介微波陶瓷成为 5G 通信技术的关键材料，只有利用低介材料制备的元器件，才能满足 5G 的技术要求。

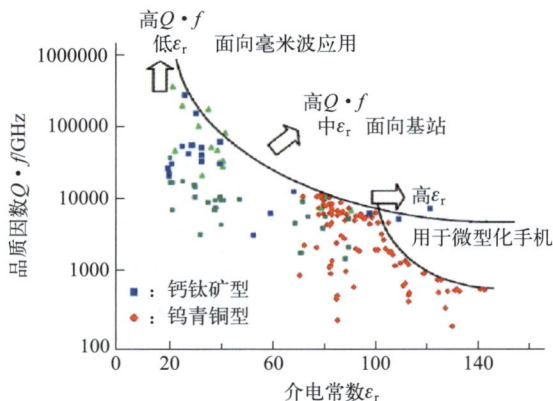

图 8-2 高中低介微波陶瓷的性能与应用对应关系

介电损耗是决定微波陶瓷能否在实际中应用的关键门槛。较高的 $Q×f$ 值表明微波陶瓷具有更好的选频特性，抗干扰能力强。此外，在微波通信领域，微波陶瓷的竞争对手众多，例如金属介质谐振器、复合材料微波材料等。这些竞争对手同时也具有其优点，若想在微波通信领域中占据较大的市场份额，则微波陶瓷需在性能上、品质上以及成本上进行平衡。$Q×f$ 值越高，其市场竞争力也越强。

目前的通信频率主要向高频化发展，即毫米波频段或者更高的太赫兹频段。然而，在高频下，基于微波陶瓷的电子元器件不得不面临信号传输延迟巨大的问题。兼具超低介电损耗、良好温度稳定性的超低介微波介质陶瓷成为解决该问题的主要研究方向，因此超低介微波介质陶瓷的关注度越来越高。目前已经探索出一些具有超低介电常数的致密有机材料与多孔无机材料。但它们或多或少存在介电损耗较低、易吸潮不稳定等无法根除的致命问题。总之，除低介电常数之外，还要考虑两点：

① 高 $Q×f$ 值增强器件的选频特性与降低能量传递损耗；

② 近零 τ_f 可以保证器件在不同工作环境温度下的稳定性，降低工作频率的温漂。即 5G 微波陶瓷要求低介电常数、高品质因数和温度稳定性三参数的综合协同，以满足 5G 通信的技术要求。

另外，研究人员指出，非晶材料与相同组分的晶体材料相比，具有更低的介电常数，因此非晶态微波介质材料也是研究热点与研究方向之一。

8.1.5.2 提高微波陶瓷的力学性能

目前，尽管许多性能优异的陶瓷材料已被开发出，但不断发展的通信技术对微波陶瓷提出了更高的要求，为了更好地适应市场变化，减少因切割，断裂失效产生的损耗，微波陶瓷也需要提高其他性能，如抗弯强度等。

增强微波陶瓷的抗弯强度也至关重要。目前提高微波陶瓷抗弯强度的主要包括：细晶强化；弥散强化；纤维强化；复合、相变强化。

8.1.5.3 优化微波介质陶瓷的烧结技术、制备工艺

随着国家"双碳"政策的推出，促使我国各类制造业、重工业立足新发展阶段，将处理好发展和减排的关系作为关键问题，紧抓绿色低碳发展为关键，加快形成节约资源和保护环境的产业结构、生产方式、生活方式、空间格局，坚定不移走生态优先、绿色低碳的高质量发展道路。微波陶瓷领域隶属于制造业之一，相关企业应从优化烧结技术、制备工艺出发，以达到降低能耗的要求。

烧结温度的高低会影响陶瓷材料的晶体结构和孔隙结构，从而影响其热传导性能。适当的烧结温度可以使陶瓷材料的孔隙结构得到优化，从而降低内部损耗，提高其致密度。因此，对于微波陶瓷的研究，烧结温度的控制也是至关重要的一环。如今，低温共烧陶瓷和极低温共烧陶瓷技术在电子封装应用方面的重要性日渐突出，加快了电子元器件小型化、集成化、模块化的发展趋势。同时对微波陶瓷材料的烧结温度和介电性能提出了更加苛刻的要求，很多传统的陶瓷材料很难适应低温共烧陶瓷的烧结温度要求。在很多报道的微波陶瓷体系中，大部分陶瓷体系的烧结温度普遍比较高，低温或超低温陶瓷材料仍然甚少，难以适配低温共烧陶瓷的发展需求。因此，为了契合通信技术的发展，开发适应于低温共烧陶瓷技术所需要

的超低温介质陶瓷材料俨然是当前的研究重点之一。

8.2 LTCC 材料及其元器件

8.2.1 LTCC 材料的基础理论

低温共烧陶瓷（low temperature co-fired ceramics，LTCC）技术是指能够在较低温度（＜950℃）下与具有优良电导性能的 Au、Ag、Cu 等金属或合金电极材料一体化共烧的多层陶瓷技术。它是一种多层集成技术，因其容易实现内埋置元器件和多层布线，具有卓越的三维集成能力，方便实现小型化、高频化设计。LTCC 技术作为无源元器件集成的关键技术，在高集成度的微型电子元器件方面具有显著的优势，对我国高品质移动通信的发展起着至关重要的作用。

LTCC 技术所采用的陶瓷材料根据材料自身特性可以分为介质材料、磁性材料和压电材料三大类，分属不同的材料研究和应用方向，这里所述的 LTCC 材料特指介质材料。LTCC 材料优良的电学、机械、热学及工艺特性使之成为信息通信、航空航天、汽车电子及能源电子等领域的重要基础材料之一，尤其是在电子信息产业中用量大、范围广，我国当前不断推进的大规模信息数字化基础设施建设极大拉动了 LTCC 材料的市场需求。LTCC 材料中的介电常数、介电损耗、抗折强度、热导率和热膨胀系数等是材料应用中需要调控和重点关注的性能参数，这些性能与 LTCC 的材料组成、微结构和制备工艺密切相关。事实上，LTCC 材料隶属于微波介质陶瓷；各种性能指标近乎一致，唯一关键区别在于具有小于 950℃ 的烧结温度。

8.2.2 LTCC 材料和器件的应用领域

目前 LTCC 最核心的应用主要是研制和生产各类无源元器件、功能模块、封装基板及陶瓷基微机电系统，具体包括滤波器、耦合器、天线、多层电感等分立微波元器件、通信信号收发（T/R）组件、三维多芯片组件（MCM）、单片微波集成电路（MMIC）、封装基板以及集成传感/控制微机电系统（C-MEMS）等。

基于 LTCC 技术可以生产 LTCC 陶瓷无源器件，如天线、滤波器、滤波天线、双工器等，封装于多层布线基板中，并与有源器件，如功率 MOS、晶体管、IC 模块等，共同集成为完整的电路系统。因此，LTCC 陶瓷器件可广泛应用于移动通信、WLAN、卫星通信、卫星定位、雷达导航等不同领域。

近年来，我国的 LTCC 行业迎来了蓬勃的发展，受到 5G 手机出货、5G 基站建设以及物联网设备需求的推动，2022 年 LTCC 器件需求达到了 195.1 亿只，预计 2023 年有望超过 250 亿只。中国作为全球最大的消费电子、汽车电子和通信产品生产基地，以及航空航天和军工领域的崛起，已经成为全球最大的 LTCC 器件需求地区。

值得一提的是，近年来，随着我国对电子信息新兴产业和战略性先进电子材料的大力培育和重点发展，国产 LTCC 材料也迎来了快速发展，已有小部分国产材料开始逐步进入市场，但和国内巨大的需求相比，LTCC 材料的全面国产化仍然面临诸多挑战。因此，持续布局实施从 LTCC 材料到器件的全链条式的创新研发类项目，将对我国 LTCC 技术的自主可控和创新发展起到重要的推动作用。

8.2.3 LTCC 陶瓷材料与器件的工艺流程与技术指标

LTCC 材料、陶瓷器件的工艺流程与器件测试需求如图 8-3 ～图 8-5 所示。

组成设计 → 配料 → 球磨混合 → 出料烘干 → 玻璃：熔制水淬 陶瓷：合成预烧

测试表征 ← 尺寸/电极加工 ← 烧结/热处理 ← 排胶 ← 成型 ← 细磨

图 8-3　LTCC 材料工艺流程

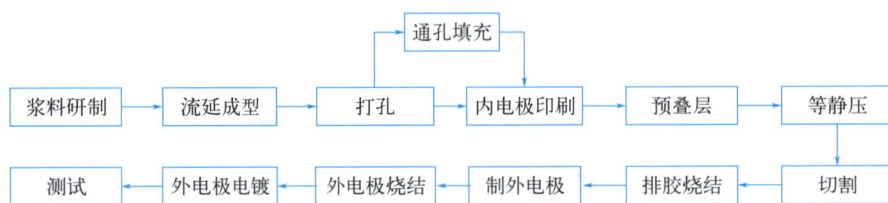

通孔填充

浆料研制 → 流延成型 → 打孔 → 内电极印刷 → 预叠层 → 等静压

测试 ← 外电极电镀 ← 外电极烧结 ← 制外电极 ← 排胶烧结 ← 切割

图 8-4　LTCC 陶瓷器件的工艺流程

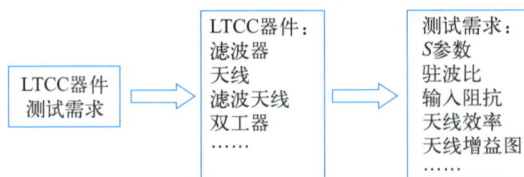

LTCC器件测试需求 → LTCC器件：滤波器 天线 滤波天线 双工器 …… → 测试需求：S参数 驻波比 输入阻抗 天线效率 天线增益图 ……

图 8-5　LTCC 陶瓷器件的测试需求

8.2.4 重点 LTCC 陶瓷器件产品

近年来，5G 和毫米波 LTCC 器件受国外禁售与技术限制，其自主研发关乎国家新一代无线通信的部署，同时提升核心电子元器件产业水平是国家"十四五"规划重点部署项目。目前我国电子信息产业处于加快转型升级的关键阶段，为了发展高性能 LTCC 器件核心技术，提高电子基础产业的核心竞争力，需要整合高校、科研院所和企业的优质资源，开展产学研联合攻关。以产业发展为导向，开发新型的高性能 LTCC 器件，在关键技术领域摆脱对发达国家的依赖，形成具有自主知识产权的材料体系和核心技术。

（1）LTCC 陶瓷产品重点攻关项目

1）高性能 LTCC 新材料

① 产品定义。适用于毫米波 5G/6G 通信系统应用的低介低损耗 LTCC 材料，以及适用于高速高密度电路应用的低损耗高热导率 LTCC 材料。

② 用途。主要用于 5G 小基站、毫米波 AiP、大功率电子封装基板。

③ 未来发展前景。为增强毫米波通信系统总辐射功率并提高通信距离，需采用高功率芯片，但是高功率芯片等有源电路模块又受制于散热需求，因此，对兼具低损耗和高热导率的 LTCC 材料需求迫切，发展前景乐观。

2）毫米波基站用 LTCC 滤波器

① 产品定义。应用于毫米波频段采用 LTCC 技术制成的滤波器。

② 用途。滤除干扰信号，允许特定频率的有用信号通过。主要应用于毫米波小 / 微基站、家庭基站及企业基站的信号覆盖。

③ 未来发展前景。MIMO 技术的采用极大增加了基站对天线数量的需求，相应基站对滤波器的需求也急剧增多，市场容量巨大，发展前景广阔。

3）毫米波终端用 LTCC 滤波器与滤波天线

① 产品定义。应用于毫米波频段采用 LTCC 技术制成的滤波器及集成滤波器和天线功能的滤波天线。

② 用途。滤波器用于选频；滤波天线除具有选频功能之外，还能发射或接收电磁波。两者可应用于移动通信、卫星通信、卫星定位、雷达导航等领域。

③ 未来发展前景。小型化和轻量化的 LTCC 滤波器，易于集成到终端设备中。另外，LTCC 滤波天线综合了天线和滤波器的功能，提高了器件的集成度，发展前景乐观。

4）Wi-Fi 6E/7 用 LTCC 双工器

① 产品定义。应用于毫米波频段采用 LTCC 技术制成的双工器。

② 用途。在智能终端以及无线 LAN 等无线设备中，双频带设备中使用的双工器位于天线侧入口，对双频带的 2 个频率频带进行分离的 3 端口滤波器元件，用于区分发送和接收信号的频率，从而避免两个信号产生干扰，并且双工器可以使 Wi-Fi 同时工作在两个频段，使应用场景多样化。

③ 未来发展前景。Wi-Fi 6E/7 提供了更高的数据传输速率和更低的延迟，高速率意味着需要更多的器件，包括更多的双工器，同时具有低介电常数的 LTCC 陶瓷可以降低时延，因此 LTCC 陶瓷双工器具有广阔的市场前景。

5）感存算传一体化集成 LTCC 微系统

① 产品定义。应用于毫米波频段的，大功率封装、采用 LTCC 技术制成的无源元器件，如天线、滤波器、双工器、耦合器、功分器、巴仑等。

② 用途。主要用于锂电池状态监测，核反应堆冷却水槽、深海深空探测系统等复杂严苛环境下的信息感知和原位检测。

③ 未来发展前景。核电工程和深海深空探测等国家高技术领域有着明确应用需求，此外，作为电子信息技术和新能源需求融合创新产生并快速发展的新兴产业，能源电子产业也将极大推动感存算传一体化集成 LTCC 微系统发展，市场容量巨大，发展前景广阔。

（2）主要技术指标

1）LTCC 材料技术指标

① 毫米波低介低损耗 LTCC 材料。烧结温度 $\leqslant 900℃$，介电常数 $\leqslant 4$，介电损耗 $\leqslant 0.002$

（@30GHz）。

② 低损耗高热导率 LTCC 材料。烧结温度 ≤ 900℃，热导率 ≥ 20W/（m·K），介电常数 ≤ 10，介电损耗 ≤ 0.003（@10GHz）。

2）毫米波基站用 LTCC 滤波器

① 尺寸规格。≤ 8mm×5mm×3mm。

② 性能指标。频段 24.25 ～ 29.5GHz；插入损耗 ≤ 3.0dB；带宽 ≥ 1000MHz；带外抑制 f_0−1000MHz ≥ 20dB，f_0+1000MHz ≥ 20dB。

3）毫米波终端用 LTCC 滤波器

① 尺寸规格。2520/20125/1608/1005。

② 性能指标。通带范围 24.25 ～ 29.5GHz；插入损耗 ≤ 3.0dB；带宽 ≥ 1000MHz；带外抑制 f_0−1000MHz ≥ 20dB，f_0+1000MHz ≥ 20dB。

4）毫米波终端用 LTCC 滤波天线

① 尺寸规格。3225/2520/20125。

② 性能指标。通带范围 24.25 ～ 29.5GHz；插入损耗 ≤ 3.0dB；带宽 ≥ 800MHz；驻波比 ≤ 1.5；增益 ≥ 10dBi；效率 ≥ 70%；带外抑制 f_0-700MHz ≥ 20dB，f_0+1000MHz ≥ 20dB。

5）Wi-Fi 6E/7 用 LTCC 双工器

① 尺寸规格。2520/20125/1608/1005。

② 性能指标。低频通带范围 2.4 ～ 2.5GHz/5.15 ～ 5.95，高频通带范围 5.70 ～ 7.125GHz；插入损耗 ≤ 1.5dB；带宽 ≥ 100MHz；驻波比 ≤ 2.0，隔离度 ≥ 20dB。

6）LTCC 器件及微系统指标

集成压力、温度、气体、应变等 4 种以上参数测量，压力检测范围 0.1 ～ 3MPa；温度检测范围 −50 ～ 150℃；气体检测种类涵盖 H_2、CO 和 NH_3 等，具备 2 种以上电桥功能电路，可实现不少于 8 通道的数据采集，具有双向通信，交叉解耦等基本功能。

8.2.5 我国 LTCC 材料的现状与发展趋势

我国的 LTCC 产业相对起步较晚，自顺络电子率先引入 LTCC 生产线后，国内已建立了数十条生产线，产业规模也逐渐扩大。特别是在中美贸易战的背景下，国内 LTCC 行业迎来了加速发展的机遇。企业如顺络电子、麦捷科技、振华富、风华高科等通过技术改造和增加研发投入，不断改进材料研发和器件设计技术，提高了规模化生产技术和工艺水平，产品种类和产量都取得了显著增长，质量水平也有了显著提高。

然而，尽管中国的 LTCC 市场规模不断扩大，行业集中度相对较低，产品主要应用在中低端领域，高端的 LTCC 射频器件仍以进口为主。相对国外，国内 LTCC 产品的研发滞后至少 5 年，自主知识产权的材料和器件体系几乎是一片空白。LTCC 产业仍然面临许多挑战，在设备精度、使用寿命和可靠性方面，仍与国外先进水平相差一代以上，需要加大自主研发力度。

（1）制备工艺不断创新

① 冷烧结技术。采用常规烧结工艺实现 LTCC 的致密化，烧结温度通常需要在 900℃左

右，不仅需要消耗大量能源，同时还导致一些陶瓷、玻璃材料在物相稳定性、晶界控制及与金属电极共烧等方面面临挑战。近年来提出的冷烧结技术（cold sintering process，CSP）可将烧结温度降低至300℃以下，利用液相形式的瞬态溶剂和单轴压力，通过陶瓷颗粒的溶解—沉淀过程实现陶瓷材料的快速致密化。烧结温度低、时间短等优势使得冷烧结技术自开发以来受到众多学者的广泛关注，采用冷烧结技术制得的大部分陶瓷材料具有较高的致密度，并且可以达到与传统高温烧结技术相媲美的性能，其极低的烧结温度还为探索高温易分解的亚稳态陶瓷材料提供了新思路，同时也使LTCC可以与半导体及有机材料的工艺融合兼容，由此进一步提升微电子薄厚膜混合集成制造技术，为电子元器件和微系统研发开辟新领域。

② 混合3D打印。此外，当前全球3D打印领域一个非常重要的发展趋势是实现全功能、定制化、具有复杂三维结构电子产品的直接制造。为此，混合3D打印技术是对传统3D打印工艺的一次重大革新，通过集成多种类型制造工艺，加工不同类型材料，并在三维基体中植入或制造功能器件，实现定制化电子产品结构和功能的一体化制造，而不是像常规3D打印工艺那样仅能加工单一材料、单一功能的零部件。混合3D打印技术可以制造二维和三维陶瓷电路板，其中，二维电路板采用在陶瓷板素胚平面布线的方式形成电路，达到了常规LTCC技术加工能力。三维电路板将平面电路布线埋入三维基体，并通过打印导电柱方式实现垂直方向上导电互连，进一步提升了LTCC技术加工能力。陶瓷基混合3D打印技术，有望满足军航空航天、信息通信等高端制造业领域对于高强度、高性能、高可靠性定制化三维电子产品的需求。

（2）超低介电常数和介电损耗

为了满足未来下一代5G/6G通信、智能交通、智联网系统大量数据传输，高工作频率、宽频带的毫米波元器件的需求，对LTCC材料也提出了新的要求。由于电磁信号在介质中的传输速度与介质材料介电常数平方根成反比，因此，进一步降低介质材料的介电常数对提升毫米波信号传输速度有重要意义。此外，由于介质材料中存在电子、离子、分子或晶格缺陷等不完美结构，它们在电场或电磁场作用下会发生相互作用、摩擦和能量转换，这种介电损耗将能量的损失并转化为热能。毫米波元器件和电路需要超低介电常数（≤4）、低介电损耗（≤10^{-3}@≥30GHz）的LTCC材料以获得低的信号延迟和信号衰减，特别是随着星载、地面通信频段逐渐延伸到毫米波、太赫兹波段，系列化的低介电常数、低介电损耗介质材料更是不可或缺，具有超低介电常数和低损耗的毫米波LTCC材料由此也成为5G/6G产业的基石之一。

（3）力、热、电学性能协同兼顾

目前，不同LTCC材料侧重于不同的性能，应用场合较为单一。例如高频用LTCC材料具有低的介电损耗，但其力学性能不足，由于其微晶玻璃的材料特点，也为后期焊接增加了困难。玻璃＋陶瓷体系的LTCC材料力学性能较好，但在高频下介电损耗较大，并不适合高频下应用。由于LTCC材料具有大量的玻璃相，材料热导率不高，无法充分满足高功率器件封装和高密度集成组件制备的要求。因此，开发兼具优异的力学性能、导热性能和高频微波性能的LTCC材料，以同时满足多功能场合的应用要求，对于微电子系统的一体化和多功能化具有重要意义。采用无玻璃相的材料组成设计成为近年来LTCC材料研究领域的热点。例如，以高热导率和高强度陶瓷为主相，辅以特定少量 [≤5%（质量分数）] 反应氧化物烧结助剂，借助晶界反应实现烧结过程中的物质输运，进而在实现低温烧结的同时，保持材料优异的高热导率和高强度特性，以此获得力、热、电学性能协同兼顾的新型 LTCC 材料。

8.2.6 / 我国 LTCC 器件及微系统的现状与发展趋势

（1）频率提升至毫米波—太赫兹频段

现代通信对高速率数据传输的需求日益增长，微波频段已经无法满足未来通信系统需求，拥有丰富频谱资源和更大工作带宽的毫米波—太赫兹频段已成为研究焦点。该频段器件的尺寸将进一步减小，基于 LTCC 技术的各类新型器件及微系统开发符合小型化、集成化的发展趋势，例如毫米波封装天线、集成滤波天线等。LTCC 技术可以有效提高该类新型器件的集成度，降低装配复杂性，提升性能一致性，同时成本低，生产效率高。

（2）多种功能集成

随着电子信息系统向高频、宽带、多功能和高度集成方向发展，LTCC 在光量子通信系统模块集成封装、微纳卫星系统集成及通信模块、深空探测导航模块、智能交通及无人驾驶系统模块及其封装集成、能源电子系统中的多参数智能传感微系统模块等战略性新兴领域有重要需求。因此，LTCC 器件及微系统要有光电磁多参数集成、适用于高精度加工并与新一代半导体芯片兼容。

（3）应用场景不断拓展

LTCC 的传统应用大都集中在无源器件、封装基板和通信功能模块等方面，随着传感探测、信息通信、能源电子等领域的深度融合，感存算传一体化集成传感技术的发展极大推动了 LTCC 应用场景的不断拓展。基于 LTCC 的多参数集成传感微系统将在锂电池状态监测、核反应堆冷却水槽、深海深空探测系统、卫星电推进系统、生物医学检测等领域显示出独特的技术优势，将会成为复杂严苛环境下信息感知和原位检测的新途径。

相比于微波，毫米波通信向大带宽、高速率、高频和低时延方向发展，为了获得更大的带宽和更快的传输速率，无线通信系统的工作频率越来越高，毫米波技术是正在大力发展的通信技术。同时，手机、智能可穿戴设备等消费电子产品的功能越来越复杂，体积也越来越小，这些因素均使得 LTCC 组件不断向模块化、小型化及高频化等方向发展。因此，对于毫米波和未来更高频的 6G 器件，减小 LTCC 元器件尺寸并进行更高密度集成是未来 LTCC 陶瓷器件的发展趋势。

总之，在材料方面，需开发具有更好温度稳定性、更低介电损耗、更低烧结温度的可适用于高频场景的低温共烧介质陶瓷材料；在器件设计方面，应积极推动以横向电场（TE）模式为分布特征的设计和结构技术，以提高电磁波传播模式的性能，提升内部线路设计能力，引领高质量 LTCC 射频器件的未来技术发展。在加工工艺方面，需提升 LTCC 工艺技术水平，注重波导滤波器的成型、烧结一致性、金属化工艺等，以提高器件性能和降低制造成本。

8.2.7 影响 LTCC 材料的关键工艺

由此可见，微波陶瓷（含 LTCC 材料）的实际应用是一个系统工程，不仅要求其具有综合性能优异的微波介电性能，还需要具有良好的加工工艺特性和批次稳定性。在这里重点介绍影响微波介质陶瓷加工工艺特性和批次稳定性的关键参数和技术，例如粉料粒度与球磨方式、烧结收缩率及其调控技术、异质匹配烧结与金属化、精密流延与集成技术等。

（1）粉料粒度与球磨方式

粉料粒度是生产过程中十分重要的参量，材料的烧结收缩率、流延浆料的黏结剂、分散剂、增塑剂等有机物的添加量都必须参考粉体的粒度分布与比表面积。此外，陶瓷烧结后微观形貌的均匀性也会直接受到粒度分布的影响，均匀致密的微观形貌不仅有利于提升材料的介电性能和力学特性，更在一定程度上可以提升器件的良品率。

尽管行星式球磨的效率远高于卧式球磨，但是实际生产中仍然更多地选用生产量更大的滚筒球磨，这一球磨方式的极限粒径（约为磨球直径的 1/1000）为 1 ~ 2μm，若不改变球磨方式而又想进一步细化粉体，则需要大幅延长球磨时间，这样将导致生产效率低下且易混入磨损杂质。采用纳米砂磨可以有效而快速地将粉体粒径细化到 1μm 以下。实际生产时通常将滚筒球磨机与纳米砂磨机串联，以实现高效稳定生产。当然也可采用多级滚筒球磨串联的方式，各个球磨机中的锆球尺寸逐渐减小，从而可以实现对粉体粒度的分筛，根据实际需要选取特定球磨机中的浆料进行喷雾干燥。

（2）烧结收缩率及其调控技术

影响烧结收缩率的主要因素有粉体粒径、黏合剂比例、成型压力、烧结曲线等。通常粉料粒径越小，烧结收缩率越大，其本质原因与粉料的堆积密度有关，当粉料以不同粒径形成级配时，坯体可达到较小的收缩。而常用的控制粉料粒度分布的方法是对球磨磨球进行级配处理，必要时采用砂磨进一步细化粉料。

流延时，浆料黏结剂的含量之所以能够对烧结收缩率产生影响，本质上是影响了浆料中陶瓷组分的固含量，在流延过程中溶剂会大量挥发，而剩余的组分主要为陶瓷相、黏结剂和少量的增塑剂。在排胶过程中，黏结剂和增塑剂等有机物逐步分解，在陶瓷基体内部形成大量孔隙。因此，当坯体中固含量较高时，排胶后残留孔隙较少，烧结收缩率较小。

通常流延生坯在常温下存储时也会出现收缩，这也将在一定程度上影响烧结收缩率，使用密封存储可以使其得到改善。若将生瓷片放入专用模具中，使用热压叠片机在不同压力与温度下层压制备多层基板时，烧结收缩率往往随热压温度变化率不大，但会明显受到层压压力的影响。当热压压力增加时，陶瓷的生坯密度会得到提高，气孔数量减少，因此收缩率减小。同理，干压成型的陶瓷坯体也是如此，经过等静压处理的陶瓷坯体，其致密度与力学强度得到大幅提升，烧结收缩率明显下降。

此外，烧结曲线也会影响烧结收缩率。当基板生坯中的有机黏结剂烧失后，升温速率和最终的烧结温度及保温时间将直接影响烧结收缩率。当升温速率较慢时，陶瓷基体中的聚合物将缓慢分解，残留气泡排除得较多，陶瓷较为致密。反之，升温速率过快，陶瓷坯体内的气泡来不及排除，收缩率也相应变小。

（3）异质匹配烧结与金属化

随着系统级封装和通信技术的高速发展，对终端系统的三维集成度、工作频率以及多功能性等方面提出了更为紧迫的需求。异质材料匹配烧结技术作为一种先进的工艺技术，可实现元件的无缝集成，进一步解决集成度与可靠性之间的难题。该技术在军用雷达、小型开关电源、航空航天和移动终端等领域具有广泛应用前景。例如，在军用雷达模块中，通过在陶瓷基板中内嵌集成无源器件（如滤波器、天线、移相器等），提高了器件的集成度和可靠性。而在小型开关电源模块方面，通过陶瓷和铁氧体的匹配烧结，将磁性器件集成在陶瓷基板上，减少了组件的尺寸。在 5G 终端系统方面，采用低介、中介和高介微波陶瓷材料的异质集成，实现了阻容感、变压器、隔离器、滤波器和天线等功能组件的一体化集成，有效减小了表面贴装元器件所占面积，并显著提高了频率特性。

然而，异质材料匹配烧结技术还存在许多技术难题急需攻破。例如，不同材料之间的热膨胀系数、收缩率、收缩速率差异大，晶体结构和参数不匹配等，使得所制备的器件存在各类界面效应问题，如层与层之间发生化学反应，层与层之间结合力不足以及弯曲；如铁氧体中 Fe 离子迁移、银电极的迁移等。

基于这些问题，目前常见的解决方法包括：在界面引入中间层、选择热膨胀系数和晶格参数接近的材料、控制烧结温度和烧结气氛等。

在异质材料层间引入中间层，该层的热物理性质介于上下两层之间，能有效缓解热应力，抑制界面开裂。中间层的晶格参数也处于上下层材料的参数范围内，有利于获得良好的界面结合力。可以选择组分稳定、化学惰性较强的氧化物材料。

选择热膨胀系数接近、晶格失配较小的异质材料。通过调控材料在烧结过程中的收缩特性，包括烧结收缩率、收缩速率以及致密化范围，可以有效地解决界面失配等问题。

控制烧结温度和烧结气氛，抑制元素在烧结过程中的扩散，防止界面反应。选用无玻璃低温共晶材料，实现低温快速致密化、减缓原子迁移速率。

通过离子掺杂调控异质材料的价电子结构，优化界面电荷匹配关系，增强界面键合力。例如，在掺入一定量的 CaO、CuO、SiO$_2$ 等，生成掺杂相或固溶体，利用其晶格应变效应，截断 Fe、Ni、Ag 等离子的扩散通道。

另外，金属化处理可形成金属层，可实现电子线路的电气互联、封装气密性及结合力。主要是选择与陶瓷热膨胀系数匹配的金属材料，采用电镀、热喷涂等方法，并精确控制工艺参数，可获得结合牢固的金属层。同时，优化金属层表面粗糙度，也有助于增强界面附着力。在电镀工艺方面，可以预处理陶瓷基体，增加表面粗糙度，提升附着力。合理选择电镀液成分、电流密度等参数，沉积致密的金属层，并控制内部残余应力，避免涂层开裂脱落。

（4）精密流延与集成技术

流延成型技术是一种通过在陶瓷粉料中均匀混入溶剂、分散剂、黏结剂、增塑剂等，利用流延机制备所需厚度的薄膜的先进技术。其优势在于薄膜厚度可调、生产效率高、自动化水平高、工艺稳定等，是片式多层陶瓷器件和多层陶瓷基片制造的关键技术。近年来，随着电子器件高度集成化和微小型化的要求不断提升，流延薄膜朝着超薄方向发展，同时对精密流延技术也提出了更高的要求。在原材料方面，高纯度超细或纳米级原料是满足超薄流延膜的基础条件之一。在流延浆料配制方面，通过调控粘接剂 PVB 分子量改善 LTCC 流延浆料的均匀性、稳定性和流变特性。流延方式采用薄膜直接缠绕在主动滚子上，浆料的流延形式为经流延腔自下而上地输送到薄膜上，这样可以有效地解决浆料沉积对膜厚的影响。在此基础上，不断优化改进刮刀口间隙、载体线速度、料浆液面和浆料黏度等工艺参数，可实现厚度小于 4μm 的超薄 LTCC 流延膜的均匀性和表面光洁度。

系统级封装（System in Package，SiP）技术作为一项先进的封装技术，具有将多个不同功能的无源电路和有源电路封装在一个紧凑壳体内的能力，形成高度集成、多功能的单一封装组件。随着通信频段向毫米波/亚毫米波的演进，SiP 封装的尺寸趋向微小化，对 SiP 封装的壳体提出了更高的要求。而低温共烧陶瓷（LTCC）技术工艺采用多层陶瓷叠压烧结，具有低介低损耗、高温稳定性好、与 Si 基以及ⅢⅤ族化合物半导体芯片接近的膨胀系数等优势，为三维集成 SiP 技术提供了保障。

8.3　微波陶瓷（含 LTCC 材料）及元器件发展建议

当前，世界经济形势复杂严峻，世界面临百年未有之大变局，生产方式的变革将重塑全球产业分工格局，全球化与逆全球化博弈持续加剧，新一轮科技竞争将空前激烈，全球产业链和价值链将重新调整。我国经济将由高速增长阶段转向高质量发展阶段，经济将更具活力和韧性，并保持稳中向好、长期向好的基本态势，为微波介质陶瓷产业的发展提供了强大的内生动力。

微波陶瓷作为高新技术产业之一，也面临着技术封锁的风险。近年来，国产通信电子元器件受制于外在因素影响，使得关键射频器件的自给率较低，仅为 10% 左右，而日本 Murata、TDK 等企业基本垄断了微波陶瓷产品的市场。目前，欧洲、美国、日本、韩国等国家对我国高新技术产业的技术封锁逐渐加剧，众多领域更是出现了"卡脖子"现象。这不仅影响了民用通信的产业布局，也对军用电子系统的自主可控能力产生负面影响。

同时随着我国经济的继续高速增长，我国微波陶瓷（含 LTCC 材料与器件）市场需求依然将十分旺盛，国内品牌将进一步在产品质量和技术方面取得突破，占领更大的市场份额。我国相关企业在投资时应把握好微波陶瓷（含 LTCC 材料与器件）行业的发展趋势，建议采取政策支持措施，组建公共研发平台，以集中国内优秀资源。此外，还需要加强质量控制与标准化工作，以降低企业自主研发的风险，逐步减少对外国产品的依赖。为了缩短产业化周期，建议策略如下。

（1）在推进技术合作平台建设方面

鼓励科研院所、高等院校、企业建立一批国家级、省部级微波陶瓷（含 LTCC 材料与器件）研究中心和公共技术平台，开展具有国内领先水平和自主知识产权的技术开发创新，攻克行业发展和企业生产中的共性关键技术和技术工艺难题。同时还要鼓励微波陶瓷（含 LTCC 材料与器件）相关单位自主创新该领域的核心技术、关键技术和共性技术，增强自主创新能力；积极组织微波陶瓷（含 LTCC 材料与器件）领域国际性、区域性的经贸洽谈和交流活动；对引进的微波陶瓷（含 LTCC 材料与器件）平台中关键的仪器仪表、测试设备、生产主机等，在进口审批和税率上给予支持。建议采取积极的政策及资源整合，以抢占未来通信技术的先机。

（2）在微波陶瓷（含 LTCC 材料与器件）标准体系建设方面

应该着力推动标准制定与科研同步，完善 LTCC 材料产品和测试表征标准体系；积极跟踪国际标准，提高采标的科学性和有效性；加大经费投入，强化标准基础研究；加强标准的贯彻落实，提高监督管理水平。另一方面，还需要加强微波陶瓷（含 LTCC 材料与器件）研发、生产与制备以及终端系统应用等各方的有效对接。引导各单位间构建分工明确、互利协作、利益相关的合作模式。重点支持形成电路设计—粉体制备—生瓷带流延—器件制备和性能验证全链条研发能力的机构和单位。企业必须进一步加强技术投资，提高生产工艺水平、压缩成本、改善产品质量，建议企业引进国外企业的先进技术，在引进的基础上消化吸收，再进行自主研发，努力提高产品的质量，在提高设备稳定性、性能参数和寿命上下功夫；关注产品市场需求发展趋势，关注微波介质陶瓷下游行业的发展趋势，投资和开发出适应行业发展趋势和市场需求的产品，缩小与国外主流厂商的差距。

（3）在 LTCC 材料与器件主攻方向方面

当前正处于新一代移动通信从 5G 向 6G 演进的重要窗口期，有利于以科技创新引领产业发展。从长远来看，自主掌握 LTCC 和毫米波 / 太赫兹技术，对我国争夺 6G 产业主导权具有战略意义。

LTCC 技术利用多层陶瓷绝缘基片实现高密度布线和集成，非常适合新一代通信系统对更高频率、更大带宽的需求。具体来看，当前 5G 商用推动了 24GHz 至 40GHz 毫米波技术的发展，而面向 2030 年的 6G 系统，其关键频段可能会涉及超过 100GHz 的太赫兹波段。这为 LTCC 技术提供了广阔的应用空间。

在 5G 领域，可重点利用 LTCC 技术实现毫米波前端模组、相控阵天线、数传模组等的研发与制造，这对提升基站覆盖质量和终端连接速率具有重要意义。在面向 6G 的研究中，可集中攻关采用 LTCC 技术实现的太赫兹透镜、波导和天线等前端器件。与此同时，还需要致力于配套材料的研发，如低损耗介质和高品质匹配电子浆料工艺，以满足新一代产品的需求。自主研发的 LTCC 射频器件，将大幅提升我国在新基建和信息化进程中的影响力。

作者简介

石锋，齐鲁工业大学材料科学与工程学部特聘教授、博导；山东电子陶瓷元器件工程技术研究中心主任、齐鲁工业大学先进陶瓷材料研究所所长、多晶 / 非晶材料山东省高校重点实验室主任、齐鲁工业大学教材建设委员会委员。主要从事微波介质陶瓷、宽禁带半导体纳米结构材料和氢能材料研究。至今主持或承担国家级省部级科研课题 20 余项，发表论文 200 余篇，其中第一 / 通讯作者 SCI 论文 130 余篇，独立发明人获授权发明专利 18 件，主编英文专著 3 部，参编英文专著 3 部，撰写科普著作一部；首位完成人先后荣获 9 项省部级和全国性学会科技奖励。先后荣获第十一届山东省优秀科技工作者、山东省高层次人才、第九届山东省青年科技奖等荣誉。

周焕福，桂林理工大学材料科学与工程学院院长、教授、博导，广西自然科学基金杰出青年基金获得者、广西卓越学者，中国仪表功能材料学会电子元器件关键材料与技术专委会常务委员兼常务副秘书长，中国有色金属学会青年工作委员会委员。长期从事信息功能材料与器件的研究工作，主持国家基金3项、广西基金4项、广西重大科技攻关项目1项、广西高等学校高水平创新团队项目1项、企业委托重点开发项目3项；获得授权发明专利20余项。近五年在 *Chemical Engineering Journal* 等本行业国外权威期刊发表SCI收录论文150余篇。获中国产学研创新成果奖（个人）、中国产学研创新成果奖二等奖、广西自然科学二等奖、广西技术发明三等奖等科研奖励，曾获2019年度电子元器件关键材料与技术专委会产学研奖。

雷文，华中科技大学光学与电子信息学院研究员、博导，华中科技大学温州先进制造技术研究院副院长。担任中国电子材料与元器件产学研协同创新平台理事，电子元器件关键材料与技术专业委员会副秘书长，《硅酸盐辞典》（第二版）编委。长期从事微波介质材料与器件的研究工作，在低介硅酸盐微波介质陶瓷中发现罕见的弱铁电性现象，合成出迄今介电常数最小的一种反常正温频系数陶瓷材料，为微波/毫米波通信元器件温频稳定性调控提供了新路径，多项研究成果已应用于通信装备中。主持国家自然科学基金面上项目、国防基础科研重点项目和国家重点研发项目等10余项，已在国际权威期刊上发表学术论文150余篇，获授权发明专利20余项（1项美国专利），曾获得2022年度电子元器件关键材料与技术专委会青年才俊奖。

宋开新，杭州电子科技大学电子信息学院教授、博导、电子能量转换与应用研究团队负责人，浙江省新世纪151工程人才入选者，杭电西湖学者。担任中国电子材料与元器件产学研协同创新平台理事，电子元器件关键材料与技术专业委员会常务委员。曾在美国密歇根大学安娜堡分校担任访问学者，在英国谢菲尔德大学担任访问教授。主要从事电介质材料与无源射频电子元器件结构设计与封装（滤波器、双工器、天线、移相器与电路基板等）、光电材料与LED照明、生物检测器件、储能电容器材料与固态电池、电路系统设计等领域研究。主持参与国家自然科学基金国际合作、面上项目等3项、浙江省重点研发等项目3项，企业合作项目3项，发表SCI论文200余篇，授权发明专利50余项；获得青岛市科技进步二等奖、中国材料研究学会科技进步奖一等奖等多项科研奖励，曾获2022年度电子元器件关键材料与技术专委会青年才俊奖。

马名生，中国科学院上海硅酸盐研究所研究员，中国科学院特聘研究骨干，上海市科创启明星协会材料分会秘书长。主要从事低温共烧陶瓷（LTCC）材料与集成器件，PTC热敏材料及工程应用研究。入选中国科学院青年创新促进会会员及优秀会员、上海市青年科技启明星计划、中科院上海分院青年英才培育计划，主持国家重点研发计划项目子课题、国家自然科学基金青年、面上项目和企业委托研制等20余项国家和地方科研项目。目前已发表学术论文46篇，申请专利24项，其中16项已授权，12项专利已实现转化，制订上海市企业标准7项，荣获2022上海市优秀技术发明金奖（排名第二）、2023大飞机先进材料创新联盟优秀成果奖（排名第一）。

第9章

木质重组材料

余养伦　　于文吉

木质重组材料是一种新型的高性能木质复合材料，在定向重组过程中，木、竹材在湿-热-力和树脂聚合反应作用下发生了一系列复杂的物理和化学变化，木、竹材原有构造特征发生了显著变化，形成了木质重组材料全新的多维构造，这种新构造特征的形成使得重组材料的物理力学性能与木材、竹材等原材料性能相比有了显著改善，并且重组过程中可通过添加不同添加剂赋予木质重组材料阻燃、防腐、防霉、耐候、防虫等新功能，克服了人工速生林木材材质软、强度低、材质不均、易开裂等缺陷，解决了竹材径级小、易劈裂、材质不均等问题，可用于替代优质木材、钢铁、水泥、塑料等建筑材料，具有广泛的应用前景，是实现人工林木材和竹材高效利用的有效途径之一。下面对木、竹材在重组过程中宏观、微观等构造演变，木质重组材料多尺度构造、多层次胶合界面等多维结构形成机制以及多维结构对木质重组材料物理力学性能影响进行了综合评述，提出了木质重组材料细胞选择性增强的观点，归纳了木质重组材料亟待解决的科学问题，建议加强在细胞和分子水平层面，对木质重组材料的理论基础、制造基础和应用基础等进行研究，构建木质重组材料理论体系，从而为人工速生林木材资源高效利用这一国家重大战略需求提供基础理论和技术支撑。

木材是国际公认的重要可再生资源，具有固碳、可再生、可降解等优点，是国家绿色发展的重要战略资源，其高效综合利用对落实国家低碳战略、促进新兴战略产业培育、实现绿色可持续发展具有重要意义[1]。我国是全球林产品生产和贸易第一大国，木材加工业是我国林业支柱产业。然而，我国木材资源严重缺乏且结构不合理，随着我国木材资源结构的变化和经济快速发展对优质木材需求的不断增加，木材的供求矛盾日益突出，截止到 2022 年，我国木材消费对外依存度高达 52.4%，珍贵硬阔叶材绝大部分依赖进口。根据第九次全国森林资源清查报告，我国人工林总蓄积量达到 33.9 亿立方米，但依旧存在人工林材质普遍较差，优质木材供需较难的问题。高效利用我国丰富的人工速生林木材资源是缓解木材供需矛盾的根本途径，也成为我国社会经济可持续发展的重大战略之一。

木质重组材料是以速生林木材、竹材等生物质资源为原材料，采用纤维定向分离技术制备纤维束，经树脂浸渍、干燥和成型压制而成的一种新型木质材料，具有性能可控、规格可调和结构可设计等特点。高性能木质重组材料在制造过程中被赋予防潮、防霉、防腐、阻燃等功能 [2]，不但可用于解决我国优质木材资源不足的矛盾，还能部分替代钢铁、水泥和塑料被广泛应用于风电材料、结构材料、户外材料、装潢装饰材料、家具材料等领域，是实现人工林木材高效利用的有效途径之一 [1, 3]，也是目前木材加工领域研究的前沿和热点之一。

9.1 木质重组材料产业与技术发展历程和现状

　　木质重组材料简要发展历程如图 9-1 所示，关于木质重组材料的研究最早可以追溯到 20 世纪 70 年代，澳大利亚联邦科学与工业研究院（CSIRO）首创了一种新型人造实体木材 [4]。1989 年，中国林业科学研究院木材工业研究所利用我国速生林木材和竹材，开始进行木质重组材料研究。2000 年左右，我国利用竹材自主研发的竹重组材料实现了产业化 [5]。2014 年，我国利用速生林木材研发的新型木质重组材料也实现了产业化，经过 20 余年的发展，木质重组材料已成为竹产业的三大主流产品之一，并在山东、广西、江苏、江西等木业大省相继建成投产。目前，我国木质重组材料生产企业达到 100 多家，产能达到 120 万立方米，占到全球产能的 90% 以上，产品已经出口到欧洲以及美国、日本等 100 多个国家，被广泛应用于风电桨叶材料、建筑结构材料、户外景观材料、道路公路护栏、装潢装饰材料、家具材料等领域 [6]。木质重组材料也得到了国家的高度认可：2022 年 2 月，国家林业和草原局出台了《国家林草产业发展规划》（2021—2025 年），将"高性能木质重组材料科研攻关和规模化生产"列为重点发展方向。2021 年，国家林业和草原局、国家发展和改革委员会等十部委出台了《关于加快推进竹产业创新发展的意见》（林改发〔2021〕104 号），将竹质重组材料建材化作为新产品新业态列入重点发展领域。2021 年 11 月，中国政府与国际竹藤组织共同发布"以竹代塑"倡议。2023 年 11 月，国家发展和改革委员会等四部委出台《加快"以竹代塑"发展三年行动计划》（发改环资〔2023〕1375 号），竹质重组材料列入《以竹代塑》重点产品目录清单。2024 年，重组竹作为以竹代塑工业化利用的主要产品被国家发展和改革委员会列入《绿色低碳转型产业指导目录》（2024 年版）；先后入选国家发展和改革委员会编制的《国家重点节能低碳技术推广目录（2017 年本，节能部分）》和国家发展和改革委员会等四部委组织编制的《绿色技术推广目录（2020 年）》并加以重点推广。四川、浙江、福建、江西、云南等地方政府也纷纷出台了相关鼓励政策，木质重组材料被国家林业局列为 2016 年、2018 年和 2021 年林业科技成果 100 项重点推广项目。

第 9 章

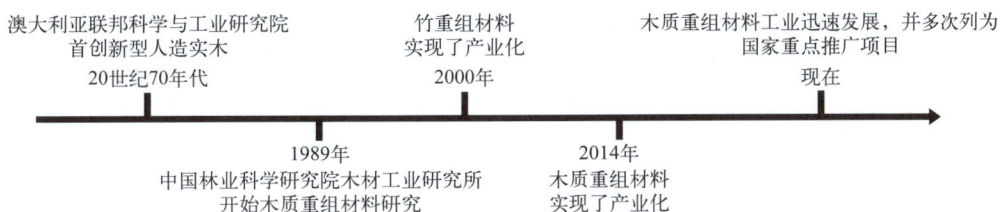

图 9-1　木质重组材料简要发展历程

9.1.1 / 小径木木质重组材料制造技术

1973 年，澳大利亚联邦科学与工业研究组织（CSIRO）的 Coleman 提出了重组木的设想。他认为：为了生产刨花板和硬质纤维板，人们将木材纤维天然排列的顺序全都打乱，破坏了木材的优良物理力学性能，之后再将其重新排列胶合起来，这实在不符合逻辑。如果把小径材、枝丫材及制材剩余的边角料等廉价低值材料，解离到重新组合后就能满足产品要求的程度，岂不更好？即不打乱纤维的排列方向，保留木材的基本特性，进而重新组成具有木桁梁强度的产品。他的设想得到了澳大利亚政府的支持，当年就进行了一些小型的初步实验，获得了成功。1976 年，Coleman 等在澳大利亚本土申请了世界上第一件重组木的专利，专利号为 AU2424377A，其技术路线如图 9-2 所示，首先将原木通过疏解机直接疏解成木束，浸渍或涂布树脂后，再将顺纹组坯压制成木质重组材料[7]。

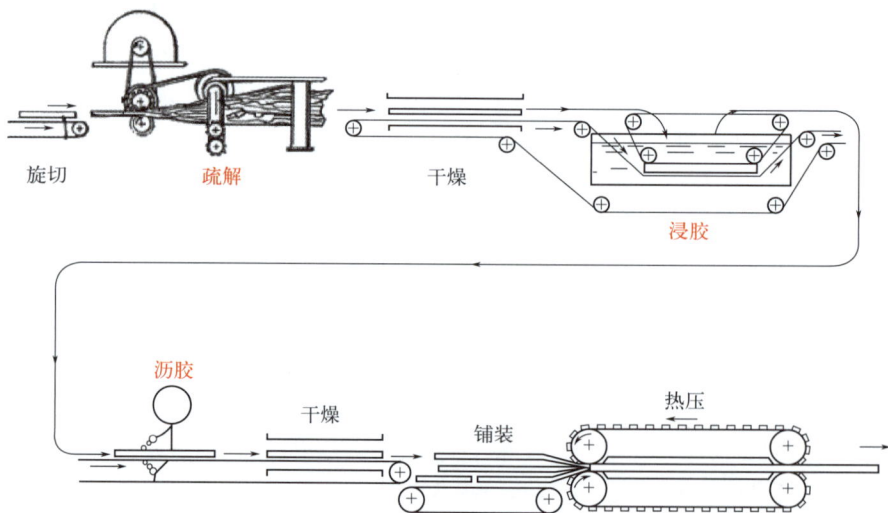

图 9-2 小径木木质重组材料工艺技术路线（Coleman，1976）

由于重组木的性能指标最接近木材原有的性能，其强度可以达到或超过木材的本体性能，因此重组木的产生和发展曾引起了世界人造板行业的极大轰动，当时主要的发达国家都购买了澳大利亚的重组木专利技术，并在此基础上分别开始了重组木制造技术的进一步研究工作[7,8]，德国、美国、日本和中国等国家都研制成功了中试生产线。其中，日本研制的生产线年产量达到 10000m³；中国宣化的重组木中试生产线的年产量为 3000m³ 等。然而，正当重组木在世界范围内产业化推广之时，澳大利亚芒特甘比尔投资了近 2000 万美元建成的年产50000m³ 的重组木生产线在工业化生产过程中遇到一系列无法解决的技术难题，最终导致澳大利亚重组木生产线陷入停产状态，其他国家也因采用了澳大利亚的专利技术而无法实现产业化[7]。其主要原因是：在单元制备方面，传统木质重组材料采用原木直接通过疏解制备木束，这种分离工艺不合理，加之木材本身的缺陷（节子、尖削度、斜纹理等），导致木束单元粗细不均，为后续的干燥、浸胶、铺装等工序埋下了一系列无法克服的加工难题；在重组过程中，受传统人造板思维和成型设备的限制，当时均采用低压成型工艺，产品的密度较低

（＜0.9g/cm³），胶合强度差，表面粗糙，存在严重的跳丝和开裂现象，当外界的温、湿度变化时，被压缩的木材和竹材由于形状记忆而发生部分甚至完全恢复，从而导致重组材料的尺寸稳定性差，产品无使用价值。

9.1.2 竹质重组材料制造技术

1989 年，中国林业科学研究院木材工业研究所王俊先等在借鉴澳大利亚重组木技术的基础上，结合竹材特性，提出了重组竹的设想，并在实验室中成功地制备出了重组竹，之后 10 多年内国内外学者对重组竹工艺进行了大量的研究，在科研人员和相关企业的共同努力下，通过工艺技术和关键设备研制而自主开发成功了一项新技术，并于 2000 年左右实现了产业化 [9]。

竹质重组材料在单元制备方面，突破了传统木（竹）束制备工艺的束缚，创新性地提出了将竹材先展平后再进行定向疏解的纤维定向分离新工艺。之后，采用饱和蒸汽热对其进行热处理，既丰富了竹制品的色泽，又在一定程度上改善了竹材的防霉、防腐和尺寸稳定性等性能；在胶黏剂方面，开发了低分子量浸渍用酚醛树脂，改变了传统的涂胶和喷胶工艺，研发了浸渍施胶工艺，制定了纤维化竹单元浸胶前和浸胶后的干燥基准；在成型方面，先后成功地研发了冷压热固化法和热压法两种成型工艺（图 9-3 [10]）。在此基础上，建立了高性能竹质重组材料制造的技术平台，依托该平台，根据工程结构材料对强度、疲劳等性能的要求，通过竹种、密度、胶合工艺的优化，成功地利用慈竹开发出了高强度竹质重组材料，最高强度达到 800MPa，并成功地开发出了风电桨叶，建筑梁、柱等高强度竹质重组材料产品 [11]；根据室外材料对材料耐候性、尺寸稳定性的要求，通过竹重组单元的精细化疏解、高温热处理、浸胶量的控制以及防霉、防腐、防白蚁技术的应用，成功地开发出了室外地板园林景观材料、湿地建设用材等高耐候性竹质重组材料；根据室内家居材料对环保性、尺寸稳定性的要求，通过疏解度、施胶量、密度等工艺的优化以及低剂量异氰酸酯喷雾施胶技术的应用，

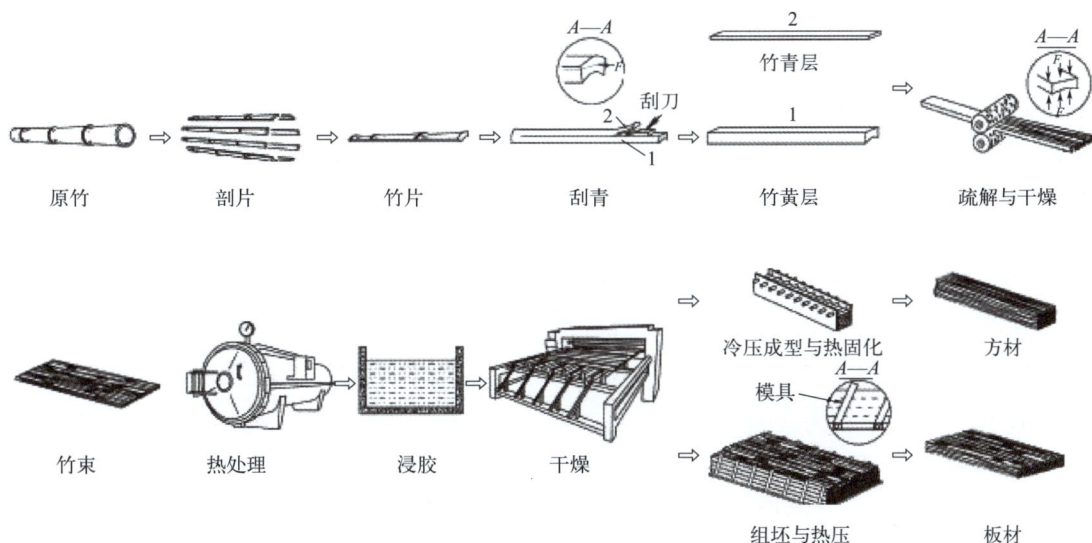

图 9-3 竹质重组材料工艺技术路线 [10]

开发出了高尺寸稳定性环保型竹质重组材料，也在装潢装饰材料、家具材料、室内地板等领域得到了广泛的应用 [9, 10, 12]。

9.1.3 ╱ 新型木质重组材料制造技术

2007 年，中国林业科学研究院木材工业研究所于文吉等提出了利用桉木、杨木等速生林木材开发新型木质重组材料的工艺技术方案，如图 9-4[13] 所示。首先，将杨木、桉树等速生林木材旋切成 4 ～ 12mm 厚单板，再经过纤维定向分离形成木纤维束之后，将酚醛、异氰酸酯等树脂均匀导入木纤维束的细胞壁和细胞腔中，最后在 80 ～ 100MPa 超高压成型工艺条件下，将木纤维束压制成木质重组材料，后期在此基础上通过工艺优化和装备革新于 2014 年成功实现产业化 [14]。

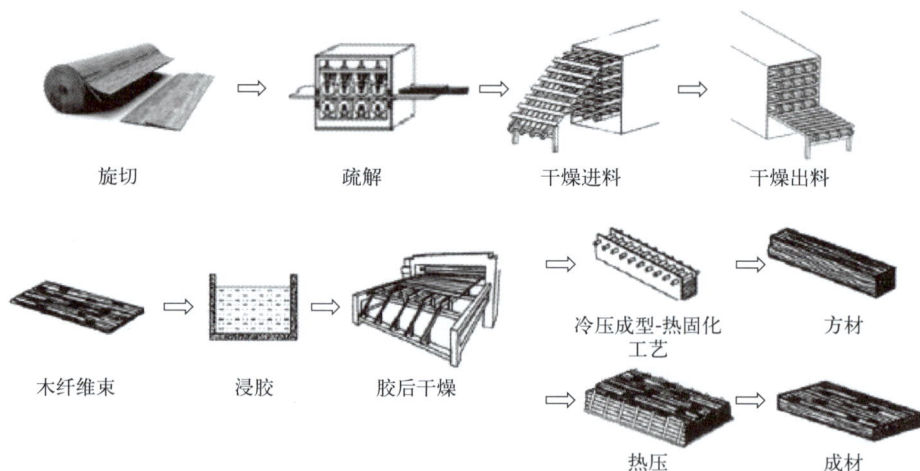

旋切　　　　　疏解　　　　　干燥进料　　　　　干燥出料

木纤维束　　　　浸胶　　　　胶后干燥　　　　冷压成型-热固化工艺　　方材

　　　　　　　　　　　　　　　　　　　　　　热压　　　　成材

图 9-4　新型木质重组材料工艺技术路线 [13]

在单元制备方面，新型木质重组材料将速生林木材先单板化后再定向分离的重组单元制备工艺，突破了超厚单板旋切技术，旋切单板厚度达到 12mm，攻克了单板定向线裂纤维化分离技术，打开了薄壁细胞、导管、木射线等弱相细胞的细胞壁和纤维细胞的胞间层，实现了人工林木材纤维的定向分离，为树脂定向渗透和高效重组奠定了基础，解决了传统木束折断、疏解不均等技术难题；开发了喷蒸辅助快速冷压成型技术，实现了人工林木材导管、薄壁纤维等弱相细胞的选择性增强；在装备方面，自主研制了超厚单板旋切，木纤维束连续疏解、木纤维束连续化浸胶装备，超高压卧式成型、木质重组材料热压罐等关键装备，在此基础上，通过树种、胶黏剂以及纤维分离度、树脂导入量、成型方式、密度等工艺参数的控制，构建了人工林木材定向重组技术平台，开发出了性能可控、规格可调、结构可设计的木质重组材料。具体性能参数如下：弯曲强度 80 ～ 300MPa，弯曲模量 8000 ～ 30000MPa，表面金氏硬度 8176 ～ 24382N，布氏硬度 8.9 ～ 40.7HB，铅笔划痕硬度 2 ～ 5H，磨损厚度差值 0.1989 ～ 0.0421mm，研制了高耐候性、无醛环保型、大规格和大幅面四大系列木质定向重组材料，开发出了木质重组材料梁柱、门窗、挂板、户外地板、护栏等系列产品 [5, 15]。

9.2 / 木质重组材料基础研究进展

木质重组材料在疏解、热处理、干燥、胶合成型过程[5, 16]中，木、竹材在湿 - 热 - 力和树脂聚合反应协同作用下宏观、微观等多尺度构造都发生了变化[17, 18]；同时木、竹材单元与酚醛树脂之间形成了多层次胶合界面[19]，最终形成了木质重组材料多维结构。这种多维结构既保留了木、竹材的基本特点，如多孔性、纹理与花纹、保温隔热等优点，吸湿和老化降解等缺点[20]；同时，也改变了人工速生林木材、竹材的宏观、微观构造[21]和化学成分[15]，实现了木、竹材物理力学性能的改善[10, 22-24]。

9.2.1 / 木质重组材料多尺度构造演变与形成

木质重组材料由木质纤维束与酚醛树脂重组胶合而成，在此过程中，木材原有宏观和微观构造发生重构，组成成分也发生显著变化，树脂成为木质重组材料的新组分，并与细胞壁原有组分形成一个新的有机整体，具体变化如下：

① 在宏观层面，心材和边材、早材和晚材、生长轮、竹壁等宏观构造发生了重构，心材和边材，竹青、竹黄被打乱，分散在不同部位，早材带宽度变窄，晚材率增加，整体材质变得致密、均匀，粗糙度降低[19, 24]。

② 在微观构造层面，木、竹材纤维及导管、薄壁细胞等细胞被压缩密实，纤维细胞、胞间层乃至细胞角隅均被压缩密实，细胞之间的连接更为紧密，孔隙率降低[15]。

③ 在组成成分方面，合成树脂与细胞壁中原有的纤维素、半纤维素、木质素以及抽提物等天然组分通过物理或化学方式结合，成为细胞壁新组分[25]。同时，在湿、热、力以及碱性环境的协同作用下，细胞壁中的纤维素、半纤维素等组分发生降解、重排，分子结构发生变化[26]，其微纤丝取向度与木材相比更大，排列更加整齐，且纤维素结晶度增加。

9.2.2 / 木质重组材料多层次界面构建与作用

木质重组材料在重组过程中结构和组分发生变化的同时，木、竹纤维束与酚醛树脂形成不同层次胶合界面，于文吉团队将其归纳为以下四类：

① 木、竹纤维束单元之间的主胶合界面；

② 木、竹纤维束疏解裂纹之间的次级胶合界面；

③ 以细胞腔为主形成的微观界面；

④ 以细胞壁为主形成的超微观胶合界面[2]。

不同层级的胶合界面，其组成、结构、胶接方式和作用各不相同，例如：主胶合界面呈条纹辐射状，通过机械锚钉、胶钉等作用方式将相邻的两片木束胶合成整体[25, 27]，该界面对木质重组材料的性能影响最大，胶合性能差可引起木质重组材料分层、开胶等缺陷[15, 19]；次胶合界面主要分布在木纤维束疏解裂纹之间，与主胶合界面相比，胶接面小，呈点状或条纹辐射状，此胶合界面一般不会形成明显裂纹，但是，在外界环境（水热、紫外线等）作用下会引起胶合界面失效，形成微小裂隙；微观界面主要在成型过程中形成，分布在压扁细胞腔内壁之间，对重组材料吸水厚度膨胀率等耐水性能具有至关重要的作用[27, 28]；超微观界面是合成树脂在浸渍过程中渗入木材细胞壁，在成型过程中，树脂发生自身聚合或与细胞壁组分发生反应形成的界面[25, 29, 30]。这一界面的形成不仅会提高细胞壁的硬度，还会改善细胞壁的润胀性能。

9.2.3 木质重组材料多维结构形成及其对材质的影响

木质重组材料在重组过程中形成了复杂多维结构，包括多尺度构造和多层次胶合界面。首先，由于木、竹材中纤维、导管和薄壁细胞等不同类型细胞壁径向承载能力不同，在重组过程中可以采用差速异步、点裂微创的疏解技术，在重组单元内部形成一系列的点状或线段状的裂纹，破坏了大部分疏导组织、射线组织、基本组织和部分薄壁管胞等相对薄弱组织细胞的细胞壁，从而最大限度地保留了木、竹材纤维及厚壁管胞的高强度特性；然后，将树脂通过疏解形成的裂纹精准地导入上述薄弱组织细胞表面、细胞壁以及细胞腔内，最后通过成型工序，在湿-热-力和树脂聚合反应作用下：在细胞之间，树脂通过胶钉、填充等机械作用，在胞间层形成细观胶合界面，增强相邻细胞的胶接强度；在细胞腔内，树脂通过填充、锚合等机械作用，将密实的细胞固定；在细胞壁间，树脂通过填充、润胀、嵌装等机械作用，形成微观胶合界面，一方面，增强了细胞壁的物理力学性能，另一方面，填充了纹孔、细胞壁内的微孔，改变木、竹材的渗透通道，从而有效地改善了木、竹重组材的尺寸稳定性，同时渗透到细胞壁中的酚醛树脂与细胞壁中的组分发生聚合反应，树脂与木质素、半纤维素和纤维素等细胞壁主要组分之间主要是通过氢键、亚甲基键、亚甲基醚键等的结合，有部分酚醛树脂与半纤维素（木聚糖）发生了缩醛化反应，形成木聚糖-酚醛树脂半缩醛；也有部分酚醛树脂与木质素发生了共缩聚反应，形成木质素-苯酚-甲醛共缩聚树脂，选择性增强了薄壁组织、导管等薄弱组织，从而达到力学性能增强的目的。同时，合成树脂在纤维表面形成的胶膜在细胞腔内形成了胶钉，并且与细胞壁内的各组分聚合物产生了润胀或化学作用，改善了木、竹材料的耐腐蚀性和耐候性，达到小材大用、劣材优用的目的[10, 20, 21]，如图9-5所示。在此基础上，于文吉团队构建了木质重组材料技术平台，利用速生林杨木、桉木和竹材，开发出重组木（木钢）和重组竹（竹钢）两大系列材料，通过木纤维束疏解度、施胶量、重组木密度、热压条件等调控，研制出具有高强度、高尺寸稳定性以及防霉、阻燃等功能的高性能木质重组材料，与竹材和人工速生林木材相比，木质重组材料的力学性能显著改善。如，慈竹重组竹静曲强度可达到310MPa，与原竹相比增加了104%[31]；拉-压疲劳寿命可达到3.96×10^6周次（最大加载为90MPa）[32]，满足了风电叶片桨叶材料的性能指标要求；杨木重组木静曲强度和弹性模量分别达到152MPa和15463MPa[15]，与杨木相比，分别提高了110%和107%，上述力学性能指标均超过了黄檀、柚木等天然优质木材。与竹材和人工速生林木材相比，木质重组材料的物理性能发生显著变化。性能优异的竹质重组材料，其28h（煮—干—煮）沸水循环处理的吸水厚度膨胀率小于2.7%，吸水宽度膨胀率小于0.4%[33]；防腐性能达到强耐腐等级[34, 35]，生产企业可根据目标产品，通过疏解度、施胶量、密度等参数的选择，制造出可以满足风电桨叶、建筑梁柱、交通护栏、景观工程材料等领域不同应用场景要求的木质重组材

料 [2, 11]。目前，部分企业为了降低成本，存在疏解度不充分，降低施胶量、密度等现象，其生产的木质重组材料吸水厚度膨胀率偏大，经常出现开裂、跳丝、变形等严重产品质量问题 [36]。

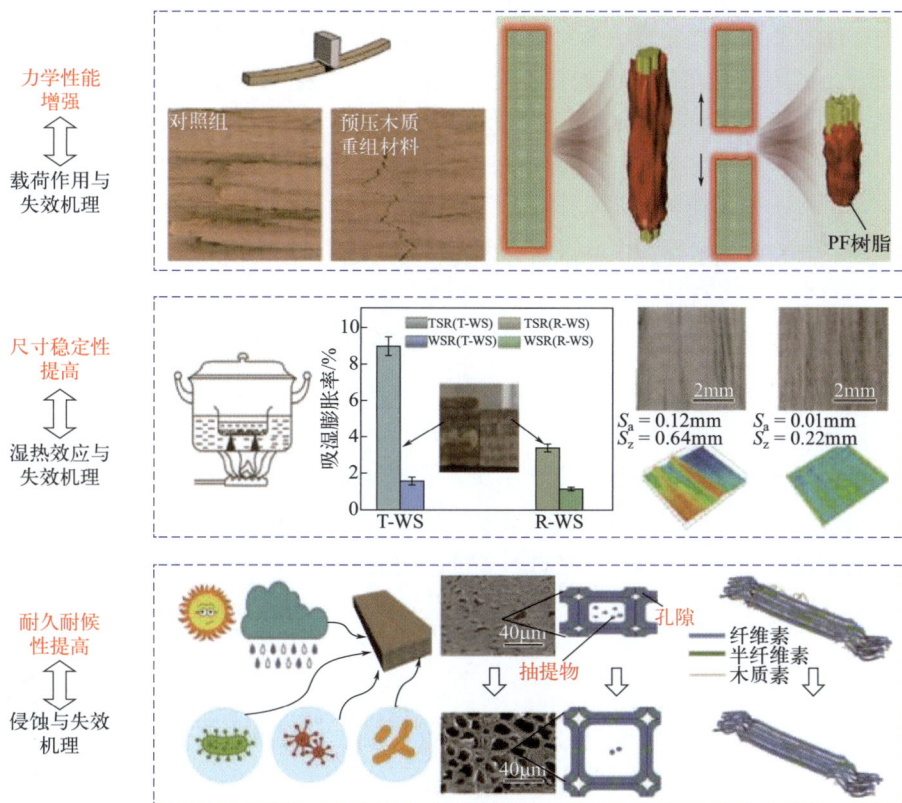

图 9-5　木质重组材料多场景使用性能与失效机制

9.3　木质重组材料亟待突破的关键科学问题和建议

木质重组材料是我国人造板产业转型升级的主要方向，对于保障我国木材供应安全、解决人工速生林木材和竹材高值化利用的产业难题、提高林农收入以及国家精准扶贫政策的实施，都具有重大意义。与传统的人工速生林木材和竹材相比，木质重组材料具有强度高、尺寸稳定和耐候等优点，可用于替代优质硬阔叶材、钢材、水泥、塑料等建筑材料 [7]，具有广泛的应用前景。虽然木质重组材料技术和产业已经取得了巨大的进展，但是，作为一种新材料，无论是从结构、性能以及机理方面，都还存在许多重大基础科学问题需要进一步探讨研究。

① 木质重组材料在重组过程中形成了全新结构，关于木质重组材料多尺度结构尤其是有关细胞组织、细胞壁层结构、分子构型等微纳尺度结构的解译研究不足，重组材料的形成机制及其对性能的影响规律仍不清楚，各尺度结构之间的互作机制亟须深入而系统的研究。

② 木质重组材料在重组过程中，在湿 - 热 - 力和树脂聚合反应作用下发生了一系列复杂的物理和化学变化，但目前有关树脂与木材细胞壁组分之间的互作机制仍不清楚，是物理填充、

机械胶接还是化学键结合仍存在争议,重组材料多层次胶合界面形成机制仍有待深入研究。

③ 木质重组材料作为一种生物质复合材料,虽然保留了生物质材料多孔性、纹理与花纹、保温隔热等基本特点及优点,但也存在易吸湿和易老化降解等固有缺点。在不同场景环境下使用时,木质重组材料将受到紫外光辐射、氧、水、微生物、温度、湿度等因素的影响,这些环境因子通过不同的机制使其老化甚至失效,产生开裂、跳丝、变形、霉变等问题。虽然在外部条件下,木质重组材料在单一尺度上的结构变化对性能的影响及性能失效机制已有部分研究,但相关机制仍不清楚,尤其是木质重组材料多维结构和外部多重条件之间的相互作用与机制有待深入系统研究。

针对木质重组材料制造和应用基础研究不足,建议国家有关部门设立重组材料基础研究专项基金,从木材学、复合材料学、高分子化学和环境科学等多学科交叉融合的角度,针对木质重组材料多维结构形成与可控重组机制等科学问题,系统研究木纤维束精准解离与可控重组机制,解译木质重组材料宏观组织、微观构造、化学结构等多尺度构造特征,揭示人工林木材定向重组过程结构演化和多尺度构造形成机制;剖析木质重组材料主、次、微观、超微四个层级胶合界面特征,揭示纤维素、半纤维素和木质素等木材细胞壁大分子与树脂之间的互作机制,提出木质重组材料不同层次胶合界面的构筑方法;研究荷载、湿热、光照和微生物等作用下木质重组材料的服役行为,阐明木质重组材料多维结构变化对材料力学性能、尺寸稳定性和生物耐久性等性能的影响规律和调控机制,系统构建木质重组材料基础理论体系。

参考文献

作者简介

余养伦,中国林业科学研究院木材工业研究所研究员,主要从事木质重组材料技术开发与成果推广研究工作,发明了木质重组材料热压罐固化技术及其装备,提出了在木质材料中原位构筑多酚-金属盐网络结构方法,开发出了多功能木质络合材料。先后入选国家万人科技领军人才、前科学中国人领军人才、中国林业科学研究院杰出青年、青年领军、国家林业和草原局"百千万"人才省部级人选、全国林草科技创新领军人才、全球前 2% 顶尖科学家榜单等荣誉称号。获得国家科技进步奖二等奖 1 项(排名第三位),中国专利优秀奖 1 项、省部级科学技术奖二等奖 4 项(排名第二位);作为主要发明人获得发明专利 52 件,其中第一发明人 36 件,成果在山东、安徽、浙江等 21 家企业转化;发表学术发表论文 100 余篇,参编专著 1 部;参与制定标准 5 部。

于文吉,中国林业科学研究院首席科学家、研究员,自 1989 年进入中国林业科学研究院木材工业研究所工作以来,主持了国家"863""973""十一五""十二五""十三五""十四五"中国重点研发(科技支撑)计划项目(课题)、山东省重点研发计划(重大科技创新工程)专项等项目。入选了国际木材科学院院士,享受国务院政府特殊津贴专家,2024 年"三农"人物,"十三五""十四五"国家重点研发计划项目首席科学家,山东省"碳达峰碳中和"专项技术总师,山东省特聘泰山产业领军人才。在生物质重组与复合材料领域进行了开拓性的研究工作,获得国家科技进步奖 3 项,以第一发明人获得中国专利优秀奖 1 项,北京市、河北省和梁希奖等省部级科技奖励 5 项;参与编著专著 1 部,发表论文 200 余篇;授权发明专利 42 件;省部级以上鉴定成果(新产品)37 项;主持制定国标 3 项,行标 5 项。

第 10 章

电催化关键材料

崔晓亚　王红阳　孔令常　陈亚楠

10.1 电催化产业发展的背景需求及战略意义

在全球能源体系向可再生能源转型的背景下，电催化技术正成为推动新能源革命的核心支撑[1]。全球气候变化的加剧和"碳达峰、碳中和"目标的提出，使得能源体系必须向高效储能与绿色能源转换方向发展，以降低碳排放、提高能源利用效率，实现可持续发展。电催化技术因其在绿色制氢[2, 3]、二氧化碳电催化还原（CO_2RR）[4]、燃料电池[5]、金属 - 空气电池[6]等多个关键领域的广泛应用，已成为能源技术创新的重要突破口（图 10-1）。例如，电解水制氢可将风能、光伏等可再生能源转化为氢能，实现大规模储能和灵活能源调配[7]；CO_2电催化还原技术可将工业排放的二氧化碳转化为高附加值化学品，助力碳循环经济[8]；燃料电池与金属 - 空气电池等新型储能技术则为电动交通和分布式能源系统提供了高效、清洁的

图 10-1 "双碳"目标下的能源结构分布

能源解决方案[9]。因此，电催化技术的发展不仅关乎清洁能源的高效利用，还直接影响我国在全球能源变革中的竞争力。面对这一趋势，加快电催化材料的研发和产业化进程，对于提升我国新能源产业的核心竞争力、保障能源安全、推动制造业升级具有重要的战略意义。

10.1.1 ／ 背景需求：多重挑战驱动电催化产业发展

（1）新能源革命的加速推进：电催化技术如何解决可再生能源存储难题？

可再生能源（如风能、太阳能）是未来能源体系的重要组成部分，但其间歇性和波动性限制了直接并网使用的稳定性。现有的储能技术（如锂离子电池）虽已广泛应用，但仍面临能量密度受限、材料稀缺、材料回收问题等挑战。因此，发展高效、可持续的能源转换和存储技术成为新能源革命成功的关键。

电催化技术在新能源存储方面提供了革命性的解决方案。通过电解水制氢，可将风能、光伏电力转换为化学能（氢气），实现大规模储能，并作为工业及交通燃料使用[10, 11]。此外，CO_2 电催化还原技术可以直接将工业排放的二氧化碳转化为高附加值燃料或化学品，推动"碳闭环"经济模式[11]。这些技术的突破有望彻底改变能源存储方式，提高可再生能源的利用率。

全球主要经济体已将电催化技术列为新能源战略重点（图 10-2）。例如，美国能源部（DOE）提出"氢能地球（Hydrogen Earth Shot）"计划，目标是到 2030 年将绿氢成本降低至 1 美元/kg。欧盟、日本等国家也在加速布局可再生能源电催化转化技术。面对这一全球趋势，我国必须加快电催化技术的研发和产业化进程，以占据新能源革命的战略高地。

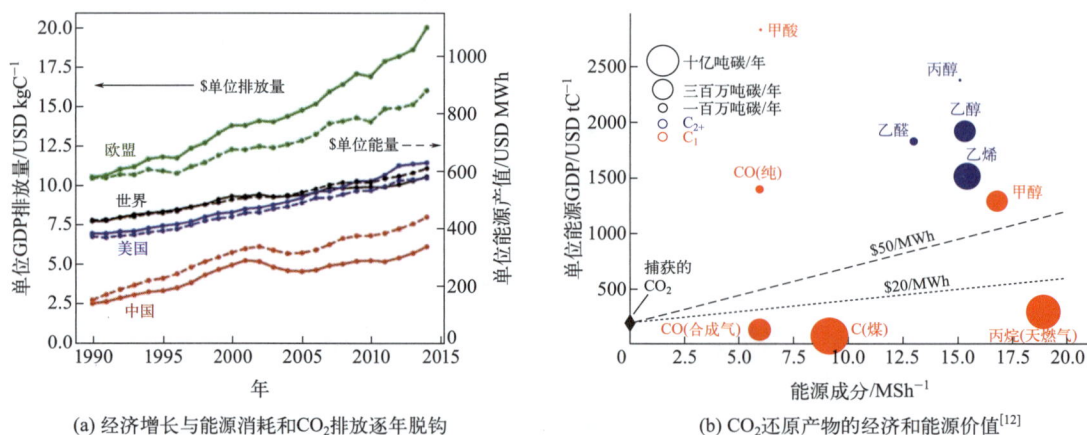

(a) 经济增长与能源消耗和CO_2排放逐年脱钩　　　　(b) CO_2还原产物的经济和能源价值[12]

图 10-2　CO_2 排放经济性评估

（2）高端制造业升级的迫切需求：电催化材料如何突破产业瓶颈？

我国正在推动制造业向高端化、智能化、绿色化升级，而电催化材料作为新能源设备（如电解槽、燃料电池）的核心组件，其发展水平直接决定了新能源产业的竞争力[13, 14]。然而，目前高性能电催化剂仍然依赖进口，尤其是贵金属催化剂（如 Pt、Ir、Ru），价格昂贵且供应链受制于国外，严重限制了产业发展（表 10-1）[15-17]。

表 10-1 国内外燃料电池发展情况

燃料电池部件	国内发展现状	国外发展现状
燃料电池堆	体积功率密度较低、质量功率密度较低、工况寿命短、成本高	体积功率密度较高、质量功率密度较高、工况寿命长
膜电极（MEA）	生产规模较小、功率较低、电流密度较小、工况寿命短、成本高	已实现规模化生产、功率较高、电流密度较大、工况寿命长
气体扩散层	科研院所测试生产	主要采用碳纸，已形成流水生产线
隔膜	全氟磺酸质子交换膜生产规模较小，复合膜测试成功	全氟磺酸质子交换膜已商业化，开始向复合膜发展，性能较高
催化剂	Pt/C 生产规模较小、Pt 族金属用量较高、质量比活性较低、衰减较大	Pt/C 已商业化、Pt 族金属用量较低、质量比活性较高、衰减较小，目前正在研究新型高稳定性和高活性的低 Pt 或非 Pt 催化剂
双极板	石墨双极板实现国产化、金属、碳基和树脂复合材料双极板处于研发测试阶段	金属双极板已商业化

　　要解决这一瓶颈，必须在催化剂材料上实现突破。一方面，发展非贵金属催化剂，如基于过渡金属（Fe、Co、Ni）[3, 18]以及高丰度稀土元素（Ce、La、Y、Sm 等）[19-22]的催化剂，以降低成本并提高可持续性。另一方面，探索纳米结构优化[23]、单原子催化[24]、二维材料催化[25]等新型催化剂，以提升催化活性和耐久性（图 10-3）。

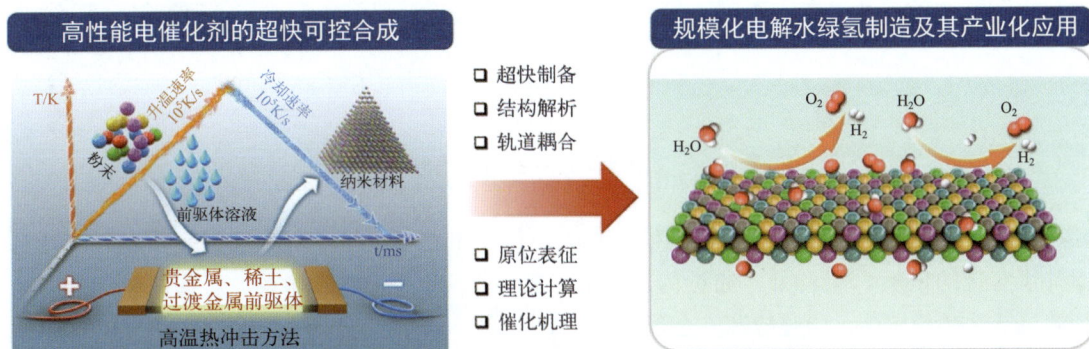

图 10-3　高性能电催化剂制造过程中的关键科学问题

　　此外，电催化过程中的界面工程与电子结构调控也是提升催化性能的关键。利用原位表征、计算模拟、机器学习、人工智能（AI）筛选等方法，可以精准调控催化位点的电子结构，提高催化剂的活性和选择性（图 10-4）[26-28]。未来，电催化材料的研究将与先进制造技术深度融合，推动我国高端制造业向全球产业链高端迈进。

（3）国家能源安全的战略要求：电催化如何支撑能源自主可控？

　　我国能源体系高度依赖进口，尤其是石油、天然气对外依存度分别超过 70% 和 40%。在全球能源地缘政治日益复杂的背景下，如何降低对化石能源的依赖，实现能源自主可控，已成为国家安全的重大命题。

　　电催化技术可以在多个层面支撑我国能源安全。首先，发展可再生能源制氢技术，利用风能、太阳能驱动电解水制氢，实现氢能自主化，减少对天然气制氢的依赖[29]。其次，提升

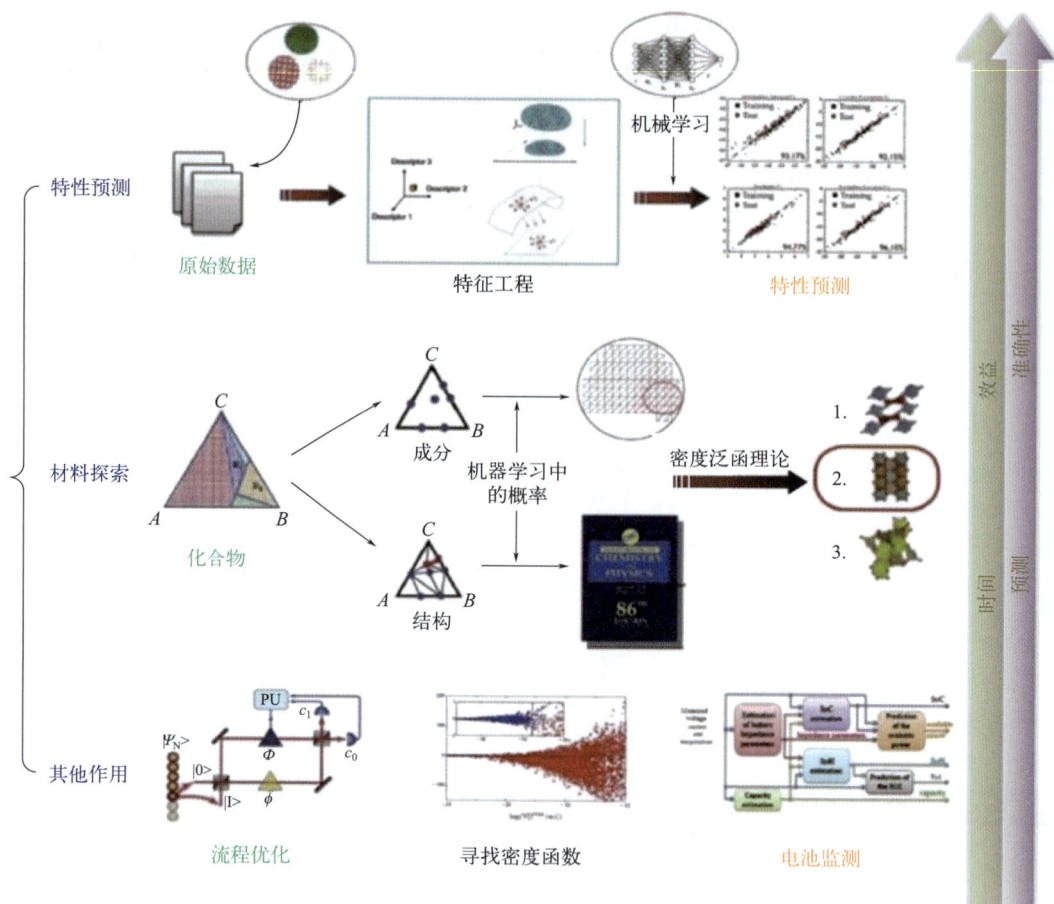

图 10-4 机器学习方法在材料科学中的应用

燃料电池产业链的国产化率，推动电催化剂、电极、电解槽等核心部件的自主研发，降低对国外供应链的依赖[30]。此外，通过构建"电 - 氢 - 储"一体化能源体系，可提高我国能源系统的灵活性和稳定性，增强能源安全保障能力。

近年来，我国政府已出台多项政策支持电催化技术的发展[31]。例如，《"十四五"氢能产业发展规划》明确提出，到 2035 年我国氢能产业要形成完善的技术创新体系，并推动绿氢的大规模应用[32]。这一政策导向为电催化产业的发展提供了强大动力，未来需进一步加强技术攻关和产业落地，确保电催化技术成为国家能源安全的核心支撑。

10.1.2 战略意义：电催化如何重塑未来能源体系？

（1）助力碳中和目标达成：电催化技术如何实现零碳能源体系？

碳中和目标要求能源体系实现从化石能源向零碳能源的全面转型。电催化技术在这一过程中扮演着关键角色。众多清洁能源中，氢气具有高能量密度、清洁无污染等优点，是未来最理想的绿色能源载体。而其中最完美的清洁利用氢能闭合回路则是以氢气作为载体，通过可再生清洁能源产生的电能进行电解水制氢，燃料电池再使用氢气产生电能，形成"可再生

能源 - 电能 - 氢能"的完全零排放的能量闭环，为工业、交通等领域提供可持续的能源来源。同时，CO_2 电催化还原技术可以有效减少工业碳排放，将 CO_2 转化为有价值的燃料和化学品，推动负碳排放技术的发展。

（2）推动新能源技术与储能产业发展：高效电催化剂如何提升储能系统性能？

传统储能技术（如锂离子电池）在能量密度和寿命方面仍存在瓶颈，而燃料电池、金属 - 空气电池等新型储能技术在电催化技术的支持下，具备更高的能量密度和更长的循环寿命。例如，高性能氧还原催化剂（如基于 Fe-N-C 的非贵金属催化剂）已在燃料电池中展现出良好的应用前景[33]。

（3）促进材料科学与新能源产业融合发展：人工智能如何加速电催化突破？

近年来，AI 与超快化学的结合正在改变电催化研究范式（图10-5）[34]。通过机器学习和量子化学计算，可以高效筛选出具有优异催化性能的新材料[35]。此外，结合超快光谱技术，可以实时解析催化反应动力学，揭示催化剂活性位点的动态演变。这些技术的发展将极大加速电催化材料的设计和优化，推动我国在新能源催化领域取得国际领先地位。

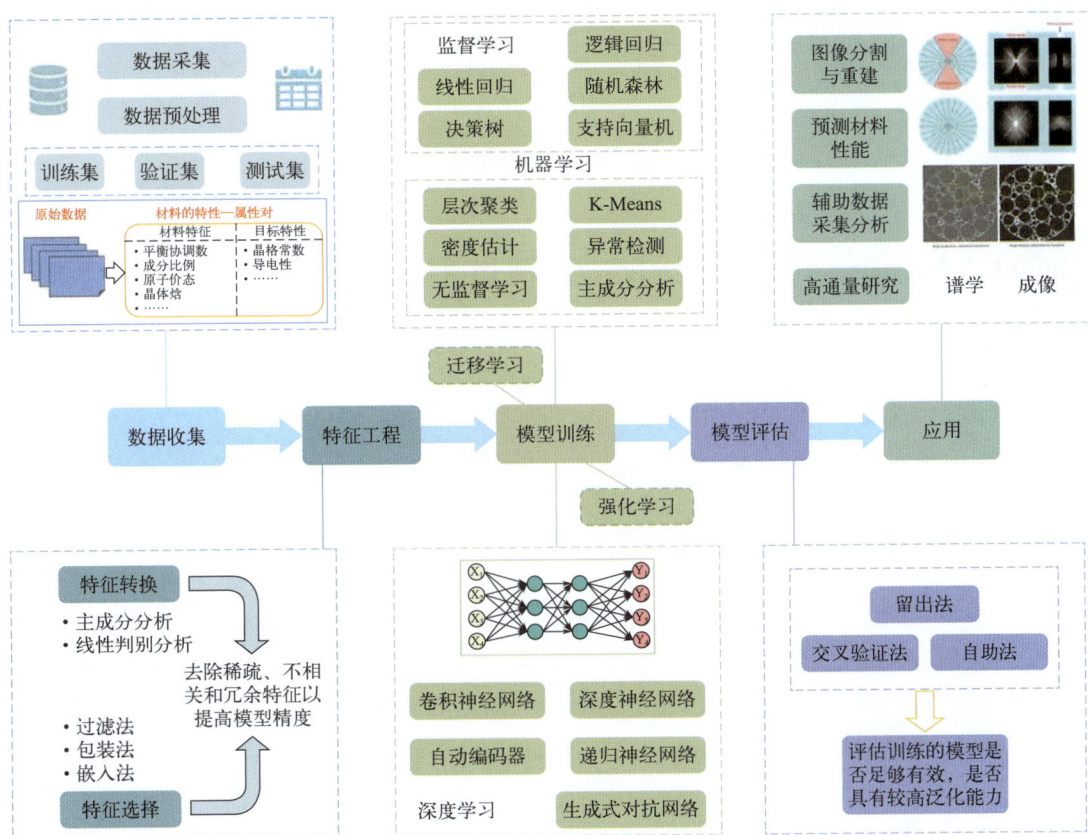

图 10-5　机器学习应用于材料表征领域的典型流程图[34]

电催化技术是未来新能源革命的核心支撑，关乎能源安全、碳中和目标的实现以及高端制造业的升级[36]。结合人工智能、机器学习以及超快化学，我国有望在该领域取得突破性进展，引领全球新能源技术发展（图10-6）[37]。

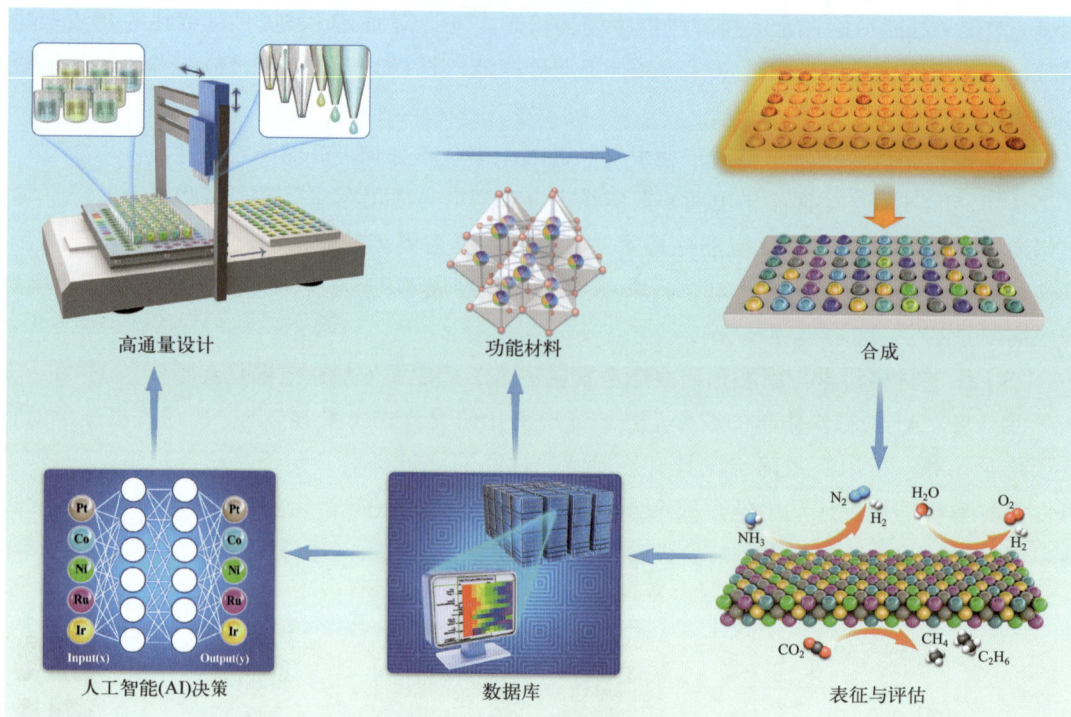

图 10-6　人工智能辅助催化剂高通量筛选 [37]

10.2　电催化产业的国际发展现状及趋势

在全球"双碳"目标驱动下，电催化技术正成为新能源转化、储存和利用的核心支撑。各国纷纷加大对电催化相关技术的研发投入，推动燃料电池、电解水制氢、CO_2 还原等关键领域的突破，并竞相布局产业链，力求在新一轮能源革命中抢占先机。

10.2.1　国际现状：全球主要经济体的电催化技术布局

（1）美国：依托"国家实验室＋高校＋企业"协同创新模式，推动电催化技术前沿突破

美国在电催化技术领域的研究布局十分完善，依托国家实验室、高校和企业的协同创新体系，在燃料电池、电解水制氢、CO_2 还原等领域取得重大突破。美国能源部（DOE）近年来持续通过"氢能地球计划（hydrogen earth shot）"等项目，推动氢能及相关催化技术的发展。

美国的国家实验室体系（如阿贡国家实验室、橡树岭国家实验室、劳伦斯伯克利国家实验室）在电催化材料研究中发挥主导作用。例如，阿贡国家实验室 [38] 通过同步辐射 X 射线吸收光谱研究燃料电池催化剂的电子结构，优化其稳定性和活性。与此同时，麻省理工学院（MIT）、斯坦福大学 [39] 等高校也在高效催化剂设计、界面工程优化等方面取得突破。

在产业应用方面，美国的跨国企业，如 Plug Power、Ballard Power Systems 和 Bloom

Energy，已实现燃料电池技术的商业化应用，特别是在氢能重卡、备用电源等领域发展迅速。此外，Tesla 也在积极探索电催化 CO_2 还原技术，以推动碳中和交通能源解决方案的落地。

（2）欧盟：以"绿色协议"（Green Deal）为指引，推动氢能与电催化技术产业化

欧盟长期致力于推动可再生能源技术的发展，"绿色协议"（Green Deal）明确提出，到 2050 年实现碳中和，并将氢能及电催化技术作为核心支撑。欧盟委员会设立了"欧洲氢能战略"，计划在 2030 年之前投资 4700 亿欧元，建设大规模电解水制氢项目，并推动燃料电池汽车（FCV）的商业化。

德国是欧盟在电催化技术领域的引领者。马普固体研究所、亥姆霍兹研究中心等在高效催化剂材料、燃料电池耐久性优化等方面取得重要进展。例如，德国巴斯夫（BASF）开发了基于金属 - 有机框架（MOFs）的新型催化剂，显著提升了氢氧化反应（HOR）的效率[40]。

（3）日本：燃料电池汽车（FCV）产业化的全球领导者

日本在燃料电池汽车（FCV）领域处于全球领先地位，主要得益于政府的大力支持和汽车企业的技术积累。丰田、本田等企业已实现燃料电池系统的商业化应用，如丰田 Mirai 车型的成功推广，标志着燃料电池汽车迈入市场化阶段。

在基础研究方面，日本东京大学、京都大学在氢燃料电池催化剂的耐久性优化、非贵金属催化剂开发等方面取得突破。例如，研究人员开发的钴 - 氮 - 碳（Co-N-C）催化剂[41]，已接近 Pt/C 催化剂的性能水平，为燃料电池的降本增效提供了新思路。

（4）韩国：加速高性能电催化剂的研发，抢占燃料电池和储能市场

韩国三星、LG 等企业在高性能电催化剂开发方面投入大量资源，以加速燃料电池和储能技术的突破。韩国政府也提出了"氢经济发展愿景"，计划到 2040 年推广 620 万辆燃料电池汽车，并建设 1200 座加氢站。

韩国的浦项制铁（POSCO）正在探索非贵金属催化剂在燃料电池中的应用，以降低 Pt 依赖度。与此同时，LG 化学正在布局 CO_2 电催化转化技术，希望在未来碳中和产业链中占据重要地位。

10.2.2　发展趋势：全球电催化技术的四大创新方向

（1）高效低成本催化剂材料的开发：突破贵金属依赖，实现大规模应用

目前，电催化技术仍然依赖贵金属催化剂（如 Pt、Ir、Ru），导致成本高昂，限制了产业化应用。因此，全球研究机构正积极开发单原子催化剂、双功能催化剂、非贵金属催化剂，以降低电催化反应成本。

单原子催化剂（SACs）因其高活性和低成本，在燃料电池和电解水领域展现出巨大潜力。例如，美国伯克利国家实验室开发的单原子铁 - 氮 - 碳（Fe-N-C）催化剂，在氧还原反应（ORR）中表现出接近 Pt/C 的催化性能。

（2）电催化过程的精准调控：纳米结构优化与界面工程助力催化效率提升

随着电催化研究的深入，科学家们发现催化剂的纳米结构、电子结构、界面效应对催化性能有重大影响。因此，全球研究机构正在利用机器学习、超快光谱、原位表征等先进手段，

精准调控催化剂的界面结构，优化其稳定性和选择性。例如，德国马普研究所利用原位透射电子显微镜（TEM）研究催化剂在电场作用下的动态演化[42]，为高性能催化剂的设计提供了理论指导。

鉴于电催化剂的性能紧紧依赖于材料本身的结构稳定性、原子排布方式以及原子间的相互作用。开发非常规材料——亚稳态催化剂能够赋予纳米材料不同于热力学稳定相的原子排布和微观电子结构，使开发亚稳相催化剂成为新的研究方向。

（3）多功能催化体系的构建：推动能源转化与存储一体化

未来的电催化技术将不再局限于单一反应，而是发展多功能催化体系，实现水氧化、氢析出、CO_2还原、氮还原等多种反应的协同催化。例如，最近的研究表明，双功能催化剂可在燃料电池和电解水制氢过程中同时发挥作用，提高系统整体效率。

（4）电催化产业链的完善：从材料研发到产业化应用的全链条发展

目前，电催化技术的产业化仍面临挑战，特别是在催化剂合成、电极制备、电催化装置集成等环节。因此，各国正在推动从基础研究到产业化应用的全链条发展。例如，美国DOE设立了"能源材料网络（EMN）"，加速实验室成果向商业化转化。

全球主要经济体正围绕电催化技术展开激烈竞争，美国、欧盟、日本、韩国等国家已形成完整的技术研发和产业化体系。未来，电催化产业的发展将聚焦高效低成本催化剂、纳米结构优化、多功能催化体系、产业链完善四大方向。面对这一趋势，我国需加快自主创新，推动电催化技术的跨越式发展，以抢占全球新能源技术制高点。

10.3 电催化产业的国内发展现状

近年来，我国在电催化材料的研究和应用方面取得了重要进展，尤其是在高效催化剂和电池正负极材料等关键材料制备等领域。然而，随着新能源产业的快速发展，现有材料的催化活性、稳定性、界面调控能力仍存在瓶颈，亟需突破关键材料的可控制备技术，以实现产业化应用（图10-7）。特别是亚稳态材料的超快制造与AI高通量筛选，正在成为推动电催化技术革新的重要方向。

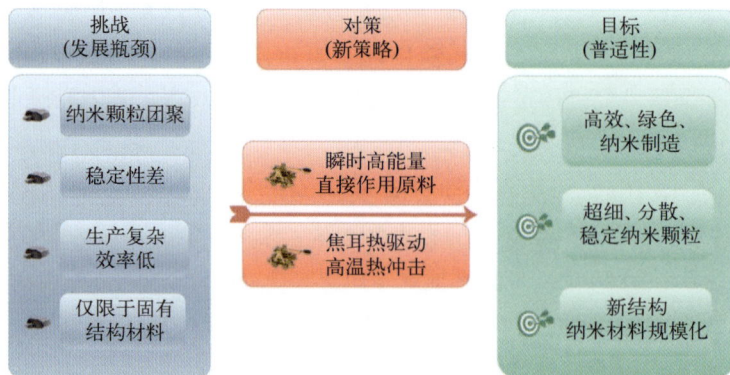

图10-7 微纳米催化剂制备过程中遇到的挑战与对策

10.3.1 / 研究进展：亚稳态电催化材料的制备与优化

（1）亚稳态材料的定义与特性：非平衡稳定性与动力学屏障

亚稳态材料（metastable materials）[43]是指在特定合成条件或外部激励下形成的局部稳定态，其自由能高于全局稳定态，但由于动力学屏障的存在，可以在有限时间内保持稳定。相比于稳态材料，亚稳态材料往往表现出更高的催化活性、可调控的电子结构以及特殊的纳米形貌，使其在电催化过程中展现出优异的性能。

亚稳态材料通常具有非平衡晶相、高缺陷密度、纳米结构等形貌结构特征。例如，高压相、非晶态材料、超薄纳米片等都是典型的亚稳态结构。这些形貌特征使得材料具有更大的比表面积和丰富的催化活性位点，有助于提升催化性能[44]。

亚稳态材料通常具有高表面能、高活性位点、易重构等表面结构特点。例如，单原子催化剂和富氧空位氧化物由于其特殊的表面电子结构，在燃料电池和电解水催化中表现出优异的催化活性[45]。此外，亚稳态材料的电子结构对外部刺激（光、电场、应力等）高度敏感，费米能级可调，如钙钛矿太阳能电池中的超快载流子动力学，这使得亚稳态材料在光电催化领域也具有广阔的应用前景。

Huang等采用简单的化学脱合金法合成了一类具有高比表面积和大量缺陷的多孔IrCu合金纳米晶体，具有不错的酸性析氧反应（OER）活性和稳定性，缺陷处的不饱和配位原子提高了活性位点对氧原子的吸附能力，这种酸刻蚀的方法并不能稳定大量的形成各类亚稳结构[46]。Shao课题组通过高温熔碱化学法制备出亚稳相（1T和3R）超薄二氧化铱纳米片，具有表面原子利用率高，活性位点数目丰富等特点[47]。所以，两种催化剂均在0.1M高氯酸溶液中，10mA/cm^{2}下表现出200mV以下的超低析氧过电位。相比于常规热稳态金红石相，两种亚稳相原子排布模式都使得活性位点Ir有利于中间体的吸附和脱附。然而，在PEM装槽测试阶段，Shao等仅进行了短时间（126h）、低电流密度（250mA/cm^2）下的测试，远远达不到工业需求。

（2）亚稳态催化剂的超快制造：高能激发技术实现非平衡相调控

目前，纳米材料的合成方法主要依赖于近平衡态的高温炉烧结、球磨合成以及溶剂热法等，在长时间反应过程后往往得到近热力学稳定相，与现有的热力学相图相吻合，往往难以实现亚稳态材料的可控合成，使得高活性亚稳态催化剂的规模化制备成为挑战。近年来，飞秒激光、等离子体沉积、脉冲电沉积等超快制造技术正在成为合成亚稳态催化剂的重要手段，为高性能催化剂的开发提供了全新策略。

飞秒激光合成（femtosecond laser synthesis）通过超快加热-冷却过程，可以诱导材料形成非平衡相，提高催化剂的活性。例如，浙江大学团队利用飞秒激光烧蚀技术，成功制备了Fe-N-C单原子催化剂，其氧还原性能超过商业Pt/C催化剂。这种方法不仅能够提高催化剂的活性，还能实现高效、绿色的催化剂合成。等离子体辅助沉积（plasma-assisted deposition）依靠等离子体的高能环境，可以控制金属氧化物、氮化物等材料的亚稳态相形成，优化催化剂的电子结构。例如，南京大学团队利用等离子体辅助方法，合成了富氧空位的NiFe氧化物催化剂，在OER中表现出优异的催化性能。这一方法特别适用于高表面能催化剂的可控合成，为非贵金属催化剂的开发提供了重要支持。脉冲电沉积（pulsed electrodeposition）采用超快电化学沉积技术，可以形成高应变的纳米结构，优化催化剂的电子分布。例如，华东理工大学团队采用脉冲电沉积合成了高指数晶面的 Pt-Ni 纳米催化剂，在燃料电池氧还原催化中展现出超高质量活性（MA>1.5A/mgPt）。该技术能够有效提升催化剂的耐久性和催化效率，为燃料电池催化剂的开发提供了新思路[48]。

近年来，超快高温热冲击（high-temperature shock，HTS）能够提供一种新的途径来克服传统方法在制造亚稳态纳米材料方面的局限性。其整个制备过程仅持续几秒或者几毫秒，升温冷却速率可高达 $10^5K/s^4$，这些优势为制备超细的亚稳相纳米颗粒提供了足够的动力学条件。HTS 通过瞬间加热 - 冷却过程，使材料经历极端温度变化，从而形成非平衡相和独特的纳米结构。这种方法能够在毫秒级时间尺度内将催化剂加热至 1000 ～ 3000K，然后迅速冷却至室温，极大地抑制了热力学平衡相的形成，使材料保持亚稳态结构，富含位错、层错和孪晶界等缺陷（图 10-8）。因此采用新型非平衡态制备技术实现亚稳态新能源材料的大规模合成将是今后发展的重要方向之一[49]。

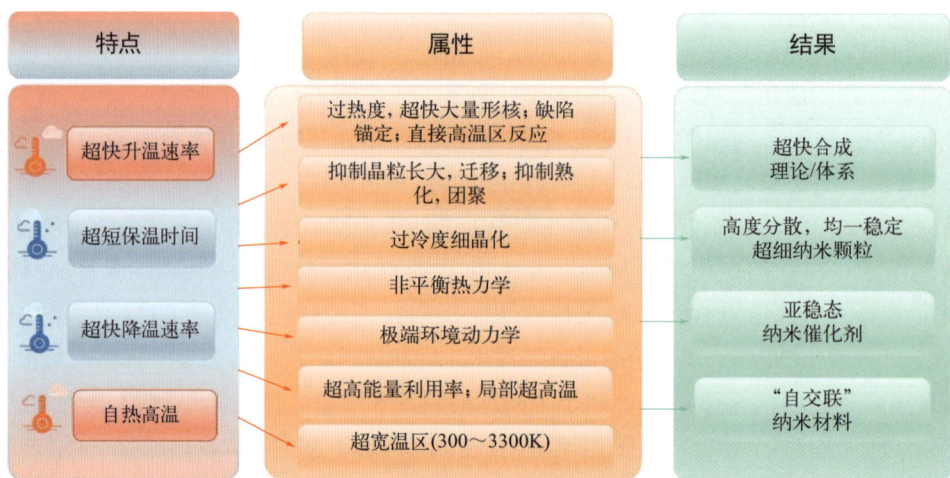

图 10-8　高温热冲击技术的特点与功能性

HTS 技术的关键优势在于：

① 可控制备高缺陷密度和高活性表面的催化剂；

② 能够实现非贵金属催化剂的高效激活；

③ 适用于大规模、低成本生产。例如，北京大学团队利用 HTS 方法成功合成了高熵氧化物（high-entropy oxides，HEOs），该材料在 ORR 和 OER 中表现出优异的催化性能[50]。

此外，清华大学团队利用 HTS 技术合成了富空位的双金属氧化物催化剂，其在碱性电解水制氢中展现出超高效率。

HTS 技术的成功应用为亚稳态金属氧化物、双金属合金、单原子催化剂等材料的合成提供了全新策略，实现了从实验室研究到产业化应用的关键突破（图 10-9）[51]。

高通量电化学筛选表明，超快制备的富位错 - 应变效应的 IrNi 合金亚稳态纳米颗粒相比 IrNi 稳态纳米颗粒具有优异的催化活性，并且由体缺陷（例如位错或晶界）引起的应变诱导的高能表面结构抵抗催化过程中可能产生的表面重构，提高了催化稳定性（图 10-10）[52]。

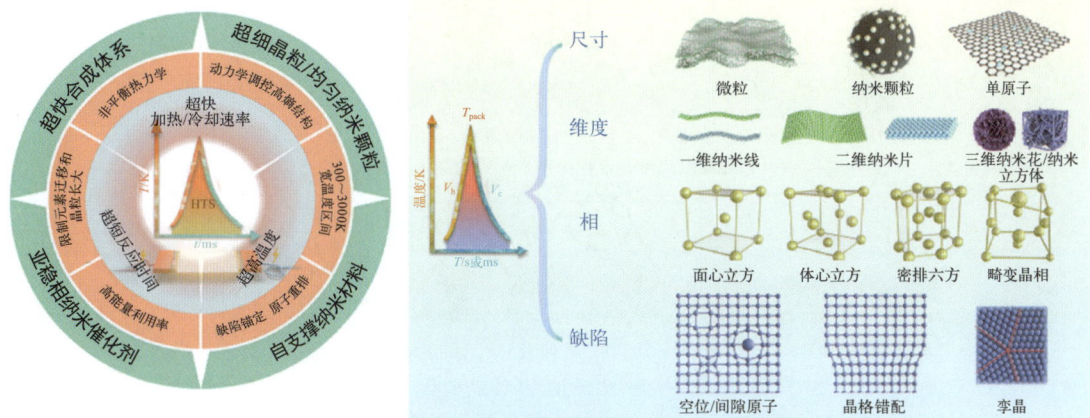

图 10-9　基于高温热冲击技术的亚稳态材料结构调控

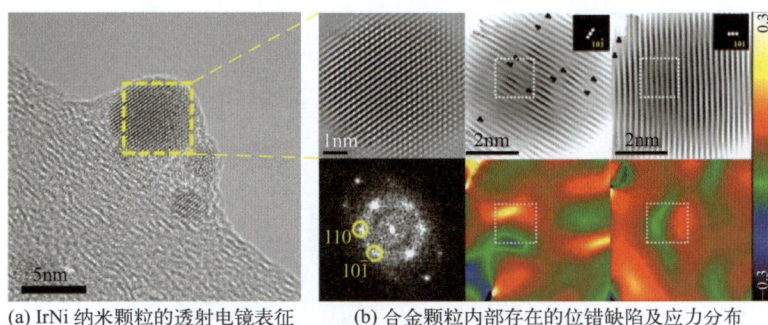

(a) IrNi 纳米颗粒的透射电镜表征　(b) 合金颗粒内部存在的位错缺陷及应力分布

图 10-10　高温热冲击制备 IrNi 纳米颗粒的形貌结构表征

受 IrNi 合金和高熵合金亚稳态提高催化析氢性能的启发，进一步研究超快制备已商业化、本征结晶性好、传统合成方法难以形成缺陷亚稳态的单金属 Pt 催化剂，筛选迭代研究结果表明，相比于氩气条件下超快 - 高通量（高温热冲击）合成的 Pt 稳态催化剂，液氮极端环境下的超快高温热冲击可以迅速"冻结" Pt 纳米颗粒中的位错（图 10-11）[53]，位错引起的应变降低了 Pt 的 d 带中心，随着 d 带中心的下降，反键态电子向费米能级移动，占据率增加，导致金属与反应中间体之间的吸附能减弱，因此液氮介质超快 - 高通量制备的亚稳态 Pt 纳米颗粒相比稳态 Pt 纳米颗粒表现出更优异的电化学析氢活性和稳定性。

通过大幅度调控材料合成过程冷却速率可以实现单金属电催化剂的富位错应变亚稳结构，从

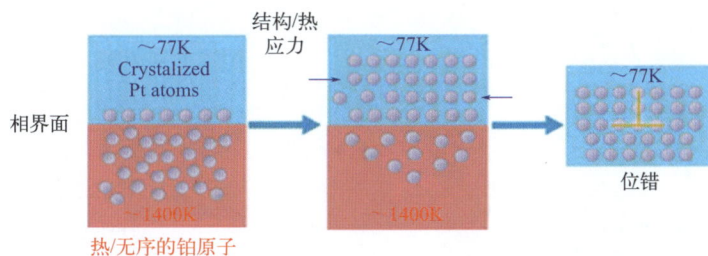

(a) 极快升温速率形成的结构应力和热应力共同作用于Pt纳米颗粒示意图

图 10-11

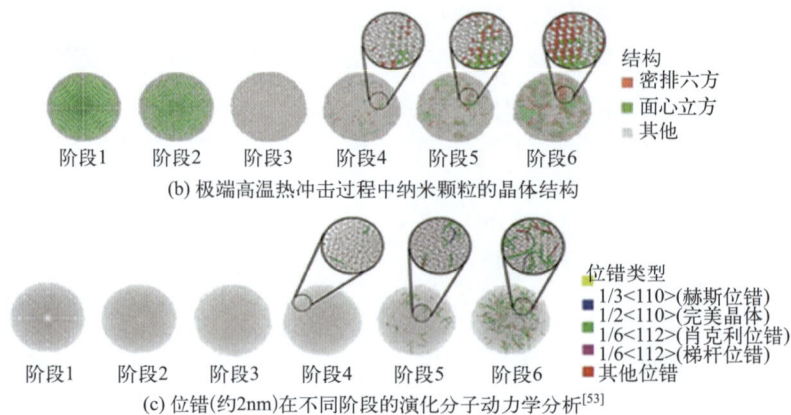

(b) 极端高温热冲击过程中纳米颗粒的晶体结构

结构
- 密排六方
- 面心立方
- 其他

阶段1　阶段2　阶段3　阶段4　阶段5　阶段6

位错类型
- 1/3<110>(赫斯位错)
- 1/2<110>(完美晶体)
- 1/6<112>(肖克利位错)
- 1/6<112>(梯杆位错)
- 其他位错

阶段1　阶段2　阶段3　阶段4　阶段5　阶段6

(c) 位错(约2nm)在不同阶段的演化分子动力学分析[53]

图 10-11　高温热冲击制备的亚稳态 Pt 纳米颗粒结构演变机理分析

而有效调控纳米催化剂的电催化性能。进一步高通量制备、筛选，高载量、低阻抗 Pt/C［Pt>60% （质量分数）］催化剂，最终得到平均直径约 2nm 的均匀细小亚稳态 Pt 纳米颗粒，0.5M 硫酸电解液中 10mA/cm^2，300mA/cm^2 的电流密度下过电位仅为 22mV、83mV，远低于商业铂炭的 32mV 和 97mV，活性优势十分明显，其极化曲线在 2000 次循环后基本没有显示任何负移（图 10-12）。

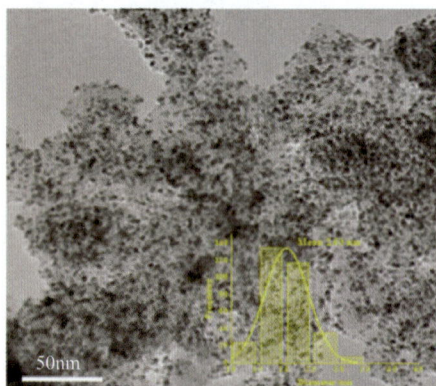

(a) 60%(质量分数)Pt/C催化剂

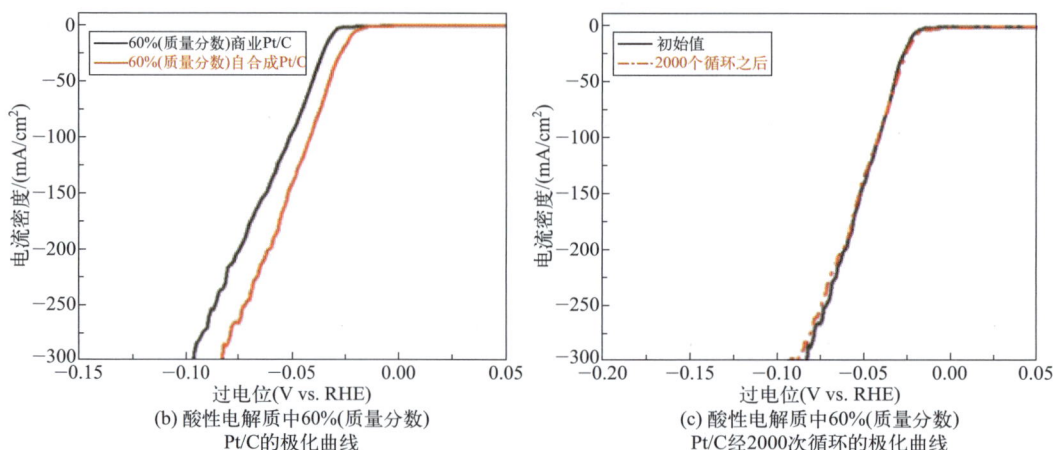

(b) 酸性电解质中60%(质量分数)
Pt/C的极化曲线

(c) 酸性电解质中60%(质量分数)
Pt/C经2000次循环的极化曲线

图 10-12　Pt/C 催化剂形貌表征及性能分析

另外，将超快制备所筛选出的 Pt/C 样品以及亚稳相 1T IrO$_2$ 分别作为 PEM 电解槽的阴极和阳极催化剂，以去离子水为电解液，80℃下测试结果表明，使用自制膜电极的 PEM 槽电解水达到 1.5A/cm^2 电流密度所需的电池电压仅为 1.71V（图 10-13）。对自组装电解槽进行了耐久性测试，电池电压可稳定运行超 1000h，性能无明显衰减。

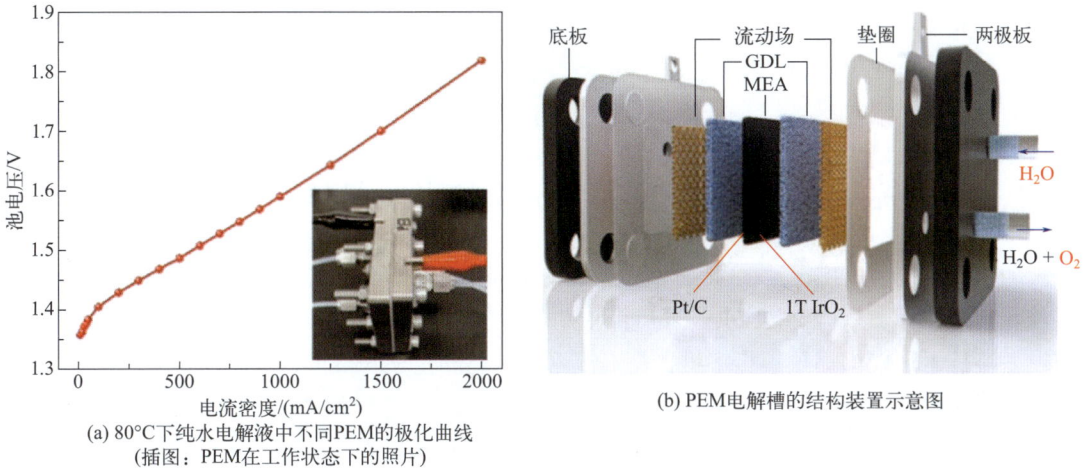

(a) 80℃下纯水电解液中不同PEM的极化曲线
（插图：PEM在工作状态下的照片）

(b) PEM电解槽的结构装置示意图

图 10-13　Pt/C-1T IrO$_2$ 体系的 PEM 电解水应用

（3）基于亚稳态材料的高性能电池电极材料：自适应界面调控

除了催化剂本身，电池电极材料的微观结构优化、界面设计对电催化性能同样至关重要。近年来，天津大学研究团队通过纳米限域效应、自适应催化界面设计、高温热冲击技术等手段，显著提升了电极材料的稳定性和催化活性（图 10-14）[54]。

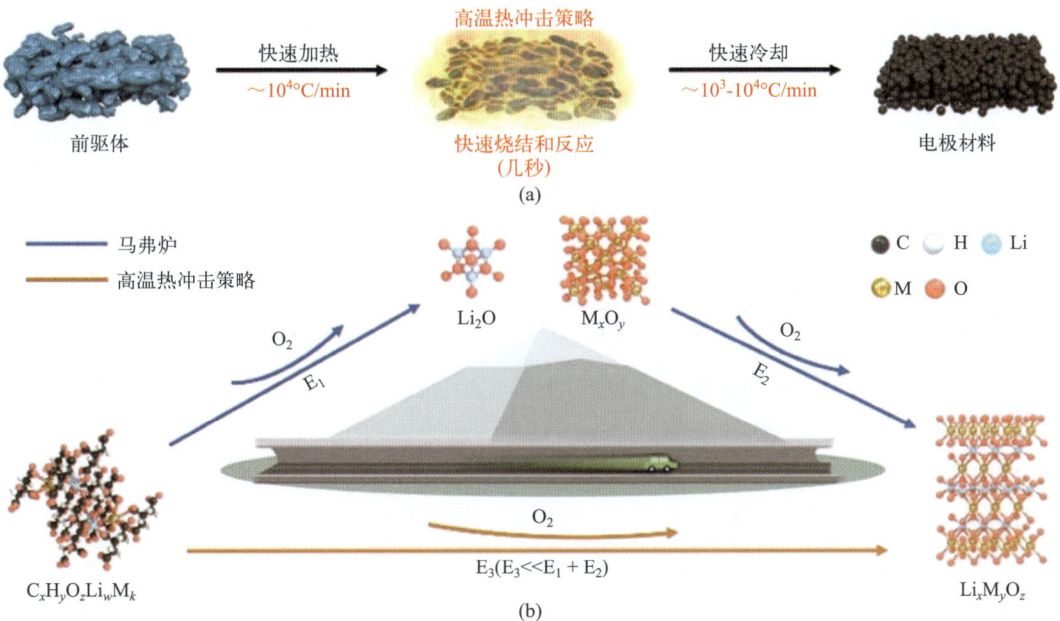

图 10-14　基于高温热冲击技术实现数秒非平衡合成多种锂离子电池正极材料示意图

纳米限域效应（nano-confinement effect）通过在纳米尺度上限域催化剂，可以提升其稳定性和催化活性。例如，中国科学院金属研究所开发的 Fe-N-C@ 中孔碳催化剂[55]，在燃料电池中的稳定性超过 5000h。这种方法能够有效减少催化剂的聚集，提高其在长期运行过程中的耐久性。

自适应催化界面（adaptive catalytic interface）结合 AI 计算与实验验证，优化电极材料界面，增强其在不同反应条件下的适应性[56]。例如，华东理工大学团队开发的 Co-N-C 催化剂，可在 CO_2 还原过程中动态调节电子结构，实现 C_2 产物的高选择性。这一策略为高选择性催化剂的设计提供了新思路，推动了 CO_2 还原催化技术的进步[57]。

10.3.2　产业布局：人工智能（AI）高通量筛选助力材料产业化

AI 与材料科学的深度融合正在重塑新能源材料的研发模式，为能源存储、转化和利用提供全新的解决方案。在"AI for Materials"的理念下，AI 借助机器学习、数据挖掘、性能预测模型等技术，能够高效解析多维数据，揭示材料化学反应与性能之间的深层关系[58, 59]。通过高通量计算和实验相结合，AI 显著提升了材料筛选的效率，加速了新能源材料（如储能材料、催化材料、光电材料等）的发现和优化，并推动材料科学从依赖经验的传统研发模式向数据驱动的智能化研发模式转变（图 10-15）。

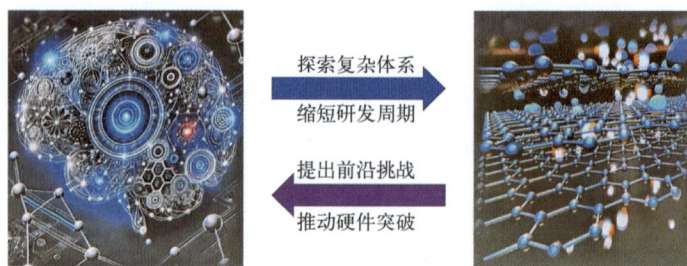

图 10-15　人工智能赋能新能源材料研究示意图[59, 60]

与此同时，AI 技术的发展也对计算硬件提出了更高的性能需求，这催生了"Materials for AI"的研究方向。新型材料（如高导热半导体、低功耗存储材料、先进光电材料）的开发不仅提升了 AI 计算硬件的效率，还拓宽了 AI 在科学计算、医疗、交通、工业等领域的应用场景。AI 与材料科学的双向赋能关系，不仅推动了 AI 技术的突破性进展，也为材料领域提供了全新的研究方向。

10.3.2.1　AI 赋能电催化剂筛选：高通量计算与实验优化的结合

（1）AI 预测催化剂结构与活性

在电催化领域，材料的化学组成、电子结构和表面特性决定了其催化活性和稳定性。而传统的实验研究方法往往依赖于高成本、低效率的经验筛选，难以在短时间内找到最优催化剂。AI 利用密度泛函理论（DFT）计算 + 机器学习，能够在大规模材料数据库中快速筛选潜在的高效催化剂。例如，北京大学团队开发的深度学习模型，基于已有催化剂数据库，成功预测多种高效 CO_2 还原催化剂，并在实验中验证其优异性能。

此外，AI 结合高熵合金（HEA）筛选策略，可以在百万级合金组合中，利用遗传算法（GA search）进行快速筛选。在最新研究中，AI 仅用数小时便完成了上百组组催化剂的筛选，而传统实验方法可能需要数年才能完成。尽管 AI 在催化剂筛选方面展现出巨大潜力，但当前 AI 预测的催化剂活性仍然依赖于训练数据的质量和计算模型的准确性。在复杂的电催化环境下，仍需优化计算方法，以提高预测的精准度。

（2）AI 驱动实验优化：自动化实验与智能反馈

除了催化剂的筛选，AI 还能够优化实验流程，减少实验变量的不确定性，提高实验效率。结合高通量实验与 AI 算法，通过数次实验迭代后，成功优化新型析氢催化剂的制备条件。高通量实验平台能够在短时内完成多种样品测试，相比传统实验方式大幅提高了筛选效率。通过 AI 反馈优化系统，实现实验 - 计算 - 优化的闭环，加速催化剂优化进程。

然而，当前 AI 在实验优化环节仍受限于实验设备的自动化程度和数据采集精度。高通量自动化实验室的建设仍需进一步完善，以确保 AI 预测的实验方案能够准确应用于实际催化反应。

（3）AI 解析催化反应机制

AI 还可用于催化反应路径的动态模拟，解析电催化过程中关键的电子转移和吸附行为。例如，中国科学院大连化学物理研究所团队利用 AI 结合分子动力学（MD）模拟，解析 Fe-N-C 催化剂的活性中心，并成功在实验中验证其高效催化性能。然而，在更复杂的电催化体系（如多相催化、电解水、燃料电池等）中，AI 仍难以精准预测催化剂的动态变化，需要结合更多原位表征技术（如同步辐射、超快光谱）进行优化。

10.3.2.2　AI 在超快化学（Ultrafast Chemistry）中的应用：加速亚稳态材料开发

超快化学涉及纳秒至飞秒时间尺度的瞬态化学反应过程，其核心挑战在于如何捕捉和调控亚稳态材料（如稀土基催化剂、非晶态金属等）的动态演化与非平衡态特性。AI 技术通过整合高通量建模、超快光谱分析和多尺度模拟，为超快化学提供了颠覆性研究范式。

（1）AI 预测亚稳态材料的形成机制：从理论到合成优化

亚稳态材料（如纳米晶、缺陷金属等）因其高表面能和非平衡结构，在电催化 CO_2 还原和绿氢制造中具有独特活性，但其合成路径复杂且稳定性难以预测。基于 AI 的高通量计算框架已成功应用于亚稳态材料的设计与合成优化。具体而言，通过构建包含成分、合成条件、结构演化路径与最终材料性能的大规模数据库，AI 模型能够学习材料形成过程中的关键控制参数。例如，利用监督学习方法预测特定反应条件下亚稳晶相（如面心立方结构的过渡金属纳米晶、缺陷富集的金属氧化物等）的形成概率，或通过强化学习算法探索最优热处理 / 激光激发路径，以调控材料从初始态到目标亚稳结构的转变过程。

此外，AI 还能辅助解析原子尺度下的能垒演化与中间态构型，提升对亚稳结构稳定性窗口的理解。例如，在电催化 CO_2 还原中，含缺陷的非晶铜或双金属合金纳米团簇可提供低配位位点和电子态调控能力，进而提高 C–C 偶联效率。AI 模型通过对比不同缺陷类型与电子分布特征，快速筛选出具有最优反应路径的结构类型，并反馈用于实验设计优化。

结合第一性原理计算与深度生成模型（如变分自编码器、图神经网络等），研究人员已能够在合成前预测出特定亚稳材料的形成窗口与动力学通道，从而显著缩短实验筛选周期。

例如，某些 AI 驱动的模型可预测非晶态金属在激光烧蚀或等离子体辅助沉积过程中的冷凝路径与结构演化趋势，为"非热平衡合成"条件下的材料设计提供理论依据[61]。

（2）AI 解析超快反应动力学：时空分辨率的突破

在飞秒尺度下，催化反应中电子轨道耦合、载流子迁移等超快过程对反应路径的选择性和中间态的生成具有决定性作用，尤其在电催化体系中，对催化效率和产物分布有深远影响。然而，传统实验和模拟方法难以同时满足高时间与空间分辨率，限制了对这些瞬态机制的深入理解。

AI 与原位超快光谱技术（如飞秒瞬态吸收谱、时间分辨 X 射线吸收谱、超快电子衍射等）的融合，为突破这一瓶颈提供了强大工具。借助深度学习与图神经网络等算法，AI 可高效处理原位光谱中的海量时序数据，从中提取与电子构型变化、载流子行为等相关的关键特征，显著提升对反应中间态和路径分岔点的识别能力。

例如，在析氢反应（HER）或 CO_2 还原反应中，AI 模型能够追踪飞秒激发下催化剂电子结构的动态演化，预测不同吸附构型对产物选择性的影响。结合第一性原理计算，还可建立多尺度动力学模型，模拟电子 - 声子耦合等关键因素对反应通道的调控[62]。

此外，AI 与扫描探针显微和超快谱学联用，可在纳米尺度重建催化剂表面活性位点的动态图谱，实现"时 - 空 - 能"三维反应过程的精准解析。这为理解亚稳催化剂的工作机制和在位设计提供了重要数据支撑，推动超快化学研究向更高的智能化和精细化发展。

（3）AI 赋能超快催化筛选：从高通量到智能化

在绿氢制造中的 HER 催化剂开发中，传统"试错式"实验方法效率低下，难以应对庞大的材料组合空间。近年来，AI 与自适应进化算法（AEA）的融合，正推动催化剂筛选从经验驱动向智能化设计转变。

该策略通过构建催化剂性质与性能的大数据集，利用机器学习模型预测关键参数（如氢吸附自由能 ΔG_{H*}、d 带中心等），筛选出高潜力材料。AEA 则通过模拟自然选择过程，动态优化搜索路径，引导 AI 聚焦于更优的材料组合，显著提升筛选效率。

在 HER 应用中，该方法已成功发现多种高性能催化剂（如过渡金属磷化物、单原子催化剂等），部分性能优于传统 Pt 基材料。结合高通量实验平台，AI 还能实现实验数据的实时反馈与策略优化，构建"数据—模型—实验"闭环，加速材料发现[63]。

（4）当前挑战与未来方向

AI 在超快化学中的深度应用仍面临三大瓶颈：

① 数据维度鸿沟。超快过程的原位实验数据（如飞秒电子衍射、超快电子显微镜）获取成本高且时空分辨率不足，导致模型训练数据碎片化。

② 多尺度建模断层。从量子尺度的电子动力学（fs 级）到介观尺度的材料生长（ms 级）缺乏统一理论框架，现有 AI 模型难以实现跨尺度参数传递。

③ 动态反馈缺失。传统 AI 工作流多为"离线预测 - 实验验证"模式，无法实时调控超快合成设备（如激光脉冲、焦耳热冲击等）。

未来突破方向包括：开发基于超算的原位 AI 闭环系统（如结合自动合成机器人）、构建融合量子计算与连续介质力学的多物理场模型，以及建立超快化学专用的大语言模型知识库，实现从"数据驱动"向"知识—数据双驱动"的范式升级。通过上述技术融合，AI 有望在绿氢规模化制备、CO_2 负排放催化体系开发等领域实现颠覆性突破。

10.3.2.3　AI 赋能智能材料共享平台

AI 结合智能材料共享平台，将成为材料产业化的重要趋势，加速从实验室研究向实际应用的转化。智能材料共享平台的核心功能包括实验共享平台、材料数据库、人工智能平台、科研社区等几个方面。

（1）实验共享平台：高通量自动化实验支撑 AI 训练与优化

智能材料共享平台的核心之一是实验共享平台，该平台整合了高通量自动化实验设备，能够快速生成大量实验数据，为 AI 训练与优化提供数据支撑。在传统材料研发模式中，实验数据往往分散在不同实验室，实验重复性高，数据整合难度大，导致研发效率低下。而实验共享平台通过标准化实验流程、自动化数据采集、远程协作等手段，能够显著提高实验效率，并降低实验成本[64]。

该平台不仅支持科研机构进行大规模实验筛选，还能够通过机器人实验室实现实验 - 数据采集 - 优化的闭环。例如，AI 可通过实时分析实验结果，优化实验参数，自动调整实验条件，从而提高实验的成功率。此外，实验数据的共享也有助于不同研究团队之间的合作，避免重复实验，提高整体科研效率[65]。

（2）材料数据库：构建全球材料知识库，支撑 AI 预测

材料数据库是智能材料共享平台的另一核心功能[66]。该数据库整合了全球催化剂、高熵合金、电池材料、半导体材料等多种材料数据，为 AI 预测提供坚实的支撑。传统的材料研究往往依赖于零散的数据和个别实验室的研究结果，而一个大规模、结构化的材料数据库能够极大地提升 AI 预测的准确性和广泛适用性。

在该数据库中，材料的化学成分、合成方法、物理化学性质、实验结果等信息均被系统地存储，并通过机器学习进行深度挖掘[67]。例如，在催化剂筛选中，AI 可基于数据库中的催化活性数据，预测新型催化剂的催化性能，并指导实验人员进行合成与优化。此外，随着新数据的不断更新，AI 预测模型也可通过自我学习不断优化，提高预测精度。

（3）人工智能平台：深度学习与知识图谱助力材料筛选与优化

人工智能平台是智能材料共享平台的计算核心。该平台结合深度学习、知识图谱、强化学习等 AI 技术，实现材料性能的精准预测与优化。在传统材料研发中，科学家往往依赖于经验和理论计算来预测材料性能，而 AI 结合大数据分析和机器学习，能够发现材料组成与性能之间的隐藏规律，从而更高效地筛选和优化材料[68]。

知识图谱技术在材料科学中的应用尤为重要。它能够将不同来源的数据（如论文、专利、实验数据）进行关联，并构建出材料特性、合成方法、应用领域之间的复杂关系网络[69]。例如，AI 结合知识图谱可以自动推荐最优的催化剂合成路线，减少实验的试错成本。此外，AI 还可结合强化学习技术，在实验过程中不断调整实验参数，实现最优材料性能的迭代优化。

（4）科研社区：促进产学研合作，加速新材料的商业化进程

智能材料共享平台不仅是一个数据和计算工具，它还致力于构建一个开放的科研社区，促进科研人员、企业和政府机构之间的合作[66]。材料科学的研究成果往往需要经过实验室研

究 - 中试验证 - 产业化应用的漫长过程，而科研社区的建立有助于打通这一链条，加速材料的商业化进程。

研究人员可以共享实验数据、交流研究进展，企业可以获取最新的材料研究成果，并与科研机构合作进行中试研究。此外，政府机构和基金组织也可以通过该平台支持前沿材料研究，推动新能源材料、智能电网材料、低碳材料等关键技术的产业化。

10.3.2.4　AI 赋能从实验室到产业化的全流程闭环

（1）科学驱动：高通量计算与数据分析加速材料筛选与工艺开发

AI 在材料科学中的最大优势之一是其科学驱动的能力，即利用高通量计算和大数据分析快速筛选和优化材料。在传统研究模式下，科学家通常需要进行海量实验，以验证不同材料的性能，而 AI 通过机器学习 + 物理化学模型，能够在短时间内筛选出最具潜力的材料，大幅缩短研发周期[63]。

例如，在新能源催化剂的开发中，AI 结合密度泛函理论（DFT）计算、分子动力学模拟，能够精准预测催化剂的电子结构、吸附能量、催化活性等关键参数。通过高通量计算，AI 可以在百万级材料组合中快速筛选出最优候选材料，极大提高材料发现的效率[70]。此外，AI 还可以结合实验数据进行自我优化，在实验过程中不断调整预测模型，提高计算精度[71]。

（2）柔性协同：AI 促进实验成果向中试和工业化的高效转化

从实验室到产业化的过程中，材料的可规模化生产性至关重要。然而，实验室合成的材料在大规模生产时，往往会遇到工艺参数不稳定、生产成本高、材料性能变化等问题。AI 可以在这一过程中发挥柔性协同的作用，促进实验成果向工业化的高效转化。

在中试阶段，AI 结合实时数据采集、工艺参数优化、生产条件调整等技术，确保实验成果的可重复性和可扩展性。例如，在储能材料的研发中，AI 可实时监测电池材料的合成过程，并通过智能优化算法调整温度、压力、反应时间等参数，确保材料在大规模生产时仍能保持高性能。此外，AI 还能通过数字孪生技术，在虚拟环境中模拟材料的生产过程，提前发现并规避潜在的生产问题，提高成果转化成功率。

（3）降本增效：AI 优化生产流程，提高规模化生产效率

AI 在材料产业化的另一大价值在于降本增效，即通过优化生产流程、资源调度、经济性分析，提高规模化生产的效率，降低生产成本。在企业生产环节，AI 可结合生产执行系统（MES）+ 实时预测系统，整合历史数据与实时运行数据，优化生产流程，实现智能化、自动化控制。

例如，在新能源材料的生产中，AI 可通过机器视觉 + 实时传感，监测材料的质量变化，并通过预测分析提前发现生产过程中的异常情况，避免材料浪费。此外，AI 还能根据市场需求和生产数据，优化原材料采购、生产排程、库存管理等环节，提高生产线的灵活性，降低运营成本。

AI 赋能的智能材料共享平台和全流程闭环体系，正在加速材料科学从实验室研究向产业化的转变。通过高通量计算、实验优化、智能化生产，AI 使材料的发现、筛选、优化、生产更加高效，为新能源材料、储能电池、催化剂等领域的技术突破提供有力支持。

未来，随着 AI + 机器人实验室、智能材料数据库、自动化生产系统的不断发展，AI 在

材料科学中的应用将更加广泛，助力实现更高效、更可持续的新能源技术革新。AI 赋能的材料科学不仅将推动"碳达峰、碳中和"目标的实现，还将为全球能源转型和可持续发展提供强有力的技术保障。

10.4 发展我国电催化产业的主要任务及存在的主要问题

电催化技术作为新能源转换和储存领域的核心支撑技术，广泛应用于氢能产业、燃料电池、二氧化碳还原、金属空气电池等多个关键方向。然而，尽管我国在电催化基础研究方面取得了一定进展，仍然面临诸多挑战，特别是在高性能催化材料研发、基础科学研究、工程化应用、产业链建设及国际合作等方面存在明显短板。为了推动我国电催化技术从实验室研究向大规模产业化发展，亟需明确核心任务，解决关键问题，并充分利用 AI 赋能超快化学的策略，突破当前技术瓶颈。

10.4.1 主要任务：推动高效电催化体系的突破性发展

高性能催化材料的研发是我国电催化技术突破的首要任务。目前，电催化反应的活性和稳定性在很大程度上受限于催化剂的材料特性，尤其是贵金属催化剂（如 Pt、Ir、Ru 等）在电解水、燃料电池等应用中尽管表现出优异的催化活性，但由于其价格昂贵、储量有限，严重制约了电催化技术的大规模应用。因此，降低贵金属的使用量，同时开发高稳定性、高选择性的非贵金属催化材料，是当前研究的重点方向。近年来，高熵合金催化剂、单原子催化剂以及亚稳态催化材料的发展为催化剂性能的提高提供了新思路。通过调控催化剂的电子结构和表面能态，可有效提升其活性，同时增强其长时间运行的稳定性。

深入理解电催化反应机理是推动催化材料优化的关键。当前，电催化反应涉及复杂的电子转移、界面重构以及反应路径竞争过程，传统的实验手段难以精准解析这些机制。因此，加强基础科学研究，结合原位表征技术（如同步辐射、原位拉曼、超快光谱等）实时监测催化剂在反应过程中的结构演变，将有助于揭示反应机理[72-76]。此外，理论计算与人工智能预测的结合，能够突破传统计算方法的局限性，通过高通量计算筛选高效催化剂，并基于数据驱动的方法构建材料性能预测模型，提高催化剂优化的效率和准确性[77-79]。

另一方面，电催化技术的工程化应用仍然面临诸多挑战。尽管实验室环境下的催化剂研究取得了诸多突破，但这些成果往往难以直接转化为工业应用，主要原因包括材料在工业环境中的稳定性不足、催化剂活性在长期运行中衰减以及放大过程中的成本控制问题。因此，建立从实验室研究到产业化应用的桥梁至关重要。推进中试研究、优化催化剂的规模化制备工艺，并构建催化剂 - 电极一体化体系，是推动电催化技术迈向工业化的核心路径。特别是在催化剂的工业化制备方面，低成本、可扩展的合成方法（如溶剂热法、等离子体沉积、超快高温热冲击策略）将成为未来研究的重点（图 10-16）[37, 80, 81]。

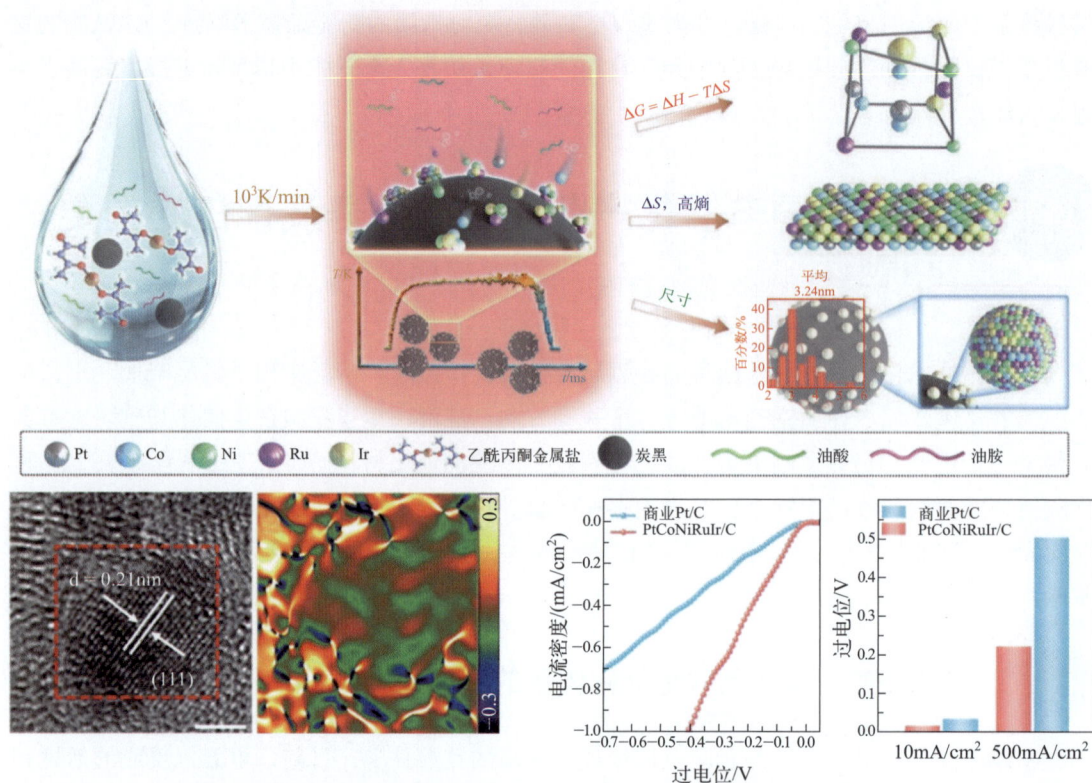

图 10-16　液相高温热冲击技术制备高熵合金纳米催化剂 [37]

　　构建完善的电催化产业链是推动技术规模化应用的重要保障。电催化技术的产业化不仅涉及催化剂材料本身，还包括催化电极、电催化反应器以及系统控制等多个环节。因此，需建立完整的产业链，确保从材料研发到系统集成的全链条优化。例如，在催化电极的设计上，优化微纳结构，提高催化剂的负载量和电子传输效率，可以进一步提升整体催化体系的性能。此外，智能电催化反应器的开发，将通过集成 AI 预测、实时监测和智能优化，提高电催化过程的能量利用率，为未来的工业级应用奠定基础。

　　国际合作对于推动电催化产业的全球化发展至关重要。目前，我国在部分核心技术（如高稳定性催化剂、低成本制氢、电催化 CO_2 还原）方面仍与欧美国家存在一定差距。因此，加强国际合作，吸收全球先进技术，并推动国内企业与国际科研机构的联合研发，将有助于缩小技术差距。例如，建立国际合作实验室，将有助于借助海外高水平研究平台提升我国电催化技术的创新能力。同时，引进先进的表征与计算方法，将进一步优化催化剂的设计策略，提高我国自主研发能力，从而加快我国电催化产业与国际前沿技术的接轨。

10.4.2　主要问题：我国电催化产业发展面临的核心挑战

　　尽管我国在电催化领域的研究取得了一定进展，但高性能催化剂材料仍然严重依赖进口。特别是在燃料电池、二氧化碳电催化还原等应用中，高效催化剂的国产化率较低，核心材料供应链受限。国产催化剂在稳定性、催化效率等方面仍然面临诸多挑战，尤其是在长期运行中的衰减问题尚未得到有效解决。因此，如何提高国产催化剂的稳定性，并在工业环境下实现高效催化，是当前亟待突破的关键问题。

基础研究与产业化结合不足，使得实验室突破难以快速转化为产业应用。许多实验室开发出的催化剂在小尺度实验条件下表现优异，但在实际工业环境中往往无法复现其性能。这主要是由于实验室研究与产业化的需求存在较大差异，实验室优化的催化剂通常难以满足规模化生产的工艺要求。因此，需加强实验-产业联动机制，建立从实验室研究到中试验证，再到产业应用的完整转化体系，以确保技术能够平稳向工业化推进。

电催化过程的能耗较高，一直是限制其大规模应用的主要障碍之一。特别是在水电解制氢、二氧化碳电催化还原等应用中，电催化过程通常需要较高的能量输入，因此提升催化剂性能，提高能源转化效率，是降低整体能耗的关键。未来，需要通过优化催化剂的电子结构，提高对反应物的吸附能力，并利用 AI 优化催化剂的表面设计，以进一步降低反应能垒，提高能量利用效率。

我国在电催化相关的核心设备方面仍然依赖进口，特别是高端催化电极、电解槽等关键部件，受国外技术封锁较为严重。由于这些设备涉及复杂的制造工艺和材料工程技术，国产替代仍面临较大挑战。因此，需加强国产核心设备的研发，推动高端催化电极、电解槽等关键部件的自主可控能力，减少对国外供应链的依赖。

10.4.3 ╱ AI 赋能超快化学，推动电催化技术突破

面对上述挑战，AI 与超快化学的结合为电催化材料的优化提供了全新机遇。AI 结合高通量计算、超快合成和实验优化，能够极大加速催化剂的筛选与开发。例如，机器学习能够基于大规模材料数据库，预测高效催化剂的电子结构和活性，并减少实验试错成本。此外，AI 结合 HTS 等超快合成手段，可以制备亚稳态高活性催化剂，并优化其微观结构，提高催化性能。

在催化剂的实际应用过程中，AI 还可以结合原位表征技术，实现实时监测与反馈优化。通过 AI 解析催化剂的稳定性和动态反应路径，可以有效调整催化剂结构，以提高其工业适用性。未来，AI 赋能的超快化学方法将在推动我国电催化技术迈向国际领先水平方面发挥关键作用，加速新能源产业的高质量发展。

10.5 ╱ 推动我国电催化产业发展的对策和建议

电催化技术作为新能源转换与储存的关键支撑，在氢能产业、燃料电池、二氧化碳还原等领域具有广阔的应用前景。然而，目前我国电催化产业的发展仍存在诸多挑战，包括高性能催化剂的依赖进口、基础研究与产业化结合不足、核心设备受国外技术封锁等问题。因此，为推动我国电催化技术的突破和产业化进程，需要从国家战略布局、科研投入、催化剂国产化、示范工程建设和国际合作等多个方面进行系统性规划，确保我国在全球电催化技术竞争中占据有利位置。

（1）强化国家战略布局，推动电催化材料研究中心建设

电催化技术的突破涉及材料科学、物理化学、计算模拟、工程制造等多个学科领域，需

要国家层面的统筹规划和资源整合。目前，国外在电催化领域的研究已经形成了较为完善的国家级实验室体系，如美国的阿贡国家实验室、德国的马克斯·普朗克研究所等，均在电催化基础研究和产业化推进方面发挥了重要作用。相比之下，我国在该领域尚缺乏一个国家级的电催化材料研究中心，导致各高校、科研院所和企业的研究相对分散，缺乏协同效应。

为此，我国应设立国家级电催化材料研究中心，聚焦高性能催化剂的开发、电催化反应机理研究、催化剂-电极一体化设计等关键方向。研究中心应整合国内外优质资源，建立涵盖基础研究-技术开发-中试验证-产业化推广的完整链条，以提升我国电催化技术的整体创新能力。此外，政府应加强对电催化技术的政策引导，设立专项基金，支持国家级重点实验室和企业联合攻关，推动从实验室研究到产业化应用的无缝衔接。

（2）加大科研投入，促进基础创新与应用开发的协同推进

科研投入的力度决定了一个国家在电催化领域的技术储备和创新能力。当前，欧美国家每年在新能源技术领域的科研投入远超我国，特别是在氢能、电催化 CO_2 还原等关键技术上，美国和欧洲已布局多个长期科研计划，投入大量资金支持基础研究和技术开发。相比之下，我国的科研经费主要集中在产业应用端，基础研究的投入相对不足，导致我国在电催化反应机理、催化剂电子结构优化等基础理论研究上仍然落后。

要提升我国在电催化领域的全球竞争力，政府需要进一步加大科研投入，支持高校、科研院所与企业的深度合作，建立从基础研究到技术应用的协同创新体系。同时，政府可以通过科技创新基金、重大专项支持计划等机制，鼓励企业参与基础研究，提高企业在高性能催化剂开发、电催化过程优化等方向的自主研发能力。此外，积极引导高水平研究团队开展跨学科合作，推动 AI 与材料科学的深度融合，通过机器学习、高通量计算等手段，加速催化剂的筛选和优化，提高研究效率。

（3）推动催化剂国产化，降低关键材料成本

高性能催化剂的国产化是我国电催化产业实现自主可控的重要任务。目前，燃料电池、电解水制氢等关键技术仍然依赖于贵金属催化剂，如 Pt、Ir、Ru 等，而这些贵金属资源稀缺、价格昂贵，导致整体系统成本居高不下，严重制约了电催化技术的大规模推广。此外，国产催化剂在催化活性、稳定性、循环寿命等方面与国际领先水平仍有一定差距，导致高端市场仍然被国外企业垄断。

为加速催化剂的国产化进程，我国需要加大对非贵金属催化剂、高熵合金催化剂、单原子催化剂等新型材料的研发投入，降低对贵金属催化剂的依赖。例如，近年来，Fe-N-C 催化剂、Ni-Mo 合金催化剂等已展现出较好的电催化性能，为替代贵金属催化剂提供了可能性。此外，利用超快化学合成技术（如高温热冲击技术、等离子体沉积等）可快速制备高活性、低成本的催化材料，提高催化剂的产业化可行性。同时，政府应出台政策，鼓励企业加强自主研发，推动国产催化剂的商业化应用，并提供税收优惠、补贴等激励机制，促进企业加快技术突破和市场推广。

（4）建立示范工程，加速电催化技术的产业化落地

示范工程的建设对于推动电催化技术的商业化应用至关重要。目前，全球范围内已有多个氢能和燃料电池示范项目进入实际运营阶段，如德国的"氢谷"项目（Hydrogen Valley）、

日本的氢能社会试点、美国的燃料电池公共交通示范工程等，这些项目的实施不仅验证了电催化技术的可行性，也为产业链的发展提供了重要支撑。相比之下，我国的电催化技术产业化仍然处于早期阶段，示范工程的规模和影响力尚待提升。

为加快我国电催化产业化步伐，政府应在氢能、燃料电池、CO_2还原、电解水制氢等关键领域建设示范项目，通过真实的工业应用环境验证新技术的可行性。例如，在京津冀、长三角、粤港澳大湾区等重点区域布局燃料电池汽车示范运营项目，推动燃料电池在公共交通、物流运输等领域的规模化应用。同时，在工业园区建设零碳制氢示范项目，探索利用可再生能源电解水制氢的技术路线，为未来大规模推广奠定基础。此外，示范工程还可作为企业技术升级的试验平台，通过真实市场需求反馈，优化技术参数，提高产品的市场竞争力。

（5）加强国际合作，引进先进电催化技术，推动技术升级

电催化技术的进步需要全球科技资源的协同合作。当前，欧美、日本等国家在高性能催化剂、燃料电池系统、电催化反应器等方面保持领先地位，而我国在部分关键技术上仍存在短板。因此，加强国际合作，与全球领先的科研机构和企业建立紧密合作关系，是我国电催化技术迈向国际先进水平的重要途径。

在全球合作框架下，我国可以通过联合实验室、技术转让、国际交流会议等方式，引进国外先进的催化剂合成技术、电催化机理研究方法，并结合国内的应用需求进行二次开发。此外，政府可鼓励国内企业与国际巨头（如巴斯夫、丰田、博世等）建立战略合作关系，引进燃料电池、电解槽等核心设备的制造技术，实现国产替代。同时，在国际标准制定过程中，我国应积极参与全球电催化技术标准的制定，提高我国在全球新能源技术领域的话语权，推动产业的国际化发展。

未来，AI与超快化学的结合将成为推动我国电催化产业发展的重要工具。通过AI高通量计算、实验优化、超快表征等方法，可加速催化剂的筛选，提高催化剂的稳定性和催化效率，为我国电催化产业的自主创新提供强大支撑。随着国家战略布局的强化、科研投入的增加、示范工程的推广和国际合作的深化，我国电催化产业有望在全球竞争中占据领先地位，为实现碳中和目标提供技术保障。

参考文献

作者简介

崔晓亚，博士，中国地质大学（北京），毕业于南洋理工大学（张华教授团队），随后加入清华大学任助理研究员（副校长王宏伟教授团队），"水木/卓越学者"。从事亚稳态稀土材料的超快合成及其新能源应用，研究兴趣包括：亚稳态微纳制造、稀土基催化剂、高温热冲击技术、AI赋能超快制造、电解水制氢、冷冻电镜与交叉科学。以第一/通讯作者在 *Sci. Adv.*、*J. Am. Chem. Soc.*、*Natl. Sci. Rev.*、*Adv. Energy Mater.*、*ACS Nano*、*Nature Commun.*、*CCS Chem.* 等顶级期刊发表研究论文30余篇。申请/授权国家发明专利6项。参与编撰 Wiley 英文专著1部。主持国家自然科学基金青年基金项目、中科协青年人才托举工程项目以及北京市科协青年人才托举工程项目。兼任 *Chinese*

Chemical Letters 等国际期刊青年编委及审稿人。

　　陈亚楠，教授，天津大学博士生导师，清华大学"卓越学者"。主要从事新材料制备及其在新能源领域的应用，研究兴趣包括：高温热冲击技术（HTS）、微纳米材料超快速合成（微纳米制造）、亚稳态材料结构调控及宏量制备、能源存储（锂/钠离子电池）、能源转换（绿氢及燃料电池）、人工智能与交叉科学。2016 年，陈亚楠与胡良兵教授首次提出高温热冲击概念，并开创了基于高温热冲击概念的纳米材料超快合成这一新兴研究领域。以第一 / 通讯作者（含共同）在 *Nature Sustain.*、*Nature Commun.*（2）、*J. Am. Chem. Soc.*（2）、*Adv. Mater.*（5）、*Angew. Chem. Int. Ed.*、*Natl. Sci. Rev.*、*Materials Today*（2）、*Nano Lett.*（3）、*ACS Nano*（2）、*Adv. Energy. Mater.*（12）、*Adv. Funct. Mater.*（2）等顶级期刊发表研究论文 100 余篇。授权国家发明专利、美国发明专利 10 余项，专利转化多项（400 万）。主编中文专著《微纳新能源材料超快速制备》、英文专著 *High Temperature Shock Technology*。承担国家科技基金 *** 计划、重大研究计划、*** 联合基金、国家自然科学基金面上项目、中国科协青年人才托举项目、天津市重点项目、产学研项目（容百集团、中船集团、小米集团等）。担任中国科协海智计划特聘专家、中国材料研究学会常务副秘书长、SCI 期刊 *Progress in Natural Science-Materials International* 常务副主编、*Chinese Chemical Letters* 副主编，国家自然科学基金、瑞士科学基金、中国科协青年托举项目、科技奖励、工业和信息化部、中船集团等评审专家。中国最大的科技传播平台"科研云"发起人。